테스트 주도 개발로 배우는
객체 지향 설계와 실천

Growing object-oriented software, guided by tests
By Steve Freeman and Nat Pryce

Authorized translation from the English language edition, entitled GROWING OBJECT-ORIENTED SOFTWARE, GUIDED BY TESTS, 1st Edition, 9780321503626 by FREEMAN, STEVE; PRYCE, NAT, published by Pearson Education, Inc, publishing as Addison-Wesley Professional, Copyright © 2010 Pearson Education, Inc.

All rights reserved. No part of this book may be reproduced or transmitted in any form or by any means, electronic or mechanical, including photocopying, recording or by any information storage retrieval system, without permission from Pearson Education, Inc. Korean language edition published by INSIGHT PRESS, Copyright © 2013

이 책의 한국어판 저작권은 저작권자와의 독점 계약으로 인사이트에 있습니다.
저작권법에 의해 한국 내에서 보호를 받는 저작물이므로 무단전재와 무단복제를 금합니다.

테스트 주도 개발로 배우는 객체 지향 설계와 실천

초판 1쇄 발행 2013년 6월 20일 **5쇄 발행** 2023년 3월 3일 **지은이** 스티브 프리먼, 냇 프라이스 **옮긴이** 이대엽 **펴낸이** 한기성 **펴낸곳** (주)도서출판인사이트 **편집** 송우일 **제작·관리** 이유현, 박미경 **용지** 월드페이퍼 **인쇄·제본** 에스제이피앤비 **후가공** 이지앤비 **등록번호** 제2002-000049호 **등록일자** 2002년 2월 19일 **주소** 서울시 마포구 연남로5길 19-5 **전화** 02-322-5143 **팩스** 02-3143-5579 **이메일** insight@insightbook.co.kr **ISBN** 978-89-6626-083-6 책값은 뒤표지에 있습니다. 잘못 만들어진 책은 바꾸어 드립니다. 이 책의 정오표는 https://blog.insightbook.co.kr/에서 확인하실 수 있습니다.

프로그래밍 인사이트

Growing
Object-Oriented
Software,
Guided by Tests

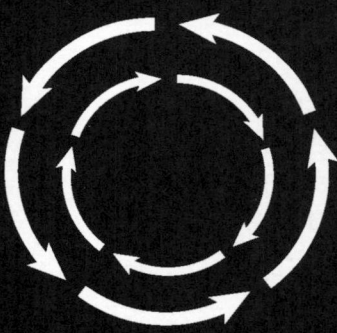

테스트 주도 개발로 배우는
객체 지향 설계와 실천

스티브 프리먼 · 냇 프라이스 지음 | 이대엽 옮김

인사이트

차례

옮긴이의 글 XII
추천의 글 XIII
지은이의 글 XIV
감사의 글 XIX

1부 서론 1

1장 테스트 주도 개발의 핵심은 무엇인가? 3
1.1 학습 과정으로서의 소프트웨어 개발 3
1.2 피드백은 가장 기본적인 도구다 4
1.3 변화를 돕는 실천법 5
1.4 테스트 주도 개발 간단 정리 6
1.5 좀 더 큰 그림 8
1.6 전 구간 테스트 9
1.7 테스트의 수준 11
1.8 외부 품질과 내부 품질 12

2장 객체를 활용한 테스트 주도 개발 15
2.1 객체망 15
2.2 값과 객체 16
2.3 메시지를 따르라 17
2.4 묻지 말고 말하라 19
2.5 그래도 가끔은 물어라 20
2.6 협력 객체의 단위 테스트 21
2.7 목 객체를 활용한 TDD 지원 22

3장 도구 소개 25
3.1 이미 아는 내용이라면 넘어가도 좋다 25

3.2 간략한 JUnit 4 소개 25
3.3 햄크레스트 매처와 assertThat() 29
3.4 jMock2: 목 객체 30

2부 테스트 주도 개발 과정 35

4장 테스트 주도 주기 시작 37
4.1 우선 동작하는 골격을 대상으로 테스트하라 38
4.2 동작하는 골격의 외형 결정 40
4.3 피드백 소스 구축 42
4.4 불확실성은 일찍 드러내라 43

5장 테스트 주도 개발 주기의 유지 47
5.1 각 기능을 인수 테스트로 시작하라 47
5.2 회귀를 포착하는 테스트와 진행 상황을 측정하는 테스트를 분리하라 49
5.3 테스트를 가장 간단한 성공 케이스로 시작하라 49
5.4 읽고 싶어 할 테스트를 작성하라 50
5.5 테스트가 실패하는 것을 지켜보라 51
5.6 입력에서 출력 순서로 개발하라 52
5.7 메서드가 아닌 행위를 단위 테스트하라 52
5.8 테스트에 귀를 기울이라 54
5.9 주기의 미세 조정 55

6장 객체 지향 스타일 57
6.1 유지 보수성을 고려한 설계 58
6.2 내부 대 이웃 61
6.3 단일 책임 원칙 62
6.4 객체 이웃의 유형 63
6.5 전체는 부분의 합보다 단순해야 한다 65
6.6 콘텍스트 독립성 66
6.7 올바른 정보 감추기 67
6.8 우리 견해가 반영된 관점 68

7장 객체 지향 설계의 달성 — 69
- 7.1 테스트를 먼저 작성하는 것이 설계에 어떻게 도움이 되는가 — 69
- 7.2 분류보다 의사소통 — 70
- 7.3 값 타입 — 71
- 7.4 객체는 어디에서 오는가? — 73
- 7.5 인터페이스로 관계를 식별하라 — 76
- 7.6 인터페이스도 리팩터링하라 — 77
- 7.7 객체를 구성해 시스템의 행위를 기술하라 — 78
- 7.8 고수준 프로그래밍을 위한 대비 — 79
- 7.9 그럼 클래스는? — 81

8장 서드 파티 코드를 기반으로 한 개발 — 83
- 8.1 소유한 타입에 대해서만 목 객체를 적용하라 — 83
- 8.2 통합 테스트에서 애플리케이션 객체에 목 객체를 적용하라 — 86

3부 동작하는 예제 — 87

9장 경매 스나이퍼 개발 의뢰 — 89
- 9.1 맨 처음부터 시작하기 — 89
- 9.2 경매와의 상호 작용 — 92
- 9.3 안전하게 진행하기 — 94
- 9.4 이건 진짜가 아니야 — 96

10장 동작하는 골격 — 99
- 10.1 골격 사용 준비 — 99
- 10.2 최초 테스트 — 100
- 10.3 몇 가지 초기 선택 — 103

11장 첫 테스트 통과하기 — 107
- 11.1 테스트 도구 구축 — 107
- 11.2 테스트 실패와 통과 — 114
- 11.3 필요한 최소한의 것 — 122

12장 입찰 준비 — 125
- **12.1** 시장 소개 — 125
- **12.2** 입찰 테스트 — 126
- **12.3** AuctionMessageTranslator — 133
- **12.4** 가격 메시지 분석 — 139
- **12.5** 마무리 — 143

13장 스나이퍼가 입찰하다 — 145
- **13.1** AuctionSniper 도입 — 145
- **13.2** 입찰 전송 — 148
- **13.3** 구현 정리 — 154
- **13.4** 결정을 미루라 — 158
- **13.5** 창발적 설계 — 159

14장 스나이퍼가 경매에서 낙찰하다 — 161
- **14.1** 우선 실패하는 테스트를 작성한다 — 161
- **14.2** 누가 입찰자에 대해 알고 있는가? — 162
- **14.3** 스나이퍼는 할 말이 더 있다 — 165
- **14.4** 스나이퍼가 일부 상태를 획득하다 — 166
- **14.5** 스나이퍼가 낙찰하다 — 169
- **14.6** 꾸준하게 진행하기 — 171

15장 실제 사용자 인터페이스를 향해 — 173
- **15.1** 좀 더 현실적인 구현 — 173
- **15.2** 가격 세부 사항 표시 — 176
- **15.3** 스나이퍼 이벤트의 단순화 — 184
- **15.4** 완수 — 189
- **15.5** 마지막 손질 — 194
- **15.6** 고찰 — 197

16장 여러 품목에 대한 스나이핑 — 201
- **16.1** 여러 품목에 대한 테스트 — 201
- **16.2** 사용자 인터페이스를 통한 항목 추가 — 210
- **16.3** 고찰 — 217

17장 Main 분석 — 219
- **17.1** 역할 찾기 — 219
- **17.2** 채팅 추출 — 220
- **17.3** 연결 추출 — 224
- **17.4** SnipersTableModel 추출 — 225
- **17.5** 고찰 — 230

18장 세부 사항 처리 — 235
- **18.1** 좀 더 유용한 애플리케이션 — 235
- **18.2** 충분할 때 멈추라 — 236
- **18.3** 고찰 — 243

19장 실패 처리 — 247
- **19.1** 뭔가 제대로 동작하지 않는다면? — 247
- **19.2** 실패 감지 — 249
- **19.3** 실패 보여주기 — 251
- **19.4** 스나이퍼 연결 끊기 — 252
- **19.5** 실패 기록 — 254
- **19.6** 고찰 — 259

4부 지속 가능한 테스트 주도 개발 — 261

20장 테스트에 귀 기울이기 — 263
- **20.1** 대체할 수 없는 객체에 대해 목 객체를 적용해야 한다(마법을 쓰지 않고) — 264
- **20.2** 로깅은 기능이다 — 268
- **20.3** 구상 클래스에 대한 목 객체 적용 — 271
- **20.4** 값에 목 객체를 적용하지 말라 — 273
- **20.5** 비대한 생성자 — 274
- **20.6** 혼동되는 객체 — 277
- **20.7** 너무 많은 의존성 — 278
- **20.8** 너무 많은 예상 구문 — 279
- **20.9** 테스트가 우리에게 말해주는 것(여러분이 귀 기울인다면) — 281

21장 테스트 가독성 · 285
- 21.1 테스트 이름은 기능을 기술한다 · 286
- 21.2 정규 테스트 구조 · 289
- 21.3 테스트 코드의 능률화 · 291
- 21.4 단정과 예상 구문 · 294
- 21.5 리터럴과 변수 · 295

22장 복잡한 테스트 데이터 만들기 · 297
- 22.1 테스트 데이터 빌더 · 298
- 22.2 비슷한 객체 생성 · 300
- 22.3 빌더 조합 · 301
- 22.4 팩터리 메서드를 이용한 도메인 모델 강조 · 302
- 22.5 사용 시점에서 중복 없애기 · 303
- 22.6 의사소통이 우선이다 · 306

23장 테스트 진단 · 307
- 23.1 실패하는 설계 · 307
- 23.2 작고, 문제에 집중하고, 이름을 잘 지은 테스트 · 308
- 23.3 설명력 있는 단정 메시지 · 308
- 23.4 매처를 활용한 세부 사항 강조 · 309
- 23.5 자기 서술적인 값 · 309
- 23.6 명확하게 가공된 값 · 310
- 23.7 추적자 객체 · 311
- 23.8 예상이 충족됐음을 명시적으로 단정하라 · 312
- 23.9 진단은 일급 기능이다 · 312

24장 테스트 유연성 · 315
- 24.1 표현이 아닌 정보를 위한 테스트 · 316
- 24.2 정확한 단정 · 318
- 24.3 정확한 예상 구문 · 320
- 24.4 '실험용 쥐' 객체 · 328

5부 고급 주제 ... 331

25장 영속성 테스트 ... 333
- **25.1** 들어가며 ... 333
- **25.2** 영속화 상태에 영향을 주는 테스트 격리 ... 335
- **25.3** 테스트 트랜잭션 경계를 명시적으로 만들기 ... 336
- **25.4** 영속성 연산을 수행하는 객체에 대한 테스트 ... 339
- **25.5** 영속화 가능한 객체 테스트하기 ... 342
- **25.6** 하지만 데이터베이스는 느리다! ... 346

26장 단위 테스트와 스레드 ... 347
- **26.1** 기능과 동시성 정책의 분리 ... 348
- **26.2** 동기화에 대한 단위 테스트 ... 353
- **26.3** 수동적인 객체에 대한 부하 테스트 ... 358
- **26.4** 백그라운드 스레드를 이용한 테스트 스레드 동기화 ... 359
- **26.5** 단위 부하 테스트의 한계 ... 361

27장 비동기 코드 테스트 ... 363
- **27.1** 샘플링 또는 대기 ... 364
- **27.2** 두 가지 구현 ... 367
- **27.3** 제어하기 어려운 테스트 ... 372
- **27.4** 갱신 내역 분실 ... 373
- **27.5** 아무런 효과가 없는 행동에 대한 테스트 ... 375
- **27.6** 동기화와 단정 구별 ... 376
- **27.7** 이벤트 소스의 외부화 ... 376

후기 목 객체의 간략한 역사 ... 379
- 시작 ... 379
- 용어의 전파 ... 381
- 또 다른 세대 ... 382
- 발전 ... 383

부록 A jMock2 정리 노트 385

부록 B 햄크레스트 매처 작성 395

참고 문헌 398

찾아보기 402

옮긴이의 글

켄트 벡이 쓴 『테스트 주도 개발』이 나온 지 10년이 넘은 현재, 테스트 주도 개발을 적극적으로 받아들여 프로젝트에 활용하는 문화가 전 세계적으로 자리를 잡아 가고 있습니다. 그만큼 소프트웨어 품질에 대한 중요성을 인식하고 이를 개선하려는 노력이 활발하게 이뤄진다고 볼 수 있습니다. 아울러 현재 소프트웨어 개발의 주류로 자리 잡은 객체 지향이라는 패러다임에 대해서도 많은 이들이 그 핵심 가치를 이해하고 실제 업무에 활용하려고 노력하고 있습니다.

이 책은 그러한 두 가지 노력의 산물입니다. 『테스트 주도 개발로 배우는 객체 지향 설계와 실천』은 객체 지향 방법론과 테스트 주도 개발을 토대로 궁극적으로 소프트웨어 성장에 초점을 맞춥니다. 객체 지향 패러다임에 뿌리내린 소프트웨어에 테스트 주도 개발이라는 거름을 주어 소프트웨어가 풍성하게 자라나게 하는 방법을 소개합니다. 이 책의 예제를 개발하는 과정을 지켜봄으로써 독자는 객체 지향 방법론과 테스트 주도 개발이 실제 프로젝트에서 어떤 식으로 상호 작용하고 개발을 돕는지 배울 수 있습니다. 즉, 효과적인 테스트 주도 개발의 구현을 비롯해 더 나은 코드 작성법, 목 객체 적용과 활용, 그리고 객체 지향 설계에서 이러한 기법들이 조화롭게 상호 작용하는 과정을 통해 지속적인 소프트웨어 개발에 대한 자신감을 얻을 수 있을 것입니다. 테스트 주도 개발이 더 나은 소프트웨어 설계를 촉진한다는 믿음이 이 책의 접근법을 통해 실현돼 가는 모습을 지켜볼 수 있습니다.

우연한 기회로 시작한 이 책의 번역이 그간의 우여곡절을 거쳐 마침내 한 권의 책으로 결실을 맺게 됐습니다. 그간 부족한 제 번역 원고를 매끄럽게 읽을 수 있게 다듬어 주신 인사이트 편집 팀, 이 책의 리뷰를 맡아 기술적으로나 가독성 측면으로나 큰 도움을 주신 김영진 님에게 깊이 감사드립니다.

추천의 글

켄트 벡

출시 주기가 점점 더 짧아지면서 제기되는 딜레마는 더 적은 시간 내에 어떻게 더 많은 소프트웨어를 출시하면서 한없이 출시를 계속하느냐는 것이다. 이러한 딜레마를 해결할 새로운 시각이 필요하다. 기법 변화 그 이상이 필요하다.

『테스트 주도 개발로 배우는 객체 지향 설계와 실천』은 새로운 시각을 보여준다. 종이 비행기를 만드는 식으로(다 접으면 날려보내는) 소프트웨어가 '만들어지지' 않았다면 어떻게 될까? 대신 소프트웨어를 보살피고, 가지를 치고, 열매를 거두고, 거름을 주고, 물을 줘야 할 가치 있고 열매가 풍족하게 열리는 나무로 여긴다면 어땠을까? 전통적인 방식을 고수하는 농부들은 수십 년 또는 수세기에 걸쳐 나무를 풍족하게 유지하는 방법을 알고 있다. 프로그램을 그와 똑같은 방식으로 다룬다면 소프트웨어 개발은 어떻게 달라질까?

나는 이 책에서 그런 시각 변화에 담긴 철학과 기법을 모두 제시하는 방식이 가장 인상 깊었다. 이 책은 코드를 작성할 뿐 아니라 다른 사람에게 코드를 잘 작성하는 법을 가르치는 실천가가 썼다. 이런 점에서 독자들은 생산성을 유지하기 위해 프로그램을 작성하는 방법과 자신이 작성한 프로그램을 새롭게 보는 방법을 모두 배울 수 있다.

이 책에 나온 테스트 주도 개발 방식은 내가 연습했던 것과는 다르다. 아직까진 그 차이를 분명하게 표현할 수 없지만 지은이들이 자신의 기법을 명확하고 자신감 있게 발표하는 것을 보고 배운 바가 있다. 기법의 다양성은 나만의 개발 방법을 더욱 다듬는 새로운 영감의 원천이 되었다. 『테스트 주도 개발로 배우는 객체 지향 설계와 실천』에서는 다양한 기법이 서로를 떠받치는 논리정연하고 일관된 개발 체계를 제시한다.

독자들이 『테스트 주도 개발로 배우는 객체 지향 설계와 실천』을 읽고, 예제를 따라 해 보면서 지은이들이 프로그래밍을 어떻게 생각하고 작성하는지 배우길 바란다. 그 과정에서 얻는 경험으로 소프트웨어 개발 방식이 풍요로워지고, 프로그램을 작성하는 데 도움이 될 것이다. 중요한 점은 프로그램을 바라보는 방식이 달라지리라는 것이다.

지은이의 글

이 책의 주제

이 책은 우리가 아는 한 객체 지향 소프트웨어를 작성하는 최고의 방식, 즉 테스트 주도 개발(TDD: Test-Driven Development)을 다루는 실용적인 지침서다. 이 책에는 우리가 따른 절차와 지키려고 노력한 디자인 원칙, 그리고 사용한 도구가 설명돼 있다. 이 책에 담긴 내용은 우리가 세계 최고의 프로그래머들과 함께 일하며 배운 수십 년에 걸친 경험을 기반으로 한다.

이 책에서는 프로젝트마다 반복적으로 접하는 일부 혼란스러운 점과 질문에 초점을 맞춘다. 어떻게 하면 소프트웨어 프로젝트에 테스트 주도 개발을 잘 적용할 수 있을까? 어디에서 시작해야 할까? 왜 단위 테스트와 전 구간(end-to-end) 테스트를 모두 작성해야 할까? 테스트가 개발을 '주도한다'는 것은 무슨 뜻일까? 복잡한 기능은 어떻게 테스트할 수 있을까?

또 이 책에서는 설계를 비롯해 설계에 이르는 우리의 접근법이 TDD에 대한 접근법에 어떤 식으로 영향을 주는지도 자세히 다룬다. 이러한 접근법에서 배운 점이 하나 있다면, TDD는 전체를 모두 고려해야 잘 동작한다는 점이다. 기초적인 실천법(테스트를 작성하고 실행하는)을 준수하는 팀들이 결국엔 그 결과로 고생하는 모습을 봐왔다. 해당 기술의 뒤편에 자리 잡은 좀 더 높은 수준의 절차를 함께 받아들이지 않았기 때문이다.

왜 '성장하는' 객체 지향 소프트웨어인가?

점진적으로 개발해 나간다는 느낌을 주려고 '성장'이라는 용어를 사용했다. 우리는 뭔가를 항상 동작하게 만들어 두는데, 코드는 늘 최대한 잘 구조화돼 있고 철저하게 테스트돼 있다고 확신할 수 있다. 동작하는 시스템을 구축할 때 이보다 더 효과적인 것은 없다. 존 갤(John Gall)이 자신의 책 [Gall03]에 "잘 동작하는 복잡계 시스템에서 한결같이 발견할 수 있는 사실은 그 시스템이 잘 동작하는 간결한 시스템에서 발전해 왔다는 것이다"라고 쓴 것처럼 말이다.

또 '성장'이라는 표현은 훌륭한 소프트웨어에서 볼 수 있는 생물체 같은 특성과 해당 소프트웨어 구조의 모든 단계에서 느낄 수 있는 일관성을 빗댄 말이기도 하다.

'객체란 서로 메시지를 주고받는 생물학적 세포와 비슷해야 한다'는 앨런 케이[1]의 개념을 따르는 객체 지향에 대한 우리의 접근법에 부합하기도 한다.

왜 테스트의 '안내를 받는다'고 했나?

우리는 테스트 코드를 먼저 작성한다. 그편이 더 나은 코드를 작성하는 데 도움이 된다는 사실을 알기 때문이다. 테스트를 먼저 작성하면 의도가 더 분명해지므로 코드가 무엇을 해야 하는지 명확히 기술하기 전에는 아무리 작은 작업이라도 곧바로 시작하지 않는다. 설계가 너무 경직돼 있거나 산만할 때 '테스트를 먼저 작성한다'는 절차는 이를 파악하는 데 도움된다. 그리고 나서 설계를 따라 개발하거나 설계상의 결함을 수정해야 할 때 이미 작성된 테스트는 회귀 테스트라는 안전망이 돼 준다.

객체 지향 기술에는 아직까지도 기량과 경험이 필요해서 '안내를 받는'이라는 표현을 썼다. 점진적으로 개발을 진행하는 방법과 '테스트에 귀를 기울이는' 방법을 배우고부터 테스트 주도 개발이 효과적인 설계 지원 도구가 될 수 있다는 사실을 발견했다. 기타 중요한 설계 활동과 마찬가지로 TDD는 이해뿐 아니라 부단한 노력이 필요하다.

코드는 뒤죽박죽이고 테스트는 그저 유지 보수 비용을 증가시키고만 있는 데도 테스트와 코드를 거의 동시에 작성하는 팀들을 봐왔다(테스트를 우선적으로 작성하는 팀도 있었다). TDD로 개발을 시작하긴 했지만 이 책 제목이 의미하는 것처럼 테스트가 개발을 안내하는 기법까진 배우지 못했던 것이다. 시스템 품질을 높이려면 테스트를 기반으로 개발을 진행하고 테스트로부터 피드백을 받는 데 집중해야 한다.

목 객체는 어떤가?

책을 쓰게 된 최초의 동기는 흔히 잘못 이해되기도 하는 목 객체[2]의 사용 기법을 설명하기 위해서였다. 하지만 집필 작업에 점점 몰입하면서 우리가 속한 커뮤니티에서 목 객체를 발견하고 사용해온 것이 실제로는 소프트웨어를 작성하기 위한 접근법의 한 표현 수단이라는 사실을 깨달았다. 즉 더 큰 그림의 일부라는 것이다.

책 중간중간에, jMock 라이브러리를 이용해 목 객체를 활용하는 기법이 어떻게 작동하는지 보여주겠다. 좀 더 엄밀하게 말하자면 해당 기술이 TDD 프로세스에서

---

1 앨런 케이는 스몰토크를 만든 사람 중 한 명이며, '객체 지향(object-oriented)'이라는 용어를 만들었다.
2 목 객체(mock object)는 한 객체가 그것과 이웃하는 객체와 상호 작용하는 방법을 테스트하기 위한 구현 대체물이다.

어느 부분에 어울리고 객체 지향 개발이라는 맥락에서 어떤 의미가 있는지 보여주겠다.

대상 독자

'지식이 풍부한 독자'를 대상으로 이 책을 썼다. 적어도 TDD에 대해서는 지속적으로 봐온 '전문 경험을 지닌 개발자'가 여기에 해당한다. 우리는 이 책을 이전에 만난 적이 없는 동료들에게 기술적인 내용을 설명하고 있다고 상상하면서 썼다.

지면상, 다루고 싶은 고급 주제를 위해 일부 기본 개념과 도구에 대해서는 독자가 어느 정도 알고 있다고 가정했다. TDD를 잘 소개하는 책은 따로 많이 있다.

이 책은 자바 책인가?

자바 프로그래밍 언어를 책 전체에 걸쳐 사용했다. 이 책의 독자가 적어도 예제는 이해할 수 있기를 바랐고, 자바는 그러기에 충분할 만큼 널리 사용되는 언어다. 다시 말하자면 이 책은 어떤 객체 지향 언어 환경에서도 적용할 수 있는 기술을 다룬 책이다.

자바를 사용하지 않더라도 C#, 루비, 파이썬, 스몰토크, 오브젝티브-C, 그리고 (인상적이게도) C++까지 포함해 다른 여러 언어에도 우리가 사용하는 JUnit이나 jMock과 동등한 수준의 테스트 라이브러리와 목 객체 생성 라이브러리가 있다. 스칼라(Scala)처럼 훨씬 더 동떨어진 언어를 위한 버전들도 있다. 자바에는 다른 테스트 및 목 객체 생성 프레임워크도 많다.

왜 우리 이야기에 귀를 기울여야 하나?

이 책에는 10년에 가까운 테스트 주도 개발 경험을 포함한 20년 이상 된 경험이 정제돼 있다. 그 시간 동안 우리는 광범위한 프로젝트에서 TDD를 적용해 왔다. 멀티 프로세서 그리드 컴퓨팅 환경에서 운영되는 인터랙티브한 웹 화면을 포함한 대규모 메시지 기반 전사 통합 시스템이라든지, 수십 킬로바이트 메모리 내에서 동작해야 하는 소형 임베디드 시스템, 업무상 중요한 시스템에 대한 광고가 목적인 무료 게임들, 그리고 매우 인터랙티브한 그래픽을 사용하는 데스크톱 애플리케이션용 백엔드 미들웨어와 네트워크 서비스 등에서 말이다. 또, 우리는 이 책에서 다룬 소재에 관한 글을 써왔고 때로는 전 세계에서 각종 행사와 회사를 대상으로 해당 내용을 교육해왔다.

런던에 근거지를 둔 TDD 커뮤니티의 동료들이 전해준 경험에서도 많은 도움을 얻었다. 우리는 일과 시간에, 그리고 일과를 마친 후, 아이디어를 시험해 보고 연마하는 데 많은 시간을 보냈다. 생기 넘치고 (그리고 논쟁을 마다하지 않는) 동료들과 함께 일할 기회를 준 데 감사한다.

이 책의 내용

이 책은 6부로 구성돼 있다.

1부, 「서론」에서는 테스트 주도 개발과 목 객체, 그리고 소프트웨어 개발 프로젝트 맥락에서 객체 지향 설계에 대해 전체적으로 소개한다. 또 이 책의 나머지 부분에서 사용할 몇 가지 테스트 프레임워크도 소개한다. 이미 TDD에 익숙하더라도 가급적 1장과 2장을 통독하길 권한다. 소프트웨어 개발에 대한 우리의 접근법을 설명하고 있기 때문이다. JUnit과 jMock에 익숙하다면 1부의 나머지 부분은 넘어가도 무방하다.

2부, 「테스트 주도 개발 과정」에서는 TDD를 시작하는 법과 개발을 지속해 나가는 방법을 보여주면서 TDD 과정을 설명한다. 테스트 주도 접근법과 객체 지향 프로그래밍이라는 두 기법의 원칙들이 어떤 식으로 서로를 보완하는지 보여주면서 두 기술 사이의 관계를 파헤친다. 끝으로, 외부 코드와는 어떤 식으로 상호 작용할 것인지 논의한다. 2부에서는 개념만 설명하고, 동작하게 만드는 것은 3부에서 진행한다.

3부, 「동작하는 예제」는 테스트 주도 방식으로 객체 지향 애플리케이션을 개발하는 방법의 감을 잡을 수 있는 확장 예제다. 그와 동시에 우리가 선택한 접근법의 장단점과 동기에 대해 논의한다. 상당히 긴 예제를 만들었는데, 코드 규모가 커지기 시작할 때 TDD의 일부 특징들이 왜 더욱 중요해지는지 보여주고 싶었기 때문이다.

4부, 「지속 가능한 테스트 주도 개발」에서는 시스템을 유지 보수할 수 있게 보존하는 몇 가지 실천법을 다룬다. 요즘에는 코드 기반을 깔끔하게 하고 좀 더 의미를 잘 표현하도록 유지하는 데 주의를 기울인다. 그렇게 하지 않았을 때 감당해야 할 비용에 대해 수년에 걸쳐 배웠기 때문이다. 4부에서는 우리가 적용해 온 실천법들을 설명하고 왜 그렇게 했는지 설명한다.

5부, 「고급 주제」에서는 복잡한 테스트 데이터나 영속성, 동시성처럼 TDD를 적용하기에 좀 더 어려운 분야를 살펴본다. 그러한 쟁점을 어떻게 다루고, 이것이 테스트와 코드 설계에 어떤 영향을 주는지 보여준다.

끝으로, 부록에는 jMock과 햄크레스트(Hamcrest)를 이해하는 데 도움이 되는 내용을 담았다.

이 책에서 다루지 않는 내용

이 책은 기술 서적이다. 팀 조직이나 요구 사항 관리, 제품 설계처럼 프로젝트를 성공으로 이끄는 기타 주제는 다루지 않는다. 개발에 점진적인 테스트 주도 접근법을 채용하는 것과 프로젝트를 어떻게 운영하는지는 서로 밀접한 관계를 맺고 있다. TDD는 빈번한 제품 전달 같은 일부 새로운 활동을 가능케 하지만, 초기에 설계를 확정해 버린다거나 이해관계자가 의사소통하지 않으려 한다든가 하는 식의 조직 상황에 따라 그런 활동들이 무의미해질 수도 있다. 다시 말하지만, 이런 주제에 대해서는 다른 책에서 많이 다루고 있다.

감사의 글

이 책의 지은이 일동은 이 책을 쓰는 동안 지지와 피드백을 준 모든 이에게 감사하고 싶다. 우선 켄트 벡(Kent Beck)과 그레그 던치(Greg Doench)가 이 책을 써주길 부탁했고 드미트리 키르사노프(Dmitry Kirsanov)와 알리나 키르사노바(Alina Kirsanova)는 (참을성 있게) 부족한 부분을 가다듬어 출판되게 해 주었다.

로밀리 코킹(Romily Cocking), 제이미 돕슨(Jamie Dobson), 마이클 페더스(Michael Feathers), 마틴 파울러(Martin Fowler), 나레시 제인(Naresh Jain), 피터 켈러(Pete Keller), 팀 매키논(Tim Mackinnon), 던컨 맥그리거(Duncan McGregor), 이반 무어(Ivan Moore), 파샤드 나예리(Farshad Nayeri), 이사야 페루말라(Isaiah Perumalla), 데이비드 페터슨(David Peterson), 닉 폼프렛(Nick Pomfret), J.B. 레인스버거(J. B. Rainsberger), 제임스 리처드슨(James Richardson), 로렌 쉬밋(Lauren Schmitt), 더글러스 스퀴럴(Douglas Squirrel), 실리콘 밸리 패턴 그룹(The Silicon Valley Patterns Group), 블라디미르 트로피모프(Vladimir Trofimov), 다니엘 웰만(Daniel Wellman), 맷 윈(Matt Wynne) 등 아주 많은 사람이 초고를 읽느라 고생하거나 격려와 지지를 보내는 식으로 도와주었다.

모델 역할을 해준 데이브 덴튼(Dave Denton)과 조나단 '벅' 로저스(Jonathan 'Buck' Rogers), 짐 쿠오(Jim Kuo)에게 감사한다.

이 책과 이 책에서 설명한 기법은 애자일, 익스트림 프로그래밍, 테스트 주도 개발에 관심 있는 사람들이 런던에서 모이는 정기 비공식 모임인 익스트림 튜즈데이 클럽(XTC: Extreme Tuesday Club)이 없었다면 존재하지 않았을 것이다. 자신의 경험과 기법, 교훈, 일상을 나눈 모든 사람에게 깊이 감사한다.

1부 서론

테스트 주도 개발은 언뜻 보기에만 단순한 아이디어다. 즉, 코드 자체를 작성하기 전에 코드에 대한 테스트를 작성하는 것이다. '언뜻 보기에만 단순'하다고 한 이유는 TDD가 개발 과정에서 테스트의 역할을 바꾸고 테스트의 용도에 관한 업계의 가정에 도전하기 때문이다. 이제 테스트는 단순히 사용자에게서 결함을 예방하는 데 머무르지 않는다. 대신 팀 차원에서 사용자가 필요로 하는 기능을 이해하고, 이러한 기능을 믿을 수 있고 예측 가능하게 전달하는 데 도움을 준다. 이 결론에 따르면 TDD는 소프트웨어를 개발하는 방법을 급격히 변화시키고 있으며, 경험상 시스템 품질을(특히 새로운 요구 사항에 대한 신뢰성과 유연성 부문에서) 대단히 향상시킨다.

테스트 주도 개발은 '애자일' 소프트웨어 개발 방법론에서 폭넓게 사용된다. 테스트 주도 개발은 익스트림 프로그래밍(XP, Extreme Programming)[Beck99]의 핵심 실천 사항으로, 크리스털 클리어(Crystal Clear)[Cockburn04]에서 권장하며, 스크럼(Scrum) 프로젝트에서도 자주 사용된다[Schwaber01]. 우리는 지금껏 참여한 애자일 프로젝트에서 모두 TDD를 사용해 왔으며, 비(非)애자일 프로젝트에서도 사용하는 모습을 본 적이 있다. TDD가 순수 연구 프로젝트에서도 업무를 진행하는 데 도움이 되는 것을 목격했으며, 연구 프로젝트에서는 기능을 전달하기보다는 아이디어를 탐구하는 데 중점을 둔다.

1장
GROWING OBJECT-ORIENTED SOFTWARE GUIDED BY TESTS

테스트 주도 개발의 핵심은 무엇인가?

> 사람은 행함으로써 배워야 한다. 안다고 여기는 것
> 도 직접 해보지 않는 이상 확신할 수 없다.
> —소포클레스

1.1 학습 과정으로서의 소프트웨어 개발

거의 모든 소프트웨어 프로젝트에서는 전에 아무도 해보지 못했거나 적어도 조직 내에서 전에 아무도 하지 않았던 뭔가를 시도한다. 그 '뭔가'는 관련된 사람, 응용 분야, 사용되는 기술, 또는 (주로) 이것들의 조합에 해당한다. 훈련에 최선의 노력을 기울이더라도 일상적인 프로젝트에서는 거의 대부분 미처 예상하지 못한 요소가 있게 마련이다. 흥미로운 프로젝트(가장 큰 이익을 줄 만한 프로젝트)에서는 보통 예상치 못한 요소가 상당히 많다.

개발자들은 자신이 사용 중인 기술을 완전히 이해하지 못할 때가 많다. 개발자들은 구성 요소의 동작 방식을 배우면서 프로젝트를 마무리해야 한다. 개발자들이 기술을 잘 이해했더라도 새로운 응용 기술 때문에 난관에 부딪힐 수 있다. 갖가지 중요한 구성 요소가 조합된 시스템(대다수 전문 프로그래머가 맡는)은 너무나도 복잡해서 개인이 해당 시스템의 모든 가능성을 이해하기는 어렵다.

고객과 최종 사용자의 경우 경험은 더 악화된다. 시스템 구축 과정에서 그들은 이전에 비해 자신이 속한 조직을 좀 더 가까이에서 살펴보게 된다. 그들은 지금껏 관례와 경험에 의존해온 과정을 협상하고 성문화하기도 한다.

소프트웨어 프로젝트에 관련된 모든 이들은 프로젝트가 진행되면서 배워야 한다. 프로젝트가 성공을 거두려면 거기에 관련된 사람들이 달성해야 할 바가 무엇인지를 이해하고 그 과정에서 잘못 이해하고 있는 바를 식별하고 해결하고자 협업해야 한다. 사람들은 프로젝트에 변화가 있으리라는 사실을 모두 알고 있지만 뭐가 변할지 모른다. 불확실한 변화를 예측하려면 경험이 늘어남에 따라 불확실성을 해결하는 데 도움이 될 프로세스가 필요하다.

1.2 피드백은 가장 기본적인 도구다

팀에서 취할 수 있는 가장 좋은 접근법은 경험에 의거한 피드백을 이용해 시스템과 그 용도에 관해 배운 다음, 그렇게 배운 바를 다시 시스템에 적용하는 거라 생각한다. 팀에는 반복적인 활동 주기가 필요하다. 각 주기마다 새로운 기능을 추가하고 이미 완료한 작업의 양과 질에 관한 피드백을 받는다. 팀원들은 작업을 타임 박스(time box)로 나누고, 이 안에서 되도록 많은 기능을 분석, 설계, 구현, 배포한다.

완료된 작업을 각 주기마다 특정 종류의 환경에 배포하는 일은 아주 중요하다. 팀에서 배포할 때마다 팀원들은 현실에서 자신이 내린 가정을 검사할 기회가 생긴다. 그들은 실제 진행 상황을 측정하고, 오류를 탐지하고 수정하며, 지금까지 배운 바에 따라 현재 계획을 조정할 수 있다. 배포하지 않고는 피드백이 완전해지지 않는다.

우리가 일할 때는 모든 개발 수준에서 피드백 주기를 적용했는데, 프로젝트를 초에서 월 단위에 이르는 중첩된 고리형 시스템으로 구성했다. 이를테면 짝 프로그래밍, 단위 테스트, 인수 테스트, 일별 회의, 반복 주기, 출시 등으로 말이다. 중첩된 각 고리마다 팀의 산출물이 경험에 의거한 피드백으로 드러나 팀에서는 오류나 오해를 발견하고 수정할 수 있다. 중첩된 피드백 고리는 서로를 강화한다. 즉, 안쪽 고리에서 뭔가 모순되는 것이 빠져나가면 바깥쪽 고리에서 그것을 포착할 가능성이 높다.

각 피드백 고리는 시스템과 개발 프로세스의 다양한 측면을 다룬다. 안쪽 고리는 기술적 세부 사항에 좀 더 집중한다. 즉, 단위 코드의 역할과 시스템 나머지 부분과의 통합 여부를 다룬다. 바깥쪽 고리는 조직과 팀에 좀 더 집중한다. 즉, 애플리케이션이 사용자의 요구를 충족하는지나 팀이 가능한 한 효과적으로 운용되고 있는지가 여기에 해당한다.

프로젝트의 어떠한 측면에 대해서도 피드백을 일찍 받을수록 좋다. 대형 조직의 많은 팀에서는 몇 주마다 출시할 수 있다. 일부 팀에서는 며칠마다, 또는 몇 시간마다 출시할 수도 있으며, 이러한 경우 팀은 실제 사용자에게서 피드백을 받아 거기에 응답할 가능성이 굉장히 높아진다.

> **점진적이고 반복적인 개발**
>
> 중첩된 피드백 고리의 집합으로 구성된 프로젝트에서는 개발이 점진적이고 반복적이다.
>
> 점진적인 개발에서는 모든 계층과 구성 요소를 구축한 다음 그것들을 마지막에 통합하는 대신 시스템을 기능별로 구축한다. 각 기능은 시스템의 모든 관련 부분에 걸쳐 전 구간에 이르는 '조각'으로 구현한다. 시스템은 언제나 통합된 상태이며 배포할 준비가 돼 있다.
>
> 반복적인 개발은 계속해서 충분한 상태에 이를 때까지 피드백에 응답해 기능 구현을 다듬는다.

1.3 변화를 돕는 실천법

우리는 시스템 규모를 믿을 수 있는 방식으로 키우고, 늘 일어나는 예상치 못한 변화에 대처하고 싶다면 두 가지 기술적인 토대가 필요하다는 사실을 알게 됐다. 먼저 회귀 오류를 잡아줄 꾸준한 테스트가 필요한데, 그러면 기존 기능을 망가뜨리지 않고도 새 기능을 추가할 수 있다. 시스템 규모와 상관없이 수동 테스트를 자주 하는 것은 비실용적이므로 구축과 배포, 시스템 버전 변경에 드는 비용을 줄이려면 되도록 테스트를 자동화해야 한다.

다음으로 코드를 가능한 한 단순하게 유지해야 하는데, 그렇게 하면 코드를 이해하고 수정하기가 더 쉽다. 개발자들은 코드를 작성하는 것보다 코드를 읽는 데 훨씬 더 많은 시간을 보내므로 거기에 맞게 최적화해야 한다.[1] 단순함에는 노력이 드니 코드 설계를 개선하고 단순화하고, 중복을 제거하며, 코드가 명확하게 자신의 역할을 표현하게끔 코드를 사용할 때마다 꾸준히 코드를 리팩터링해야 한다[Fowler99]. 피드백 고리에 담긴 테스트 스위트는 코드를 개선할 때(따라서 코드를 변경할 때) 우리가 저지르는 실수로부터 보호해준다.

문제는 자신이 작성한 코드를 테스트하기를 즐기는 개발자가 거의 없다는 점이다. 여러 개발 그룹에서 기능 추가와 비교할 때 자동화된 테스트 작성을 '실제' 업무

---

[1] 베겔과 사이먼[Begel08]은 마이크로소프트에서 일하는 신입 대졸자들이 첫 1년을 대부분 코드를 읽는 데 보낸다는 사실을 보여줬다.

로 보지 않으며 따분하다고 여기기까지 한다. 사람들은 대부분 시시하다고 여기는 일은 필요 이상으로 잘 하지 않는다.

테스트 주도 개발은 이러한 상황을 근본적으로 뒤집는다. 코드를 작성하기 전에 테스트를 작성한다. 작업을 완료한 후 작업 결과를 검증하려고 테스트를 사용하는 것이 아니라 TDD에서는 테스트를 설계 활동으로 바꾼다. 테스트를 사용해 코드에서 하고 싶은 바에 관한 생각을 명확하게 한다. 켄트 벡은 다음과 같이 설명한다. "마침내 물리적인 설계에서 논리적인 설계를 분리할 수 있었다. 그렇게 하라는 이야기를 늘 들어왔지만 그 방법을 설명한 사람은 지금까지 아무도 없었다." 우리는 테스트를 먼저 작성하려는 노력으로 설계 아이디어(코드를 테스트하기 쉽게 만들면 좀 더 깔끔하고 모듈화된 코드가 만들어지기도 한다)의 품질에 관한 피드백도 빠르게 얻을 수 있다는 사실을 알게 됐다.

개발 과정 내내 테스트를 작성한다면 변경에 대한 자신감을 주는 자동화된 회귀 테스트라는 안전망을 구축할 수 있다.

> **i** "...버그 말곤 잃을 게 없어요"
>
> 철저한 테스트 커버리지를 갖춘 테스트 주도 코드로 작업하는 것이 얼마나 자유로운지 적극 강조하지 않을 수가 없다. 당면 과제에 집중하고 제대로 일하고 있다는 자신감을 갖게 되며, 실제로 시스템이 망가질 일이 거의 없다는 사실을 알게 됐다. 실천법을 따르는 한 말이다.

1.4 테스트 주도 개발 간단 정리

TDD의 핵심에 놓인 주기는 이렇다. 테스트를 작성한다. 해당 테스트가 동작하게 만들 코드를 작성한다. 코드를 가급적 테스트한 기능의 단순한 구현으로 리팩터링한다. 이러한 과정을 반복한다.

시스템을 개발할 때 우리는 TDD를 통해 시스템 구현("시스템이 동작하는가?")과 설계("시스템이 잘 구조화돼 있는가?")의 품질에 관한 피드백을 얻는다. 테스트를 먼저 개발하면서 우리는 그러한 노력의 두 배만큼 혜택을 얻었다. 테스트를 작성하면,

- 다음 작업에 대한 인수 조건이 명확해진다. 이는 작업이 끝나는 시점을 파악할 방법을 스스로 알아내야 하기 때문이다(설계).

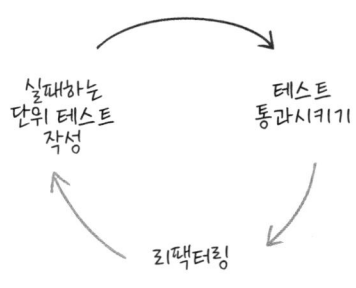

그림 1.1 TDD 주기의 핵심

- 느슨하게 결합된 구성 요소를 작성할 수 있게 되어 격리된 상태에서, 더 높은 수준으로, 모두 결합된 상태로 구성 요소를 손쉽게 테스트할 수 있다(설계).
- 코드가 하는 일에 대한 실행 가능한 설명이 더해진다(설계). 그리고
- 완전한 회귀 스위트가 늘어난다(구현).

반면 테스트를 실행하면,

- 콘텍스트를 선명하게 인지하는 동안 오류를 탐지한다(구현).
- 언제 작업이 충분히 완료됐는지 알게 되어 '금도금'하듯 과도한 최적화를 하거나 불필요한 기능을 더하지 않게 된다(설계).

이러한 피드백 주기는 TDD의 황금률로 요약할 수 있다.

> 💡 **테스트 주도 개발의 황금률**
> 실패하는 테스트 없이는 새 기능을 작성하지 말라.

> **국부적으로 생각하고 국부적으로 행동하라**
> 리팩터링은 기존 코드의 작동 방식을 바꾸지 않은 채로 기존 코드의 내부 구조를 변경하는 것을 의미한다. 리팩터링의 핵심은 코드가 구현하는 기능의 표현을 개선해 코드를 좀 더 유지 보수할 수 있게 만드는 것이다.
>
> 리팩터링은 프로그래머가 코드의 작동 방식을 변경하지 않는 각종 변형에 적용하는 체계적인 기법이다. 각 리팩터링은 이해하기 쉽고 '안전'할 정도로 규모가 작아야 한다. 예를 들어, 프로그래머는 어떤 코드 블록을 도우미 메서드로 추출해 원래 메서드를 더 짧게 줄여 더욱 이해하기

> 쉽게 만들 수도 있다. 프로그래머는 시스템이 각 리팩터링 단계를 거친 후에도 여전히 동작하는지 확인함으로써 변경한 사항 때문에 발목이 잡히는 위험을 최소화해야 한다. 테스트 주도 코드에서는 테스트를 실행함으로써 그렇게 할 수 있다.
>
> 리팩터링은 작은 규모의 개선 사항을 찾아내는 식으로 진행되는 '미시적 기법'이다. 경험상 리팩터링의 여러 작은 단계를 엄격하고 지속적으로 적용해야만 커다란 구조적 개선으로 이어질 수 있다. 리팩터링은 재설계와 같은 활동이 아니다. 재설계에서는 프로그래머가 큰 규모의 구조를 변경할 때 의식적인 결정을 내린다. 팀에서 재설계 결정을 취했을 때도 리팩터링 기법을 이용해 새로운 설계로 점진적이고 안전하게 나아갈 수 있다.
>
> 3부의 예제에서는 상당히 많은 리팩터링을 보게 될 것이다. 그러한 개념에 관한 표준 교재는 마틴 파울러의 [Fowler99]이다.

1.5 좀 더 큰 그림

애플리케이션 내에 있는 클래스를 대상으로 단위 테스트를 작성하는 것으로 TDD 프로세스를 시작하고 싶은 유혹에 빠질 수도 있다. 이 방법은 테스트가 전혀 없는 것보다는 낫고, 모두 알고 있지만 찾아서 예방하기는 무척 어려운 기초적 프로그래밍 오류(경곗값(fencepost) 오류, 올바르지 않은 불린 표현식 등)를 잡아낼 수 있다. 하지만 단위 테스트만 있는 프로젝트는 TDD 프로세스가 주는 아주 중요한 혜택을 놓치는 셈이다. 고품질에, 단위 테스트가 잘된 코드가 있는데도 아무 데서도 호출하지 않거나 시스템의 나머지 부분과 통합할 수 없어서 재작성해야만 했던 프로젝트를 여러 개 봤다.

코드 작성을 어디서 시작해야 할지 어떻게 알 수 있을까? 더 중요한 건 언제 코드 작성을 멈춰야 하느냐. 황금률은 우리가 해야 할 일을 알려준다. 바로 '실패하는 테스트를 작성하라'다.

우리는 어떤 기능을 구현할 때 인수 테스트(acceptance test)를 작성하는 것으로 시작한다. 여기서 인수 테스트란 만들고자 하는 기능을 시험하는 테스트를 말한다. 인수 테스트는 그것이 실패하는 동안 시스템이 아직까지 그 기능을 구현하지 않았다는 사실을 보여준다. 인수 테스트가 통과하면 작업이 끝난다. 기능을 대상으로 작업할 때 인수 테스트를 사용해 작성하려는 코드가 실제로 필요한지 가늠한다. 즉, 직접 관련된 코드만 작성한다. 인수 테스트 하에서는 단위 수준의 테스트·구현·리팩터링 주기를 따라 기능을 개발한다. 전체 주기는 그림 1.2와 같다.

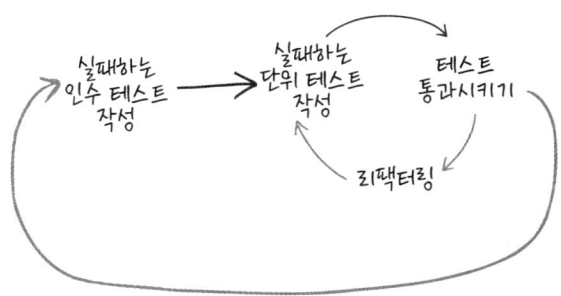

그림 1.2 TDD 내에서의 안팎 피드백 고리

바깥쪽 테스트 고리는 보여줄 수 있는 진척도를 측정하는 수단이며, 테스트 스위트가 증가하면 시스템을 변경할 때 회귀 실패에서 보호받을 수 있다. 인수 테스트는 통과하는 데 시간이 걸리기도 하므로(확실히 한 번의 체크인 과정보다는 더 걸린다) 보통 현재 작업 중인 인수 테스트(빌드에는 아직 포함되지 않는)와 작업을 마친 기능에 대한 인수 테스트(빌드에도 포함되고 언제나 반드시 통과해야 하는)를 구분한다.

안쪽 고리는 개발자들에게 도움이 된다. 단위 테스트는 코드 품질을 유지하는 데 도움이 되고 작성한 후에는 바로 통과해야 한다. 실패하는 단위 테스트는 소스 저장소에 절대 커밋해서는 안 된다.

1.6 전 구간 테스트

인수 테스트에서는 시스템 내부 코드를 가능한 한 직접 호출하지 말고 시스템 전 구간을 시험해야 한다. 전 구간 테스트(end-to-end test)는 외부에서 유입되는 시스템(사용자 인터페이스를 통하거나 서드 파티 시스템에서 온 것처럼 메시지를 전송하거나 웹 서비스를 호출하거나 보고서를 구문 분석하는 등의 방식으로)하고만 상호 작용한다. 10장에서 다루겠지만 시스템의 전체적인 작동 방식에는 시스템 외부 환경과의 상호 작용을 포함해야 한다. 이것은 가장 위험한 일이자 가장 어려운 측면이기도 하다. 위험을 각오하고 그러한 측면을 무시할 때가 있기 때문이다. 이미 안정적인 전 구간 테스트를 확보했고 개발 속도 향상이 정말 필요하지 않다면 시스템 내부 객체를 시험하기만 하는 인수 테스트를 피하려고 노력한다.

> **전 구간 테스트의 중요성: 끔찍한 이야기**
>
> 초기부터 TDD를 사용해온 프로젝트를 냇이 맡은 적이 있다. 팀에서는 인수 테스트 작성으로 요구 사항을 포착해 고객 대표에게 진행 상황을 보여줬다. 그리고 시스템을 구성하는 클래스에 대한 단위 테스트를 작성해오고 있었으며, 내부 구조는 깔끔하고 변경하기 쉬웠다. 팀은 대단한 진척률을 보였으며, 고객 대표는 인수 테스트를 통과하는 것을 토대로 모든 구현 기능을 승인했다.
>
> 하지만 인수 테스트는 전 구간을 대상으로 실행되지 않았다. 인수 테스트에서는 시스템 내부 객체를 생성하고 객체의 메서드를 직접 호출했다. 애플리케이션에서는 실제로 하는 일이 아무것도 없었다. 애플리케이션 진입점에는 다음과 같이 주석 하나만 들어 있었다.
>
> ```
> // TODO implement this
> ```
>
> 정기적으로 산출물에 대한 의견을 나누는 회의처럼 추가적인 피드백 고리가 있었더라면 이러한 문제를 포착할 수 있었을 것이다.

우리에게 '전 구간'이 의미하는 바는 외부에서 유래한 시스템과 상호 작용하는 것 이상이다. 단지 외부에서 유래한 시스템과 상호 작용하는 것이라면 '경계 간' 테스트라고 부르는 편이 더 낫다. 우리는 전 구간 테스트에서 시스템과 해당 시스템을 구축하고 배포하는 프로세스를 모두 시험하는 방식을 선호한다. 자동화된 빌드는 보통 누군가가 소스 저장소에 코드를 체크인할 때 실행되며, 이때 최신 버전을 체크아웃해서 코드를 컴파일하고 단위 테스트를 실행한 후 시스템에 통합하고 패키지화하며, 현실적인 환경에 운영 환경 수준으로 배포한 후, 마지막으로 외부 접근 지점을 통해 시스템을 시험한다. 이는 상당한 노력이 드는 것처럼 보이지만(실제로도 그렇다) 어쨌든 소프트웨어의 생애 동안 반복적으로 이뤄져야 한다. 이러한 여러 단계는 성가시고 오류가 일어나기 쉬울 수도 있으므로 전 구간 빌드 주기는 자동화하기에 안성맞춤이다. 10장에서는 프로젝트 초기에 이러한 프로세스가 작동하게 만드는 법을 살펴보겠다.

시스템은 인수 테스트가 모두 통과할 때라야 배포할 수 있는데, 인수 테스트가 모든 것이 동작하고 있다는 충분한 자신감을 불어넣어주기 때문이다. 하지만 운영 환경에 배포하는 최종 단계가 여전히 남아 있다. 여러 조직, 특히 규모가 크거나 통제가 엄중한 조직에서는 배포 가능한 시스템을 구축하는 일은 출시 프로세스의 시작에 불과하다. 신기능이 마침내 최종 사용자에게도 사용 가능한 상태가 되기 전까지는 나머지 부분은 다양한 테스트를 수반해 운영 그룹과 데이터 그룹으로 전달되고 다른 팀의 출시 계획과 조율될지도 모른다. 아울러 별도의 비기술적인 비용이 출시 과정에 들어갈 수도 있는데, 여기엔 교육, 마케팅, 또는 다운타임 때문에 서비스 계약에 미칠 영향 같은 것이 있다. 그 결과 실제보다 좀 더 어려운 출시 주기가 만들어지므로 전체적인 기술과 조직적인 환경을 이해해야 한다.

1.7 테스트의 수준

앞서 설명한 중첩된 피드백 고리의 일부에 해당하는 테스트의 계층 구조는 다음과 같다.

인수 테스트: 전체 시스템이 동작하는가?
통합 테스트: 변경할 수 없는 코드를 대상으로 코드가 동작하는가?
단위 테스트: 객체가 제대로 동작하는가? 객체를 이용하기가 편리한가?

TDD 세계에서는 인수 테스트라고 부르는 용어('기능 테스트', '고객 테스트', '시스템 테스트')에 대한 논의가 많이 있었다. 더 심각한 문제는 우리의 정의가 전문적인 소프트웨어 테스터가 사용하는 것과 같지 않을 때가 있다는 것이다. 중요한 것은 의도를 명확히 하는 것이다. 우리는 도메인 전문가와 함께 다음번에 구축할 내용에 대해 이해하고 합의하는 데 도움을 받을 목적으로 '인수 테스트'라는 용어를 사용한다. 아울러 개발을 계속 해나갈 때 인수 테스트를 이용해 기존 기능을 아무것도 망가뜨리지 않았음을 확인하기도 한다.

우리가 선호하는 인수 테스트의 '역할' 구현은 전 구간 테스트를 작성하는 것으로, 알다시피 전 구간 테스트는 가능한 한 전 구간에 걸쳐 이뤄져야 한다. 편견 탓에 경우에 따라 이러한 용어를 완전히 바꿔 쓰기도 하는데, 어떤 경우에는 인수 테스트가 전 구간에 걸쳐 이뤄지지 않을 수도 있다.

우리는 일부 코드가 변경할 수 없는 팀 바깥의 코드를 어떻게 이용할지 검사하는 테스트를 가리킬 때 '통합 테스트'라는 용어를 사용한다. 이러한 코드는 영속화 매퍼 같은 공용 프레임워크나 조직 내 다른 팀에서 개발한 라이브러리일지도 모른다. 통합 테스트가 탁월한 부분은 서드 파티 코드를 대상으로 만든 추상화가 기대한 대로 동작하는지 확인하는 데 있다. 3부에서 개발할 규모가 작은 시스템에서는 인수 테스트로 충분할지도 모른다. 하지만 전문적인 개발 프로젝트에서는 대부분 외부 패키지와의 형상 문제를 바로잡거나 (어쩔 수 없이) 느린 인수 테스트에 비해 좀 더 빠른 피드백을 얻기 위해 통합 테스트가 필요할 것이다.

인수 테스트와 통합 테스트 기법에 관해서는 그리 많은 내용을 할애하지 않겠다. 두 유형의 테스트 모두 관련 기술이나 심지어 조직 문화에 좌우되기 때문이다. 3부에서는 인수 테스트를 수행하는 동기가 어떤 것인지 파악하고, 인수 테스트가 개발 주기에 어떻게 적용되는지 보여주는 예제를 살펴본다. 하지만 단위 테스트 기법은 프로그래밍 스타일에 따라 달라지며, 따라서 그러한 접근법(이 경우 객체 지향)을 취하는 모든 시스템에 공통으로 적용된다.

1.8 외부 품질과 내부 품질

테스트가 시스템에 관해 말해줄 수 있는 바를 살펴보는 또 한 가지 방법이 있다. 우리는 외부 품질과 내부 품질을 구분할 수 있다. 외부 품질은 시스템이 고객과 사용자의 요구를 얼마나 잘 충족하는가이며(기능, 신뢰성, 가용성, 응답성 등), 내부 품질은 시스템이 개발자와 관리자의 요구를 얼마나 잘 충족하는가이다(이해하기 쉬운가, 변경하기 쉬운가 등). 외부 품질의 요점을 이해하지 못할 사람은 없다. 외부 품질은 보통 계약의 일부다. 내부 품질은 외부 품질과 똑같이 중요하지만 달성하기가 더 어려울 때가 있다. 내부 품질은 거듭되고 예상할 수 없는 변경에 대처하게 하는 것으로, 1장을 시작할 때 봤듯이 소프트웨어를 이용하는 것과 관련이 깊다. 내부 품질을 유지하는 것과 관련해 가장 중요한 것은 시스템 동작 방식을 안전하고 예상 가능한 상태로 바꿀 수 있게 만드는 것이다. 그렇게 해야만 변경으로 인해 큰 규모의 재작업을 해야 할 위험을 최소화할 수 있기 때문이다.

전 구간 테스트를 실행해보면 시스템의 외부 품질을 알 수 있으며, 전 구간 테스트를 작성하면 우리(팀 전체)가 도메인을 얼마나 잘 이해하는지 알 수 있다. 하지만 전 구간 테스트로는 코드를 얼마나 잘 작성했는지는 알 수 없다. 단위 테스트를 작성하면 코드 품질에 관한 피드백을 상당히 많이 얻을 수 있으며, 단위 테스트를 수행하면 깨진 클래스가 없는지 파악할 수 있다. 하지만 마찬가지로 단위 테스트로는 시스템이 전체적으로 동작하는지를 충분히 확신할 수 없다. 통합 테스트는 그림 1.3처럼 두 테스트 사이의 어딘가에 놓인다.

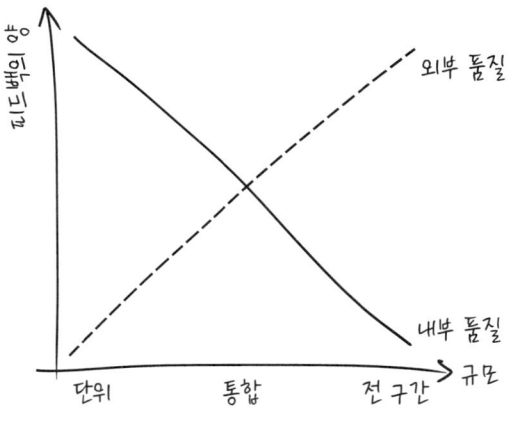

그림 1.3 테스트에서 얻는 피드백

철저한 단위 테스트는 내부 품질을 개선하는 데 도움이 되는데, 단위를 테스트하려면 테스트 픽스처에서 해당 단위를 시스템 바깥에서 실행할 수 있게 구조화해야 하기 때문이다. 객체에 대한 단위 테스트에서는 객체를 생성하고 해당 객체의 의존성을 제공하며, 객체와 상호 작용하고, 예상대로 동작하는지 검사할 필요가 있다. 따라서 클래스를 단위 테스트하려면 클래스가 대체할 수 있는 명시적인 의존성과 호출하고 검증할 수 있는 명확한 책임을 지녀야 한다. 소프트웨어 공학 용어로 이는 코드가 반드시 '느슨하게 결합'돼야 하고 '응집력이 높아야' 한다는 의미다. 다른 말로 잘 설계돼 있어야 한다.

설계를 잘못하면(예를 들어 클래스가 멀리 떨어져 있는 시스템의 일부와 긴밀하게 결합돼 있거나 암시적인 의존성이 있거나, 불분명한 책임이 너무 많으면) 단위 테스트를 작성하거나 이해하기 어렵다는 사실을 알게 됐다. 따라서 테스트를 먼저 작성하면 설계에 관한 귀중하고 즉각적인 피드백을 얻을 수 있다. 다른 모든 사람과 마찬가지로 우리는 코드 때문에 테스트하기 어려울 때 테스트를 작성하고 싶지 않다는 유혹을 받기도 하지만 유혹을 이기려고 노력한다. 그러한 어려움을 테스트를 작성하기 어려운 이유를 조사하고 코드를 리팩터링해서 코드 구조를 개선하는 기회로 삼는다. 이를 '테스트에 귀 기울이기'라고 하며, 20장에서 몇 가지 공통 패턴을 살펴본다.

결합도와 응집도

결합도와 응집도는 일부 코드의 동작 방식을 얼마나 쉽게 바꿀 수 있는지를 (대략적으로) 설명하는 척도다. 결합도와 응집도는 래리 콘스탄틴(Larry Constantine)이 [Yourdon79]에서 설명했다.

한 변경이 다른 것의 변경을 강제한다면 요소들이 결합된 상태다. 예를 들어, 두 클래스가 공통 부모로부터 상속할 경우 한 클래스를 변경하면 다른 클래스를 변경해야 할지도 모른다. 오디오 콤보 시스템을 생각해보자. 오디오 콤보 시스템은 긴밀하게 결합돼 있는데, 아날로그 라디오를 디지털 라디오로 바꾸고 싶다면 전체 시스템을 다시 구성해야만 한다. 각기 분리된 컴포넌트를 가지고 시스템을 조립한다면 결합도가 낮아서 수신기를 교체하기만 해도 된다. '느슨하게' 결합된(즉, 결합도가 낮은) 기능이 유지 보수하기 더 쉽다.

한 요소의 응집도는 해당 요소의 책임이 의미 있는 단위를 형성하는지 나타내는 척도다. 예를 들어, 날짜와 URL을 모두 파싱하는 클래스는 응집력이 없는데, 날짜와 URL을 파싱하는 일은 서로 관련이 없는 개념이기 때문이다. 세탁과 식기 세척을 모두 하는 기계를 생각해보자. 그 기계는 두 가지 일을 모두 잘할 가능성이 낮다.[2] 또 다른 극단적인 예로 URL에서 구두점만 파싱하는 클래스는 응집력이 있을 가능성이 낮은데, 해당 클래스가 전체 개념을 나타내지 않기 때문이다. 무슨 일이든 완수하려면 프로그래머는 프로토콜, 호스트, 자원 등을 파싱하는 파서를 구해야 할 것이다. 응집도가 '높은' 기능은 유지 보수하기가 더 쉽다.

---

2 실제로 세탁과 식기 세척 기능이 모두 탑재된 기계가 있었다. '토르 오토매직(Thor Automagic)'은 1940년대에 제조됐는데 그 아이디어는 살아남지 못했다.

2장

GROWING OBJECT-ORIENTED SOFTWARE GUIDED BY TESTS

객체를 활용한 테스트 주도 개발

> 음악은 음표 사이의 공간이다.
> —클로드 드뷔시

2.1 객체망

객체 지향 설계는 객체 자체보다 객체 간의 의사소통에 더 집중한다. 앨런 케이 [Kay98]는 다음과 같이 썼다.

> 중요한 것은 '메시지 전달'이며, [...] 위대하고 성장 가능한 시스템을 만들 때의 핵심은 모듈 간의 의사소통에 있지, 모듈의 내부 특성이나 작동 방식에 있지 않다.

객체는 메시지로 의사소통한다. 즉, 객체는 다른 객체와 메시지를 주고받으면서 반응한다. 다른 객체에 메시지를 전달할 때 처음 메시지를 보낸 객체에 값이나 예외를 반환한다. 객체에는 자신이 이해할 수 있는 모든 유형의 메시지를 처리하는 메서드(method)가 있으며, 대부분 다른 객체와 의사소통을 조율하는 데 사용하는 내부 상태를 캡슐화한다.

객체 지향 시스템은 협업하는 객체의 망으로 구성돼 있다. 시스템은 객체를 생성해 서로 메시지를 주고받을 수 있게 조립하는 과정을 거쳐 만들어진다. 시스템의 행위는 객체의 조합(객체의 선택과 연결 방식)을 통해 나타나는 특성이다(그림 2.1).

따라서 시스템에 포함된 객체의 구성을 변경해(절차적인 코드를 작성하기보다는 인스턴스 추가나 제거 또는 조합을 달리해서) 시스템 작동 방식을 바꿀 수 있다. 이러한 객체 구성을 관리할 목적으로 작성하는 코드를 객체망의 행위에 대한 선언적

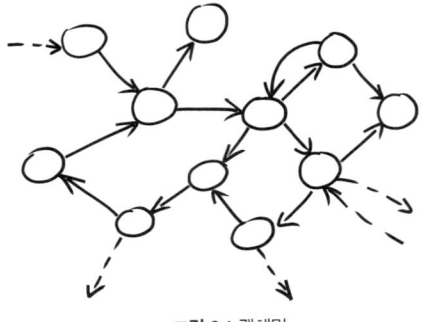

그림 2.1 객체망

(declarative) 정의라 한다. 시스템을 이런 식으로 구축하면 방법(how)이 아니라 목적(what)에 집중할 수 있어 시스템의 행위를 변경하기가 더 쉽다.

2.2 값과 객체

시스템을 설계할 때는 값(value)과 객체(object)를 구분하는 것이 중요하다. 여기서 값은 변하지 않는 양이나 크기를 나타내며, 객체는 시간이 지남에 따라 상태가 변할지도 모르지만 식별자(identity)가 있는 계산 절차(computational process)를 나타낸다. 흔히 사용하는 객체 지향 언어에서는 두 개념을 모두 클래스라는 동일한 언어 구성물로 구현한다는 점에서 혼동의 여지가 있다.

값은 양이 고정된 불변 인스턴스다. 값은 개별적인 식별자가 없으므로 두 값 인스턴스의 상태가 같다면 사실상 동일한 셈이다. 따라서 두 값의 식별자를 비교하는 것은 적절하지 않다. 그렇게 하면 미묘한 버그가 생길 수 있다. new Integer(999)로 생성된 두 개의 값 인스턴스를 비교하는 다양한 방법을 생각해보라. 이러한 이유로 자바에서는 string1 == string2 대신 string1.equals(string2)를 쓰라고 하는 것이다.

반면 객체는 변경 가능한 상태를 이용해 시간의 추이에 따른 객체의 행위를 나타낸다. 타입이 똑같은 두 객체는 현재 상태가 정확히 동일하더라도 별개의 식별자를 지닌다. 이는 두 객체가 향후 어떤 메시지를 전달받느냐에 따라 상태가 달라질 수 있기 때문이다.

그래서 현장에서는 시스템을 두 가지 '진영', 즉 기능적으로 다루는 값과 시스템에서 상태를 지닌 행위를 구현하는 객체로 나눈다. 3부에서는 어떤 진영에서 코드를 작성하느냐에 따라 코드 작성 방식이 어떻게 달라지는지 보게 될 것이다.

이 책에서는 객체라는 용어를 값이 아니라 식별자와 상태, 처리 과정을 지닌 인스턴스를 가리킬 때만 쓰겠다. 널리 사용되면서 다른 의미(개체나 프로세스 같은)까지 담지 않은 용어는 객체라는 용어 말고는 없는 듯하다.

2.3 메시지를 따르라

다른 객체와 쉽게 관계를 맺을 수 있게 객체를 설계하기만 한다면 고수준의 선언적 접근법이 주는 혜택을 누릴 수 있다. 실제로 이는 객체가 일반적인 의사소통 패턴을 따르고 객체 간의 의존성이 명시적임을 의미한다. 의사소통 패턴은 객체들이 다른 객체와 상호 작용하는 방법을 관장하는 각종 규칙으로 구성돼 있다. 이러한 규칙에는 객체의 역할, 객체에서 전달 가능한 메시지와 전달 가능한 시점 등이 있다. 자바 같은 언어에서는 (구상) 클래스 대신 (추상) 인터페이스를 이용해 객체의 역할을 파악한다. 우리가 전하고자 하는 바를 인터페이스가 모두 정의하지는 않지만 말이다.

우리가 생각하기에 도메인 모델은 이러한 의사소통 패턴에 속한다. 의사소통 패턴은 객체 간에 있을 법한 관계에 의미를 부여하기 때문이다. 시스템을 그것이 지닌 역학 측면에서 생각해보면, 의사소통 구조는 객체라는 것을 처음 접할 때 배우는 정적인 분류에서 개념적으로 굉장히 발전한 단계에 해당한다. 도메인 모델은 명확하게 드러나지도 않는데, 이는 의사소통 패턴이 우리가 사용하는 프로그래밍 언어로 명확하게 표현되지 않기 때문이다. 이 책에서 테스트와 목(mock) 객체가 어떻게 객체 간의 의사소통을 좀 더 또렷이 보여주는지 알았으면 한다.

다음 예제는 객체 간의 의사소통에 초점을 맞추는 행위가 어떻게 설계를 이끌어 나가는지 보여준다.

비디오 게임에는 플레이어나 적 같은 행위자(actor)와 플레이어가 활동하는 공간 아래에 놓인 배경(scenery), 플레이어와 충돌할 수 있는 장애물(obstacle), 폭발이나 연기 같은 효과(effect)를 나타내는 객체가 있을지도 모른다. 아울러 게임이 진행됨에 따라 무대 뒤에서 객체를 만들어내는 스크립트(script)도 있다.

이는 게임 객체를 플레이어 관점에서 잘 분류한 편에 속하는데, 이렇게 하면 게임을 진행할 때(외부와 게임 간에 상호 작용할 때) 의사 결정을 내리는 데 도움이 되기 때문이다. 하지만 이렇게 객체를 분류하는 방식은 게임을 구현하는 사람에게는 별로 유용하지 않다. 게임 엔진에서는 가시적인 객체를 표시하고 움직이는 객체에 시간의 흐름에 관해 말해주고, 물리적인 객체 간의 충돌을 감지하고, 물리적인 객체가 충돌했을 때의 처리 방법에 관해 충돌 해결자(collision resolver)에 의사 결정을 위임해야 한다.

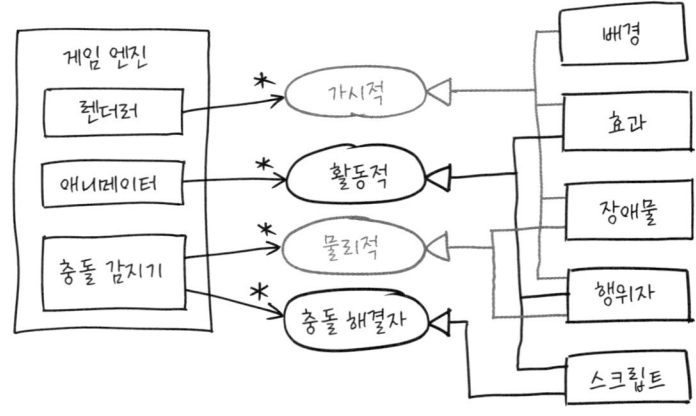

그림 2.2 비디오 게임 내의 역할과 객체

그림 2.2에서 볼 수 있듯이 두 가지 관점, 즉 게임 엔진에서 바라보는 관점과 특정 역할을 담당하는 객체를 구현하는 관점은 같지 않다. 이를테면, 장애물은 가시적이고 물리적인 데 반해 스크립트는 충돌 해결자이면서, 움직이지만 가시적이지는 않다. 게임상의 객체는 특정 시점에서 엔진이 어떤 역할을 요구하느냐에 따라 각기 다른 역할을 수행한다. 정적인 분류와 동적인 의사소통 간의 불일치 탓에 엔진 요건에도 맞는 게임 객체에 대한 깔끔한 클래스 계층 구조를 생각해 내기란 어려울 것이다.

기껏해야 클래스 계층 구조는 1차원적인 애플리케이션을 나타내면서 객체 간의 구현 세부 사항을 공유하는 메커니즘만을 제공한다. 이를테면, 프레임 단위 애니메이션의 공통 기능을 구현하는 기반 클래스가 만들어질지도 모른다. 최악의 경우 너무 많은 코드 기반이(우리가 작성한 것도 포함) 한 가지 메커니즘으로 여러 개념을 표현한 데서 오는 복잡성과 중복으로 괴로움을 겪는 것을 보아왔다.

> **역할, 책임, 협력자**
>
> 여기서는 객체를 역할, 책임, 협력자라는 측면에서 생각하고자 한다. 이 방식은 워프 브록과 맥킨이 쓴 [Wirfs-Brock03]에 가장 잘 설명돼 있다. 이 책에 따르면 객체는 역할을 하나 이상 구현한 것이며, 역할은 관련된 책임의 집합이며, 책임은 어떤 과업을 수행하거나 정보를 알아야

할 의무를 말한다. 협력은 객체나 역할(또는 둘 다)의 상호 작용에 해당한다.

이따금 우리는 키보드에서 한 걸음 물러나 워프 브룩과 맥킨이 설명해준 CRC 카드(후보, 책임, 협력자)라는 비공식적인 설계 기법을 이용할 때가 있다. 이 기법은 원시적인 인덱스 카드를 이용해 애플리케이션의 잠재적인 객체 구조나 그중 일부를 살펴보는 것이다. 인덱스 카드를 이용하면 세부 사항에 막히거나 초기에 발견한 해법에만 몰두하지 않고도 구조를 실험해볼 수 있다.

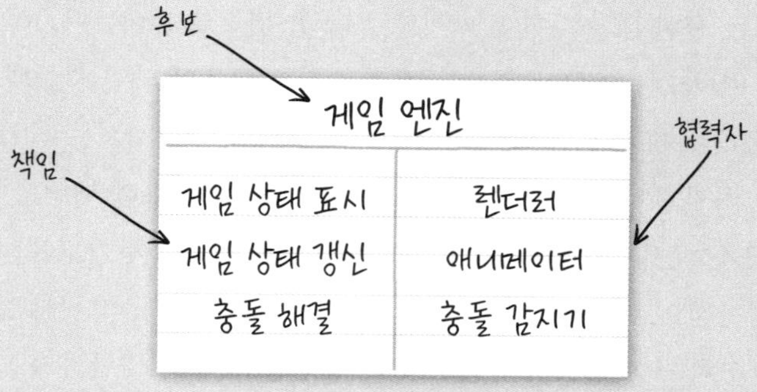

그림 2.3 비디오 게임에 대한 CRC 카드

2.4 묻지 말고 말하라

서로 메시지를 전달하는 객체가 있다면 객체는 서로 무슨 이야기를 할까? 경험상 객체를 호출할 땐 이웃 객체가 하는 역할 측면에서 해당 객체가 무엇을 원하는지 기술하고, 호출된 객체가 그러한 바를 어떻게 실현할지 결정하게 해야 한다. 이것은 흔히 '묻지 말고 말하라' 스타일이나 좀 더 형식적으로 말하면 디미터의 법칙(Law of Demeter)으로 알려져 있다. 객체는 그것이 내부적으로 보유하고 있거나 메시지를 통해 확보한 정보만 가지고 의사 결정을 내려야 한다. 객체는 다른 객체를 탐색해 뭔가를 일어나게 해서는 안 된다. 이 스타일을 일관되게 따른다면 코드가 좀 더 유연해지는데, 이는 같은 역할을 수행하는 객체를 손쉽게 교체할 수 있기 때문이다. 호출자는 객체의 내부 구조나 역할 인터페이스 너머에 존재하는 시스템의 나머지 구조에 관해 알 필요가 없다.

이 스타일을 따르지 않으면 '열차 전복' 코드라고도 알려진 코드가 만들어진다. 바로 접근자(getter) 메서드가 기차 객차처럼 연이어 이어진 경우다. 다음은 인터넷에서 발견한 '열차 전복' 코드의 한 예다.

```
((EditSaveCustomizer) master.getModelisable()
  .getDockablePanel()
    .getCustomizer())
      .getSaveItem().setEnabled(Boolean.FALSE.booleanValue());
```

잠깐 생각해보니 원래 코드가 다음과 같은 코드를 의미한다는 사실을 깨달았다.

```
master.allowSavingOfCustomisations();
```

이렇게 하면 모든 구현 세부 사항이 메서드 호출 한 번으로 줄어든다. master를 이용하는 쪽에서는 메서드를 연이어 호출할 때 반환되는 객체의 타입에 관해 더는 알 필요가 없다. 아울러 설계 변경이 코드 기반의 구석구석 영향을 끼치는 위험도 줄었다.

정보 은닉과 마찬가지로 '묻지 말고 말하라'에는 좀 더 미묘한 혜택도 있다. 이 원칙 덕분에 접근자 메서드가 연이어 호출되도록 암시적으로 두기보다는 객체 간의 상호 작용을 명시적으로 만들고 거기에 이름을 부여하게 된다. 앞에서 보여준 좀 더 짧은 형태는 단순히 구현 방식이 아닌 코드의 목적을 훨씬 더 명확하게 드러낸다.

2.5 그래도 가끔은 물어라

물론 모든 것을 '말하지'만은 않는다.[1] 값과 컬렉션으로부터 정보를 가져오거나 팩터리를 이용해 새 객체를 생성할 때는 '묻는다'. 간혹 검색이나 필터링을 할 때는 객체 상태에 관해 묻기도 하지만 표현력은 그대로 유지하고 '열차 전복'은 피하고 싶다.

예를 들어, ('열차 전복' 은유를 그대로 이어가자면) 그저 전체 좌석을 대상으로 예약석을 고르게 배분하고만 싶다면 다음과 같은 코드로 시작할지도 모른다.

```
public class Train {
  private final List<Carriage> carriages [...]
  private int percentReservedBarrier = 70;

  public void reserveSeats(ReservationRequest request) {
    for (Carriage carriage : carriages) {
      if (carriage.getSeats().getPercentReserved() < percentReservedBarrier) {
        request.reserveSeatsIn(carriage);
        return;
      }
    }
    request.cannotFindSeats();
  }
}
```

---

[1] 솜씨를 향상시킬 수 있는 흥미로운 연습 문제가 있다.

이를 구현한답시고 Carriage의 내부 구조를 노출해서는 안 되는데, 이는 기차 안에 다양한 유형의 객차가 있기 때문만은 아니다. 대신 스스로 답을 가늠하는 데 도움이 되는 정보를 묻기보다는 진정 답하고자 하는 질문을 던져야 한다.

```
public void reserveSeats(ReservationRequest request) {
  for (Carriage carriage : carriages) {
    if (carriage.hasSeatsAvailableWithin(percentReservedBarrier)) {
      request.reserveSeatsIn(carriage);
      return;
    }
  }
  request.cannotFindSeats();
}
```

질의 메서드를 추가하면 가장 적절한 객체에 행위가 자리 잡아 행위에 이해하기 쉬운 이름이 생기고 테스트하기가 쉬워진다.

아울러 (값과 달리) 객체에 관한 질의를 되도록 적게 쓰려고 하는데, 질의가 정보를 객체 바깥으로 '새어 나가게' 해서 시스템을 약간 더 경직되게 만들 수 있기 때문이다. 적어도 단지 구현이 아니라 호출하는 객체의 의도를 서술하는 질의를 작성하려고 애써야 한다.

2.6 협력 객체의 단위 테스트

우리는 스스로 궁지에 빠진 것 같다. 즉, 초점을 맞추는 객체에 대해 각 객체가 서로 명령을 전달하고 자기 상태를 질의하는 수단을 노출하지 않아야 한다고 하니 단위 테스트에서 단정문을 쓸 만한 부분이 하나도 없는 것처럼 보인다. 이를테면, 그림 2.4에서 원으로 표시한 객체는 호출됐을 때 주위의 하나 또는 셋 이상의 이웃 객체에 메시지를 보낼 것이다. 그럼 어떻게 해당 객체의 내부 상태를 드러내지 않고 그러

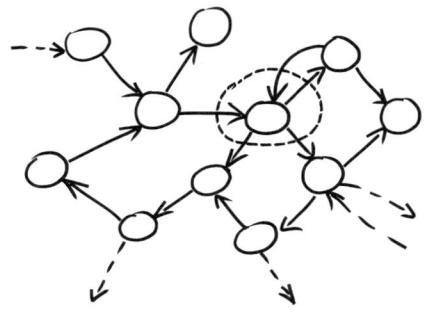

그림 2.4 격리된 상태에서 수행되는 객체의 단위 테스트

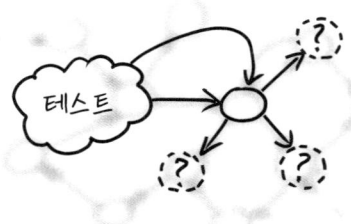

그림 2.5 목 객체를 이용한 객체 테스트

한 일이 올바르게 수행되는지 테스트할 수 있을까?

한 가지 방법은 그림 2.5처럼 테스트에 존재하는 대상 객체의 이웃을 다른 대체물, 즉 목 객체(mock object)로 대체하는 것이다. 그렇게 하면 발생하는 이벤트에 대해 대상 객체가 가짜 이웃과 어떻게 상호 작용할지 지정할 수 있다. 이 같은 명세를 예상 구문(expectation)이라 한다. 테스트가 진행되는 동안 목 객체는 자신이 예상대로 호출됐는지 단정한다. 게다가 나머지 테스트가 동작하는 데 필요한 행위(스텁 형태로 동작하는)을 구현하기도 한다.

이러한 기반 구조를 갖춰 놓으면 TDD에 접근하는 방법을 바꿀 수 있다. 그림 2.5는 단지 우리가 대상 객체를 테스트하려 하고, 이미 대상 객체의 이웃이 어떤 모습인지 알고 있음을 암시한다. 하지만 실제로 단위 테스트를 작성할 때는 그러한 협력자가 있을 필요가 없다. 테스트를 이용하면 객체에 필요한 보조 역할을 파악하는 데 도움이 되며, 이러한 보조 역할은 자바 인터페이스로 정의돼 있고 시스템의 나머지 부분을 개발할 때 실제 구현처럼 동작한다. 이를 우리는 인터페이스 발견(interface discovery)이라고 하며, 12장에서 AuctionEventListener를 뽑아낼 때 이와 관련된 예제를 보게 될 것이다.

2.7 목 객체를 활용한 TDD 지원

이 같은 유형의 테스트 주도 프로그래밍을 지원하려면 이웃하는 객체의 목 인스턴스를 생성하고, 해당 목 인스턴스를 어떻게 호출하고 상태를 검사하는가에 관한 예상 구문을 정의한 다음, 테스트를 할 때 스텁 형태로 동작할 필요가 있는 행위를 구

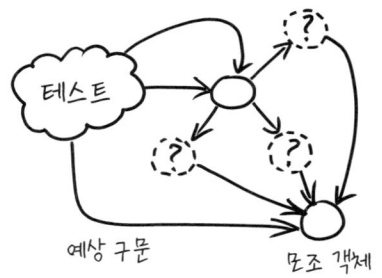

그림 2.6 목 객체를 활용한 객체 테스트

현해야 한다. 실제로 목 객체를 활용하는 테스트의 런타임 구조는 대략 그림 2.6과 같다.

여기서는 테스트의 콘텍스트를 담고 있고, 목 객체를 생성하며, 테스트에 대한 예상 구문과 스텁 행위를 관리하는 객체에 대해 모조 객체(mockery)[2]라는 용어를 쓰겠다. 아울러 3부에서 이 같은 과정을 빠짐없이 보여줄 것이므로 여기서는 기초적인 내용만 짚고 넘어가겠다. 테스트의 핵심 구조는 다음과 같다.

- 필요한 목 객체 생성
- 대상 객체를 포함한 실제 객체 생성
- 대상 객체에서 목 객체가 어떻게 호출될지 예상하는 바를 기술
- 대상 객체에서 유발(trigger) 메서드(하나 또는 여러 개)를 호출
- 결과 값이 유효하고 예상되는 메서드 호출이 모두 일어났는지 확인

단위 테스트는 대상 객체와 해당 객체를 둘러싼 환경 간의 관계를 명확하게 드러낸다. 단위 테스트는 그곳에 있는 모든 객체를 생성하고 대상 객체와 해당 객체의 협력자 사이의 상호 작용에 관한 단정을 만들어 낸다. 이러한 기반 구조를 손수 코드로 작성할 수도 있지만 요즘에는 다양한 언어에서 이용 가능한 여러 목 객체 프레임워크 중 하나를 사용해도 된다. 이 책 전반에 걸쳐 반복해서 강조하듯이 중요한 것은 모든 테스트 의도를 명확하게 해서 테스트를 거친 기능과 보조 역할을 담당하는 기반 구조, 객체 구조를 서로 구분하는 것이다.

---

2 이 용어는 이반 무어가 만들어낸 신조어로, 이 책 곳곳에서 사용했다.

3장 도구 소개

> 인간은 도구를 사용하는 동물이다. 인간에게 도구가
> 없다면 인간은 아무것도 아니지만, 도구가 있다면
> 인간은 전지전능하다.
> ─토마스 칼라일

3.1 이미 아는 내용이라면 넘어가도 좋다

이 책은 테스트로 객체 지향 소프트웨어 개발을 이끄는 기법에 관한 책이지, 특정 기술을 다루는 책이 아니다. 하지만 실무 기법을 보이고자 예제 코드에 쓸 일부 기술을 선택해야 했다. 이 책의 나머지 부분에서는 자바를 비롯해 JUnit 4, 햄크레스트, jMock2 프레임워크를 사용하겠다. 다른 기술을 사용하더라도 여기서 소개하는 아이디어를 자기 환경에 적용할 수 있을 만큼 충분히 이해했기를 바란다.

3장에서는 이 책의 나머지 부분에서 제시하는 코드 예제를 이해하는 데 보탬이 되게끔 이 세 가지 프레임워크의 프로그래밍 인터페이스를 간략히 설명한다. 이미 사용법을 안다면 이번 장은 건너뛰어도 무방하다.

3.2 간략한 JUnit 4 소개

이 책에서는 자바 테스트 프레임워크로 JUnit 4(이 책을 쓰는 현재 JUnit 버전은 4.6이다)를 사용한다.[1] 기본적으로 JUnit은 리플렉션을 통해 클래스 구조를 파악한 후

---

[1] JUnit은 여러 자바 IDE에 기본적으로 탑재돼 있고 www.junit.org에서 받을 수 있다.

해당 클래스 내에서 테스트를 나타내는 것을 모두 실행한다. 이를테면, 다음은 Entry 객체의 컬렉션을 관리하는 Catalog 클래스를 시험하는 테스트다.

```java
public class CatalogTest {
  private final Catalog catalog = new Catalog();
  @Test public void containsAnAddedEntry() {
    Entry entry = new Entry("fish", "chips");
    catalog.add(entry);
    assertTrue(catalog.contains(entry));
  }
  @Test public void indexesEntriesByName() {
    Entry entry = new Entry("fish", "chips");
    catalog.add(entry);
    assertEquals(entry, catalog.entryFor("fish"));
    assertNull(catalog.entryFor("missing name"));
  }
}
```

3.2.1 테스트 케이스

JUnit에서는 @Test라는 애노테이션이 지정된 메서드는 모두 테스트 케이스로 취급한다. 테스트 메서드는 값을 반환하거나 매개변수를 받아서는 안 된다. 이 경우 CatalogTest 클래스에는 containsAnAddedEntry()와 indexesEntriesByName()이라는 테스트 두 개가 정의돼 있다.

JUnit에서는 테스트를 실행하기 위해 테스트 클래스의 새 인스턴스를 생성한 후 적절한 테스트 메서드를 호출한다. 매번 새 테스트 객체를 생성하면 각 테스트 간의 격리성을 확보할 수 있는데, 테스트 객체의 필드가 각 테스트에 앞서 대체되기 때문이다. 이는 테스트에서 테스트 객체 필드의 내용을 마음껏 바꿀 수 있다는 의미다.

> **❗ JUnit과 동작 방식이 다른 NUnit**
>
> 닷넷(.Net) 환경에서 일하는 개발자라면 NUnit에서는 모든 테스트 메서드에 대해 동일한 테스트 객체의 인스턴스를 재사용하므로 변경될지도 모르는 값은 모두 반드시 [Setup]과 [TearDown] 메서드에서 초기화하거나(필드일 경우) 해당 값의 유효 범위를 특정 테스트 메서드 내로 한정해야 한다는 점을 알아두자.

3.2.2 단정

JUnit 테스트에서는 테스트 대상 객체를 호출하고 그 결과를 단정(assertion)하는데, 보통 JUnit에 정의돼 있는 단정 메서드를 사용하며, 이러한 메서드는 단정이 실패할 때 유용한 오류 메시지를 만들어낸다.

이를테면, CatalogTest에서는 JUnit의 세 가지 단정 메서드를 사용했다. assertTrue()는 표현식이 참임을 단정하고, assertNull()은 객체 참조가 null임을 단정하며, assertEquals()는 두 값이 동일함을 단정한다. 단정이 실패하면 assertEquals()는 예상 값과 실제 값을 비교한 내용을 보여준다.

3.2.3 예외 예상하기

@Test 애노테이션은 선택적인 매개변수로 expected라는 것을 지원한다. 이 매개변수는 테스트 케이스에서 예외를 던질 것으로 선언한다. 테스트에서 예외를 던지지 않거나 다른 유형의 예외를 던지면 테스트가 실패한다.

예를 들어, 다음 테스트에서는 Catalog에서 두 항목이 같은 이름으로 추가될 경우 IllegalArgumentException을 던지는지 검사한다.

```
@Test(expected=IllegalArgumentException.class)
public void cannotAddTwoEntriesWithTheSameName() {
  catalog.add(new Entry("fish", "chips"));
  catalog.add(new Entry("fish", "peas"));
}
```

3.2.4 테스트 픽스처

테스트 픽스처(test fixture)는 테스트가 시작할 때 존재하는 고정된 상태를 의미한다. 테스트 픽스처는 테스트가 반복 가능함을 보장한다. 즉, 테스트가 실행될 때마다 해당 테스트는 동일한 상태로 시작하므로 동일한 결과를 낼 것이다. 픽스처는 테스트가 실행되기 전에 준비해서(set up) 테스트 실행이 완료된 후에 정리(tear down)할 수 있다.

JUnit 테스트에서 사용되는 픽스처는 해당 테스트를 정의한 클래스에서 관리하고 객체의 필드에 저장된다. 같은 클래스에 정의된 테스트는 모두 동일한 픽스처를 가지고 시작하며, 실행될 때 해당 픽스처를 변경해도 된다. CatalogTest에서 픽스처는 catalog 필드에 저장된 빈 Catalog 객체다.

대개 픽스처는 필드 초기화자(initializer)에서 준비한다. 또 테스트 클래스의 생성자나 인스턴스 초기화자 블록에서 픽스처를 준비할 수도 있다. JUnit에서는 애노테이션으로 픽스처를 준비하거나 정리하는 메서드를 구분할 수도 있다. JUnit은 픽스처를 준비하기 위해 테스트를 실행하기 전에 @Before라는 애노테이션이 지정된 메서드를 모두 실행하고, 픽스처를 정리하기 위해 테스트가 실행된 후 @After라는 애노테이션이 지정된 메서드를 실행한다. 많은 JUnit 테스트에서 명시적으로 픽스처를 정리하지 않아도 되는데, 픽스처를 준비할 때 JVM 가비지 컬렉션으로 생성된 객체를 수거하는 것만으로도 충분하기 때문이다.

이를테면, CatalogTest의 테스트에서는 모두 동일한 항목으로 catalog를 초기화한다. 이처럼 공통적인 초기화 작업은 필드 초기화자와 @Before 메서드로 옮겨도 된다.

```java
public class CatalogTest {
  final Catalog catalog = new Catalog();
  final Entry entry = new Entry("fish", "chips");

  @Before public void fillTheCatalog() {
    catalog.add(entry);
  }

  @Test public void containsAnAddedEntry() {
    assertTrue(catalog.contains(entry));
  }

  @Test public void indexesEntriesByName() {
    assertEquals(equalTo(entry), catalog.entryFor("fish"));
    assertNull(catalog.entryFor("missing name"));
  }

  @Test(expected=IllegalArgumentException.class)
  public void cannotAddTwoEntriesWithTheSameName() {
    catalog.add(new Entry("fish", "peas"));
  }
}
```

3.2.5 테스트 러너

JUnit이 클래스를 대상으로 리플렉션을 수행해 테스트를 찾아 해당 테스트를 실행하는 방식은 테스트 러너(test runner)에서 제어한다. 클래스에 사용되는 러너는 @RunWith 애노테이션으로 설정할 수 있다.[2] JUnit에서는 테스트 러너로 구성된 소규모 라이브러리를 제공한다. 이를테면, Parameterized 테스트 러너를 이용하면 데이터 중심 테스트를 작성할 수 있는데, 이러한 테스트에서는 정적 메서드에서 반환하는 다양한 데이터 값을 대상으로 동일한 테스트 메서드를 실행할 수 있다.

---

2 이 책을 출간할 때쯤이면 필드에 지정할 수 있는 Rule 애노테이션도 JUnit에 추가될 텐데, 이것은 테스트 실행 주기를 '가로챌' 수 있는 객체를 지원하는 역할을 한다.

조만간 보겠지만 jMock 라이브러리는 맞춤형 테스트 러너를 이용해 테스트가 끝나고 테스트 픽스처가 정리되기 전에 목 객체를 자동으로 검증한다.

3.3 햄크레스트 매처와 assertThat()

햄크레스트는 매칭 조건을 선언적으로 작성하는 프레임워크다. 햄크레스트 자체는 테스트 프레임워크가 아니지만 JUnit이나 jMock을 비롯해 3부 예제에서 사용하는 윈도리커(WindowLicker) 같은 여러 테스트 프레임워크에서 쓰인다.

햄크레스트의 매처(matcher)는 특정 객체가 어떤 조건과 일치하는지 알려주며, 해당 조건이나 객체가 어떤 조건과 일치하지 않는 이유를 기술할 수 있다. 이를테면, 다음 코드는 특정 부문자열(substring)을 담은 문자열과 매칭되는 매처를 생성하고 해당 매처를 사용해 단정을 수행한다.

```
String s = "yes we have no bananas today";

Matcher<String> containsBananas = new StringContains("bananas");
Matcher<String> containsMangoes = new StringContains("mangoes");

assertTrue(containsBananas.matches(s));
assertFalse(containsMangoes.matches(s));
```

대개 매처는 직접적으로 인스턴스화되지 않는다. 대신 햄크레스트는 매처를 생성하는 코드의 가독성을 높이고자 모든 매처에 대한 정적 팩터리 메서드를 제공한다. 예를 들면 다음과 같다.

```
assertTrue(containsString("bananas").matches(s));
assertFalse(containsString("mangoes").matches(s));
```

하지만 실제로는 매처를 JUnit의 assertThat()과 조합해 사용한다. assertThat()[3]은 매처의 자기서술적(self-describing)인 특성을 활용해 단정이 실패할 경우 뭐가 잘못됐는지 분명하게 드러낸다. 앞의 코드는 다음과 같은 단정으로 고쳐 쓸 수 있다.

```
assertThat(s, containsString("bananas"));
assertThat(s, not(containsString("mangoes")));
```

두 번째 단정은 햄크레스트의 가장 유용한 기능을 보여준다. 바로 기존 매처를 조합

---

3 assertThat() 메서드는 JUnit 4.5에 도입됐다.

해 새로운 조건을 정의하는 기능이다. not() 메서드는 전달된 매처의 의미와 반대되는 매처를 생성하는 팩터리 함수다. 매처를 조합하더라도 코드와 실패 메시지 모두 자기서술적인 특성을 띠게끔 설계돼 있다. 예를 들어, 두 번째 단정이 실패하게끔 변경하면

```
assertThat(s, not(containsString("bananas"));
```

실패 보고 내용은 다음과 같다.

```
java.lang.AssertionError:
Expected: not a string containing "bananas"
     got: "Yes, we have no bananas"
```

코드를 작성해 명시적으로 조건을 검사하거나 풍부한 정보를 드러내는 오류 메시지를 만들어 내는 게 아니라 assertThat()에 매처 표현식을 전달하고 assertThat()이 그 일을 알아서 처리하게 할 수 있다.

사용자가 햄크레스트를 확장할 수도 있다. 특정한 조건을 검사해야 한다면 Matcher 인터페이스와 적절한 이름을 붙인 팩터리 메서드를 구현하는 식으로 새 매처를 작성할 수 있으며, 결과물은 기존 매처 표현식과 자연스럽게 합쳐질 것이다. 사용자 정의 햄크레스트 매처를 작성하는 방법은 부록 B에서 설명한다.

3.4 jMock2: 목 객체

jMock2는 JUnit(및 다른 테스트 프레임워크)에 붙여서 2장에서 소개한 목 객체를 활용한 테스트 방식을 지원한다. jMock은 목 객체를 동적으로 생성하므로 목을 생성하려는 타입의 구현체를 직접 작성하지 않아도 된다. 또 jMock은 테스트 대상 객체가 그것과 상호 작용 중인 목 객체를 어떻게 호출하고 목 객체가 거기에 반응해 어떻게 동작해야 할지를 지정하는 고수준 API를 제공한다.

> **! jMock 이해**
>
> jMock은 예상 구문의 기술을 최대한 명확하게 할 목적으로 고안한 것이다. 이를 목적으로 우리는 다소 특이한 자바 코딩 기법을 활용했는데, 이 같은 기법을 처음 접한 사람에게는 신기해 보일 수도 있다. jMock 설계는 이 책에서 제시한 아이디어에 영감을 받았고, 이러한 아이디어는

몇 년에 걸쳐 실제 프로젝트에서 얻은 경험을 토대로 한다. 이 책에서 소개하는 예제를 이해하기 어렵다면 부록 A와 www.jmock.org에서 좀 더 자세하게 설명하고 있으니 참고하기 바란다. 물론 여기서 소개한 예제를 실제로 경험해볼 때까지 판단을 미룰 만한 가치가 있다고 생각한다.

---

jMock API의 핵심 개념은 모조 객체와 목 객체, 예상 구문이다. 모조 객체는 테스트 대상 객체의 콘텍스트, 즉 그것과 이웃하는 객체를 표현한다. 목 객체는 테스트가 실행되는 과정에서 테스트 대상 객체의 실제 이웃을 대신한다. 예상 구문은 테스트 과정에서 테스트 대상 객체가 그것의 이웃을 어떻게 호출해야 하는지 기술한다.

다음 예제는 이러한 개념을 모두 보여준다. 이 테스트는 AuctionMessageTranslator가 전달된 메시지 텍스트를 구문 분석(parse)해서 auctionClosed() 이벤트를 생성할 것으로 단정한다. 지금 당장은 구조에만 집중하자. 이 테스트는 12장에서 다시 살펴보겠다.

```
@RunWith(JMock.class) ❶
public class AuctionMessageTranslatorTest {
  private final Mockery context = new JUnit4Mockery();❷
  private final AuctionEventListener listener =
      context.mock(AuctionEventListener.class); ❸
  private final AuctionMessageTranslator translator =
      new AuctionMessageTranslator(listener); ❹

  @Test public void
  notifiesAuctionClosedWhenCloseMessageReceived() {
    Message message = new Message();
    message.setBody("SOLVersion: 1.1; Event: CLOSE;"); ❺

    context.checking(new Expectations() {{ ❻
      oneOf(listener).auctionClosed();❼
    }});

    translator.processMessage(UNUSED_CHAT, message); ❽
  } ❾
}
```

❶ @RunWith(JMock.class) 애노테이션을 지정하면 JUnit이 jMock 테스트 러너를 사용해 테스트가 끝나는 시점에 모조 객체를 자동으로 호출해 모든 목 객체가 예상대로 호출됐는지 검사한다.

❷ 테스트에서는 Mockery를 생성한다. 이 테스트는 JUnit 4 테스트라서 JUnit4Mockery를 생성하는데, JUnit4Mockery는 올바른 예외 타입을 던져 JUnit 4에 테스트 실패를 보고한다. 관례상 jMock 테스트에서는 모조 객체를 context라는 필

드에 보관하는데, context가 테스트 대상 객체의 콘텍스트를 나타내기 때문이다.
❸ 테스트에서는 모조 객체를 사용해 AuctionEventListener의 목 객체를 생성한다. 여기서 생성한 목 객체는 테스트 과정에서 실제 리스너 구현체를 대신할 것이다.
❹ 테스트에서 테스트 대상 객체인 AuctionMessageTranslator를 인스턴스화하고 목 리스너를 해당 인스턴스의 생성자에 전달한다. AuctionMessageTranslator는 실제 리스너와 목 리스너를 구분하지 않는다. 단지 AuctionEventListener 인터페이스를 통해 상호 작용하며, 해당 인터페이스가 어떻게 구현돼 있는지는 신경 쓰지 않는다.
❺ 테스트에서 사용될 다른 객체를 준비한다.
❻ 그런 다음 테스트에서는 예상 구문 블록을 정의해 테스트 과정에서 번역기(translator)가 이웃 객체를 어떻게 호출할지 모조 객체에 알린다. 이를 위해 사용한 자바 문법은 자주 쓰는 게 아니라서 지금은 좀 참았다가 부록 A에서 좀 더 자세히 설명하고 있으니 참고하라.
❼ 이 테스트에서 상당히 중요한 부분으로서 단일 예상 구문을 나타낸다. 이 구문은 코드가 작동하는 과정에서 리스너의 auctionClosed() 메서드가 정확히 한 번 호출될 것으로 예상한다는 의미다. 원시 Close 메시지를 받을 때마다 auctionClosed() 이벤트가 발생했다고 번역기가 리스너에 알려줄 경우 테스트가 성공한 것이다.
❽ 이것은 테스트 대상 객체를 호출하는 것으로, 테스트하고자 하는 행위를 일으키는 외부 이벤트에 해당한다. 여기서는 원시 Close 메시지를 번역기에 전달했으며, 테스트에 따르면 번역기는 리스너를 대상으로 auctionClosed()를 한 번 호출할 것으로 예상한다. 모조 객체는 테스트 과정에서 목 객체가 예상대로 호출됐는지 검사하고 예상과 달리 호출되면 즉시 테스트가 실패하게 한다.
❾ 참고로 테스트에서는 단정을 아무것도 하지 않아도 된다. 이 같은 부분은 목 객체 테스트에서 흔히 볼 수 있다.

3.4.1 예상 구문

앞의 예제에서는 아주 단순한 한 가지 예상 구문을 지정했다. jMock의 예상 구문 API는 표현력이 매우 뛰어나며, 이를 이용하면 다음과 같은 것들을 정확히 지정할 수 있다.

- 예상하는 호출의 최소 횟수와 최대 횟수
- 호출이 예상되거나(호출되지 않을 경우 테스트가 실패할 것이다) 단순히 호출이 일어나는 것을 허용하는지 여부(호출되지 않을 경우 테스트가 통과할 것이다)
- 매개변수 값. 상수로 만들어 지정하거나 햄크레스트 매처로 제한할 수 있다.
- 다른 예상 구문을 고려한 제약 조건의 순서 지정
- 메서드가 호출됐을 때 일어나야 할 일로 반환할 값이나 던질 예외, 또는 그 밖의 행위다.

예상 구문 블록은 해당 예외 블록을 둘러싼 테스트 코드와 구별함으로써 이웃 객체가 어떻게 호출되는지 기술하는 코드와 실제로 객체를 호출하고 결과를 검사하는 코드를 분명하게 구분하는 데 목적이 있다. 예상 구문 블록은 예상 구문을 기술하는 약간 선언적인 언어처럼 동작하는데, 예상 구문 블록이라는 아이디어에 관해서는 '고수준 프로그래밍을 위한 대비'(79쪽)에서 다시 살펴보겠다.

jMock API에 관해 전해줄 내용은 많지만 이번 장에서는 지면상 더 다루지 않겠다. 이 책의 나머지 부분에서 jMock의 기능을 좀 더 설명할 것이며, 부록 A에 정리한 내용이 있으니 참고하기 바란다. 하지만 가장 중요한 것은 구현 방법이 아니라 그 이면에 자리한 개념과 동기다. 이 책에서는 개념과 동기를 명확하게 제시하고자 최선을 다하겠다.

2부   테스트 주도 개발 과정

지금까지 점진적인 테스트 주도 개발의 개념과 동기를 대략적으로 소개했다. 이 책의 나머지 부분에서는 테스트 주도 개발을 실제로 작동하게 하는 실질적인 세부 사항을 다루겠다.

2부에서는 우리가 택한 접근법을 규정하는 개념을 소개한다. 이 과정에서 두 가지 핵심 원칙, 즉 지속적이고 점진적인 개발과 표현력 있는 코드에 다다른다.

4장

GROWING OBJECT-ORIENTED SOFTWARE GUIDED BY TESTS

테스트 주도 주기 시작

> 영감으로 뭔가가 시작되길 기다려서는 안 된다. 행동은 늘 영감을 만들어낸다. 영감만으로는 행동을 만들어내지 못한다.
> ─프랭크 티볼트

1장에서 설명한 TDD 과정은 기존 기반 구조에 신기능 테스트를 추가하는 식으로 시스템을 성장시킬 수 있다고 가정했다. 하지만 이러한 기반 구조가 있기 전의 최초 기능은 어떨까? 인수 테스트의 일환으로 테스트는 전 구간을 대상으로 실행되어 시스템의 외부 인터페이스에 관해 필요한 피드백을 줘야 하는데, 이는 자동화된 빌드·배포·테스트 주기 전체를 구현해야 함을 의미한다. 이렇게 하려면 첫 테스트가 실패하는 것을 보기도 전에 해야 할 일이 굉장히 많다.

프로젝트를 시작하자마자 곧바로 배포하고 테스트하려면 팀에서는 개발하려는 시스템이 실제로 어떤 식으로 현실과 결부될지 이해해야 한다. 그러면 '가늠조차 할 수 없는' 기술적, 조직적 위험이 드러나서 시간 여유가 아직 있을 때 문제를 해결할 수 있다. 배포하려는 시도 역시 사람들이 누구와 연락해야 하는지(가령, 시스템 관리자나 외부 벤더 같은) 파악하고 그러한 관계를 형성하는 데 도움이 된다.

존재하지 않는 시스템을 상대로 '빌드·배포·테스트'를 시작한다는 말이 이상하게 들리겠지만 매우 필수적인 활동이라 생각한다. '빌드·배포·테스트'를 나중으로 미루는 것은 너무 위험하다. 수개월에 걸쳐 개발했지만 개발한 시스템을 안정적으로 배포할 수 없어서 프로젝트가 취소된 경우를 지금까지 여러 번 봤다. 또한 신기능을 대상으로 수개월에 걸쳐 손수 회귀 테스트를 하고 나서도 오류율이 너무 높아 시스템이 폐기된 경우도 본 적이 있다. 늘 그렇듯이 우리는 피드백을 아주 근본적인 도구라 생각하며, 올바른 방향으로 나아가고 있는지 최대한 미리 파악하고자 한다. 그리고 나서 적절한 곳에서 첫 테스트를 시작하기만 하면 이어지는 테스트는 훨씬 빨리 작성할 수 있을 것이다.

4.1 우선 동작하는 골격을 대상으로 테스트하라

첫 인수 테스트를 작성하고 통과하는 일의 어려움은, 도구를 마련하고 동시에 그렇게 마련한 도구로 테스트를 하면서 기능까지 구현하기가 어렵다는 데 있다. 도구나 기능 중 한 가지를 변경하면 다른 것을 진행하는 데 차질이 빚어지고, 아키텍처·테스트·제품 코드가 모두 확정돼 있지 않을 경우 실패를 역추적하기가 굉장히 까다롭다. 안정적이지 못한 개발 환경의 증상 한 가지는 뭔가가 실패했을 때 가장 먼저 어디를 살펴봐야 할지 마땅치 않다는 것이다.

이 같은 '최초 기능의 역설'은 규모가 작은 두 문제로 쪼개면 해결할 수 있다. 먼저 '동작하는 골격'을 대상으로 빌드·배포·테스트하는 방법을 파악한 다음, 그 기반구조를 이용해 유의미한 첫 기능에 대한 인수 테스트를 작성한다. 그 후에는 시스템의 나머지 부분을 대상으로 테스트 주도 개발을 진행할 수 있게 모든 것이 제자리에 놓일 것이다.

'동작하는 골격'이란 전 구간을 대상으로 자동 빌드·배포·테스트를 할 수 있는 실제 기능을 가장 얇게 구현한 조각을 말한다[Cockburn04]. 여기엔 첫 기능을 구현할 수 있을 정도의 자동화, 주요 컴포넌트, 통신 메커니즘이 포함될 것이다. 골격에 포함된 애플리케이션 기능을 단순하게 유지하면 골격은 신경 쓰지 않고도 기반구조에만 마음껏 집중할 수 있다. 가령 데이터베이스를 활용하는 웹 애플리케이션이라면 골격에서는 데이터베이스 필드가 포함된 웹 페이지를 보여줄 것이다. 10장에서는 사용자 인터페이스에서 값 하나를 보여주고 서버로 응답 메시지를 전달하는 예제를 살펴보겠다.

아울러 전 구간, 즉 '끝에서 끝까지'라는 표현에서 '끝'이 시스템뿐 아니라 프로세스를 가리킨다는 사실을 깨닫는 것도 중요하다. 여기서는 아무것도 없는 상태에서 테스트를 시작해 배포 가능한 시스템을 만들어 그것을 실제 운영 환경과 비슷한 곳에 배포한 다음, 배포된 시스템을 대상으로 빠짐없이 테스트를 수행하고자 한다. 테스트 과정에 배포 단계를 포함하는 것은 두 가지 이유에서 굉장히 중요하다. 첫째, 배포 단계는 손수 해서는 안 될, 오류가 발생하기 쉬운 활동이므로 실제 환경에 배포해야 할 때까지는 스크립트를 철저하게 검증해야 하기 때문이다. 지금까지 되풀이해서 배운 교훈이 하나 있다면 바로 배포 과정을 자동화하는 것만큼 프로세스를 이해하는 데 도움이 되는 것은 없다는 점이다. 둘째, 배포 단계에서는 개발 팀이 조직의 다른 부문과 접촉하기도 하며, 운영이 실제로 어떻게 되는지도 배워야 하기 때문이다. 데이터베이스를 구성하는 데 6주가 걸리고 네 명의 승인을 얻어야 한다면 시스템을 인도하기 2주 전이 아니라 지금 당장 배포 과정을 파악해야 한다.

물론 실제로 전 구간을 대상으로 수행되는 테스트는 달성하기 어려울 수도 있으므로 실제 시스템에서 수행할 기능과 시스템이 수행되는 환경에 대해 현재 알고 있는 사항을 구현한 기반 구조에서 시작해야 한다. 하지만 한 가지 염두에 둘 점은 이 방식은 일을 마치기 전까지는 그저 임시방편에 불과하며, 실제로 전 구간을 대상으로 테스트를 수행하기 전까지는 미처 파악하지 못한 위험이 도사리고 있다는 것이다. 경매 스나이퍼 예제(3부)에서 한 가지 부족한 점은 테스트를 실제 사이트가 아닌 모의 서버를 대상으로 수행한다는 것이다. 언젠가 실제 운영 환경으로 가기 전까지는 사우스비 온라인(Southabee's On-Line)을 대상으로 테스트해야 할 것이다. 일찌감치 그렇게 해놓으면 나중에 일어날 일에 대비하기가 좀 더 수월할 것이다.

'동작하는 골격'을 만드는 동안에는 골격의 구조에 집중하고, 테스트가 최대한 표현력을 갖추게끔 테스트를 정리하는 일에 대해서는 크게 신경 쓰지 않는다. 동작하는 골격과 그것을 보조하는 기반 구조는 테스트 주도 개발을 시작하는 방법을 도와주기 위해 존재하는 것이다. 동작하는 골격은 전 구간에 걸친 인수 테스트 솔루션을 완성하는 것으로 나아가는 첫 걸음에 지나지 않는다. 우리가 첫 기능에 대한 테스트를 작성할 때면 해당 기능이 시스템의 행위를 명확하게 표현할 수 있게 "읽고 싶은 테스트를 작성"(50쪽)해야 한다.

> **전 구간에 걸친 초기 테스트의 중요성**
>
> 몇 년간 진행되고 있었지만 시스템을 전 구간에 걸쳐 테스트해본 적이 한 번도 없는 프로젝트에 합류한 적이 있다. 제품이 자주 정지했고 배포도 가끔 실패했다. 시스템은 규모가 크고 복잡했으며, 해당 시스템에서 관리하는 복잡한 업무 거래가 반영돼 있었다. 이러한 시스템을 상대로

전 구간에 걸친 자동화된 테스트 스위트를 개발한다는 것은 완전히 새로운 팀을 결성해야 할 만큼 크나큰 노력이 드는 일이었다. 새로 결성된 팀은 몇 달에 걸쳐 전 구간 테스트 환경을 구축했지만 전 구간에 걸친 테스트 스위트로도 시스템 전체를 아우르지는 못했다.

전 구간 테스트의 필요성이 설계에 영향을 주지 못했기에 시스템은 테스트하기 쉽지 않았다. 이를테면, 시스템 컴포넌트에서는 활동을 스케줄링하는 데 내부 타이머를 사용했는데, 그러한 활동 중 일부는 며칠 뒤나 몇 주 후로 예정돼 있었다. 이 때문에 전 구간 테스트를 작성하기가 굉장히 어려웠다. 그래서 테스트를 실시간으로 실행하기가 여의치 않았고, 스케줄링은 외부 시스템의 영향을 받을 수 없게 돼 있었다. 개발자들은 원격 스케줄러(테스트 환경에서 교체할 수 있는)에서 보낸 메시지로 주기적인 활동을 시작할 수 있게끔 시스템 자체를 다시 설계해야 했다. 이 부분에 관해서는 '이벤트 소스의 외부화'(376쪽)를 참고한다. 이 같은 재설계는 중대한 아키텍처 변경이었고 전 구간 테스트가 뒷받침되지 않은 상태에서 수행한 것이었기에 대단히 위험했다.

4.2 동작하는 골격의 외형 결정

'동작하는 골격'을 개발한다는 것은 애플리케이션의 개괄적인 구조를 결정하기 시작한다는 의미다. 어떤 전체 구조에 관한 구상 없이는 빌드 · 배포 · 테스트 주기를 자동화할 수 없다. 지금은 그렇게까지 구체적일 필요가 없지만 계획한 첫 출시를 달성하는 데 필요할 주요 시스템 컴포넌트와 그러한 컴포넌트의 상호 작용 방식에 대한 대략적인 그림은 필요하다. 경험상 '동작하는 골격'의 설계는 화이트보드에 몇 분만에 그릴 수 있다.

> 💡 **마파 문디[1]**
> 그림 4.1에 나온 것처럼 사무실 벽 같은 공개된 장소에 시스템 구조를 그려놓으면 코드를 작성할 때 팀이 업무 방향을 참고하는 데 도움이 된다.

---

[1] 마파 문디는 라틴어로 세계 지도를 일컫는 말이다. 오늘날 지도를 가리키는 맵(map)은 이 표현에서 유래했는데, 마파(mappa)는 지도를 그린 천을 말한다.

그림 4.1 사무실 벽에 그려진 대략적인 아키텍처 다이어그램

이 같은 초기 구조를 설계하려면 시스템의 목적을 어느 정도 이해해야 한다. 그렇지 않으면 위험을 무릅쓰고 하는 일들이 죄다 의미가 없어진다. 클라이언트의 요구 사항, 즉 기능적 요구 사항과 비기능적 요구 사항을 고수준 관점에서 바라보고 의사 결정에 참고해야 한다. 이 같은 준비 작업은 프로젝트 계약의 일부로 이 책의 범위를 넘어서므로 더 자세히 살피지는 않겠다.

'동작하는 골격'의 핵심은 팀에서 자신들의 해법(팀에서 코드 작성을 시작하기 전에 반드시 취해야 할 필수적인 의사 결정)을 전체적으로 조망하는 데 이바지하게끔 첫 테스트를 작성하는 과정을 활용해 프로젝트의 맥락을 짚어내는 데 있다. 그림 4.2는 그림 1.2에 나온 TDD 절차가 어떻게 이 같은 맥락에 녹아드는지 보여준다.

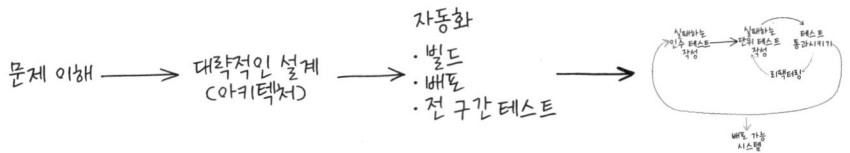

그림 4.2 첫 테스트의 맥락

이를 애자일 개발 커뮤니티에서 좋지 않은 평판을 받는 '과도한 사전 설계(BDUF: Big Design Up Front)'와 혼동하지 않았으면 한다. 코딩을 시작하기 전에 전체 설계를 클래스와 알고리즘 수준까지 끌어내려 정교하게 다듬자는 게 아니다. 우리는 현재 생각하고 있는 바가 틀릴 가능성이 있으므로 시스템이 성장해 가면서 세부 사항

을 파악하는 방식을 선호하는 편이다. 우리는 실제 피드백을 토대로 배우고 개선해 나가는 과정을 시작할 수 있게 TDD 주기를 시작하는 데 필요한 최소한의 의사 결정을 내리는 중이다.

4.3 피드백 소스 구축

애플리케이션 설계에 대해 내린 의사 결정이나, 애플리케이션 설계가 근거하는 가정의 옳고 그름에 대해서는 아무것도 보장할 수 없다. 그저 최선을 다할 뿐이며 현재 밟고 있는 절차에 피드백을 적용해 최대한 빨리 의사 결정이나 가정을 검증하는 데 의지할 뿐이다. '동작하는 골격'을 구현하고자 제작한 도구는 이러한 학습 과정을 보조하기 위해 존재한다. 당연히 도구도 완벽하지는 않을 것이며, 도구가 팀에 어떻게 보탬이 되는지 배우는 과정에서 도구도 점차 개선할 수 있으리라 기대한다.

이상적인 상태는 그림 4.3에 나온 것처럼 팀에서 정기적으로 운영 시스템에 릴리스할 때다. 이렇게 하면 시스템의 이해관계자들이 시스템이 자신들의 요구에 얼마나 부합하는지에 반응할 수 있고, 동시에 우리는 시스템 구현을 평가할 수 있다.

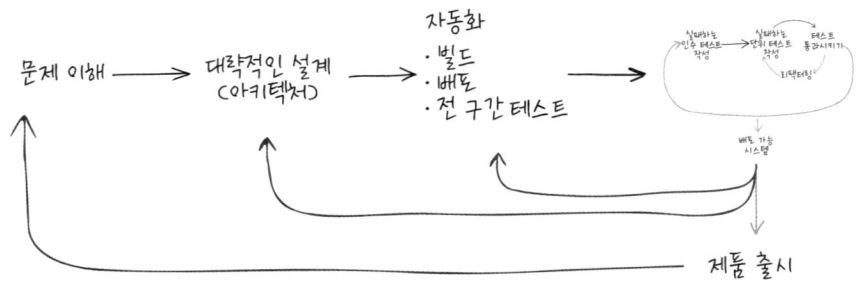

그림 4.3 요구 사항 피드백

우리는 빌드 및 테스트 자동화를 활용해 시스템 품질에 관한 피드백을 받는다. 이러한 피드백으로는 특정 버전을 떼어내서 배포하기가 얼마나 쉬운가, 설계가 얼마나 잘 동작하는가, 코드 품질은 얼마나 높은가 같은 것이 있다. 자동화된 배포는 실제 사용자에게 자주 출시하는 데 도움이 되는데, 이로써 우리가 도메인에 관해 얼마나 잘 이해하고 있는지, 현장에서 시스템을 볼 수 있다는 것이 고객의 우선순위를 바꾸는지 아닌지에 대해 피드백을 받을 수 있다.

그렇지만 가장 큰 혜택은 뭘 배우든 거기에 맞춰 시스템을 변경할 수 있으리라는 점이다. 뭐든 테스트를 먼저 작성한다는 것은 철저한 회귀 테스트 모음을 갖게 된다는 것을 의미하기 때문이다. 물론 어떤 테스트도 완벽하진 않지만 우리가 현장에서 깨닫게 된 바는 견고한 테스트 모음이 있으면 중대한 변경을 안전하게 할 수 있다는 사실이다.

4.4 불확실성은 일찍 드러내라

이렇게 노력하다 보면 팀이 자주 놀라게 된다. 바로 '동작하는 골격'을 동작하게 하는 데 걸리는 시간 때문이다(실제로 그것이 하는 일은 별로 없다는 점을 감안할 때). 이는 첫 단계에서 상당한 기반 구조를 다지고, 답하기 곤란한 갖가지 질문을 하는(그리고 거기에 답하는) 과정을 거치기 때문이다. 팀에서 기능 요구 사항과 대상 환경에 관해 더 많이 알게 될수록 처음으로 일부 기능을 구현하는 데 걸리는 시간을 예측하기 어려워질 것이다. 신규 팀의 경우 협업 방식을 익혀야 한다는 사회적인 부담까지 떠안을 것이다.

    동료 프레드(Fred Tingey)는 점진적인 개발이 프로젝트 초반에 각종 부담을 주는 탓에 그것에 익숙하지 않은 팀과 관리 부서가 혼란스러워하는 모습을 본 적이 있다. 나중에 통합 절차를 수행하는 프로젝트는 침착한 분위기에서 시작하지만 대개 팀에서 처음으로 시스템 통합을 시도하는 프로젝트 후반부에 힘들어지곤 한다. 통합을 나중에 하는 방식의 경우 어떤 일이 일어날지 예측하기가 불가능한데, 팀에서 엄청나게 많은 각 부분을 제한된 시간에 짜맞춰야 하고 실패한 부분을 고치는 일도 감안해야 하기 때문이다. 그 결과 경험이 풍부한 이해관계자는 점진적인 프로젝트가 시작할 때 생기는 불안정성에 고약하게 반응하는데, 프로젝트 후반부에 들어서면 상황이 훨씬 더 악화되리라 예상하기 때문이다.

    우리가 경험한 바로는 점진적인 개발을 잘 운영하면 정반대 방향으로 프로젝트가 흘러간다. 처음에는 불안정한 상태로 시작하지만 일부 기능을 구현하고 프로젝트 자동화가 구축되고 나면 반복적인 과정으로 안정화된다. 프로젝트가 인도 단계에 접어들면 결국 꾸준히 기능이 만들어질 테고 아마 처음으로 출시하기 전에는 활동량이 굉장히 많을 것이다. 배포와 업그레이드처럼 평범하지만 깨지기 쉬운 작업은 모두 자동화되어 '알아서 굴러갈' 것이다. 두 접근법은 대략 그림 4.4와 같이 대비된다.

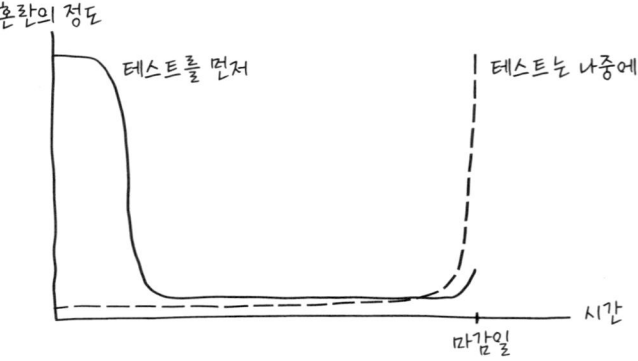

그림 4.4 테스트를 먼저 하는 프로젝트와 테스트를 나중에 하는 프로젝트에서 나타나는 불확실성

테스트 주도 개발의 이 같은 측면은 다른 측면과 마찬가지로 직관적이지 않게 보일지도 모르지만 지금까지 늘 충분한 시간을 들여 시스템 기반(아니면 최소한 최초 버전이라도)을 대상으로 구조를 잡고 자동화할 만한 가치가 있었다. 물론 완벽한 '동작하는 골격'을 준비하는 데 프로젝트 전체 일정을 소모하고 싶지는 않을 테니 화이트보드에 그리는 수준에서 의사 결정을 내리고 의사를 바꿔야 할 때는 그렇게 할 수 있는 권리를 확보한다. 가장 중요한 것은 방향 감각을 확보하는 것과 가정을 테스트할 구체적인 구현을 갖춰야 한다는 것이다.

'동작하는 골격'은 프로젝트 초기에 각종 쟁점을 드러낸다. 프로젝트 초기라면 아직까지 시간과 예산, 그러한 쟁점을 해결할 의지가 있을 때다.

> **기존 시스템을 대상으로 한 개발**
>
> 우리가 늘 밑바닥부터 새로운 시스템을 만드는 호사를 누리지는 않는다. 상당수 프로젝트는 확장, 수정, 대체돼야 할 기존 시스템을 가지고 시작한다. 그러한 경우 '동작하는 골격'을 만드는 것으로 프로젝트를 시작할 수 없다. 즉, 기존 구조가 아무리 부적당해도 그것을 이용해야 한다는 의미다.
>
> 그렇지만 기존 시스템을 대상으로 TDD를 시작하는 절차는 새 시스템에 TDD를 적용하는 것과 근본적으로 다르지 않다. 기존 시스템에 적용된 기술적 측면 때문에 훨씬 더 어려울지도 모르지만 말이다. 마이클 페더스는 그와 같은 주제만 다룬 책 [Feathers04]를 쓴 적이 있다.
>
> 회귀성을 파악할 만한 테스트가 없다고 해서 시스템을 뜯어 고치는 것은 위험하다. 가장 안전하게 TDD 과정을 시작하는 방법은 빌드와 배포 과정을 자동화한 다음, 변경하고자 하는 코드

영역을 포괄하는 전 구간 테스트를 추가하는 것이다. 그렇게 해서 코드 영역을 보호해두면 좀 더 확신을 갖고 기능을 추가할 때마다 코드를 리팩터링하고 단위 테스트를 도입하면서 내부 품질 문제를 해결해 나갈 수 있다.

전 구간 테스트 기반 구조를 구축하는 가장 쉬운 방법은 파악할 수 있고, 시스템을 관통하는 가장 단순한 경로를 이용하는 것이다. '동작하는 골격'처럼 이 경로를 활용하면, 더욱 복잡한 기능을 테스트하는 등의 더 어려운 문제를 다루기에 앞서 일부 보조적인 성격의 기반 구조를 만들어 낼 수 있다.

5장

GROWING OBJECT-ORIENTED SOFTWARE GUIDED BY TESTS

테스트 주도 개발 주기의 유지

> 여러분은 매일 앞으로 나아갈 것입니다. 걸음걸음이 보람찰지도 모릅니다. 하지만 여러분 앞에는 언제나 늘어나고, 언제나 위를 향하며, 언제나 개선되는 길이 뻗어 있을 것입니다. 여러분은 그 여정의 끝에 결코 다다르지 못하리라는 사실을 알고 있을 겁니다. 하지만 이러한 사실은 우리를 낙담시키기보다는 기쁨과 영광에 찬 전진만을 더할 뿐입니다.
>
> ―윈스턴 처칠

TDD 프로세스를 시작하고 나면 그 프로세스를 매끄럽게 유지해야 한다. 이번 장에서는 일단 시작된 TDD 프로세스가 어떻게 운영되는지 보여주겠다. 이 책의 나머지 부분에서는 TDD 프로세스를 매끄럽게 진행하는 상세한 방법을 살펴보겠다. 이러한 방법으로는 시스템을 구축할 때 테스트를 작성하는 방법과 테스트를 이용해 내외적인 품질 문제에 관해 일찍 피드백을 받는 방법, 그리고 테스트가 계속 변화를 뒷받침하고 이후 개발에 걸림돌이 되지 않게 하는 방법이 있다.

5.1 각 기능을 인수 테스트로 시작하라

1장에서 설명한 바와 같이 실패하는 인수 테스트를 작성하는 것으로 신기능을 작업하는 데 착수한다. 인수 테스트는 우리가 작성하려는 기능을 아직 시스템에서 갖추지 못했다는 사실을 보여주고 그 기능이 완성되기까지 진행 상황을 반영한다(그림 5.1).

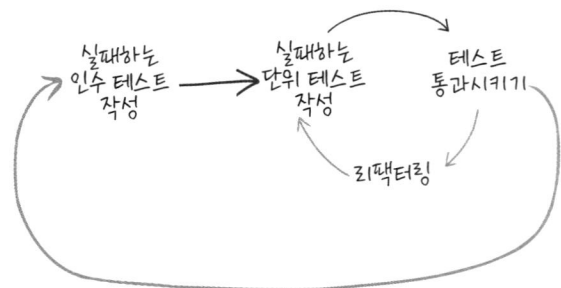

그림 5.1 각 TDD 주기는 실패하는 인수 테스트로 시작한다.

인수 테스트를 작성할 때는 기반 기술(데이터베이스나 웹 서버 같은)의 용어가 아닌 응용 도메인에서 나온 용어만 이용한다. 이렇게 하면 시스템에서 해야 할 일이 뭔지 이해하는 데 보탬이 되고, 구현에 관한 초기 가정에 얽매이지도 않을 뿐더러 테스트가 기술적인 세부 사항으로 복잡해지지도 않는다. 이뿐 아니라 시스템의 기술 기반 구조가 바뀌었을 때도 인수 테스트를 보호할 수 있다. 예를 들어, 서드 파티 조직에서 자사 서비스에 사용한 프로토콜을 FTP와 바이너리 파일에서 웹 서비스와 XML로 바꾸더라도 시스템의 애플리케이션 로직에 대한 테스트는 재작업하지 않아도 된다.

우리는 코딩을 시작하기 전에 테스트를 작성하면 달성하고자 하는 바가 명확해진다는 사실을 깨달았다. 자동으로 확인 가능한 형태로 요구 사항을 정확하게 표현하면 분명하게 드러나지 않는 가정을 밝히는 데 도움이 된다. 실패하는 테스트 덕에 요구 사항을 충족하는 데 필요한 만큼의 기능만 구현하는 데 집중할 수 있어 기능을 완성할 가능성이 높아진다. 좀 더 절묘한 점은 테스트로 시작하면 사용자 관점에서 시스템을 바라보게 되어 구현자 관점에서 기능을 짐작하지 않고 사용자가 필요로 하는 것을 이해하게 된다는 것이다.

반면 단위 테스트는 객체나 작은 객체 집합을 격리된 상태에서 시험한다. 단위 테스트는 클래스를 설계하고 그것들이 동작한다는 확신을 주는 데 이바지한다는 점에서 중요하지만 그 클래스가 시스템의 나머지 부분과 조화롭게 동작할지에 대해서는 아무것도 담보하지 않는다. 인수 테스트는 단위 테스트를 거친 객체를 대상으로 통합 테스트를 수행할 뿐 아니라 프로젝트를 앞으로 나아가게 한다.

5.2 회귀를 포착하는 테스트와 진행 상황을 측정하는 테스트를 분리하라

인수 테스트를 작성하면서 신기능을 묘사하는데 그 기능이 구현되기 전이라 인수 테스트는 실패할 것이다. 새 인수 테스트란 아직 마치지 않은 일을 서술한 것이기 때문이다. 인수 테스트를 빨간색에서 녹색으로 바꾸는 활동으로 팀에서는 진행 상태를 측정할 수 있다. 정기적인 인수 테스트 통과 주기는 '피드백은 가장 기본적인 도구다'(4쪽)에서 설명한 중첩된 프로젝트 피드백 고리를 구동하는 엔진에 해당한다. 인수 테스트를 통과하면 이제 해당 테스트는 완료된 기능을 나타내고 다시는 실패해서는 안 된다. 실패는 이전 상태로 회귀했고 기존 코드를 망가뜨렸음을 의미한다.

   우리는 테스트가 달성하는 다양한 역할을 반영하게끔 테스트 스위트를 구성한다. 단위 테스트와 통합 테스트는 개발 팀을 보조하고 빠르게 실행돼야 하며, 항상 통과해야 한다. 완성된 기능에 대한 인수 테스트는 실행하는 데 시간이 오래 걸려도 회귀를 포착하고 늘 통과해야 한다. 새 인수 테스트는 진행 중인 작업을 나타내고 기능이 준비될 때까지는 통과하지 않을 것이다.

   요구 사항이 바뀌면 거기에 영향을 받은 인수 테스트를 회귀 테스트 그룹에서 빼내서 진행 중인 테스트 그룹으로 옮긴 후 새 요구 사항을 반영토록 수정한 다음, 해당 테스트를 다시 통과하게끔 시스템을 변경해야 한다.

5.3 테스트를 가장 간단한 성공 케이스로 시작하라

새 클래스나 기능을 만들어야 할 때 어디서 출발해야 할까? 이 경우 쉽다는 이유로 상투적인 케이스나 실패 케이스로 시작하려는 생각이 들기 쉽다. 이를 두고 XP의 격언 중 하나인 "동작 가능한 가장 간단한 것"[Beck02]을 하는 것이라고 흔히 해석하는데 여기서 '간단한'을 '지나치게 단순화한'으로 해석해서는 안 된다. 상투적인 케이스는 시스템에 가치를 별반 더하지 않으며, 더 중요한 점은 아이디어의 유효성에 관해 충분한 피드백을 전해주지 않는다는 것이다. 그건 그렇고 우리는 기능 구현을 시작할 때 실패 케이스에 집중하면 의욕을 진작하는 데 좋지 않다는 사실을 발견했다. 즉, 오류 처리에만 신경 쓰다 보면 아무것도 성취한 바가 없는 듯이 느껴지기 때문이다.

우리는 가장 간단한 성공 케이스로 테스트를 시작하길 좋아한다. 해당 테스트가 동작하면 솔루션의 실제 구조에 관해 더 좋은 생각이 떠오를 테고, 그 과정에서 발견한 발생 가능한 실패를 처리하는 것과 이후의 성공 케이스 사이에서 우선순위를 가늠해볼 수 있다. 물론 기능은 탄탄해지기 전까지는 완성된 것이 아니다. 이는 실패 처리를 신경 쓰지 않는 데 대한 핑계가 아니라 구현을 먼저 하려고 할 때 둘 중 하나를 선택할 수 있다는 의미다.

처리해야 할 실패 케이스, 리팩터링, 기타 기술적인 작업을 메모장이나 색인 카드에 기록해 두면 도움이 된다는 사실을 발견했다. 이렇게 하면 세부 사항을 빠뜨리지 않고도 당면 과제에 집중할 수 있다. 기능은 기록해둔 목록의 항목에 모두 선을 그어야(각 작업을 완료하든, 하지 않기로 결정하든) 비로소 마무리된다.

> **우주에서의 반복**
>
> 이 책은 달 착륙 40주년 즈음에 쓰고 있다. 달 착륙 프로그램은 점진적인 접근법의 훌륭한 사례다(저자들이 참여한 어떠한 프로젝트보다 이해관계가 훨씬 많음에도). 1967년에 프로젝트 참여자들은 일곱 개 임무를 제안했고 각 임무는 착륙 과정 단계에 관한 것이었다.
>
> 1. 무인 명령/서비스 모듈(CSM; Command/Service Module) 테스트
> 2. 무인 달 모듈(LM; Lunar Module) 테스트
> 3. 지구 저궤도의 유인 CSM
> 4. 지구 저궤도의 유인 CSM과 LM
> 5. 원지점 7400km의 지구 타원 궤도에 있는 유인 CSM과 LM
> 6. 달 궤도상에서의 유인 CSM과 LM
> 7. 유인 달 착륙
>
> 최소한 소프트웨어에서는 매번 새로운 로켓을 만들지 않고 점진적으로 개발할 수 있다.

5.4 읽고 싶어 할 테스트를 작성하라

우리는 각 테스트를 시스템이나 객체에서 수행할 행위로 가능한 한 명확하게 표현하고자 한다. 테스트를 작성하는 동안에는 테스트가 실행되거나 심지어 컴파일되지

않으리라는 사실을 무시하고 테스트 내용에만 집중한다. 즉, 보조적인 역할을 하는 코드로 이미 존재하는 테스트를 실행할 수 있다고 간주한다.

테스트가 잘 읽히면 테스트를 그 다음으로 지원하는 기반 구조를 만든다. 테스트가 어떻게 해야 할지 기술하는 명확한 오류 메시지를 보이면서 예상대로 실패하면 보조적인 역할을 하는 코드를 충분히 구현했다는 사실을 알게 된다. 그러면 해당 테스트를 통과시키는 코드를 작성하기 시작하면 된다. 21장에서는 여기서 더 나아가 테스트의 가독성을 높이는 방법을 살펴본다.

5.5 테스트가 실패하는 것을 지켜보라

우리는 항상 테스트를 통과하는 코드를 작성하기 전에 테스트가 실패하는 것을 지켜본 후 진단 메시지를 확인한다. 테스트가 예상과 다른 식으로 실패하면 뭔가를 잘못 이해했거나 코드가 완성되지 않았다는 뜻이므로 부족한 부분을 고친다. 우리는 '적당한' 실패를 만나면 진단 정보가 도움이 되는지 확인한다. 실패에 대한 설명이 명확하지 않으면 코드가 몇 주간 망가져 있을 동안 누군(아마 우리)가 고생해야 할 것이다. 오류 메시지가 코드와 관련된 문제로 우리를 이끌 때까지 테스트 코드를 조정하고 테스트를 재실행한다(그림 5.2).

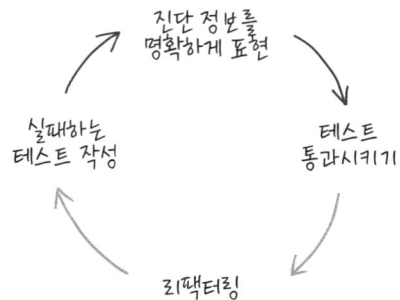

그림 5.2 TDD 주기의 일부로 진단 절차 개선하기

제품 코드를 작성할 때는 테스트를 계속 실행해 진행 상태를 확인하고 시스템이 테스트 범위에 속하지 않을 경우 오류 진단 정보를 확인한다. 필요한 부분에 대해서는 보조 코드를 확장하거나 수정해서 오류 메시지를 늘 명확하고 의미 있게 만든다.

오류 메시지를 검사해야 하는 이유는 여러 가지가 있다. 첫째, 오류 메시지는 현재 작업 중인 코드에 대한 가정을 확인한다(우리가 틀린 가정을 세울 때도 있다). 둘째, 의도에 대한 표현을 강조하는 것은 신뢰성 있고 유지하기 쉬운 시스템을 개발하는 데 필수고, 테스트와 실패 메시지가 여기에 해당한다. 유용한 진단 정보를 생성하는 고생을 감내하면 테스트, 코드에서 해야 할 일이 뭔지 분명하게 하는 데 도움이 된다. 오류 진단 정보를 살펴보고 해당 정보를 개선하는 방법은 23장에서 알아본다.

5.6 입력에서 출력 순서로 개발하라

우리는 기능 개발을 시작할 때 가장 먼저 시스템이 새로운 행위를 일으키게 하는 이벤트를 고려한다. 기능에 대한 전 구간 테스트는 이 이벤트가 도착하는 것을 흉내 낼 것이다. 시스템 경계에서는 이 이벤트를 다루고자 객체를 여러 개 작성해야 할 것이다. 그럴 때 이 객체들이 자기 책임을 수행하고자 시스템의 나머지 부분에 존재하는 서비스를 지원할 필요가 있음을 알게 됐다. 우리는 더 많은 객체를 작성해 이러한 서비스를 구현하고 새 객체에 필요한 서비스가 뭔지 파악한다.

이런 식으로 시스템을 처음부터 끝까지 만들어 나간다. 즉, 외부 이벤트를 받는 객체에서 중간 계층을 거쳐 중심 도메인 모델로 나아간 다음, 외부에서 확인 가능한 응답을 생성하는, 다른 경계에 위치한 객체에까지 이른다. 이는 텍스트나 마우스 클릭을 입력받아 데이터베이스에서 레코드를 찾거나 큐에 있는 메시지를 받아 서버에 있는 파일을 찾아보는 것을 의미할 수도 있다.

새 도메인 모델 객체에 단위 테스트를 수행한 다음 애플리케이션의 나머지 부분에 해당 객체를 끼워 넣는 식으로 시작하고 싶을 수도 있다. 처음에는 이 방식이 더 쉬워 보이지만(도메인 모델을 아무것에도 끼워 맞출 필요가 없을 땐 도메인 모델을 대상으로 하는 작업이 빨리 진행되는 것처럼 느껴진다) 나중에 통합 문제로 골머리를 앓을 가능성이 높다. 아울러 불필요하거나 올바르지 않은 기능을 구현하느라 시간을 낭비할 텐데, 도메인 모델을 작업할 때 올바른 피드백을 받지 못했기 때문이다.

5.7 메서드가 아닌 행위를 단위 테스트하라

그저 테스트를 많이 작성하고, 테스트 커버리지가 높아도 다루기 쉬운 코드 기반

이 만들어지지는 않는다는 사실을 어렵게 체득했다. TDD를 도입하는 많은 개발자가 초기에 작성한 테스트를 나중에 되돌아봤을 때 이해하기 어렵다는 사실을 발견하는데, 흔히 저지르는 실수 한 가지는 바로 메서드 테스트를 생각한다는 데 있다. testBidAccepted()라는 테스트는 그것이 뭘 하는지 말해주지만 목적이 뭔지 알려주지는 않는다.

테스트 대상 객체에서 제공해야 하는 기능에 집중할 때 더 잘할 수 있으며, 각각은 이웃 객체와의 협업이나 여러 메서드 호출이 필요할지도 모른다. 해당 클래스의 코드를 통해 모든 실행 경로를 시험하는 방법이 아니라 그 클래스로 목표를 달성하는 방법을 알아야 한다.

> **API 기능이 아닌 행위를 기술하는 것의 중요성**
>
> 냇은 스포츠 팀을 후원하는 고객을 위한 온라인 광고를 제작하고 콘텐츠를 기획하는 회사를 운영한 적이 있다. 한 고객이 포뮬러 원(Formula One) 레이싱 팀을 후원했다. 냇은 고객을 위해 포뮬러 원 경주 전략을 시뮬레이션하는 재미있는 작은 게임을 하나 만들어 팀의 웹 사이트에 올렸다. 게임 초기 아이디어부터 최종 산출물까지 작성하는 데 2주 걸렸고, 고객에게 게임을 넘기고 나서 게임에 대해 완전히 잊어버렸다.
>
> 하지만 일회용 게임이 해당 팀의 웹 사이트에서 가장 인기 있는 콘텐츠인 것으로 판명됐다. 다음 F1 시즌에 대비해 고객은 게임의 성공에 힘입어 수익을 내고 싶었다. 사람들은 게임에서 각 그랑프리 트랙을 그대로 본뜨고, 최신 F1 규정을 적용하며, 자동차 움직임이 더 현실감 있고, 시시각각 변하는 날씨, 추월, 스핀아웃 등이 게임에 도입되길 원했다.
>
> 냇은 원본 버전을 작성할 때 '테스트 먼저' 원칙을 적용했으므로 변경하기 쉬우리라 예상했다. 하지만 이전에 짠 코드를 다시 봤을 때 테스트를 이해하기 너무 어려웠다. 그는 각 객체의 메서드들을 대상으로 테스트를 작성했지만 그 테스트로는 각 객체의 동작 방식, 즉 객체의 책임이 무엇이고 객체의 여러 메서드가 함께 어떻게 동작하는지 이해할 수 없었다.

테스트 이름을 지을 때는 테스트 중인 시나리오에서 객체가 어떻게 동작하는지 설명하는 이름을 선택하는 것이 도움이 된다. 이 주제에 대해서는 '테스트 이름은 기능을 기술한다'(286쪽)에서 좀 더 자세히 살펴보겠다.

5.8 테스트에 귀를 기울이라

단위 테스트와 통합 테스트를 작성할 때 우리는 테스트하기 어려운 코드 영역에 신경을 곤두세운다. 테스트하기 어려운 기능을 발견할 때 해당 기능을 어떻게 테스트할지 뿐 아니라 그것이 왜 테스트하기 어려운지 자문해 본다.

경험상 코드가 테스트하기 어렵다면 주로 설계 개선이 필요하기 때문이다. 지금 당장 코드를 테스트하기 어렵게 만드는 구조 때문에 나중에도 코드를 변경하기 어려울 것이다. 시간이 지나면 변경하기가 더 어려울 텐데 코드를 작성할 때 무슨 생각을 했는지 잊어버리기 때문이다. 성공한 시스템이라면 완전히 다른 팀에서 우리가 내린 설계 결정의 결과를 감수해야 할지도 모른다.

이 경우 테스트를 작성하는 과정을 잠재적인 유지 보수 문제를 조기에 알려주는 귀중한 경고로 여기고 그 힌트를 이용해 아직 심각하지 않을 때 문제를 해결한다. 그림 5.3에서 보다시피 다음으로 실패할 테스트를 작성하기가 어렵다면 제품 코드의 설계를 다시 살펴보고 앞으로 나아가기 전에 리팩터링한다.

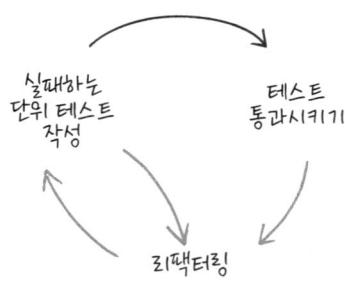

그림 5.3 테스트 작성의 어려움은 제품 코드 수정이 필요하다는 것을 나타낼지도 모른다.

이것은 우리의 금언인 "예상치 못한 변화를 예상하라"가 어떻게 개발을 이끄는지 보여주는 한 가지 사례다. 설계에 취약함이 보일 때 리팩터링을 통해 시스템 품질을 유지한다면 어떠한 변화가 일어나도 거기에 대응할 수 있을 것이다. 그렇지 않으면 팀에서 고객 요구에 부응하지 못할 때까지 코드가 부패하는, 이른바 '소프트웨어 부패'라는 결과가 나타날 것이다. 이 주제에 대해서는 20장에서 다시 살펴보겠다.

5.9 주기의 미세 조정

실행 경로를 철저하게 테스트하는 것과 통합을 테스트하는 것 사이에는 균형을 이루는 지점이 있다. 너무 큰 단위로 테스트를 수행하면 코드의 모든 가능한 경로를 시도하는 조합 폭발(combinatorial explosion) 현상으로 개발이 중단될 것이다. 설상가상으로 이해하기 어려운 예외를 던지는 것처럼 그러한 경로 가운데 일부는 해당 수준에서 테스트하기에 적합하지 않을 것이다. 반면 테스트 단위를 너무 세밀하게 잡으면(이를테면, 클래스 수준으로) 테스트하기는 쉽지만 함께 동작하지 않는 객체에서 유래하는 문제를 놓치고 말 것이다.

단위 테스트를 얼마나 해야 하고(외부 의존성을 끊기 위해 목 객체를 이용해) 통합 테스트는 얼마나 해야 하는가? 이 질문에 딱 맞는 한 가지 답은 없다고 생각한다. 그 답은 팀이 처한 상황과 팀을 둘러싼 환경에 따라 확연히 달라진다. TDD의 테스트 부문에서 얻을 수 있는 최고의 혜택은 코드를 망가뜨리지 않고도 변경할 수 있다는 자신감이다. 진행을 막는 것은 바로 두려움이다. 까다로운 부분은 그러한 자신감이 정당한지 확인하는 것이다.

그래서 우리는 주기적으로 TDD가 얼마나 도움이 되는지 되짚어보고, 취약한 부분을 찾아보며, 테스트 전략을 조정한다. 로직에서 성가신 부분에는 단위 테스트(아니면 단순화)가 더 필요할 수도 있다. 처리하지 않은 예외에는 통합 수준의 테스트가 더 필요할지도 모른다. 그리고 예상치 못한 시스템 실패에는 조사가 더 필요하거나 어쩌면 테스트를 더 철저하게 해야 할 것이다.

6장
GROWING OBJECT-ORIENTED SOFTWARE GUIDED BY TESTS

객체 지향 스타일

> 늘 뭔가를 설계할 때는 다음으로 더 큰 맥락에서 그것을 고려해야 한다. 방 안의 의자, 집 안의 방, 환경 속의 집, 도시 계획에서의 환경처럼 말이다.
> — 엘리엘 사리넨

지금까지 2부에서는 개발 프로세스를 시작하고 진행하는 방법을 이야기했다. 이제 설계 목표와 TDD의 쓰임, 그리고 특히 목 객체에 관해 좀 더 자세히 이야기하면서 예제 코드의 구조를 독자가 이해하기 쉽게 안내하겠다.

우리는 작성하기 쉬운 코드보다는 유지 보수하기 쉬운 코드를 높게 평가한다.[1] 가장 직접적인 방식으로 기능을 구현하면 시스템의 유지 보수성이 떨어질 수 있는데, 이를테면 코드가 이해하기 어려워지거나 컴포넌트 간에 보이지 않는 의존성이 생기는 것이 바로 여기에 해당한다. 당면한 관심사와 장기적인 관심사 간의 균형을 유지하는 일은 까다로운 문제이며, 시스템이 불안정해서 시스템을 전달하지 못하는 팀을 너무 자주 봐왔다.

이번 장에서는 소프트웨어를 설계할 때 우리가 달성하려는 바를 보여주고 그것이 객체 지향 언어에서는 어떤 모습인지 살펴보겠다. 여기서 설명하는 내용은 소프트웨어에 관한 우리 나름의 생각이다. 다음 장에서는 TDD를 활용해 이런 방향으로 코드를 이끄는 방법을 살펴보겠다.

---

1 애자일 선언에도 들어 있다.

6.1 유지 보수성을 고려한 설계

5장에서 설명한 절차에 따라 시스템을 한 번에 기능 조각 하나씩 키워나가겠다. 코드 규모가 커질 경우 해당 코드를 계속해서 이해하고 유지 보수할 수 있는 방법은 기능을 객체로, 객체를 패키지[2]로, 패키지를 프로그램으로, 프로그램을 시스템으로 구조화하는 것밖에 없다. 다음과 같은 두 가지 주요한 휴리스틱을 활용해 이 같은 구조화를 이끌어 나가겠다.

관심사의 분리

시스템 동작 방식을 변경해야 할 경우, 우리는 되도록 적은 양의 코드를 변경하고자 한다. 관련된 변경 사항이 전부 코드의 어느 한군데에 들어 있다면 작업을 완료하고자 시스템 여러 곳을 변경하지 않아도 된다. 그러나 시스템에서 어느 부분을 변경해야 할지 예측하지는 못하므로 같은 이유로 변경해야 할 코드는 한데 모은다. 이를테면, 인터넷 표준 프로토콜로 전달된 메시지를 푸는 코드는 그 메시지를 해석하는 코드와 똑같은 이유로 변경돼서는 안 되므로 두 개념을 각기 다른 패키지로 나눈다.

더 높은 수준의 추상화

사람이 복잡성을 다루는 유일한 방법은 더 높은 수준의 추상화를 활용해 복잡성을 피하는 것뿐이다. 변수와 제어 흐름을 조작하기보다는 유용한 기능 컴포넌트를 조합하는 식으로 프로그램을 작성하면 더 많은 일을 해낼 수 있다. 이는 사람들이 대부분 식당에서 음식을 주문할 때 세세한 음식 조리법을 설명하는 것이 아니라 요리라는 관점에서 메뉴를 보고 음식을 주문하는 것과 같다.

앞서 설명한 두 가지를 일관되게 적용하면 애플리케이션 구조가 콕번의 '포트와 어댑터' 아키텍처[Cockburn08] 같은 것으로 나아갈 것이다. 여기서 '포트와 어댑터'란 비즈니스 도메인의 코드가 데이터베이스나 사용자 인터페이스 같은 기술 기반 구조의 의존성과 격리된 아키텍처를 의미한다. 우리는 기술적인 개념이 애플리케이션 모델로 스며 들기를 바라지 않으므로 인터페이스를 작성해 애플리케이션 모델과 외부 세계의 관계를 애플리케이션 모델의 용어로 기술한다(포트). 그리고 나서

---

[2] 여기서 '패키지'의 의미는 다소 불분명한데, 패키지라는 개념은 모듈, 라이브러리, 네임스페이스 같은 개념도 포괄하기 때문이다. 자바 세계에서는 이런 개념이 잘 쓰이지 않는데, 독자들은 그게 무슨 뜻인지 알고 있으리라 생각한다.

애플리케이션의 핵심부와 각 기술 도메인 사이에서 브리지(bridge) 역할을 하는 코드를 작성한다(어댑터). 이는 에릭 에반스가 '손상 방지 계층(anticorruption layer)' [Evans03]이라고 부르는 것과 관련이 있다.

여기서 브리지는 애플리케이션 모델에서 정의한 인터페이스를 구현하고 애플리케이션 수준의 객체와 기술 수준의 객체를 매핑한다(그림 6.1). 이를테면, 브리지는 주문장(order book) 객체를 SQL 문과 매핑해 주문이 데이터베이스에 저장되게 할 것이다. 그러자면 브리지에서는 애플리케이션 객체에서 값을 질의하거나 하이버네이트[3] 같은 객체 관계형 도구를 사용해 자바의 리플렉션으로 객체에서 값을 꺼내야 한다. 17장에서는 이 같은 아키텍처로 리팩터링하는 예제를 보이겠다.

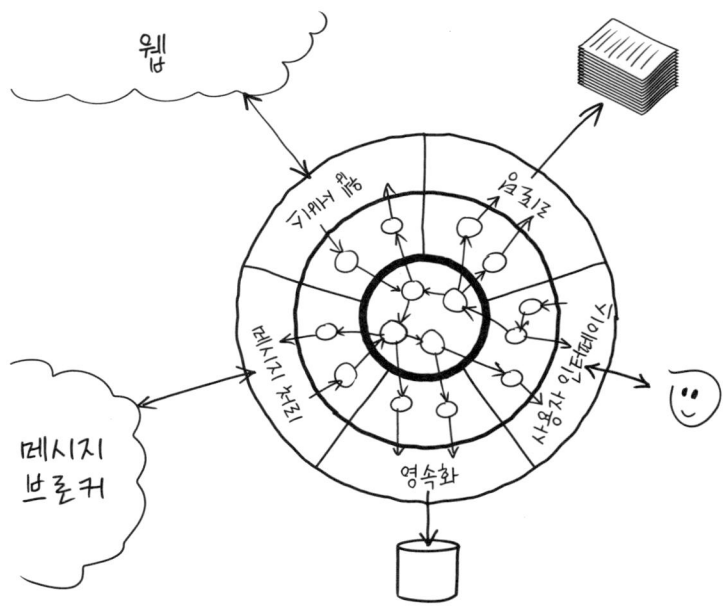

그림 6.1 애플리케이션의 핵심 도메인 모델이 기술 기반 구조와 매핑돼 있다.

다음 질문은 코드를 깔끔하게 분리할 수 있게끔 인터페이스를 놓을 동작 방식상의 접점을 어떻게 찾느냐다. 이 질문에 답하는 데 도움이 될 만한 좀 더 낮은 수준의 휴리스틱이 몇 가지 있다.

---

3 http://www.hibernate.org

캡슐화와 정보 은닉

여기서는 '캡슐화'와 '정보 은닉'이라는 두 가지 개념을 구분할 때 신중을 기하고자 한다. 두 용어는 대등하게 사용되기도 하지만 사실상 두 가지 별개의, 대체로 직교적인 설계 품질을 가리킨다.

캡슐화

캡슐화는 객체의 행위가 해당 객체의 API를 통해서만 좌우될 수 있음을 보장한다. 캡슐화는 서로 관련이 없는 컴포넌트 간에 예상치 못한 의존성이 없음을 보장함으로써 한 객체에 대한 변경 사항이 시스템의 다른 부분에 얼마나 영향을 줄지 통제할 수 있다.

정보 은닉

정보 은닉은 객체가 해당 객체의 기능을 구현하는 방법을 추상화된 API 너머로 감춘다. 정보 은닉을 통해 당면한 과제와 관련이 없는 낮은 수준의 세부 사항을 알 필요 없이 더 높은 수준의 추상화를 활용할 수 있다.

캡슐화를 달성하진 못하더라도 캡슐화에 대해서는 대부분 알고 있다. 잘못 캡슐화된 코드를 활용할 경우 객체를 어디서 생성하고, 객체가 어떠한 공통 데이터를 담고 있으며, 그러한 내용물을 어디서 참조하는지 찾아보면서 변경 사항이 가져올지도 모를 잠재적인 영향력을 추적하느라 너무 많은 시간을 보내게 된다. 이 주제는 [Feathers04]와 [Demeyer03]라는 책에 영감을 줬다.

여러 객체 지향 언어에서는 한 객체의 기능에 대한 가시성을 다른 객체에서 제어할 수 있게 해서 캡슐화를 지원하고 있지만 그것만으로는 부족하다. 객체는 변경 가능한 객체에 대한 참조를 공유하는, 이른바 별칭(aliasing)으로 알려진 효과를 통해 캡슐화를 위반할 수 있다. 별칭은 기존 객체 지향 시스템에서는 필수적인 요소지만(별칭이 없으면 어떠한 객체도 서로 통신할 수 없을 것이다) 의도하지 않은 별칭은 시스템에서 관련이 없는 부분을 묶어 시스템이 이상하게 동작하고 변경하기가 수월하지 않게 될 수 있다.

여기서는 코드를 작성할 때 표준 관례에 따라 캡슐화를 유지하겠다. 다시 말해, 변경 불가능한 값 타입을 정의하고, 전역 변수와 싱글턴은 자제하며, 컬렉션과 변경 가능한 값을 객체 간에 전달할 때는 그것들을 복사하는 등의 관례를 따르겠다. 정보 은닉에 관해서는 이번 장의 후반부에서 좀 더 살펴보겠다.

6.2 내부 대 이웃

시스템을 구성할 때는 각 객체의 안팎으로 무엇을 둘지 결정해 해당 객체가 명확한 API와 함께 응집력 있는 추상화를 제공하게 해야 한다. 앞서 살펴봤듯이 객체에서 중요한 것은 API를 통해 해당 객체의 내부에 접근하는 것을 캡슐화하고, 세부 사항을 시스템의 나머지 부분으로부터 감추는 것이다. 시스템에서 한 객체는 다른 객체와 메시지를 주고받으며 의사소통한다(그림 6.2). 한 객체와 직접 의사소통하는 객체를 해당 객체의 이웃(peer)이라 한다.

그림 6.2 객체는 메시지를 주고받으며 의사소통한다.

이 같은 결정이 중요한 까닭은 그 결정이 어떤 객체를 얼마나 쉽게 쓸 수 있는지에 영향을 줘서 시스템 내부 품질에 기여하기 때문이다. API를 통해 객체 내부 구조를 너무 많이 노출하면 클라이언트에서는 해당 API를 얼마간 업무에 활용할 것이다. 그러고 나면 객체의 동작 방식이 너무 많은 객체에 널리 퍼질 테고(그러한 객체들은 서로 결합될 것이다) 이제 무엇을 변경하든 코드 전체에 그러한 변경 사항의 효과가 퍼져 유지 보수 비용이 증가할 것이다. 이것이 바로 '열차 전복' 예제(20쪽)의 효과다.

```
((EditSaveCustomizer) master.getModelisable()
  .getDockablePanel()
    .getCustomizer())
      .getSaveItem().setEnabled(Boolean.FALSE.booleanValue());
```

이 예제에서 모든 접근자 메서드는 구조적인 세부 사항을 드러낸다. 그래서 가령 master를 변경하고 싶다면 중간에 놓인 관계를 모두 변경해야 할 것이다.

> **다양한 수준의 언어**
>
> 3부에서 보겠지만 우리는 도우미 메서드를 자주 작성해 코드의 가독성을 높인다. 아울러 메서드가 표현하는 기능의 의미를 명확히 드러내기만 한다면 매우 작은 메서드를 추가하는 데 구애받지 않는다. 이러한 메서드의 이름은 이 메서드를 호출한 코드에서 최대한 자연스럽게 읽을 수 있는 것으로 지정한다. 이때 메서드의 유일한 용도는 다른 메서드를 보조하는 데 있으므로 외부 명명 관례를 따르지 않아도 된다. 이를테면, 15장에서는 테스트에 다음과 같은 식으로 읽는 줄이 하나 있다.
>
> ```
> allowing(sniperListener).sniperStateChanged(with(aSniperThatIs(BIDDING)));
> ```
>
> 이 줄이 의미하는 바는 언젠가 설명하겠지만 여기서 중요한 점은 aSniperThatIs()가 with() 메서드에 전달할 어떤 값을 만드는 지역 메서드이며, 해당 메서드의 이름은 이 문맥 내의 용도를 나타낸다는 것이다. 이 경우 사실상 테스트의 일부를 규정하는 매우 자그마한 내장 언어를 만드는 셈이다.
>
> 값과 객체 타입(16쪽)을 구분하는 것과 마찬가지로 우리는 각기 다른 수준의 코드에서 서로 다른 프로그래밍 스타일을 활용하는 경향이 있다. 대체로 객체 사이에는 지금까지 설명한 메시지 전달 스타일을 이용하지만 한 객체 안에서는 좀 더 함수형 스타일을 사용해 아무런 부수 효과가 없는 메서드와 값을 토대로 동작 방식을 구현한다.
>
> 부수 효과가 없는 기능이란 더 작은 컴포넌트로 코드를 조립해 상태를 공유하는 데서 오는 위험을 최소화할 수 있다는 의미다. 대규모 함수형 프로그램을 작성하는 주제는 이 책의 주제를 벗어나지만 클래스를 구현할 때 자칫 사소하게 여길 수 있는 불변성이 훨씬 안전한 코드를 만드는 데 기여하고, 잘만 하면 코드의 가독성도 높일 수 있다는 사실을 발견했다.

그럼 특정 객체에 어울리는 기능은 어떻게 택해야 할까?

6.3 단일 책임 원칙

모든 객체는 반드시 단 한 가지 명확히 규정된 책임을 지녀야 한다. 이를 '단일 책임' 원칙[Martin02]이라 한다. 시스템에 행위를 더할 때 이 원칙은 기존 객체를 확장할지, 객체에서 호출할 새로운 서비스를 만들어낼지 결정하는 데 도움이 된다.

경험상 한 객체의 역할이 뭔지 설명할 때는 접속사('와', '나')를 쓰지 않고도 해당 객체의 역할을 설명할 수 있어야 한다. 어떤 객체의 역할을 설명하는 데 절을 집어넣는다면 아마 해당 객체는 보통 각 절마다 하나씩 여러 개의 협력 객체로 나뉠 것이다.

이 원칙은 여러 객체를 조합해 새로운 추상화를 만드는 데도 적용된다. 여러 객체에 걸쳐 구현된 행위를 단일 구성물로 뭉뚱그릴 경우 해당 구성물의 역할을 명확하게 설명할 수 있어야 한다. 이와 관련한 개념은 '전체는 부분의 합보다 단순해야 한다'와 '콘텍스트 독립성' 절에서 확인할 수 있다.

6.4 객체 이웃의 유형

객체가 단일 책임을 지녔고 명료한 API를 통해 이웃 객체와 통신한다. 그런데 서로 어떤 내용을 이야기해야 할까?

우리는 이웃하는 객체와의 관계를 (대략) 세 가지 유형으로 나눈다. 한 객체가 지닐 수 있는 관계는 다음과 같다.

의존성

한 객체가 자신의 역할을 수행할 수 있게 이웃하는 객체에게 요구하는 서비스다. 해당 객체는 이 서비스 없이는 기능을 수행하지 못하며, 객체 자체를 생성할 수 없을 것이다. 이를테면, 그래픽 패키지에는 뭔가를 그릴 화면이나 캔버스 같은 것이 필요할 텐데, 그런 것이 없다면 논리적으로 타당하지 않다.

알림

한 객체의 최근 활동을 지속적으로 파악하는 이웃이다. 해당 객체는 상태가 바뀌거나 중요한 활동을 수행할 때마다 특정 이웃에게 이러한 사실을 알린다. 알림은 미사일로 치면 '비유도형'이다. 즉, 객체는 어떤 이웃이 자신에게 귀를 기울이고 있는지 모르거나 신경 쓰지 않는다. 알림이 대단히 유용한 까닭은 객체를 서로 분리해주기 때문이다. 예를 들면, 사용자 인터페이스 시스템에서 버튼 컴포넌트는 버튼을 클릭했을 때 등록된 모든 리스너(listener)에 이 사실을 알리겠지만 리스너가 무슨 일을 할지는 알지 못한다. 비슷하게 각 리스너도 호출되리라는 사실은 알지만 사용자 인터페이스가 이벤트를 전달하는 방식에 대해서는 전혀 아는 바가 없다.

조정

객체의 행위를 더 넓은 시스템의 요건에 맞게 조정하는 이웃이다. 여기에는 해당 객체를 대신해 의사 결정을 내리는 정책 객체([Gamma94]에 소개된 전략 패턴)와 객체가 복합체인 경우 해당 객체의 컴포넌트 부분이 포함된다. 예를 들면, 스윙(Swing)의 JTable은 TableCellRenderer에 셀의 값을 그려달라고 요청할 텐데, 아마 색상 값으로 RGB(빨강, 초록, 파랑)를 쓸 것이다. 렌더러(renderer)를 변경하면 테이블은 표현 방식을 바꿔서 이제는 HSB(색조, 채도, 명도) 값으로 보여줄 것이다.

이러한 객체 이웃의 유형은 설계와 관련된 고민에 도움을 주는 휴리스틱에 불과할 뿐 반드시 지켜야 할 법칙은 아니어서 객체의 이웃을 딱 맞게 분류하는 데 집착하지 않아도 된다. 무엇보다 중요한 것은 바로 협력 객체가 사용되는 맥락이다. 가령, 어떤 애플리케이션에서는 로그 감사가 의존성이 될 수도 있는데, 감사가 업무상의 법적 요건이라서 어떤 객체도 감사 흔적을 남기지 않고 생성돼서는 안 되기 때문이다. 다른 곳에서는 로그 감사가 알림이 될 수도 있는데, 감사는 사용자 선택에 불과하며 객체는 감사 없이도 완벽하게 잘 기능할 것이기 때문이다.

이를 또 다른 식으로 바라보면 알림은 단방향이다. 즉, 알림 리스너는 값을 반환하거나 호출한 곳으로 콜백하거나 예외를 던지지 않을 수도 있는데, 이는 리스너 체인에 다른 리스너가 더 있을 수도 있기 때문이다. 반면 의존성이나 조정은 관계가 직접적이므로 이러한 일 가운데 어떤 것이든 할 수 있다.

> **"새 거 아니면 헌 거다. 시도란 없다."[4]**
>
> 우리는 늘 유효한 객체를 만들려고 노력한다. 의존성의 경우 이는 생성자를 통해 의존성을 전달한다는 의미다. 의존성이 필수라면 한 객체의 의존성을 이용할 수 있기 전까지는 객체 인스턴스를 생성하는 것이 아무런 의미가 없으며, 생성자 이용은 이러한 제약 조건을 객체 정의에 강제로 적용한다.
>
> 객체를 부분적으로 생성하고 나서 해당 객체의 프로퍼티를 설정하는 식으로 마무리하는 것도 불안정한 방법인데, 프로그래머가 필요한 의존성을 모두 설정하는 것을 기억해야 하기 때문이다. 객체가 변경되어 새로운 의존성이 추가될 경우에도 기존 클라이언트 코드는 해당 객체가 더는 유효한 인스턴스를 생성하지 못하더라도 여전히 컴파일될 것이다. 이렇게 되면 클라이언트 코드에서는 기껏해야 NullPointerException만 일어날 것이며, 최악의 경우 오해의 소지가 다분한 상태로 실패할 것이다.

---

4 스타워즈 요다의 대사를 차용한 표현이다.

> 편의성 측면에서 알림과 조정은 생성자에 전달될 수 있다. 아니면 안전한 기본값으로 초기화한 다음 나중에 값을 덮어쓰는 방식도 있다(의존성에 대해서는 안전한 기본값이란 없다는 점을 명심하자). 조정은 공통 값으로, 알림은 널 객체[Woolf98]나 빈 컬렉션으로 초기화할 수 있다. 그러고 나서 메서드를 추가해 호출하는 쪽에서 이러한 기본값을 변경할 수 있게 하고, 리스너도 추가하거나 제거할 수 있게 하면 된다.

6.5 전체는 부분의 합보다 단순해야 한다

언어에 내장된 원시 타입을 제외하고 시스템의 모든 객체는 다른 여러 객체로 구성된다. 객체를 조합해서 새 타입을 만들 때 우리는 새 타입이 그것을 구성하는 모든 구성 요소를 합한 것보다 단순한 행위를 보여주게 하고 싶다. 복합 객체의 API는 반드시 구성 요소의 존재와 구성 요소 간의 상호 작용을 감추고 더 단순한 추상화를 이웃에게 드러내야 한다. 기계식 시계를 생각해보면 시계는 시간을 표시하는 두세 개의 침과 시간을 조정하는 데 쓰는 태엽 감는 꼭지가 있지만, 동작하는 부품은 모두 한데 조립되어 있다.

소프트웨어에서는 금액 값을 수정하기 위한 사용자 인터페이스 컴포넌트가 하위 컴포넌트 두 개, 즉 금액을 수정하는 컴포넌트와 통화를 수정하는 컴포넌트로 구성돼 있을 수 있다. 컴포넌트가 쓸모 있으려면 해당 컴포넌트의 API에서 두 값을 모두 처리할 수 있어야 하며, 그렇지 않으면 클라이언트 코드에서는 다음과 같이 하위 컴포넌트를 직접 제어할 수밖에 없을 것이다.

```
moneyEditor.getAmountField().setText(String.valueOf(money.amount()));
moneyEditor.getCurrencyField().setText(money.currencyCode());
```

'묻지 말고 말하라' 관례는 객체의 구조를 해당 객체를 사용하는 클라이언트에게서 감출 수 있지만 그 자체로는 충분히 강력한 규칙이 아니다. 이를테면, 첫 번째 버전의 접근자 메서드를 다음과 같은 설정자 메서드로 대체할 수도 있다.

```
moneyEditor.setAmountField(money.amount());
moneyEditor.setCurrencyField(money.currencyCode());
```

하지만 여전히 컴포넌트의 내부 구조가 드러나므로 해당 컴포넌트를 사용하는 클라이언트에서 명시적으로 컴포넌트를 관리해야 한다.

여기서는 금액 값을 표시하고 수정하는 방법에 관한 세부 사항을 모두 컴포넌트에 숨겨 API를 훨씬 단순하게 만들 수 있으며, 이렇게 하면 덩달아 클라이언트 코드도 단순해진다.

```
moneyEditor.setValue(money);
```

이는 경험 법칙 하나를 제시한다.

> 💡 **전체는 부분의 합보다 단순해야 한다**
> 복합 객체의 API는 구성 요소의 API보다 복잡해서는 안 된다.

물론 복합 객체도 더 규모가 크고 정교한 복합 객체의 구성 요소로 사용될 수 있다. 코드 규모가 커짐에 따라 '전체는 부분의 합보다 단순해야 한다'는 규칙이 추상화 수준을 높이는 데 이바지할 것이다.

6.6 콘텍스트 독립성

한 객체가 정보를 충분히 감췄는지 판단하는 데 '전체는 부분의 합보다 단순해야 한다'는 규칙이 도움이 되는 반면, '콘텍스트 독립성'이라는 규칙은 한 객체가 정보를 너무 많이 감췄거나 잘못된 정보를 감췄는지 판단하는 데 유용하다.

시스템을 구성하는 객체가 콘텍스트 독립적(context-independent)이라면 해당 시스템은 변경하기가 쉽다. 여기서 콘텍스트 독립적이라는 말은 각 객체가 해당 객체를 실행하는 시스템에 관해 아무것도 알지 못한다는 의미다. 이렇게 되면 행위의 단위(객체)를 가지고 새로운 상황에 그것들을 적용할 수 있다. 콘텍스트 독립적이려면 어떤 객체가 실행되고 있는, 규모가 더 큰 환경에 대해 해당 객체가 알아야 할 사항을 전부 전달해야 한다. 그러한 관계는 '영구적'일 수도 있고(생성자에 전달) '일시적'(메서드에 전달)일 수도 있다.

이처럼 '가부장적인' 접근법에서는 각 객체는 자기 역할을 수행하는 데 필요한 만큼 정보를 전달받고 그러한 역할 표현과 부합하는 추상화에 포함된다. 결국 객체 사슬이 프로세스 경계, 즉 시스템이 호스트 이름이나 포트, 사용자 인터페이스 이벤트

같은 외부적인 세부 사항을 발견하게 되는 곳까지 이르게 된다.

> 💡 **단일 도메인 어휘**
>
> 클래스에서 사용하는 용어가 여러 도메인에서 유래한 경우 해당 클래스가 브리지 역할을 하는 계층의 일부가 아니라면 콘텍스트 독립성을 위반할 수도 있다.

여러 객체로 구성된 시스템에서 '콘텍스트 독립성' 규칙의 효과는 객체의 관계를 명시적으로 만들고 객체 자체와는 별도로 정의되게 만든다. 우선 이렇게 되면 객체가 단순해지는데, 객체가 자신의 관계를 직접 관리하지 않아도 되기 때문이다. 다음으로 관계 관리도 단순해지는데, 같은 곳(보통 매핑 계층의 팩터리 객체)에서 규모가 동일한 객체가 생성되어 한 객체를 함께 구성할 때가 잦기 때문이다.

콘텍스트 독립성을 따르면 다양한 콘텍스트에 적용할 수 있는 응집력 있는 객체를 만들 수 있고 객체 구성 방법을 재설정해서 변경 가능한 시스템으로 나아갈 수 있다.

6.7 올바른 정보 감추기

캡슐화는 거의 늘 하면 좋긴 하지만 때로는 정보를 잘못된 곳에 감추는 일이 생길 수 있다. 그러면 코드를 이해하거나 통합하기가 힘들어지고, 객체를 구성하는 식으로 행위를 만들어내기도 어려워진다. 이를 방지하는 가장 좋은 방법은 설계 논의 시 두 가지 개념의 차이점을 분명하게 인식하는 것이다. 이를테면, 우리는 다음과 같이 말하기도 한다.

- "캐시에 대한 자료 구조를 CachingAuctionLoader 클래스에 캡슐화한다."
- "애플리케이션 로그 파일의 이름을 PricingPolicy 클래스에 캡슐화한다."

앞의 문장은 다음과 같이 정보 은닉 측면에서 문장을 재구성하기 전까지는 틀린 구석이 없어 보인다.

- "캐시에 사용되는 자료 구조를 CachingAuctionLoader 클래스에 감춘다."
- "애플리케이션 로그 파일의 이름을 PricingPolicy 클래스에 감춘다."

콘텍스트 독립성은 로그 파일의 세부 사항을 PricingPolicy 클래스에 감추는 업무가 없음을 보여준다. 다시 말해, 앞서 설명한 사항은 '러시아 인형' 구조처럼 중첩된 영역의 다양한 수준에서 유래하는 개념이다. 로그 파일 이름이 필요하다면 그것은 외부 환경 설정을 처리하는 수준에 포함되고 그곳에서 전달돼야 한다.

6.8 우리 견해가 반영된 관점

지금까지 '좋은' 객체 지향 설계란 무엇인지 설명하는 데 지면을 할애했다. 좋은 객체 지향 설계가 이 책에서 채택한 개발 접근법의 기반이 되고, 변화하는 사용자의 요구 사항에 부합하도록 쉽게 성장시키고 수정하기 쉬운 코드를 작성하는 데 도움이 되기 때문이다. 이제 여기서 채택한 테스트 주도 개발의 접근법이 어떻게 이러한 원칙에 보탬이 되는지 보여주겠다.

7장

GROWING OBJECT-ORIENTED SOFTWARE GUIDED BY TESTS

객체 지향 설계의 달성

> 형식이라는 문제에서는 시류를 거스르지 말라. 원칙이라는 문제에서는 바위처럼 서 있으라.
> —토마스 제퍼슨

7.1 테스트를 먼저 작성하는 것이 설계에 어떻게 도움이 되는가

6장에서 간략하게 알아본 설계 원칙은 객체의 올바른 경계를 찾아내는 데 적용되어 해당 객체가 다른 이웃 객체와 잘 동작하게 한다. 호출자는 객체가 무슨 일을 하고 무엇에 의존하는지 알고 싶어 하지, 해당 객체가 어떻게 동작하는지는 알고 싶어 하지 않는다. 우리도 객체가 해당 객체를 둘러싼 더 큰 환경과 조화되는 응집력 있는 단위를 나타내기를 바란다. 그러한 컴포넌트로 만들어진 시스템은 요구 사항이 변경될 때 재구성과 적응에 필요한 유연함을 갖출 것이다.

   이 같은 관찰에 도움이 되는 TDD의 세 가지 측면이 있다. 첫째, 테스트로 시작한다는 것은 '어떻게'를 고려하기 전에 달성하고자 하는 바가 '무엇인지'를 기술해야 함을 의미한다. 이는 대상 객체에 대해 추상화를 올바른 수준으로 유지하는 데 기여한다. 단위 테스트의 의도가 불분명하다면 개념이 뒤죽박죽이 되고 코드 작성을 시작하지 못할 것이다. 또 객체 외부에서 무엇을 볼 수 있는지도 결정해야 하므로 정보 은닉에도 도움이 된다.

   둘째, 단위 테스트를 이해 가능한 상태로 유지하려면(그리고 그렇게 해서 유지 보수할 수 있게) 단위 테스트의 범위를 제한해야 한다. 지금까지 단위 테스트가 수십 줄씩이나 돼서 테스트의 요점이 테스트가 시작되는 부분 어딘가에 묻혀버리는 경우를 목격해왔다. 그러한 테스트는 테스트 대상 컴포넌트의 규모가 너무 커서 좀 더 작은 컴포넌트로 쪼개야 함을 말해준다. 그 결과로 만들어지는 복합 객체는 해당 객체의 암시적인 구조를 파악함에 따라 관심의 분리가 더 명확해질 테고, 추출한 객체를 대상으로 좀 더 단순한 테스트를 작성할 수 있다.

셋째, 단위 테스트를 위한 객체를 만들려면 해당 객체의 의존성을 전달해야 하는데, 이는 그러한 의존성이 어디에 있는지 알아야 한다는 의미다. 그러면 콘텍스트 독립성이 높아지는데, 이것은 단위 테스트를 수행하기에 앞서 대상 객체의 환경을 구성할 수 있어야 하기 때문이다(단위 테스트는 단지 또 다른 콘텍스트에 불과할 따름이다). 아울러 의존성이 암시적인(또는 그저 너무 많은) 객체는 테스트를 준비하기 너무 어려우므로 그러한 의존성을 정리하는 작업이 유의미하다는 사실을 알게 될 것이다.

7장에서는 점진적이고 테스트 주도적인 접근법을 이용해 코드가 6장에서 기술한 설계 원칙에 다가서게 만드는 방법을 설명한다.

7.2 분류보다 의사소통

2장에서 썼듯이 우리는 실행 중인 시스템을 상호 작용하는 객체의 망으로 바라보기 때문에 객체가 어떻게 협력해 필요한 기능을 제공하는지에 관한 부분에 설계 노력을 집중한다. 분명 우리는 잘 설계된 클래스 구조를 달성하려 하지만 객체의 의사소통 패턴이 더 중요하다고 생각한다.

자바 같은 언어에서는 인터페이스를 사용해 객체끼리 전달 가능한 메시지를 정의할 수 있지만 객체 간 의사소통 패턴, 즉 통신 프로토콜도 정의해야 한다. 명명법과 관례로도 그렇게 할 수 있지만 자바 언어에는 인터페이스 내에서 인터페이스나 메서드 간 관계를 기술할 만한 것이 없어서 설계의 상당 부분이 암시적인 상태로 남는다.

> **인터페이스와 프로토콜**
>
> 스티브는 컨퍼런스에서 인터페이스와 프로토콜을 구분하는 다음과 같은 명쾌한 설명을 들은 적이 있다. 즉, "인터페이스는 두 컴포넌트가 잘 맞는지를 기술하는 반면, 프로토콜은 두 컴포넌트가 함께 동작하는지를 기술한다"는 것이다.

우리는 통신 프로토콜이 가시성을 띠게 만드는 기법으로 목 객체를 활용한 TDD를 이용하는데, 개발 과정에서 통신 프로토콜을 발견하는 수단인 동시에 코드를 볼 때 해당 코드의 설명으로도 작용한다. 이를테면, 3장 말미에서 제시한 단위 테스트는 특정 입력 메시지에 대해 translator는 listener.auctionClosed() 메서드를 딱 한 번만 호출해야 함을 말해준다. listener 인터페이스에는 다른 메서드도 있지만, 이 테스트는 해당 프로토콜에서 요구하는 바가 auctionClosed() 메서드 자체만 호출돼야 함을 말해준다.

```
@Test public void
notifiesAuctionClosedWhenCloseMessageReceived() {
  Message message = new Message();
  message.setBody("SOLVersion: 1.1; Event: CLOSE;");

  context.checking(new Expectations() {{
    oneOf(listener).auctionClosed();
  }});

  translator.processMessage(UNUSED_CHAT, message);
}
```

목 객체를 활용한 TDD는 정보 은닉을 촉진한다. 목 객체는 객체 내부에 존재하는 것이 아니라 객체의 동위 요소(peer), 즉 해당 객체의 의존성, 알림, 조정을 대상으로 만들어야 한다. 한 객체의 인접 요소를 강조하는 테스트는 그것들이 이웃 요소인지, 그리고 이웃 요소가 아니라면 그것들이 대상 객체의 내부를 구성해야 하는지 파악하는 데 기여한다. 어설프거나 불분명한 테스트는 구현 세부 사항을 너무 드러냈으며 객체와 그 이웃 간의 책임을 다시 균형되게 만들어야 한다는 징표일지도 모른다.

7.3 값 타입

좀 더 진행하기에 앞서 '값과 객체'(16쪽)에서 기술한 구분법, 즉 값은 불변이라서 좀 더 단순하고 유의미한 식별자가 없으며, 객체에는 상태가 있어서 식별자가 있고 서로 관계를 맺는다는 점을 다시 한 번 살펴보겠다.

코드를 짜면 짤수록 우리는 도메인에서 값의 개념을 나타내는 타입을 정의해야 한다고 확신하게 됐다. 그러한 타입이 많은 일을 하지 않더라도 말이다. 이것은 그 자체로도 설명 가능한 일관된 도메인 모델을 만들어내는 데 도움이 된다. 가령 시스템에 String을 사용하기보다 Item 타입을 만든다면 메서드 호출로 추적할 필요 없이도 변경과 관련된 코드를 모두 찾아낼 수 있다. 또 구체적인 타입은 화성 기후 탐사선(피트와 미터는 모두 수치를 표현하는 데 사용되지만 엄연히 다르다)이 보여준 바 있듯이 혼동의 위험을 줄인다.[1] 마지막으로 개념을 표현하는 타입을 만들어두면 대개 행위를 추가하기에 적절한 장소가 되어 관련 행위를 코드 구석구석에 흩어놓는 대신 좀 더 객체 지향적인 접근법을 사용하는 데 도움이 된다.

우리는 값 타입을 도입할 때 세 가지 기본적인 기법을 활용하는데, 바로 분해, 파생, 포장이 여기에 해당한다.

분해(breaking out)

어떤 객체의 코드가 복잡해지고 있다면 그것은 해당 코드가 다수의 관심사를 구현하고 있으니 이를 응집력 있는 행위의 단위로 분해해 도우미 타입으로 만들어내라는 신호로 볼 수 있다. '번역기 정리'(157쪽)에는 클래스를 분해해 인입 메시지를 두 부분(하나는 메시지 문자열을 구문 분석하고, 다른 하나는 구문 분석의 결과를 해석하는)으로 처리하는 예제가 나온다.

파생(budding off)

코드에서 새로운 도메인 개념을 표시하고 싶을 때 필드 하나만 있거나 필드가 아무것도 없는 위치지정자(placeholder) 타입을 도입한다. 코드 규모가 커짐에 따라 필드와 메서드를 추가해 새로운 타입의 세부 사항을 채우고 추가한 각 타입을 이용해 코드 추상화 수준을 높인다.

포장(bundling up)

어떤 일련의 값들이 늘 함께 사용된다는 사실을 알게 된다면 빠뜨린 구성물이 하나 있다고 여겨도 된다. 그렇다면 가장 먼저 취해야 할 단계는 늘 함께 취급되는 공용 필드가 포함된 타입을 새로 만드는 것이다(즉, 누락된 개념을 나타내는 이름을 짓는 것이다). 나중에 새 타입으로 행위를 옮길 수도 있는데, 이것은 결국 새 타입에 포함된 필드를 깔끔한 인터페이스 너머로 감추게 해줘서 "전체는 부분의 합보다 단순해야 한다" 규칙을 만족시킬 것이다.

---

1 1999년 나사의 화성 기후 탐사선(Mars Climate Orbiter)이 화성 대기권에서 폭발했는데, 그 원인은 다른 여러 문제는 차치하고서라도 항해 소프트웨어에서 단위를 야드파운드법으로 혼동한 데 있었다. 이와 관련된 간략한 설명은 http://news.bbc.co.uk/1/hi/sci/tech/514763.stm을 참고하라.

우리는 값 타입 발견이 테스트를 작성할 때 생기는 코드 압박에 반응해서가 아니라 설계 원칙을 따르려고 시도하는 과정에서 일어난다는 사실을 발견했다.

7.4 객체는 어디에서 오는가?

단위 테스트에서 얻는 설계 지침이 좀 더 중요해지는 경향이 있다는 점을 제외하고 객체 타입을 발견하는 범주는 대개 다들 비슷하다(그래서 범주에 이름을 부여하는 것이다). '외부 품질과 내부 품질'(12쪽)에서 썼듯이 단위 테스트에 드는 노력을 활용해 코드의 내부 품질을 유지한다. 테스트가 설계에 주는 영향에 관한 사례는 20장에서 더 볼 수 있다.

7.4.1 분해: 큰 객체를 협력 객체의 그룹으로 나누기

새로운 영역의 코드를 작성하기 시작할 때 일시적으로 설계 판단을 중단하고 많은 구조를 부과하려고 하지 않은 채로 코드를 작성할지도 모른다. 그렇게 하면 해당 영역에서 어느 정도 경험을 얻고, 개발 중인 외부 API를 얼마나 이해하는지 검사해볼 수 있다. 이윽고 작성한 코드가 이해할 수 없을 정도로 너무 복잡해져 정리하고 싶을 때가 올 것이다. 이때 응집력 있는 기능 단위를 좀 더 작은 협력 객체로 만드는 작업을 시작할 수 있는데, 그렇게 하고 나면 독립적으로 단위 테스트를 할 수 있다. 아울러 새 객체로 나누는 과정에서 끄집어 내려는 코드의 의존성을 살펴볼 수밖에 없다.

정리 작업을 지연하는 것과 관련해서는 두 가지 우려가 있다. 첫째, 뭔가를 하기 전까지 얼마나 기다려야 하는가다. 시간 압박이 있는 상황에서는 구조가 제대로 잡히지 않은 코드를 그 상태 그대로 놔두고 다음 작업으로 넘어가려는 유혹에 빠지기 쉽다("어쨌든 동작도 하고 클래스 하나쯤이야..."). 너무 많은 코드가 의도가 불분명해서 팀이 감당할 수 없을 때 정리 비용을 치러야 하는 경우를 봤다. 둘째, 이러한 코드를 시험용 코드로 여기는 게 나을 때도 있다는 것이다. 즉, 일단 어떻게 해야 할지 알면 원래대로 돌린 다음 깔끔하게 다시 구현하는 편이 낫다는 말이다. 코드는 그것이 존재한다는 이유로 신성시되지 않으며, 다음번에는 금방 지저분해질 것이다.

> **💡 테스트 가라사대...**
> 어떤 객체가 손쉽게 테스트할 수 없을 정도로 몸집이 크거나 테스트가 실패한 이유를 해석하기
> 어렵다면 해당 객체를 분해한다. 그러고 나서 새로 나뉜 부분들을 따로따로 단위 테스트한다.

> **ℹ 미리 알아두기...**
> 12장에서 AuctionMessageTranslator를 뽑아낼 때 MainWindow와의 상호 작용까지는 포함
> 하지 않으려고 할 텐데, 그렇게 했을 때 너무 많은 책임을 AuctionMessageTranslator에 부여
> 해야 하기 때문이다. 새 클래스의 행위를 살펴보면 누락된 의존성인 AuctionEvent Listener가
> 드러날 테고, 단위 테스트를 작성하면서 이를 정의할 것이다. 이때 기존 코드를 Main으로 다시
> 패키징해서 새로운 인터페이스에 대한 구현을 제공할 것이다. AuctionMessage Translator는
> 우리의 설계 경험을 충족한다. 즉, AuctionMessageTranslator는 경매 내역 표시로부터 메시지
> 번역을 분리함으로써 관심사의 분리를 가져오고 메시지 처리 코드를 새로운 도메인에 특화된
> 개념으로 추상화한다.

7.4.2 파생: 객체가 필요로 하는 신규 서비스 정의와 해당 서비스를 제공하기 위한 새 객체 추가

코드가 좀 더 안정화되고 어느 정도 구조를 갖추고 나면 새로운 타입을 현실로 끄집어내는 식으로 그것들을 발견한다. 이때 객체에 행위를 추가하고, 그리고 설계 원칙을 따르더라도 어떤 새로운 기능은 그러한 원칙에 속하지 않는다는 사실을 발견할지도 모른다.

이러한 경우 인터페이스를 만들어 객체 관점에서 필요한 서비스를 정의한다. 대상 객체와 해당 객체의 협력 객체 간의 관계를 기술하는 데 도움이 되는 목 객체를 이용해 서비스가 이미 존재하는 양 새로운 행위에 대한 테스트를 작성한다. 이전 절에서 언급한 AuctionEventListener도 이와 같은 식으로 도입했다.

개발 주기는 다음과 같이 흘러간다. 어떤 객체를 구현할 때 그 객체가 또 다른 객체에서 제공받아야 할 서비스를 필요로 한다는 사실을 발견한다. 새로운 서비스에 이름을 부여하고 클라이언트 객체와 새로운 서비스 간의 관계를 명확히 하고자 해당 서비스를 클라이언트 객체의 단위 테스트 바깥에서 목 객체로 만들어 제공한다.

그러고 나서 그 서비스를 제공하는 객체를 작성하는데, 이 과정에서 해당 객체가 필요로 하는 서비스가 뭔지 파악한다. 기존 객체, 또는 자체적으로 만든 API나 서드 파티의 API와 연결하기 전까지 이처럼 협력 객체의 관계로 구성된 흐름(또는 직접적인 그래프)을 따른다. 바로 이런 식으로 '입력에서 출력 방향으로 개발하라'(52쪽)를 구현하는 것이다.

우리는 이를 '주문형(on-demand)' 설계라고 생각한다. 즉, 어떤 클래스에서 제공해야 할 기능을 밀어내지 않고 클라이언트의 요구 사항으로부터 인터페이스와 해당 인터페이스의 구현체를 현실로 끄집어내는 것이다.

> 💡 **테스트 가라사대...**
> 테스트를 작성할 때 우리는 "이게 동작한다고 해서 누가 알아주기나 하겠어?"라고 자문한다. 이 질문에 대한 올바른 답이 대상 객체에 있는 게 아니라면 아마 그 답은 새로운 협력 객체를 도입할 때에 있을 것이다.

> **미리 알아두기...**
> 13장에서는 Auction 인터페이스를 도입한다. 입찰의 개념은 AuctionSniper에 추가되는 책임일 테니 입찰과 관련된 새로운 서비스를(구현체 없이 인터페이스로) 도입하는 것이다. 이때 AuctionSniper와 Auction 간의 관계를 보여주는 테스트를 새로 작성할 것이다. 그러고 나서 Auction의 구상 구현체를 작성하는데, 처음에는 Main에서 익명 클래스로 작성했다가 나중에 XMPPAuction으로 작성할 것이다.

7.4.3 포장: 관련 객체를 포함 객체로 감추기

이것은 "전체는 부분의 합보다 단순해야 한다" 규칙(65쪽)의 응용이다. 함께 동작하는 관련 객체의 집합이 있을 경우 그것들을 하나로 포함하는 객체로 포장할 수 있다. 새 객체는 기존 집합의 복잡성을 추상화 너머로 감춰서 좀 더 높은 수준에서 프로그램을 작성할 수 있게 해준다.

암시적인 개념을 구체적으로 만드는 과정은 다른 좋은 효과도 있다. 첫째, 도메인을 좀 더 잘 이해하는 데 보탬이 되는 이름을 개념에 부여해야 한다. 둘째, 개념의 경계를 확인할 수 있으므로 의존성의 범위를 좀 더 명확하게 한정할 수 있다. 셋째, 단위 테스트를 좀 더 정확하게 수행할 수 있다. 새로운 구성 객체를 직접 테스트할 수 있고, 뽑아낸 객체의 코드에 대한 테스트를 단순화하는 데 목 구현체를 쓸 수 있다(물론 이것은 새로운 객체가 수행하는 역할에 대한 인터페이스를 추가했기 때문이다).

> 💡 **테스트 가라사대...**
> 어떤 객체의 테스트가 너무 복잡해서 수행할 준비를 할 수 없을 경우, 즉 코드를 적절한 상태에 두기엔 유동적인 부분이 너무 많다면 협력 객체의 일부를 포장하는 방법을 고려해본다. '비대한 생성자'(274쪽)에서 이와 관련된 예제를 확인할 수 있다.

> ℹ️ **미리 알아두기...**
> 17장에서는 메시지 기반 구조와 관련된 것을 모두 포장하기 위해 XMPPAuctionHouse를, Sniper를 생성하고 첨부하고자 SniperLauncher를 도입한다. 추출된 SniperLauncher에 포함된 스윙 코드에 대한 참조는 부적절해 보이므로 SniperCollector를 도입해 도메인을 분리한다.

7.5 인터페이스로 관계를 식별하라

우리는 다른 개발자에 비해 자바의 인터페이스를 좀 더 자유롭게 사용하는 편이다. 이는 객체 간의 관계, 즉 객체의 통신 프로토콜에서 규정한 관계를 강조한다는 사실을 반영한다. 우리는 인터페이스를 사용해 객체가 수행할 수 있는 역할에 이름을 부여하고 객체가 받아들일 메시지를 기술한다.

또 인터페이스를 되도록 한정된 범위로 사용하려고 한다. 그렇게 했을 때 인터페이스가 더 많이 필요하더라도 말이다. 인터페이스에 선언되는 메서드 수가 적을수록 해당 메서드를 호출하는 객체의 역할이 명확해진다. 그러면 특정 호출에 대해 다른 어떤 메서드가 관련이 있는지, 어떤 메서드가 편의를 위해 포함됐는지에 대해 걱정하지 않아도 된다. 인터페이스의 범위가 좁으면 어댑터(adapter)와 데코레이터(decorator)를 작성하기도 쉽다. 구현할 사항이 적어서 서로 잘 구성되는 객체를 작성하기 쉽기 때문이다.

'파생'에서 설명했듯이 인터페이스를 현실로 끄집어내면 인터페이스의 범위를 가능한 한 좁게 유지하는 데 도움이 된다. 클라이언트 코드에서 인터페이스를 쓰게 하면 해당 인터페이스의 구현에 관한 불필요한 정보가 새는 현상을 방지할 수 있는데, 이로써 객체 간의 암시적인 결합이 최소화되고 코드는 변경하기 쉬운 상태에 머물게 된다.

> **Impl 클래스는 의미를 충분히 드러내지 않는다**
>
> 때때로 인터페이스의 구현체 이름이 인터페이스 이름에 'Impl'을 덧붙인 형태일 때가 있다. 이것은 클래스 이름을 변경하지 않은 채로 두거나 인터페이스 이름에 'I'를 붙인 것보다는 낫지만 월등히 나은 것은 아니다. BookingImpl 같은 이름은 중복이다. 이 이름은 정확히 'implements Booking'과 같은데, 이는 '나쁜 냄새'에 해당한다. 여기서는 다른 코드에서도 명백한 중복을 보게 되면 달갑지 않을 테니 마땅히 리팩터링해서 없앨 것이다.
>
> 이것은 그저 이름 짓기 문제에 불과할지도 모른다. 클래스 이름에 포함할 수 있는 구현 관련 명세 같은 것은 늘 있다. 그러한 구현에서는 지정된 크기의 컬렉션을 사용하거나 HTTP로 통신하거나 영구 저장을 위해 데이터베이스를 사용하는 등의 작업을 수행할지도 모른다. 브리지 역할을 하는 클래스는 이름 짓기가 더 쉽다. 그러한 클래스는 한 도메인에 속하지만 또 다른 인터페이스를 구현할 것이기 때문이다.
>
> 좋은 구현체 이름이 아무래도 없다면 인터페이스 이름을 제대로 짓지 않았거나 인터페이스 자체를 제대로 설계하지 않았다는 뜻일지도 모른다. 아마 인터페이스에 책임이 너무 많아서 산만하거나 인터페이스 이름이 클라이언트 내에서의 역할에 따른 게 아니라 구현에 따라 지어진 것이거나, 그것도 아니면 객체가 아닌 값이라서 그럴지도 모른다(이러한 불일치는 단위 테스트를 작성할 때 나타나기도 한다. 273쪽 '값에 목 객체를 적용하지 말라'를 참고한다).

7.6 인터페이스도 리팩터링하라

프로토콜에 대한 인터페이스를 갖추고 나면, 유사점과 차이점에 신경 쓰기 시작할 수 있다. 적당한 규모의 코드 기반에서는 비슷한 것처럼 보이는 인터페이스를 찾는 것부터 시작한다. 이는 인터페이스가 단일 개념을 표현하고 있으며, 병합될 수 있는지 살펴야 함을 의미한다. 공통적인 역할을 뽑아내면 '착탈 가능한' 컴포넌트가 많아져서 설계가 좀 더 변경하기 쉬운 상태가 되므로 좀 더 높은 수준의 추상화로 작업할 수 있다. 개발자에게는 이해하는 데 시간이 걸리는 개념이 더 적어지리라는 부차적인 이점도 있다.

그렇지 않고 비슷한 인터페이스가 서로 다른 개념을 나타내는 것으로 판명된다면 그 인터페이스들을 가려낼 특성을 추려낼 수 있으므로 컴파일러는 우리가 객체를 올바르게 조합한다는 사실을 확신할 수 있다. 비슷하게 보이는 인터페이스를 분리하기로 했다면 해당 인터페이스의 이름을 재고해 보기에 좋은 시점이다. 이 과정에서 인터페이스 가운데 최소한 하나는 좀 더 적절한 이름을 갖게 될 가능성이 있다.

마지막으로 인터페이스 리팩터링을 고려할 또 한 번의 시점은 인터페이스를 구현하기 시작할 때다. 이를테면, 구현하는 클래스의 구조가 불분명하다는 사실을 알게 된다면 아마 해당 인터페이스에 책임이 너무 많을 테고, 이는 인터페이스가 너무 장황해서 쪼개야 한다는 힌트일지도 모른다.

7.7 객체를 구성해 시스템의 행위를 기술하라

단위 수준의 TDD는 시스템을 값 타입과 느슨하게 결합된 계산 관련 객체로 분해하는 데 길잡이 노릇을 한다. 테스트는 각 객체가 어떻게 행동해야 하고 다른 객체와 어떻게 결합될 수 있는지 이해하는 데 보탬이 된다. 그러고 나면 저수준 객체를 좀 더 기능이 풍부한 기본 구성 요소로 사용할 수 있다. 이것이 바로 2장에서 기술한 '객체의 망'이다.

예를 들어, jMock에서는 테스트를 위해 예상 호출을 기술한 내용을 Mockery라는 콘텍스트 객체 내에서 조합한다. 테스트가 실행되는 동안 Mockery는 목 객체의 대상이 되는 객체를 상대로 발생한 호출을 Expectation에 전달하고, 각 Expectation에서는 호출이 일치하는지 검사하려고 할 것이다. Expectation이 일치하면 그 부분의 테스트는 성공한다. 일치하는 것이 아무것도 없으면 각 Expectation은 불일치를 보고하고 테스트가 실패한다. 실행 시점에서 조합된 객체는 그림 7.1과 같다.

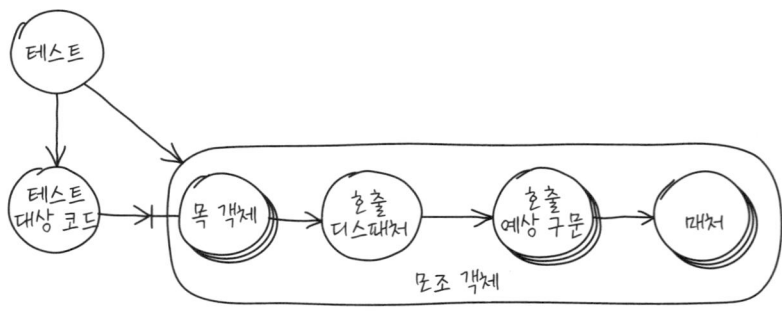

그림 7.1 jMock의 각 Expectation은 여러 객체로부터 조합된다.

이 접근법의 좋은 점은 비교적 적은 코드로도 유연한 애플리케이션 구조가 만들어진다는 것이다. 특히 코드가 여러 관련 시나리오를 지원해야 할 때 적절한 방법이다. 각 시나리오에 대해 구축할 다양한 컴포넌트 조합을 제공하는데, 사실상 이것은 애플리케이션의 나머지 부분에 끼워 넣을 하위 시스템에 해당한다. 아울러 그러한 설계는 확장하기도 쉽다. 새로운 착탈 가능한 컴포넌트를 작성해 추가하기만 하면 된다. 3부에서는 새로운 각종 햄크레스트 매처를 작성하는 모습을 보게 될 것이다.

예를 들어 example.doSomething() 메서드가 String 타입의 인자로 정확히 한 번 호출되는지 jMock에서 확인하게 하려면 테스트 콘텍스트를 다음과 같이 구성하면 된다.

```
InvocationExpectation expectation = new InvocationExpectation();
expectation.setParametersMatcher(
  new AllParametersMatcher(Arrays.asList(new IsInstanceOf(String.class))));
expectation.setCardinality(new Cardinality(1, 1));
expectation.setMethodMatcher(new MethodNameMatcher("doSomething"));
expectation.setObjectMatcher(new IsSame<Example>(example));

context.addExpectation(expectation);
```

7.8 고수준 프로그래밍을 위한 대비

앞의 코드에서 어려운 부분이 있었을지도 모르겠다. 앞서 보여준 코드는 어떤 예상 구문을 테스트하는지 그다지 잘 설명해 주지 않는다. 개념상 객체의 망을 조립하는 일은 어렵지 않다. 아쉽게도 일할 때 사용하는 주류 언어들은 우리가 신경 쓰는 정보(객체와 그것들의 관계에 관한)를 키워드, 설정자, 표기법 등으로 만들어진 늪에 묻어버린다. 이 예제에서는 객체를 할당하고 연결하는 것조차 우리가 조립 중인 시스템의 행위를 이해하는 데 그리 도움이 되지 않는다. 즉, 의도를 표현하지 않는다는 의미다.[2]

이 경우 우리는 코드를 두 가지 계층으로 구성한다. 하나는 객체의 그래프에 해당하는 구현 계층(implementation layer)으로 이 계층의 행위는 해당 계층에 속하는 객체가 이벤트에 어떻게 반응하는가로 결정된다. 그리고 다른 하나는 구현 계층의 객체를 만들어내는 선언적 계층(declarative layer)으로 자그마한 편의성 메서드

---

2 객체 생성을 별도 XML 파일로 옮기는 공통적인 대안도 아니다.

와 문법을 이용해 각 부분의 용도를 기술한다. 선언적 계층은 코드에서 하려는 일이 무엇인지를 기술하는 반면, 구현 계층에서는 코드가 그것을 어떻게 하는지를 기술한다. 선언적 계층은 사실상 (이 경우) 자바에 포함되는 자그마한 도메인에 특화된 언어(domain-specific language)에 해당한다.[3]

두 계층의 서로 다른 용도는 각 계층에 대해 서로 다른 코드 작성 스타일을 쓴다는 것을 의미한다. 구현 계층에서는 6장에서 기술한 관례적인 객체 지향 스타일 지침을 고수한다. 선언적 계층의 경우에는 좀 더 융통성이 있다. 즉, 요점만 설명하자면 심지어 '열차 전복' 같은 메서드 호출 연쇄나 정적 메서드를 사용할 수도 있다는 것이다.

jMock 자체가 좋은 사례다. 이전 절의 예제를 다음과 같이 재작성할 수 있다.

```
context.checking(new Expectations() {{
  oneOf(example).doSomething(with(any(String.class)));
}});
```

Expectations 객체는 예상 구문을 생성하는 빌더(Builder)[Gamma94]다. Expectations 에는 그림 7.2처럼 예상 구문과 매처의 조합을 생성해 그것을 Mockery로 불러들이는 편의 메서드가 정의돼 있다.

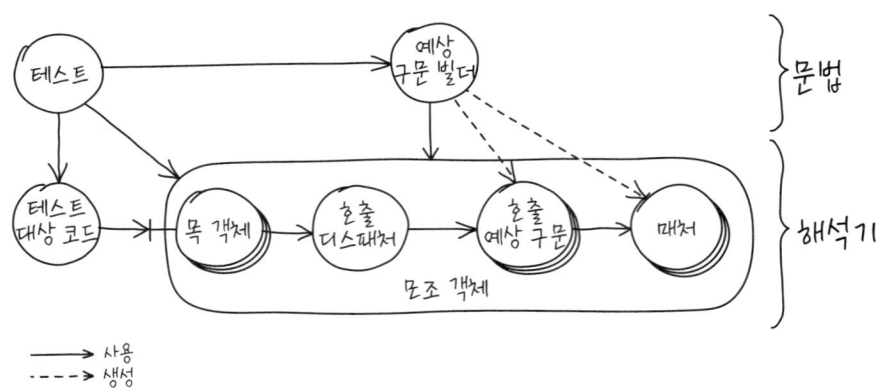

그림 7.2 문법 계층에서 해석기를 생성한다.

대부분의 경우 이러한 선언적 계층은 거듭되는 '무차별적인' 리팩터링에서 나타난다. 우리는 객체를 직접적으로 구성하고 중복을 제거하는 코드를 작성하는 것으로

---

[3] 이것은 jMock을 써서 작업할 때 명확해진다. 우리가 경험한 바는 [Freeman06]에 실려 있다.

시작한다. 또 도우미 메서드를 추가해 코드 본문에서 문법적 잡음을 추려내고 예상 구문을 추가한다. 코드의 한 영역이 언제 명확하지 않은지를 파악하는 데 신경 쓰면서 해당 부분이 명확해질 때까지 구조를 추가하거나 옮긴다. 이러한 작업은 리팩터링을 지원하는 최신 IDE에서는 누워서 떡 먹기다. 그러다 결국 두 계층으로 구성된 구조가 만들어졌다는 사실을 발견하게 된다. 가끔 갖기를 바라는 선언적인 코드에서 시작해 그러한 코드의 구현을 채우는 일까지 착수하게 되며, 이는 10장의 첫 전 구간 테스트에서 하게 되는 일과 같다.

결국 목표는 더 적은 코드로 더 많은 일을 해내는 것이다. 스스로가 제어 흐름과 데이터 조작이라는 측면의 프로그래밍에서 더 작은 프로그램을 가지고 프로그램을 구성하는, 즉 객체가 더 작은 행위의 단위를 형성하는 수준에 이르기를 갈구한다. 이것은 전혀 새로운 게 아니다. 파이프로 유틸리티를 구성하는 유닉스 프로그래밍[Kernighan76][4]이나 리스프에서 언어의 계층을 만들어내는 것[Graham93]과 같은 개념이지만 현장에서는 이 같은 현상을 아직도 원하는 만큼 자주 보지 못한다.

7.9 그럼 클래스는?

마지막 하나가 남았다. 보통 객체 지향 소프트웨어에 관한 책에서는 클래스와 상속에 관해 그리 많이 이야기하지 않는다. 클래스와 상속은 이제 누구나 다 아는 주제라서 애플리케이션 도메인을 객체나 통신 프로토콜 사이의 틈에 억지로 밀어 넣는 광경을 봐왔다. 우리는 클래스보다 인터페이스를 강조하는데, 다른 객체에서 보는 것은 결국 인터페이스이기 때문이다. 즉, 객체의 타입은 해당 객체가 수행하는 역할로 규정된다.

우리는 객체에 대한 클래스를 '구현 세부 사항'으로 본다. 클래스는 타입을 구현하는 한 방식이지, 타입 자체가 아니다. 우리는 공통적인 행위를 추려냄으로써 객체 클래스 계층 구조를 파악하며, 가능하다면 위임으로 리팩터링하는 방식을 선호한다. 이는 위임으로 코드를 더 유연하고 이해하기 쉽게 만들 수 있기 때문이다.[5] 반면 값

---

[4] 커닝핸(Kernighan)과 플로저(Plauger)는 파이프라는 아이디어가 더글러스 맥킬로이(Douglas McIlroy)에게서 나왔다고 한다. 맥킬로이가 1964년에 쓴 메모에서는 구획별로 나눈 정원 호스를 통해 데이터를 전달하는 메타포가 적혀 있다. 현재 이 내용은 http://plan9.bell-labs.com/who/dmr/mdmpipe.pdf에서 확인할 수 있다.

[5] 물론 설계 동인은 에펠(Eiffel)처럼 다중 상속을 잘 지원하는 언어에서는 달라진다[Meyer91].

타입은 동위 요소가 없어서 위임을 사용할 가능성이 낮다.

클래스를 다루는 방법에 관한 좋은 조언은 [Fowler99], [Kerievsky04], [Evans03] 같은 책에 많이 나와 있다.

8장

GROWING OBJECT-ORIENTED SOFTWARE GUIDED BY TESTS

서드 파티 코드를 기반으로 한 개발

> 오늘 하는 프로그래밍은 전적으로 여러분이 이용해야 하는 부분을 대상으로 프로그래밍하는 것이다.
> — 제럴드 제이 수스만

지금까지 시스템 설계를 구현하는 방법을 살펴봤다. 여기엔 객체에서 요구하는 바를 파악하고 인터페이스와 객체를 작성해 요구를 충족하는 과정이 포함된다. 이 과정은 새로운 기능에 대해서는 효과적이다. 하지만 언젠가는 설계에 표준 API나 오픈 소스 라이브러리, 특정 벤더 제품 같은 서드 파티 코드에 가장 잘 부합하는 요구가 발생할 것이다. 그런데 서드 파티 코드에서 겪는 심각한 문제는 코드를 제어할 수 없다는 점이라서 서드 파티 코드 설계를 이끌어 나가는 데 우리가 따르는 프로세스를 활용할 수 없다. 대신 설계와 외부 코드 간의 통합에 집중해야 한다.

통합 과정에는 구현할 추상화 요소가 생기는데, 이러한 요소는 기능의 나머지 부분을 개발할 때 발견된다. 설계에 통합하기 어려운 서드 파티 API가 있다면 우아함과 여타 아이디어의 실용적 사용 사이에서 최적의 균형점을 찾아야만 한다. 아울러 서드 파티 API를 올바르게 사용하고 있는지 반드시 확인해야 하며, 세운 가정이 올바르지 않다면 그에 맞게 추상화 요소를 조정해야 한다.

8.1 소유한 타입에 대해서만 목 객체를 적용하라

8.1.1 변경할 수 없는 타입에 대해서는 목 객체를 적용하지 말라

서드 파티 코드를 사용할 때 해당 코드의 작동 원리를 깊이 있게 이해하지 않을 때가 있다. 소스가 있더라도 예외적인 부분을 전부 살펴볼 만큼 소스를 빠짐없이 읽을 여유는 거의 없다. 서드 파티 코드의 문서를 읽을 수는 있지만, 문서도 불완전하거나 올바르지 않을 때가 있다. 소프트웨어에는 꼼수를 써서 해결해야 할 버그가 있을지도 모른다. 그러므로 추상화 요소가 어떻게 동작해야 할지 알고 있더라도 서드 파티 코드로 테스트하기 전까지는 실제로 그렇게 동작할지 알 수 없다.

아울러 서드 파티 코드 변경은 내키지 않는 일이다. 소스가 있을 때도 마찬가지다. 새 버전이 나올 때마다 비공개적인 패치를 적용하는 일은 대개 문제의 소지가 너무 많다. API를 변경할 수 없다면 해당 API를 이용하는 단위 테스트를 작성해서 얻을 수 있는 어떠한 설계 피드백에도 반응하지 못한다. 단위 테스트에서 외부 API의 부자연스러운 부분에 대해 어떠한 경고음이 울리든 간에 그것들을 있는 그대로 이용할 수밖에 없다.

이것은 서드 파티 타입을 호출하는 객체를 대상으로 단위 테스트를 수행할 때 서드 파티 타입의 목 구현을 제공하더라도 쓰임이 제한적이라는 의미다. 우리는 시험할 필요가 있는 기능에 대해 코드를 올바른 상태에 두려면 외부 라이브러리에 대해 목 객체를 적용하는 테스트가 복잡해질 필요가 있다는 사실을 발견했다. 그러한 테스트에 지저분한 부분이 있다는 건 설계가 올바르지 않은데도 코드를 개선해 문제를 고치는 게 아니라 코드와 테스트에 모두 추가적인 복잡성을 더해야 한다는 의미다.

두 번째 위험 요소는 스텁이나 목 객체의 대상이 되는 행위가 외부 라이브러리에서 실제로 수행할 행위와 일치한다는 점을 보장해야 한다는 것이다. 이렇게 하는 것이 얼마나 어려운지는 라이브러리의 품질에 달렸다. 즉, 우리가 작성한 단위 테스트가 유효하다는 사실을 확신할 수 있을 만큼 해당 라이브러리가 구체적인가(그리고 그 정도로 구현됐는가)에 달렸다. 해당 라이브러리를 올바르게 이해하고 있다 치더라도 라이브러리가 업그레이드됐을 때 테스트가 여전히 유효한지 반드시 확인해야 한다.

8.1.2 어댑터 계층을 작성하라

외부 API에 대해 목 객체를 적용하고 싶지 않다면 외부 API를 주도하는 코드는 어떻게 테스트할 수 있을까? 우리는 TDD를 이용해 객체에서 필요로 하는 서비스에 대한 인터페이스를 설계할 것이다. 이때 인터페이스는 우리가 작성한 객체의 관점에서 정의되지, 외부 라이브러리 관점에서 정의되지는 않을 것이다.

그림 8.1처럼 우리는 이 인터페이스를 구현하기 위해 서드 파티 API를 쓰는 어댑터 객체([Gamma94]에서 설명돼 있는) 계층을 작성한다. 이 계층은 되도록 얇게 유지하는데, 잠재적으로 불안정하고 테스트하기 어려운 코드 양을 줄이기 위해서다. 아울러 서드 파티 API의 작동 방식에 대해 얼마나 이해하고 있는지 확인하고자 집중적인 통합 테스트로 어댑터를 테스트할 것이다. 통합 테스트의 양은 단위 테스트에 비해 비교적 적으므로 메모리상에서 실행되는 단위 테스트만큼 빠르지 않더라도 빌드하는 데 걸림돌이 되지 않을 것이다.

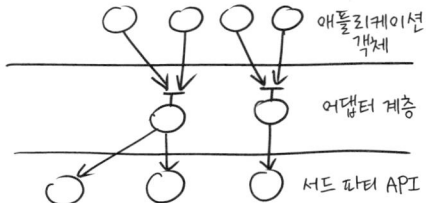

그림 8.1 서드 파티 객체에 목 객체를 적용할 수 있는 어댑터

이러한 접근법을 꾸준히 따르다 보면 애플리케이션과 해당 애플리케이션 관점 밖에 존재하는 세계와의 관계를 규정하는 인터페이스가 만들어지고, 저수준의 기술적인 개념이 애플리케이션 도메인 모델로 스며들지 않게 할 수 있다. 25장에서는 영속화 API를 이용해 애플리케이션 도메인 모델을 구현하는 사례를 살펴보겠다.

서드 파티 라이브러리를 대상으로 목 객체를 적용하는 것이 도움이 되는 이례적인 경우도 일부 있다. 가령 예외를 던지는 것과 같이 실제 라이브러리를 가지고는 실행하기 어려운 행위를 목 객체를 이용해 흉내 낼 수 있을지도 모른다. 이와 비슷하게, 가령 실패한 경우 트랜잭션이 롤백되는지 확인하는 경우처럼 목 객체를 이용해 연속된 메서드 호출을 테스트할 수도 있다. 하지만 테스트 스위트에 이 같은 테스트가 많아서는 안 된다.

이러한 패턴은 값 객체에는 적용되지 않는데, 당연히 값 객체에 대해서는 목 객체를 적용할 필요가 없기 때문이다. 하지만 코드에서 서드 파티 값 타입을 얼마나 이용할 것인가에 관해서는 설계 결정을 내려야 한다. 그러한 값 타입은 너무나도 기본적인 요소여서 그것들을 직접 사용하게 될지도 모른다. 그렇지만 서드 파티 서비스에 대해서도 이따금 똑같은 격리 원칙을 따르고, 애플리케이션 도메인과 외부 도메인에 적합하게 값 타입을 변환하고 싶을 때가 있다.

8.2 통합 테스트에서 애플리케이션 객체에 목 객체를 적용하라

앞서 설명한 바와 마찬가지로 어댑터 객체는 수동적이어서 코드에서 호출할 때만 반응한다. 이따금 어댑터 객체가 애플리케이션의 객체로 콜백해야만 할 때가 있다. 이를테면, 이벤트 기반 라이브러리는 대개 이벤트가 발생했을 때 이를 통지받기 위해 클라이언트에서 콜백 객체를 제공하길 기대한다. 이 경우 애플리케이션 코드에서는 자체적인 이벤트 콜백(애플리케이션 도메인 측면에서 정의된)을 어댑터에 제공할 것이다. 그러고 나면 어댑터는 어댑터 콜백을 외부 라이브러리로 전달해 외부 이벤트를 받고, 받은 메시지를 애플리케이션 콜백에 맞게 변환할 것이다.

이 경우 우리는 서드 파티 코드와 통합되는 객체를 테스트할 때 목 객체를 꼭 이용한다. 그렇지만 애플리케이션에서 정의한 콜백 인터페이스에 목 객체를 적용하기만 하는데, 이렇게 하는 이유는 어댑터가 도메인 사이에서 이벤트를 올바르게 번역하는지 검증하기 위해서다(그림 8.2).

다중 스레드 처리를 하면 통합 테스트에 복잡성이 가중된다. 예를 들어, 서드 파티 라이브러리에서 백그라운드 스레드를 구동해 애플리케이션 코드에 이벤트를 전달할 수도 있는데, 그러면 어댑터 계층을 설계할 때 동기화가 필수적인 요소가 돼버린다. 이 주제에 관해서는 26장에서 좀 더 다루겠다.

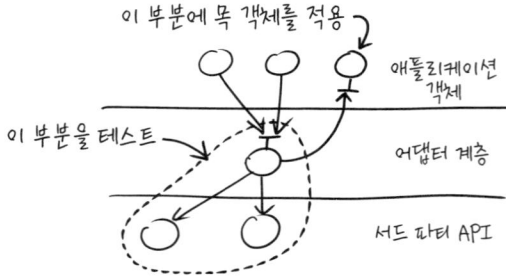

그림 8.2 통합 테스트에서 목 객체 사용하기

3부 동작하는 예제

이 책을 쓴 목적 한 가지는 테스트 주도 개발의 전체 경험을 전달하기 위해서였다. 책에서 흔히 제시하는 예제보다 규모가 더 큰 코드 기반에서 각종 기법이 짜임새 있게 적용되는 방법을 보여주고자 한다. 굳이 외부 컴포넌트(스윙과 메시징 기반 구조)를 집어넣은 까닭은 이런 식의 접근법에서 역점을 두어야 하는 지점이 대개 우리가 직접 만든 코드와 외부 컴포넌트 사이에 있기 때문이다. 여기서 만드는 애플리케이션에는 이벤트 기반 설계, 다중 스레드, 분산 같은 복잡한 요소가 포함돼 있다.

또 한 가지 목적은 현실적인 이야기를 들려주는 것이었다. 그래서 이 책에서는 잘못된 것으로 판명된 결정 사항을 역추적해야만 했던 일화를 실은 것이다. 이러한 일은 지금껏 경험한 어느 소프트웨어 개발 현장에서나 일어난다. 가장 유능한 사람들조차도 요구 사항과 기술을 잘못 이해하고, 때로는 요점을 놓치기도 한다. 회복이 빠른 프로세스에서는 실수를 허용하며, 최대한 일찍 오류를 발견하고 오류로부터 회복하는 기법을 갖고 있다. 결국 그렇게 하지 않으면 코드상에 문제가 그대로 남을 테고, 일반적으로 나중에 더 값비싼 대가를 치를 수밖에 없다.

마지막으로 매우 점진적인 개발 문화를 강조하고 싶었다. 숙련된 팀은 작고 안전한 단계로 코드에 상당한 변화를 가져오는 방법을 배울 수 있다. 거기에 익숙하지 않은 사람은 점진적인 변화가 너무 오래 걸리는 것처럼 느낄 수 있다. 하지만 우리는 헤매다 결국엔 더 오래 걸리는(예상할 수 없을 정도로) 큰 규모의 재구성 작업을 하느라 너무 자주 타격을 입어왔다. 항상 시스템을 깔끔하고 늘 동작하는 상태로 유지하면 당면한 즉각적인 변화에 집중할 수 있으며(모든 코드를 한 번에 머릿속에 유지하는 대신), 변경 사항을 되돌리는 것도 결코 위험한 일이 아니다.

> **ℹ 코드 형식에 관한 안내**
>
> 이 책 예제 코드 모양이 조금 이상하게 보일 것이다. 여기서는 지면에 맞게 긴 줄을 잘라내고 다음 줄로 내렸다. 개발 환경에서는 더 긴 줄을 사용하며, 이렇게 하면 (적어도 우리가 생각하기에는) 코드 가독성이 좀 더 높아진다.

9장

GROWING OBJECT-ORIENTED SOFTWARE GUIDED BY TESTS

경매 스나이퍼 개발 의뢰

9.1 맨 처음부터 시작하기

경매에 자동으로 입찰하는 애플리케이션을 만들어 달라는 의뢰를 받았다. 애플리케이션 동작 방식과 주요 컴포넌트에 대한 윤곽은 잡은 상태이며, 애플리케이션 규모를 키울 때 점진적인 단계에 대한 대략적인 계획을 함께 짰다.

우리는 마크업 앤 가우지(Markup and Gouge)[1]라는 회사의 개발 팀이며, 마크업 앤 가우지는 골동품 전문 시장에서 골동품을 구입해 '최상의 조건으로' 고객에게 판매하는 회사다. 마크업 앤 가우지는 해당 업계에서 자리를 잡아가는 중이며, 이제 상당히 많은 수의 골동품을 온라인에서 날로 규모를 더해가는 신뢰받는 경매 사이트인 사우스비[Southabee's]에서 주로 구입한다. 문제는 구매자들이 입찰 여부를 판단하기 위해 경매 상태를 직접 확인하느라 많은 시간을 허비하고, 심지어 빨리 응답하지 못해서 매력적인 품목을 놓칠 때도 곧잘 있다는 것이다.

열띤 논의 끝에 경영진에서는 경매 스나이퍼(Auction Sniper)[2]라고 해서 온라인 경매를 감시하다가 가격이 매매 지시 지정 가격(stop price)에 도달하거나 경매가 종료되기 전까지 가격에 변화가 생길 때마다 약간씩 더 높게 자동으로 입찰을 대행하는 프로그램을 의뢰하기로 했다. 구매자는 이러한 새 애플리케이션을 간절히 원했고 그들 중 일부는 제작할 프로그램에 관해 우리에게 도움을 주기로 했다.

---

[1] Markup과 Gouge는 가격 인상과 바가지를 각각 의미한다.
[2] 온라인 경매에서 'snipe'는 마감 시간이 임박했을 때 남보다 비싼 값을 불러 경매를 낙찰받는 행위를 말한다. 이 책에서 예제로 만드는 프로그램은 이러한 역할을 한다.

구매자 그룹에서 생각하는 바를 이야기하는 것으로 시작할 텐데, 혼동을 피하기 위해 다음과 같은 일부 기본적인 용어에 대해서는 서로 합의할 필요가 있었다.

- 품목(Item)은 식별, 구매 가능한 것이다.
- 입찰자(Bidder)는 품목 구매에 관심이 있는 사람이나 조직이다.
- 입찰(Bid)은 입찰자가 어떤 품목에 대해 특정 가격을 지불하리라는 진술이다.
- 현재가(Current price)는 어떤 품목에 대해 현재 가장 높은 입찰을 말한다.
- 매매 지시 지정 가격(Stop price)은 어떤 품목에 대해 입찰자가 지불할 의사가 있는 가장 높은 가격이다.
- 경매(Auction)는 어떤 품목에 대한 입찰을 관리하는 프로세스다.
- 경매장(Auction house)은 경매를 주관하는 기관이다.

이 논의를 거쳐 "관련 품목 그룹에 대해서는 입찰할 수 있다"와 같은 긴 요구 사항 목록이 만들어졌다. 충분한 시간이 있어도 모든 내용을 전달할 수 있는 사람은 아무도 없을 것이므로 우리는 방안을 차례로 검토했고 구매자들은 마지못해 우선 동작하는 기본적인 애플리케이션을 확보하는 데 동의했다. 애플리케이션이 일단 준비되기만 하면 그것을 더 강력하게 만들 수 있다.

그런데 해당 온라인 시스템에서 모든 품목에 대해 경매가 이뤄진다는 사실이 드러나서 품목 식별자를 이용해 해당 품목에 대한 경매를 참조하기로 했다. 실제로 스나이퍼 애플리케이션 자체는 구매 품목 관리와 관련된 부분은 신경 쓰지 않아도 된다는 점도 드러났는데, 다른 시스템에서 결제와 배송을 처리할 것이기 때문이다.

경매 스나이퍼를 자바 스윙 애플리케이션으로 만들기로 했다. 경매 스나이퍼는 데스크톱에서 실행되어 사용자가 한 번에 여러 품목을 대상으로 입찰할 수 있게 할 것이다. 또한 현재 감시 중인 각 품목의 식별자, 매매 지시 지정 가격, 현재 경매가와 상태를 보여줄 것이다. 구매자는 사용자 인터페이스를 통해 입찰을 관리할 새 품목을 추가할 수 있고, 사용자 인터페이스에 표시되는 값은 경매장에서 도착하는 이벤트에 반응해 변경될 것이다. 구매자들이 사용성 관련 업무를 하는 사람들과 일하고 있긴 했지만 우리는 그림 9.1 같은 대략적인 버전에 대해서는 합의를 이끌어냈다.

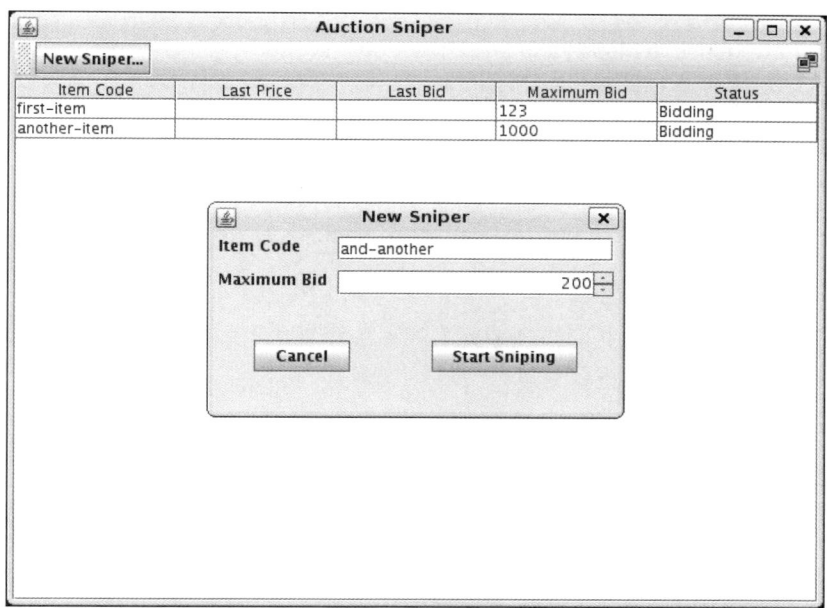

그림 9.1 첫 사용자 인터페이스

분명 첫 사용자 인터페이스는 불완전하고 미려하진 않지만 작업을 시작하기엔 충분하다.

논의가 진행되는 동안 사우스비의 온라인 서비스를 담당하는 기술진과도 협의했다. 기술진은 사우스비 경매에 입찰하기 위한 프로토콜이 설명된 문서를 보내줬는데, 그 프로토콜에서는 기반 통신 계층에 XMPP(재버)를 사용하고 있었다. 그림 9.2에서는 XMPP를 통해 경매장에 입찰하는 다수의 입찰자를 처리하는 모습을 볼 수 있으며, 우리가 만들 경매 스나이퍼도 그 중 일부다. 경매가 진행됨에 따라 사우스비에서는 연결된 모든 입찰자에게 이벤트를 전달해 누가 언제 현재가를 올렸고 언제 경매가 종료됐는지를 알린다.

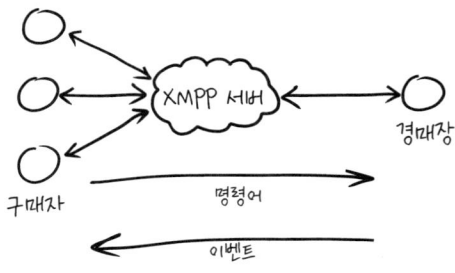

그림 9.2 사우스비의 온라인 경매 시스템

9장 경매 스나이퍼 개발 의뢰　91

> **XMPP(eXtensible Messaging and Presence Protocol)**
>
> XMPP는 네트워크를 통해 XML 요소를 스트리밍하기 위한 프로토콜이다. XMPP는 원래 재버(Jabber) 인스턴트 메시징 시스템에 사용할 용도로 만들어졌고, 또 거기서 이름을 따왔는데 인터넷 표준으로 승인받고자 IETF에 제출했을 때 XMPP로 이름을 바꿨다. XMPP가 네트워크를 통해 XML 요소를 교환하기 위한 일반화된 프레임워크여서 실시간에 가깝게 구조화된 데이터를 교환할 필요가 있는 다양한 애플리케이션에 쓸 수 있기 때문이다.
>
> XMPP는 비집중형 클라이언트/서버 아키텍처다. XMPP에는 중앙 서버가 없는데, 이는 AOL 인스턴트 메신저나 MSN 메신저 같은 다른 채팅 서비스와 대비되는 부분이다. 특정 XMPP 서버를 이용하는 사용자끼리는 물론이고 네트워크상의 다른 XMPP 서버를 이용하는 사용자끼리도 통신이 가능하다.
>
> 사용자는 XMPP 용어로 리소스(resource)라고 하는 다양한 기기나 클라이언트에서 동시에 XMPP 서버에 로그인할 수 있다. 사용자는 각 리소스에 우선순위를 할당한다. 특정 리소스를 지정하지만 않는다면 사용자에게 전달된 메시지는 해당 사용자가 현재 로그인돼 있는 가장 우선순위가 높은 리소스로 전달된다.
>
> 네트워크상의 모든 사용자에게는 이메일 주소와 다소 비슷한 고유 재버 ID(보통 줄여서 JID)가 있다. JID에는 사용자명과 해당 사용자가 이용 중인 서버의 DNS 주소가 @으로 구분되어 담기고(이를테면, username@example.com), 정방향 슬래시(/) 다음에 리소스 이름을 붙일 수도 있다(이를테면, username@example.com/office).

9.2 경매와의 상호 작용

9.2.1 경매 프로토콜

입찰자와 경매장의 메시지 프로토콜은 단순하다. 입찰자는 다음과 같은 명령(command)을 보낸다.

Join

입찰자가 경매에 참여한다. XMPP 메시지를 보낸 사람은 입찰자를 나타내고, 채팅 세션의 이름은 품목을 나타낸다.

Bid

입찰자가 경매에 입찰가를 보낸다.

경매에서는 다음과 같은 이벤트(event)를 보낸다.

Price

경매에서는 현재 수락된 가격을 보고한다. 이 이벤트에는 다음 입찰 때 높여야 할 최소 기준 가격과 현재 가격을 제시한 입찰자 이름이 포함돼 있다. 경매에서는 이 이벤트를 입찰자가 경매에 참여할 때 입찰자에게, 그리고 새로운 입찰이 수락될 때마다 모든 입찰자에게 전달한다.

Close

경매가 종료됐음을 알린다. 마지막 가격 이벤트를 제시한 입찰자가 해당 경매를 낙찰받는다.

우리는 문서를 토대로 작업하고 사우스비 온라인의 지원팀 사람들과 이야기하는 데 어느 정도 시간을 보내면서 스나이퍼가 일으킬 상태 전이를 보여주는 상태 기계를 가늠해 봤다. 본질적으로 스나이퍼가 경매에 참여(join)하면 경매가 종료되기 전까지 몇 차례 입찰 회차가 있고 경매가 종료되는 시점에 스나이퍼는 낙찰에 성공하거나 낙찰에 실패할 것이다(그림 9.3). 지금 당장은 복잡하지 않게 매매 지시 지정 가격은 배제했다. 이는 18장에서 다시 살펴보겠다.

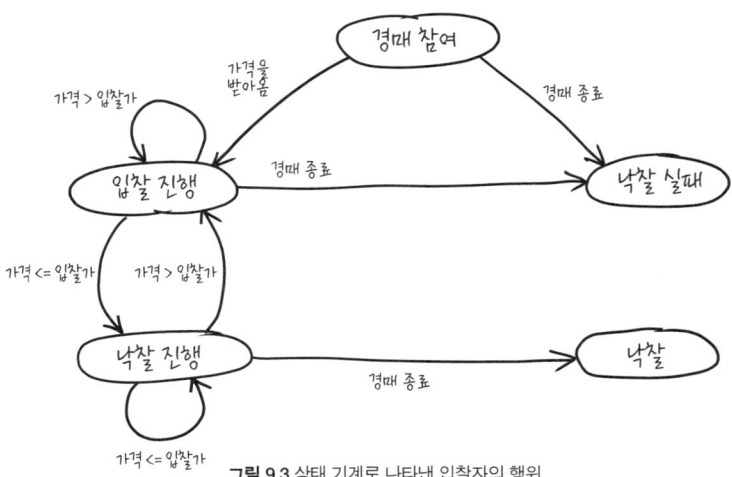

그림 9.3 상태 기계로 나타낸 입찰자의 행위

9.2.2 XMPP 메시지

사우스비 온라인 측에서는 XMPP 메시지에서 사용하는 메시지 형식에 관한 세부 사항도 보내줬다. 메시지 형식은 단순한데, 몇 가지 이름과 값으로만 구성돼 있고, 키/값 쌍으로 단 한 줄로 직렬화되기 때문이다. 각 줄은 프로토콜 버전 번호로 시작한다. 메시지 형태는 다음과 같다.

```
SOLVersion: 1.1; Command: JOIN;
SOLVersion: 1.1; Event: PRICE; CurrentPrice: 192; Increment: 7; Bidder: Someone else;
SOLVersion: 1.1; Command: BID; Price: 199;
SOLVersion: 1.1; Event: CLOSE;
```

사우스비 온라인에서는 로그인 이름을 이용해 판매할 각 품목을 식별하므로 식별자가 12793인 품목을 상대로 입찰하기 위해 클라이언트는 사우스비 서버의 auction-12793라는 '사용자'와 채팅을 시작할 것이다. 서버에서는 사전에 계정이 구성돼 있다는 가정하에 어떤 호출자가 입찰 중인지 알려줄 수 있다.

9.3 안전하게 진행하기

경매 스나이퍼처럼 아무리 작은 애플리케이션이라도 한 번에 작성하기에는 무리가 있으므로 먼저 애플리케이션을 개발할 때 밟아야 할 단계를 대략 가늠해볼 필요가 있다. 점진적인 개발의 핵심 기법은 한 번에 만들 수 있을 만큼에 해당하는 기능을 쪼개는 방법을 익히는 것이다. 각 조각은 중요하게 다뤄야 하고 팀이 언제 기능 개발이 완료됐는지 판단할 수 있을 만큼 구체적이어야 하며, 한 개념에 집중하고 신속히 달성할 수 있을 정도로 작아야 한다. 작업을 작고, 응집력 있는 덩어리로 나누면 개발 위험을 관리하는 데도 도움이 된다. 진행 상황에 관해 주기적이고 구체적인 피드백을 받으면 팀에서 도메인과 기술에 관해 더 많이 발견할 때마다 여기에 맞춰 계획을 조정할 수 있다.

우리가 직면한 과제는 스나이퍼 애플리케이션을 개발하기 위한 점진적인 개발 단계를 파악하는 것이다. 말할 필요도 없이 첫 번째 단계는 만들 수 있는 가장 작은 기능에 해당하는 것으로 바로 '우선 동작하는 골격을 대상으로 테스트하라'(38쪽)에서 설명한 '동작하는 골격'이다. 여기서 골격은 스윙, XMPP, 애플리케이션에 이르는 최단 경로를 지나며, 이러한 구성 요소의 짜임새를 보여주기에 충분하다. 연속된 각 단계에서는 기존 애플리케이션에 하나씩 복잡성 요소를 더하는데, 이전에 완료한 작업에 그러한 요소를 더하는 식으로 진행한다. 일정 수준의 논의를 거친 후 우리는 제작할 기능을 다음과 같이 추렸다.

단일 품목: 경매 참여, 입찰하지 못한 상태로 낙찰 실패
핵심 기반 구조에서는 이 경우로 구현을 시작한다(10장의 주제다).

단일 품목: 경매 참여, 입찰, 낙찰 실패
기본 연결에 입찰을 추가한다.

단일 품목: 경매 참여, 입찰, 낙찰
누가 낙찰 메시지를 보냈는지 판단한다.

가격 상세 표시
사용자 인터페이스를 채우기 시작한다.

여러 품목
동일한 애플리케이션 내에서 여러 품목의 입찰 기능을 지원한다.

사용자 인터페이스를 통해 품목을 추가
사용자 인터페이스를 통해 입력 기능을 구현한다.

매매 지시 지정 가격에서 입찰을 중단
스나이퍼 알고리즘에 좀 더 지능적인 요소를 가미한다.

앞의 목록에서 구매자는 매매 지시 지정 가격보다 사용자 인터페이스에 우선순위를 뒀는데, 애플리케이션을 편하게 사용하고 싶기도 하고, 또 사용자 인터페이스가 없으면 각 품목마다 매매 지시 지정 가격을 지정한 상태로 여러 품목을 추가하기가 수월하지 않기 때문이다.

   요구 사항이 안정화되고 나면 입찰이 실패할 경우 재시도하거나 각 입찰에 서로 다른 전략을 사용하는 등의 좀 더 복잡한 시나리오를 작업할 수 있다. 지금 당장은 이러한 기능을 구현하는 것만으로도 바쁠 것이다.

   앞으로 취할 단계가 이 목록에 나온 단계의 순서와 맞는지 모르겠지만 앞의 목록에 나열한 항목은 모두 필요하다고 생각하며, 진행에 따라 조정할 수 있을 것이다.

당면한 과제에 집중하고자 우리는 이 계획을 그림 9.4처럼 색인 카드에 적어뒀다.

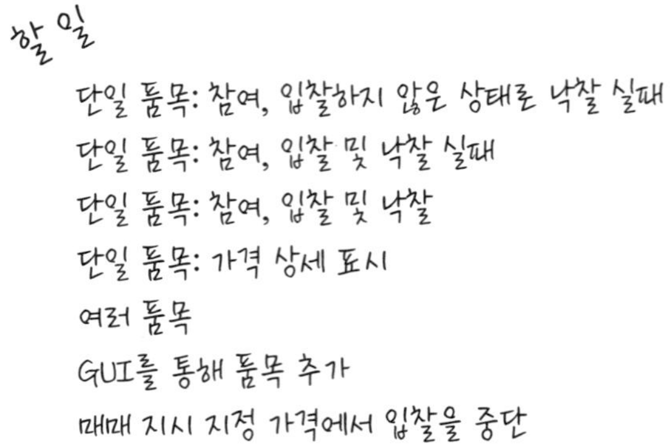

> 할 일
> 단일 품목: 참여, 입찰하지 않은 상태로 낙찰 실패
> 단일 품목: 참여, 입찰 및 낙찰 실패
> 단일 품목: 참여, 입찰 및 낙찰
> 단일 품목: 가격 상세 표시
> 여러 품목
> GUI를 통해 품목 추가
> 매매 지시 지정 가격에서 입찰을 중단

그림 9.4 초기 계획

9.4 이건 진짜가 아니야

이제 여기서 건너뛴 현실적인 측면에 관해 이의를 제기할지도 모르겠다. 우리도 안다. 여태까지는 지면상 제약은 그대로 둔 채 실제 프로젝트가 어떻게 돌아가는지 감을 보이고자 프로세스와 설계에서 최단 경로를 취했다. 특히 다음과 같은 사항에 유의한다.

- 이것은 실제 아키텍처가 아니다. XMPP는 신뢰성도 낮고 안전하지도 않으므로 트랜잭션을 처리하는 데 쓰기에 적절하지 않다. 그러한 품질 요소를 보장하는 것은 이 책의 범위를 벗어난다. 다시 말해, 여기서 설명하는 핵심 기법은 기반 아키텍처와 상관없이 적용 가능한 것들이다(변명을 조금 보태자면 각종 주요 시스템이 HTTP만큼 부적절한 프로토콜에 기반을 두고 만들어져 왔다는 사실을 알고 있으므로 아마 생각만큼 비현실적이지는 않을 것이다).
- 이것은 애자일 계획하기(Agile Planning)가 아니다. 여기서는 할 일 목록을 만들고자 프로젝트 계획을 서둘러 세웠다. 실제 프로젝트에서는 본격적으로 시작하기 앞서 전체적인 산출물(출시 계획)을 고려할 것이다. 애자일 계획하기에 관해서는 [Shore07]과 [Cohn05] 같은 책에 잘 설명돼 있다.
- 이것은 현실적인 사용성 설계가 아니다. 좋은 사용자 경험 설계는 최종 사용자가 정말 달성하려는 일을 조사하고 그것을 이용해 일관된 경험을 창출하는 것이다.

사용자 경험 커뮤니티에서는 한동안 이러한 경험 설계를 반복적으로 하는 방법을 알아내고자 애자일 개발 커뮤니티를 활용해왔다. 이 프로젝트는 우리가 달성하려는 바와 그것을 향해 나아가는 바를 살짝 알아볼 수 있을 정도로 단순하다.

10장

GROWING OBJECT-ORIENTED SOFTWARE GUIDED BY TESTS

동작하는 골격

개발 환경을 마련하고 전 구간 테스트를 처음으로 작성한다. 아울러 시작하는 데 유용한 기반 구조를 만들고 빌드를 구축한다. 우리는 이러한 방법이 얼마나 효과적인지 다시 한 번 놀라움을 금치 못했다.

10.1 골격 사용 준비

그럼 이제 뭘 만들어야 할지 알았으니 그것으로 첫 단위 테스트를 작성하면 될까? 아직까지는 아니다.

가장 먼저 해야 할 일은 '우선 동작하는 골격을 대상으로 테스트하라'(38쪽)에서 설명한 '동작하는 골격'을 만드는 것이다. 재차 강조하지만 동작하는 골격의 핵심은 대략적인 시스템 구조를 제안하고 그것의 유효성을 검증할 수 있을 정도로 요구 사항을 이해하는 데 이바지하는 것이다. 우리는 나중에 뭔가를 더 배웠을 때 늘 마음을 바꾸는데, 중요한 건 해결책의 전체적인 모습과 부합하는 뭔가로 시작하는 것이다. 아울러 나중에 자신감을 가지고 변경할 수 있게 우리가 택한 접근법을 평가하고 결정한 바를 검사할 수 있다는 것이 중요하다.

프로젝트에서는 대부분 동작하는 골격을 개발하는 데 놀라울 만큼 노력이 든다. 우선 뭘 해야 할지 결정하느라 애플리케이션과 해당 애플리케이션의 역할에 관한 온갖 종류의 물음을 쏟아내야 하기 때문이다. 다음으로 빌드, 패키지화를 비롯해 유사 운영 환경(무슨 의미인지 이미 알고 있으리라)으로 배치하는 과정을 자동화하면서 온갖 종류의 기술적이고 조직적인 문제가 드러날 것이기 때문이다.

> **반복 주기 0**
>
> 애자일 프로젝트에서는 대부분 팀이 초기 분석을 수행하는 첫 번째 단계가 있다. 이 단계에서는 물리적·기술적 환경을 마련하는데, 그렇게 하지 않으면 시작할 수 없다. 이 단계에서 하는 일은 모두 기반 구조에 해당하는 일이어서 팀에서는 가시적인 기능을 그리 많이 추가하지 않으므로 이 단계를 프로젝트 일정을 수립할 목적으로 통상적인 반복 주기에 해당하는 것으로 여기는 건 타당하지 않을지도 모른다. 통상적인 관례는 이 단계를 '반복 주기 0'이라 하며, 여기서 '반복 주기'라고 하는 이유는 팀에서 여전히 타임박스를 토대로 활동을 구성해야 하기 때문이고, '0'이라 하는 이유는 첫 번째 반복 주기에서 기능 개발을 시작하기 전이기 때문이다. 반복 주기 0에서 해야 할 한 가지 중요한 작업으로는 동작하는 골격을 이용해 초기 아키텍처를 대상으로 테스트 주도를 적용하는 것이 있다.

물론 우리는 테스트를 작성하는 것으로 동작하는 골격을 시작한다.

10.2 최초 테스트

동작하는 골격은 반드시 경매 스나이퍼 시스템의 모든 컴포넌트, 즉 사용자 인터페이스, 스나이퍼 컴포넌트, 경매 서버와의 통신 등을 포괄해야 한다. 테스트를 생각해볼 수 있는 가장 작은 부분이자 할 일 목록의 첫 항목은, 경매 스나이퍼는 경매에 참여한 후 경매가 종료될 때까지 대기할 수 있다는 것이다. 이 부분은 아주 작아서 우리는 입찰을 보내는 것에 대해 신경조차 쓰지 않으며, 단지 양측에서 서로 통신할 수 있고 외부에서(클라이언트 GUI를 통해 외부 경매 서버에서 보내는 것처럼 이벤트를 주입함으로써) 시스템을 테스트할 수 있는지만 알고 싶다. 이 같은 방법이 통하면 클라이언트가 원하는 나머지 기능을 만들 견고한 기초가 마련된다.

우리는 구현이 이미 존재하는 것처럼 테스트를 작성한 다음 해당 구현이 동작하는 데 필요한 것을 채워나가는 식으로 시작하는 방식을 선호한다. 아벨슨(Abelson)과 수스만(Sussman)은 이를 "희망적 관측에 의한 프로그래밍"[Abelson96]이라고 한다. 테스트를 가지고 역으로 작업하면 시스템을 어떻게 동작하게 만들지에 관련한 복잡함 때문에 발목이 잡히는 대신 시스템이 해야 할 일에 집중하는 데 도움이 된다. 자, 먼저 프로그래밍 언어에 내재된 표현력의 한계 내에서 테스트를 작성해 되도록 명확하게 의도를 기술한다. 그런 다음 기존 기반 구조에 맞게 테스트를 작성하는 대신 우리가 원하는 대로 시스템을 테스트할 수 있는 기반 구조를 만든다. 이 과정에서 준비해야 할 사항이 굉장히 많아서 보통 초기에 들이는 노력의 상당 부분은 이러한 작업과 관련이 있다. 이러한 기반 구조가 마련되면 기능을 구현하고 테스트를 통과하게 만들 수 있다. 원하는 테스트의 윤곽은 다음과 같다.

1. 경매에서 품목을 판매하고
2. 경매 스나이퍼가 해당 경매에서 입찰을 시작하면
3. 경매에서는 경매 스나이퍼로부터 Join 요청을 받을 것이다.
4. 경매가 Close됐다고 선언되면
5. 경매 스나이퍼는 경매에서 낙찰에 실패했음을 보여줄 것이다.

이것은 상태 기계의 상태 전이 하나를 설명한 것에 해당한다(그림 10.1).

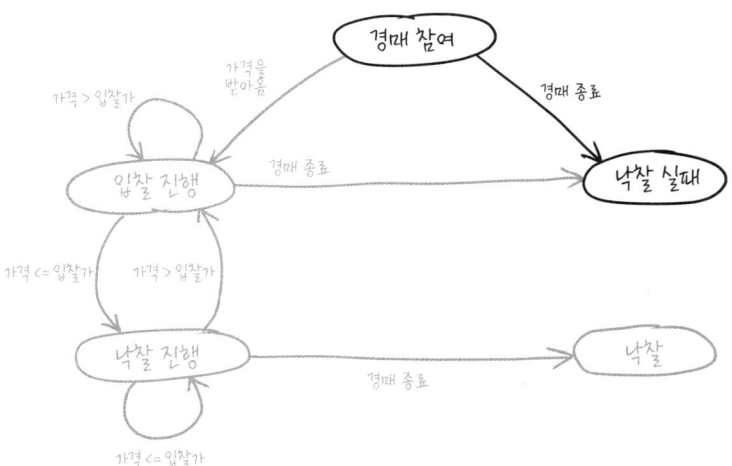

그림 10.1 스나이퍼는 참여한 후 사라진다.

이것을 뭔가 실행 가능한 것으로 바꿀 필요가 있다. 여기서는 테스트 프레임워크로 JUnit을 이용한다. JUnit을 사용하는 이유는 친숙하고 폭넓게 지원되기 때문이다. 또 애플리케이션 및 애플리케이션과 상호 작용하는 경매를 제어할 메커니즘도 필요하다.

사우스비 온라인의 테스트 서비스는 마음껏 사용할 수 없다. 미리 예약해야 하기도 하고 각 테스트 세션마다 가격을 지불해야 하는데, 언제든지 테스트를 실행하고 싶다면 별로 유용하지 않다. 따라서 테스트를 제어해 마치 실제 서비스처럼 동작하는 가짜 경매 서비스가 필요다. 아니면 적어도 실제 서비스를 대상으로 테스트할 기회를 얻기 전까지 실제 서비스가 동작 중이라고 생각하게 만들어줄 뭔가가 필요할 것이다. 이러한 가짜 경매, 즉 스텁은 최대한 단순하게 만들 것이다. 가짜 경매 서비스는 XMPP 메시지 브로커에 접속해 스나이퍼로부터 명령어를 받아 테스트로 검사하고 테스트는 이벤트를 되돌려줄 것이다. 사우스비 온라인의 모든 것을 다시 구현하자는 것이 아니며 테스트 시나리오를 보조할 수 있을 정도만 구현할 것이다.

스나이퍼 애플리케이션을 제어하는 일은 좀 더 복잡하다. 우리는 main() 메서드에서 애플리케이션을 올바르게 초기화하고 각 컴포넌트가 실제로 상호 동작한다는 모습을 보이고자 골격에서 최대한 전 구간에 걸쳐 애플리케이션을 가동길 바란다. 이는 애플리케이션의 도메인 객체를 직접 호출하는 대신 애플리케이션에서 공개한 가시적인 기능(이 경우 애플리케이션의 사용자 인터페이스)을 통해 애플리케이션을 이용해야 한다는 의미다. 또 테스트가 검사 대상을 명확하게 드러내고 스나이퍼와 스나이퍼의 경매 간의 관계라는 측면에서 작성되길 바란다. 그러면 모든 스윙 조작과 관련한 지저분한 코드가 ApplicationRunner 클래스에 숨겨질 것이며, 우리는 모든 코드에서 필요로 하는 바가 존재하는 것처럼 테스트 작성을 시작한 다음 나중에 구현을 채워나갈 것이다.

```java
public class AuctionSniperEndToEndTest {
  private final FakeAuctionServer auction =
    new FakeAuctionServer("item-54321");
  private final ApplicationRunner application = new ApplicationRunner();

  @Test public void sniperJoinsAuctionUntilAuctionCloses() throws Exception {
    auction.startSellingItem(); // 1단계
    application.startBiddingIn(auction); // 2단계
    auction.hasReceivedJoinRequestFromSniper(); // 3단계
    auction.announceClosed(); // 4단계
    application.showsSniperHasLostAuction(); // 5단계
  }

  // 추가 정리 루틴
  @After public void stopAuction() {
    auction.stop();
  }
  @After public void stopApplication() {
    application.stop();
  }
}
```

지금껏 도우미 객체의 메서드에 일정한 명명 관례를 적용했다. 어떤 메서드가 이

벤트를 발생시켜 테스트를 이끈다면 해당 메서드의 이름은 startBiddingIn() 같은 명령(command)이 될 것이다. 반면 어떤 메서드에서 어떤 일이 일어나야 한다고 단정(assert)한다면 해당 메서드의 이름은 서술형[1]이 될 것이다. 이를테면, showsSniperHasLostAuction() 메서드는 애플리케이션에서 경매 상태를 낙찰 실패로 보여주지 않는다면 예외를 던질 것이다. JUnit에서는 테스트가 끝나고 런타임 환경을 정리할 때 stop() 메서드를 호출할 것이다.

테스트를 작성할 때 지금까지 세운 가정 한 가지는 FakeAuctionServer가 특정 항목과 묶여 있다는 것이다. 이는 우리가 의도한 아키텍처 구조와도 부합하는데, 이러한 구조에서 사우스비 온라인은 여러 경매를 주관하고 각 경매에서는 단일 품목을 판매한다.

> 💡 **한 번에 한 도메인**
>
> 이 테스트에서 쓰는 언어는 경매 및 스나이퍼와 관련돼 있으며, 메시지 처리 계층이나 사용자 인터페이스 컴포넌트(여기서는 모두 부수적인 세부 사항에 해당한다)에 관한 내용은 아무것도 없다. 언어를 일관되게 유지하면 이 테스트에서 뭐가 중요한지 이해하는 데 도움이 되며, 어쩔 수 없이 구현이 바뀔 때도 타격을 받지 않는다는 유익한 부수 효과도 있다.

10.3 몇 가지 초기 선택

이제 테스트를 통과하게 만들어야 한다. 그러자면 준비할 사항이 많다. 우선 XMPP 메시지 브로커, XMPP를 통해 통신할 수 있는 스텁 경매, GUI 테스트 프레임워크, 다중 스레드를 지원하고 비동기적인 아키텍처에서 활용 가능한 테스트 설비(harness)인데, 이 네 가지 구성 요소를 찾아보거나 직접 작성해야 한다. 아울러 자동화된 빌드·배포·테스트 프로세스와 함께 버전 관리하에 프로젝트를 진행해야 한다. 단 한 가지 클래스를 대상으로 단위 테스트를 하는 것과 비교해 할 일이 상당히 많지만 모두 필수불가결한 일이다. 이처럼 상위 수준에서 바라보더라도 테스트를 작성하는 일이 시스템 개발을 이끌어 나간다는 사실을 알 수 있다. 처음으로 작성할 전 구간 테스트를 작성하다 보면 패키지화와 배포 같은 구조적인 측면에 관한 의사 결정을

---

[1] 문법적으로 엄밀히 따지자면 단정의 이름은 지시적인(indicative) 형태인 데 반해 이벤트를 일으키는 메서드의 이름은 명령(imperative) 형태다.

내려야 할 것이다.

처음으로 패키지를 선택할 때는 애플리케이션이 스텁 경매와 통신하게 해줄 XMPP 메시지 브로커가 필요할 것이다. 얼마간 살펴보고 나서 오픈파이어(Openfire)라는 오픈 소스 구현체와 오픈파이어와 연계된 클라이언트 라이브러리인 스맥(Smack)을 사용하기로 결정했다. 아울러 스윙 및 스맥과 함께 사용할 고수준 테스트 프레임워크도 필요할 텐데, 스윙과 스맥은 모두 다중 스레드를 사용하고 이벤트 구동형이다. 다행히도 스윙 애플리케이션을 테스트하는 데 활용할 수 있는 프레임워크는 여러 가지가 있으며, 스윙의 다중 스레드와 이벤트 구동형 아키텍처를 다루는 방식은 XMPP 메시지 처리에서도 동작한다. 여기서는 윈도리커를 선택했는데, 윈도리커는 오픈 소스이자 테스트에 필요한 비동기적인 접근법을 지원한다. 필요한 요소를 모두 짜맞추면 기반 구조는 그림 10.2와 같을 것이다.

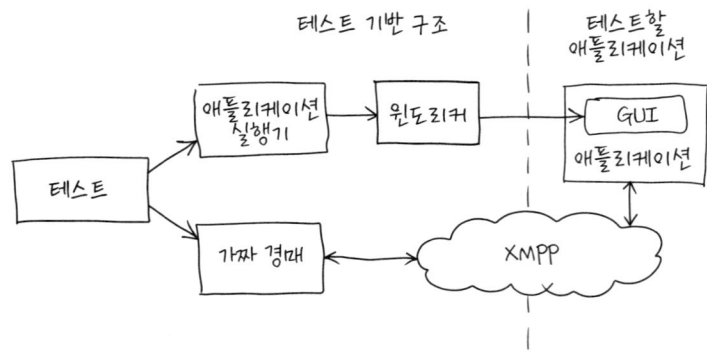

그림 10.2 전체적인 테스트 환경

10.3.1 전 구간 테스트

스나이퍼 같은 이벤트 기반 시스템에 대한 전 구간 테스트에서는 비동기성과 관련한 문제를 해결해야 한다. 테스트에서는 애플리케이션을 병렬로 실행하고 정확히 애플리케이션이 준비됐는지 여부를 알지 못한다. 단위 테스트에서는 이렇지 않은데, 단위 테스트에서는 테스트가 동일한 스레드 내에서 직접 객체를 이끌어나가므로 해당 객체의 상태와 행위를 직접 단정할 수 있다.

전 구간 테스트에서는 대상 애플리케이션 내부를 들여다볼 수 없으며, 따라서 사용자 인터페이스가 바뀌거나 로그가 남는 것처럼 어떤 가시적인 효과를 감지할 때까지 기다려야만 한다. 일반적인 기법은 그 효과를 일정 간격으로 확인하고 특정 시간 제한 내에 효과가 일어나지 않으면 실패로 처리하는 것이다. 대상 애플리케이션에서 그러한 결과를 포착할 때까지 충분히 긴 시간 동안 이벤트를 실행하고 나서 안정화해야 하는 데는 더 복잡한 측면이 있다. 화면에 휙 나타나는 어떤 값을 기다리는 비동기적인 테스트라면 자동화된 빌드에 적용하기엔 너무 불안정하므로 널리 사용되는 기법은 애플리케이션을 제어해 테스트 시나리오를 단계별로 밟는 것이다. 각 단계에서 테스트는 단정이 통과하길 기다렸다가 이벤트를 보내 애플리케이션이 다음 단계를 밟게끔 깨운다. 비동기적인 행위를 테스트하는 것에 관한 자세한 내용은 14장을 참고한다.

이 같은 요소로 인해 구간 테스트가 더 느려지고 불안정해지므로(테스트용 네트워크까지도 분주해질지 모른다) 실패한 사항에 대해서는 해석이 필요할지도 모른다. 우리는 테스트 결과를 보고하기 전에 타이밍과 관련된 테스트가 여러 번에 걸쳐 잇달아 실패해야 하는 팀에 관해 들어본 적이 있다. 매번 모든 테스트가 반드시 통과해야만 하는 단위 테스트에서는 이러한 일이 일어날 가능성이 희박하다.

이 책의 예제에서는 스윙과 메시지 기반 구조가 모두 비동기적이므로 윈도리커(값을 일정 간격으로 확인하는)를 사용해 스나이퍼를 이끄는 방식으로 전 구간 테스트의 본연적인 비동기성을 다룬다.

10.3.2 시작 준비

여기서 생략한 부분이 하나 있다는 점을 눈치챘을지도 모르겠다. 바로 이 같은 첫 테스트는 실제로 전 구간을 대상으로 하지 않는다는 점이다. 이 테스트에는 실제 경매 서비스가 포함돼 있지 않다. 그 이유는 실제 경매 서비스를 마련하기 쉽지 않기 때문이다. 테스트 주도 개발 기술에서 중요한 부분은 테스트 대상을 어디까지 바라봐야 하고, 결국 어떻게 모든 부분을 테스트할지 판단하는 것이다. 여기서는 사우스비 온라인의 문서를 기반으로 하는 가짜 경매 서비스로 시작해야 한다. 해당 문서는 올바르지 않을 수도 있으므로 그러한 사실을 프로젝트 계획에 알려진 위험 요소로 기록하고 유의미한 거래, 즉 실제 경매에서 흉물스런(그렇지만 저렴한) 촛대를 사게 되더라도 그 거래를 완료하는 데 필요한 기능이 충분히 마련되는 즉시 실제 서버를 대상으로 테스트할 일정을 잡을 것이다. 차이를 일찍 파악할수록 오해에 기초한 코드 양은 줄고 불일치를 고칠 시간은 늘어날 것이다. 그럼 우리는 더 잘 준비할 수 있을 것이다.

Guided by Tests —

11장

GROWING OBJECT-ORIENTED SOFTWARE GUIDED BY TESTS

첫 테스트 통과하기

여기서는 존재하지 않는 애플리케이션을 이끌어갈 테스트 기반 구조를 작성하는데, 그렇게 해서 첫 번째 테스트가 실패하게 만들 수 있다. 아울러 첫 번째 테스트를 통과하는, 최소한으로 동작하는 애플리케이션이 만들어질 때까지 반복해서 테스트를 실패하고 증상을 고치겠다. 그리고 이 과정이 어떻게 이뤄지는지 보여주고자 아주 천천히 진행하겠다.

11.1 테스트 도구 구축

모든 테스트는 실행 시작 지점에서 오픈파이어 서버를 띄우고 Sniper와 경매에 필요한 계정을 생성한 다음 테스트를 실행한다. 각 테스트는 애플리케이션과 가짜 경매의 인스턴스들을 시작시키고 이어 이들과 서버 간의 통신을 테스트하게 된다. 처음에는 동일한 호스트에서 모든 것을 실행하겠지만 나중에 기반 구조가 안정되면 서로 다른 컴포넌트를 각기 다른 장비에서 실행하는 것을 고려해볼 수 있다. 이 방법이 실제 배포 과정과 더 부합할 것이다.

이제 테스트 기반 구조에 사용될 두 개의 컴포넌트, 즉 ApplicationRunner와 FakeAuctionServer를 작성할 일이 남는다.

> **오픈파이어 서버 준비**
>
> 이 책에서는 오픈파이어 3.6 버전을 사용한다. 여기서는 전 구간 테스트를 위해 로컬 서버에 다음과 같은 세 가지 사용자 계정과 비밀번호를 설정했다.

```
sniper
    sniper

auction-item-54321
    auction

auction-item-65432
    auction
```

데스크톱 개발을 할 때는 보통 서버를 수동으로 구동하고 실행된 채로 둔다. 여기서는 서버에서 오프라인 메시지를 저장하지 않도록 설정했는데, 이는 영구적인 상태가 없었다는 의미다. 시스템 관리자(System Manager)에서는 'System Name' 프로퍼티를 편집해 localhost로 설정했고, 그러면 테스트가 지속적으로 실행될 것이다. 마지막으로 자원 정책을 'Never kick'으로 설정했는데, 이렇게 하면 충돌이 있을 경우 새 자원이 로그인하지 못할 것이다.

11.1.1 애플리케이션 러너

ApplicationRunner는 현재 만들고 있는 스윙 애플리케이션과의 관리 및 통신을 총괄하는 객체다. ApplicationRunner는 마치 명령줄에서 실행된 것처럼 애플리케이션을 실행하고 GUI 상태를 조회하고 테스트가 끝날 때 애플리케이션을 종료하기 위해 메인 창에 대한 참조를 획득해서 보관한다.

여기서는 할 일이 별로 없는데, 그 까닭은 윈도리커가 궂은 일을 도맡아 주기 때문이다. 여기서 궂은 일이란 스윙 GUI 컴포넌트를 찾아서 제어하고 스윙 스레드와 이벤트 큐를 동기화하며, 단순한 API[1] 너머에 존재하는 온갖 것을 총괄하는 것을 말한다. 윈도리커에는 ComponentDriver라는 개념이 있는데, ComponentDriver는 스윙 사용자 인터페이스의 기능들을 조작할 수 있는 객체다. ComponentDriver에서 현재 참조 중인 스윙 컴포넌트를 찾을 수 없다면 오류를 내면서 제한 시간이 초과될 것이다. 이 테스트에서는 특정 문자열을 보여주는 레이블 컴포넌트를 찾는데, 애플리케이션에서 이 레이블을 만들어내지 않는다면 예외가 발생할 것이다. 다음은 구현(코

---

[1] 여기서는 독자들이 스윙 작동 방식을 안다고 가정한다. 스윙을 잘 설명하는 다른 책이 많으니 참고하기 바란다. 중요한 것은 스윙이 자체적인 내부 스레드를 생성해 이벤트를 디스패치하는 이벤트 구동 프레임워크여서 무슨 일이 언제 일어날지는 정확히 알 수 없다는 점이다.

드를 명확하게 보이고자 상수는 제거했다)과 거기에 설명을 조금 덧붙인 것이다.

```java
public class ApplicationRunner {
  public static final String SNIPER_ID = "sniper";
  public static final String SNIPER_PASSWORD = "sniper";
  private AuctionSniperDriver driver;

  public void startBiddingIn(final FakeAuctionServer auction) {
    Thread thread = new Thread("Test Application") {
      @Override public void run() { ❶
        try {
          Main.main(XMPP_HOSTNAME, SNIPER_ID, SNIPER_PASSWORD,
                    auction.getItemId()); ❷
        } catch (Exception e) {
          e.printStackTrace(); ❸
        }
      }
    };
    thread.setDaemon(true);
    thread.start();
    driver = new AuctionSniperDriver(1000); ❹
    driver.showsSniperStatus(STATUS_JOINING); ❺
  }
  public void showsSniperHasLostAuction() {
    driver.showsSniperStatus(STATUS_LOST); ❻
  }
  public void stop() {
    if (driver != null) {
      driver.dispose(); ❼
    }
  }
}
```

❶ 코드의 각 부분을 올바르게 조합했는지 확인하고자 애플리케이션의 main() 함수를 통해 애플리케이션을 호출한다. 여기서는 최상위 수준 패키지에 있는 Main 클래스가 애플리케이션의 진입점이라는 관례를 따른다. 윈도리커가 스윙 컴포넌트와 같은 JVM상에 있다면 윈도리커가 스윙 컴포넌트를 제어할 수 있으므로 스나이퍼가 새 스레드에서 시작하게 했다. 이상적인 경우라면 테스트가 스나이퍼를 새 프로세스에서 구동할 테지만 그렇게 하면 테스트하기가 훨씬 더 어렵다. 우리가 생각하기에 여기서 택한 방법은 꽤 적절한 대안이다.

❷ 이 단계에서는 복잡하지 않게 한 품목에 대해서만 입찰하고 식별자를 main()으로 전달한다고 가정한다.

❸ main()에서 예외를 던지면 여기서는 예외를 출력하기만 한다. 실행 중인 테스트가 실패하면 출력 화면의 스택 트레이스를 살펴볼 수 있다. 나중에 예외를 좀 더 적절히 처리하겠다.

❹ 프레임과 컴포넌트를 찾기 위해 제한 시간 주기를 줄였다. 기본값은 이 예제와 같은 간단한 애플리케이션에 필요한 것치고는 길어서 실패하면 테스트가 느려질 것이다. 여기서는 1초를 사용했으며, 이 정도면 사소한 실행 시간 지연에 비하면 충분히 매끄러운 수준이다.

❺ 애플리케이션이 접속을 시도했는지 파악하고자 상태가 Joining으로 바뀔 기다린다. 이 단정은 사용자 인터페이스 어딘가에 스나이퍼 상태를 표시하는 레이블이 있음을 말해준다.

❻ 스나이퍼가 경매에서 낙찰하지 못하면 Lost 상태를 보여줄 것으로 예상한다. 이렇게 되지 않으면 드라이버가 예외를 던질 것이다.

❼ 테스트가 끝나면 드라이버가 창을 없애게 해서 가비지 컬렉션이 완료되기 전에 다른 테스트에서 창을 사용하는 것을 방지한다.

AuctionSniperDriver는 단순히 이 테스트에 특화된 윈도리커의 JFrameDriver 확장에 불과하다.

```
public class AuctionSniperDriver extends JFrameDriver {
  public AuctionSniperDriver(int timeoutMillis) {
    super(new GesturePerformer(),
          JFrameDriver.topLevelFrame(
            named(Main.MAIN_WINDOW_NAME),
            showingOnScreen()),
          new AWTEventQueueProber(timeoutMillis, 100));
  }

  public void showsSniperStatus(String statusText) {
    new JLabelDriver(
      this, named(Main.SNIPER_STATUS_NAME)).hasText(equalTo(statusText));
  }
}
```

AuctionSniperDriver는 생성될 때 일정한 제한 시간 내에 경매 스나이퍼에 대한 가시적인 최상위 창을 찾으려고 한다. showsSniperStatus() 메서드에서는 사용자 인터페이스에서 적절한 레이블을 찾아 해당 레이블에서 특정 상태를 보여준다는 사실을 확인한다. 드라이버가 기대한 기능을 찾지 못하면 예외를 던지고 테스트가 실패할 것이다.

11.1.2 가짜 경매

FakeAuctionServer는 대체 서버로서, 테스트에서는 FakeAuctionServer를 이용해

경매 스나이퍼가 어떻게 XMPP 메시지를 사용해 경매와 상호 작용하는지 검사할 수 있다. FakeAuctionServer에는 세 가지 책임이 있다. 첫째, XMPP 브로커에 접속해 스나이퍼와의 채팅에 참여하라는 요청을 수락해야 한다. 둘째, 스나이퍼로부터 채팅 메시지를 받거나 특정 제한 시간 내에 아무런 메시지도 받지 못하면 실패해야 한다. 셋째, 사우스비 온라인에서 명시한 대로 테스트에서 스나이퍼로 메시지를 되돌려 보낼 수 있게 해야 한다.

스맥(XMPP 클라이언트 라이브러리)은 이벤트 구동형이므로 가짜 경매에서는 해당 경매에서 콜백을 하기 위해 리스너 객체를 등록해야 한다. 이벤트에는 두 가지 수준이 있다. 하나는 사람들이 채팅에 참여하는 것 같은 채팅에 관한 이벤트이고, 다른 하나는 '메시지를 수신 중' 같은 채팅 내 이벤트다. 여기서는 두 가지 이벤트를 모두 대기할 필요가 있다.

먼저 startSellingItem() 메서드를 구현하는 것으로 시작하겠다. 우선 이 메서드에서는 XMPP 브로커로 접속하는데, 품목 식별자를 이용해 로그인 이름을 생성한다. 그리고 나서 로그인 이름을 ChatManagerListener에 등록한다. 스맥에서는 스나이퍼가 채팅에 접속했을 때 세션을 나타내는 Chat 객체와 함께 이 리스너를 호출한다. 가짜 경매에서는 스나이퍼와 메시지를 교환할 수 있게 해당 채팅에 대한 참조를 보관할 것이다.

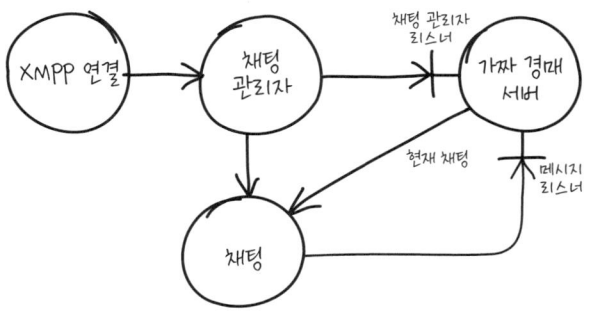

그림 11.1 스맥 객체와 콜백

지금까지 작성한 코드는 다음과 같다.

```java
public class FakeAuctionServer {
  public static final String ITEM_ID_AS_LOGIN = "auction-%s";
  public static final String AUCTION_RESOURCE = "Auction";
  public static final String XMPP_HOSTNAME = "localhost";
  private static final String AUCTION_PASSWORD = "auction";
```

```
    private final String itemId;
    private final XMPPConnection connection;
    private Chat currentChat;

    public FakeAuctionServer(String itemId) {
      this.itemId = itemId;
      this.connection = new XMPPConnection(XMPP_HOSTNAME);
    }

    public void startSellingItem() throws XMPPException {
      connection.connect();
      connection.login(format(ITEM_ID_AS_LOGIN, itemId),
                       AUCTION_PASSWORD, AUCTION_RESOURCE);
      connection.getChatManager().addChatListener(
        new ChatManagerListener() {
          public void chatCreated(Chat chat, boolean createdLocally) {
            currentChat = chat;
          }
        });
    }

    public String getItemId() {
      return itemId;
    }
  }
```

> **최소한의 가짜 구현**
>
> 이 가짜 구현체가 단순히 테스트를 보조하는 용도라는 점을 다시금 강조하고 싶다. 이를테면, 인스턴스 변수 하나를 사용해 채팅 객체를 보관한다. 실제 경매 서버라면 모든 입찰자에 대해 다수의 채팅을 관리하겠지만 이것은 가짜에 불과하다. 가짜 구현의 유일한 용도는 테스트를 지원하는 데 있으므로 채팅은 하나만 필요하다.

다음으로 스나이퍼가 보내는 메시지를 받으려면 chat에 MessageListener를 추가해야 한다. 이는 테스트를 실행하는 스레드와 메시지를 리스너에 보내는 스맥 스레드 간에 조율이 필요하다는 의미다. 테스트에서는 메시지가 도착하길 대기하고 메시지가 도착하지 않으면 제한 시간이 초과돼야 한다. 그러므로 요소가 하나인 java.util.concurrent 패키지의 BlockingQueue를 사용하겠다. 테스트에는 chat이 딱 하나밖에 없으므로 한 번에 메시지 하나만 처리할 것으로 예상한다. 의도를 분명하게 하고자 큐를 SingleMessageListener 도우미 클래스로 감싼다. 다음은 FakeAuctionServer의 나머지 코드다.

```
  public class FakeAuctionServer {
    private final SingleMessageListener messageListener =
      new SingleMessageListener();
```

```
    public void startSellingItem() throws XMPPException {
      connection.connect();
      connection.login(format(ITEM_ID_AS_LOGIN, itemId),
                       AUCTION_PASSWORD, AUCTION_RESOURCE);
      connection.getChatManager().addChatListener(
        new ChatManagerListener() {
          public void chatCreated(Chat chat, boolean createdLocally) {
            currentChat = chat;
            chat.addMessageListener(messageListener);
          }
        });
    }

    public void hasReceivedJoinRequestFromSniper() throws InterruptedException {
      messageListener.receivesAMessage();  ❶
    }

    public void announceClosed() throws XMPPException {
      currentChat.sendMessage(new Message());  ❷
    }

    public void stop() {
      connection.disconnect();  ❸
    }
  }
  public class SingleMessageListener implements MessageListener {
    private final ArrayBlockingQueue<Message> messages =
                                  new ArrayBlockingQueue<Message>(1);

    public void processMessage(Chat chat, Message message) {
      messages.add(message);
    }

    public void receivesAMessage() throws InterruptedException {
      assertThat("Message", messages.poll(5, SECONDS), is(notNullValue()));  ❹
    }
  }
```

❶ 테스트에서는 Join 메시지가 언제 도착하는지 알 필요가 있다. 여기서는 그냥 아무 메시지나 도착했는지 검사하기만 하는데, 이는 스나이퍼가 처음에는 Join 메시지만 보낼 것이기 때문이다. 애플리케이션 규모가 커지면 세부 사항을 좀 더 채우겠다. 이 구현에서는 5초 내에 아무런 메시지도 도착하지 않으면 실패할 것이다.

❷ 테스트에서는 경매가 종료될 때 경매 종료 선언을 흉내 낼 수 있어야 한다. 이는 경매가 시작됐을 때 currentChat을 보관하는 이유다. Join 요청과 마찬가지로 가짜 경매에서는 빈 메시지를 보낸다. 이유는 지금까지 지원하는 유일한 이벤트이기 때문이다.

❸ stop()에서는 연결을 닫는다.

❹ is(notNullValue()) 절에서는 햄크레스트 매처 문법을 쓴다. Matcher에 대해서는 '메서드'(390쪽)에서 설명한다. 지금은 리스너가 제한 시간 내에 메시지를 받았는지 검사한다는 것만 알면 된다.

11.1.3 메시지 브로커

코딩이 필요하진 않지만 짚고 넘어가야 할 부분이 하나 있다. 바로 XMPP 메시지 브로커를 설치하는 것이다. 로컬 호스트에 오픈파이어 인스턴스를 구성한다. 전 구간 테스트에서 스나이퍼와 가짜 경매는 동일한 프로세스에서 구동 중이더라도 이 서버를 통해 통신할 것이다. 또 테스트에서 사용할, 적은 수의 품목 식별자의 일치 여부를 판단하고자 로그인하는 과정을 구성한다.

> **ℹ 동작하는 절충안**
>
> 앞에서도 썼다시피 개발을 진행하기 위해 이 단계에서 속임수를 하나 썼다. 우리는 모든 개발자가 자신만의 환경을 꾸려서 테스트를 실행할 때 서로 방해받지 않길 바란다. 이를테면, 팀에서 각 개발자에 대해 데이터베이스 인스턴스를 만들어주지 않으려 해서 개발이 아주 복잡해지는 광경을 봐왔다. 전문적인 조직에서는 운영 환경을 대표하는 테스트 장비를 최소한 하나는 볼 수 있을 텐데, 여기엔 네트워크상으로 처리를 분산하고 시스템의 동작을 보장하는 데 사용되는 빌드 주기가 포함된다.

11.2 테스트 실패와 통과

이제 테스트를 실행하고 테스트가 실패하는 모습을 지켜보기에 충분한 기반 구조가 갖춰졌다. 이 장의 나머지 부분에서는 테스트를 통과하게끔 만들기까지 기능을 한 번에 아주 조금씩 추가하겠다. 처음 이 기법을 사용하기 시작했을 때 "그냥 코드를 작성해. 어떻게 해야 할지 알고 있잖아!"라는 생각이 들어서 혼란스러웠다. 하지만 시간이 지나면서 이 방법에 시간이 더 걸리는 것도 아니고 진행 과정이 훨씬 더 예측 가능하다는 사실을 깨달았다. 한 번에 한 측면에만 집중하면 그것을 확실히 이해하는 데 도움이 된다. 대체로 뭔가를 작동하게 만들면 계속 작동하는 법이다. 해결책에 관해 논의할 필요가 없는 경우, 이 같은 과정에는 대부분 시간이 거의 걸리지 않는다(오히려 구현보다 설명하는 데 시간이 더 걸린다).

여기서는 앤트(ant) 빌드 스크립트를 작성하는 것으로 시작한다. 오늘날 빌드 스크립트는 표준화된 관행에 속하므로 빌드 스크립트의 자세한 내용은 생략하겠지만 중요한 점은 늘 명령어 하나만으로도 안정적으로 애플리케이션 컴파일, 빌드, 배포, 테스트를 수행할 수 있고, 그것을 반복적으로 수행할 수 있다는 것이다. 우리는 자동화된 빌드가 마련돼 있고 테스트가 동작해야 비로소 코드 작성을 시작한다.

이 단계에서는 각 단계를 설명하고 차례로 각 테스트의 실패에 관해 살펴보겠다. 나중에 이 과정의 속도를 높이겠다.

11.2.1 첫 사용자 인터페이스

테스트 실패

테스트에서 "Auction Sniper Main"이라는 사용자 인터페이스 컴포넌트를 찾지 못한다.

```
java.lang.AssertionError:
Tried to look for...
    exactly 1 JFrame (with name "Auction Sniper Main" and showing on screen)
    in all top level windows
but...
    all top level windows
    contained 0 JFrame (with name "Auction Sniper Main" and showing on screen)
    [...]
at auctionsniper.ApplicationRunner.stop()
at auctionsniper.AuctionSniperEndToEndTest.stopApplication()
    [...]
```

윈도리커가 보여주는 에러 메시지는 실패한 내용을 쉽게 이해할 수 있도록 아주 상세하다. 이 경우 최상위 프레임조차 찾지 못해 JUnit은 테스트를 시작하기도 전에 실패했다. 스택 트레이스는 애플리케이션을 중단하는 @After 메서드에서 나온 것이다.

구현

예제 애플리케이션에는 최상위 윈도가 필요하다. auctionsniper.ui 패키지에 스윙의 JFrame을 확장하는 MainWindow 클래스를 작성하고 main()에서 해당 클래스를 호출하겠다. 여기서는 윈도를 하나 만들고 적절한 이름만 부여하면 된다.

```
public class Main {
  private MainWindow ui;

  public Main() throws Exception {
    startUserInterface()
  }
```

```
    public static void main(String... args) throws Exception {
      Main main = new Main();
    }

    private void startUserInterface() throws Exception {
      SwingUtilities.invokeAndWait(new Runnable() {
        public void run() {
          ui = new MainWindow();
        }
      });
    }
  }

  public class MainWindow extends JFrame {
    public MainWindow() {
      super("Auction Sniper");
      setName(MAIN_WINDOW_NAME);
      setDefaultCloseOperation(JFrame.EXIT_ON_CLOSE);
      setVisible(true);
    }
  }
```

아쉽게도 앞의 코드는 조금 지저분한데, 스윙을 사용할 경우 스윙의 이벤트 디스패치 스레드를 기반으로 사용자 인터페이스를 작성해야 하기 때문이다. 게다가 여기서는 코드에서 메인 윈도 객체를 보관할 수 있게 하려고 구현을 더 복잡하게 만들었다. 굳이 그렇게 하지 않아도 되지만 그렇게 해야 완료한 거라 생각했다.

참고

그림 11.2의 사용자 인터페이스는 정말 최소화되어 있다. 사용자 인터페이스는 별 것 없지만 확실히 애플리케이션 윈도를 시작하고 거기에 연결할 수 있다. 테스트는 여전히 실패하지만 한걸음 내디딘 셈이다. 이제 테스트 설비가 동작한다는 사실을 알 수 있으며, 이로써 좀 더 흥미로운 기능을 구현하는 것으로 나아갈 때 걱정거리가 하나 줄어든 셈이다.

그림 11.2 단순한 최상위 윈도

11.2.2 스나이퍼 상태 표시

테스트 실패

테스트에서는 최상위 윈도를 찾지만 스나이퍼의 현재 상태는 나타나 있지 않다. 우선 스나이퍼에서는 경매가 응답하길 기다리는 동안 Joining을 보여줘야 한다.

```
java.lang.AssertionError:
Tried to look for...
    exactly 1 JLabel (with name "sniper status")
    in exactly 1 JFrame (with name "Auction Sniper Main" and showing on screen)
    in all top level windows
and check that its label text is "Joining"
but...
    all top level windows
    contained 1 JFrame (with name "Auction Sniper Main" and showing on screen)
        contained 0 JLabel (with name "sniper status")
    at com.objogate.wl.AWTEventQueueProber.check()
    […]
    at AuctionSniperDriver.showsSniperStatus()
    at ApplicationRunner.startBiddingIn()
    at AuctionSniperEndToEndTest.sniperJoinsAuctionUntilAuctionCloses()
    […]
```

구현

MainWindow에 스나이퍼 상태를 나타내는 레이블을 추가한다.

```
public class MainWindow extends JFrame {
  public static final String SNIPER_STATUS_NAME = "sniper status";
  private final JLabel sniperStatus = createLabel(STATUS_JOINING);

  public MainWindow() {
    super("Auction Sniper");
    setName(MAIN_WINDOW_NAME);
    add(sniperStatus);
    pack();
    setDefaultCloseOperation(JFrame.EXIT_ON_CLOSE);
    setVisible(true);
  }

  private static JLabel createLabel(String initialText) {
    JLabel result = new JLabel(initialText);
    result.setName(SNIPER_STATUS_NAME);
    result.setBorder(new LineBorder(Color.BLACK));
    return result;
  }
}
```

참고

또 한 가지 사소한 변경 사항이 있지만 이제 그림 11.3처럼 애플리케이션에 내용을 어느 정도 보여줄 수 있다.

그림 11.3 Joining 상태 표시

11.2.3 경매 연결

테스트 실패

사용자 인터페이스는 동작하지만 경매에서는 스나이퍼로부터 Join 요청을 받지 않는다.

```
java.lang.AssertionError:
Expected: is not null
     got: null
  at org.junit.Assert.assertThat()
  at SingleMessageListener.receivesAMessage()
  at FakeAuctionServer.hasReceivedJoinRequestFromSniper()
  at AuctionSniperEndToEndTest.sniperJoinsAuctionUntilAuctionCloses()
  [...]
```

이 실패 메시지는 다소 알아보기 어렵지만 스택 트레이스에 나온 이름을 보면 뭐가 잘못됐는지 알 수 있다.

구현

단순한 구현을 작성해 실패한 테스트를 통과하게 하겠다. 구현에서는 Main에서 채팅에 연결해 빈 메시지를 보낸다. 아직까진 메시지를 받는 것에 신경 쓰지 않으므로 널(null) MessageListener를 작성해 최초의 빈 메시지를 보내기 위한 Chat을 작성한다.

```java
public class Main {
  private static final int ARG_HOSTNAME = 0;
  private static final int ARG_USERNAME = 1;
  private static final int ARG_PASSWORD = 2;
  private static final int ARG_ITEM_ID = 3;

  public static final String AUCTION_RESOURCE = "Auction";
  public static final String ITEM_ID_AS_LOGIN = "auction-%s";
  public static final String AUCTION_ID_FORMAT =
                              ITEM_ID_AS_LOGIN + "@%s/" + AUCTION_RESOURCE;

  [...]

  public static void main(String... args) throws Exception {
    Main main = new Main();
    XMPPConnection connection = connectTo(args[ARG_HOSTNAME],
                                          args[ARG_USERNAME],
                                          args[ARG_PASSWORD]);
    Chat chat = connection.getChatManager().createChat(
        auctionId(args[ARG_ITEM_ID], connection),
        new MessageListener() {
          public void processMessage(Chat aChat, Message message) {
            // 아직 아무것도 없다.
          }
        });
```

```
        chat.sendMessage(new Message());
    }

    private static XMPPConnection
    connectTo(String hostname, String username, String password)
        throws XMPPException
    {
      XMPPConnection connection = new XMPPConnection(hostname);
      connection.connect();
      connection.login(username, password, AUCTION_RESOURCE);

      return connection;
    }

    private static String auctionId(String itemId, XMPPConnection connection) {
      return String.format(AUCTION_ID_FORMAT, itemId,
                           connection.getServiceName());
    }
      […]
}
```

참고

앞의 코드는 스나이퍼에서 경매에 연결할 수 있음을 보여주는데, 이것은 명령행 인자로 전달된 품목과 사용자 인증 정보를 해석하거나 스맥 라이브러리를 사용하는 것 같은 구현 세부 사항을 처리해야 함을 의미한다. 단 하나의 메시지 유형만 필요하므로 메시지 내용은 나중으로 미뤘다. 그러면 빈 값을 보내는 것으로도 연결됐는지 확인하는 데 충분하다.

이 구현이 불필요하게 조악해 보일지도 모른다. 어찌 됐건 이처럼 간단한 뭔가의 구조를 설계할 수 있어야 하지만, 약간 지저분한 코드를 작성하고 그런 코드가 어떻게 떨어져 나가는지 살펴보는 것도 가치 있는 일이다. 이는 너무 앞서 나가기 전에 아이디어를 검증하는 데 도움이 되며, 때로는 놀라운 결과가 생길 수도 있다. 중요한 점은 코드를 지저분한 상태로 둬서는 안 된다는 것이다.

으레 연결 코드를 MainWindow를 생성하는 스윙의 invokeAndWait()를 호출하는 부분과 떨어뜨려 놓는데, 좀 더 복잡한 뭔가를 시도해보기 전에 사용자 인터페이스를 확정해두고 싶기 때문이다.

11.2.4 경매로부터 응답받기

테스트 실패

경매와 연결되면 스나이퍼는 경매로부터 Lost 응답을 받아 보여줘야 한다. 아직까진 그렇게 하지 않는다.

```
java.lang.AssertionError:
Tried to look for...
    exactly 1 JLabel (with name "sniper status")
    in exactly 1 JFrame (with name "Auction Sniper Main" and showing on screen)
    in all top level windows
and check that its label text is "Lost"
but...
    all top level windows
    contained 1 JFrame (with name "Auction Sniper Main" and showing on screen)
    contained 1 JLabel (with name "sniper status")
    label text was "Joining"
    [...]
    at AuctionSniperDriver.showsSniperStatus()
    at ApplicationRunner.showsSniperHasLostAuction()
    at AuctionSniperEndToEndTest.sniperJoinsAuctionUntilAuctionCloses()
    [...]
```

구현

이제 사용자 인터페이스를 채팅에 추가해 경매에서 응답을 받을 수 있어야 한다. 그럼 경매에 연결한 후 연결을 Main에 전달해 Chat 객체를 생성할 수 있다. joinAuction() 메서드에서는 상태 레이블을 설정하는 MessageListener를 생성한다. 이때 invokeLater() 메서드를 호출해 스윙 라이브러리를 차단하는 것을 방지한다. Join 메시지와 마찬가지로 여기서도 들어오는 메시지 내용에 대해서는 신경 쓰지 않는다. 이 시점에서 경매에서 보낼 수 있는 응답도 딱 하나밖에 없기 때문이다. 말 나온 김에 여기서는 connect()를 connection()으로 이름을 바꿔서 코드의 가독성을 높이겠다.

```java
public class Main {
  @SuppressWarnings("unused") private Chat notToBeGCd;
  [...]
  public static void main(String... args) throws Exception {
    Main main = new Main();
    main.joinAuction(
      connection(args[ARG_HOSTNAME], args[ARG_USERNAME], args[ARG_PASSWORD]),
      args[ARG_ITEM_ID]);
  }

  private void joinAuction(XMPPConnection connection, String itemId)
    throws XMPPException
  {
    final Chat chat = connection.getChatManager().createChat(
          auctionId(itemId, connection),
          new MessageListener() {
              public void processMessage(Chat aChat, Message message) {
                  SwingUtilities.invokeLater(new Runnable() {
                    public void run() {
                      ui.showStatus(MainWindow.STATUS_LOST);
                    }
                  });
```

```
            }
        });
    this.notToBeGCd = chat;

    chat.sendMessage(new Message());
}
```

ℹ️ 왜 채팅 필드인가?

이 코드에서는 채팅을 Main의 notToBeGCd 필드에 할당한 것이 보일 것이다. 이것은 chat이 자바 런타임에 의해 가비지 컬렉션의 대상이 되지 않게 하기 위해서다. ChatManager 문서의 상단에는 다음과 같이 적혀 있다.

> 채팅 관리자는 모든 현재 채팅에 대한 참조를 관리한다. 채팅 관리자는 자체적으로 메모리 상에 어떠한 참조도 보관하지 않으므로 채팅 객체 자체에 대한 참조를 유지할 필요가 있다.

채팅이 가비지 컬렉션되면 스맥 런타임에서 메시지를 그러한 목적으로 만든 새 Chat으로 전달할 것이다. 상호 작용이 풍부한 애플리케이션에서는 이러한 새로운 채팅을 대기했다가 보여줄 테지만 요구 사항은 다양하므로 이러한 꼼수로 그러한 일이 일어나지 않게 했다.

여기서는 이 참조를 일부러 서툴게 만들었는데, 그렇게 해야 하는 이유를 코드에서 강조하기 위해서다. 그리고 그렇게 하면 간혹 더 나은 해결책이 떠오른다는 사실도 알고 있다.

사용자 인터페이스에서는 표시 메서드를 구현하고, 마침내 전체 테스트가 통과한다.

```
public class MainWindow extends JFrame {
  […]
  public void showStatus(String status) {
    sniperStatus.setText(status);
  }
}
```

참고

그림 11.4는 코드가 동작하는 것을 시각적으로 보여준다.

그림 11.4 Lost 상태 표시

그리 대단하진 않을지도 모르지만 이것으로 스나이퍼가 경매와 연결되고, 응답을 받으며, 결과를 표시할 수 있음을 확인할 수 있다.

11.3 필요한 최소한의 것

스티브는 학교에 제출한 보고서에서 "필요한 최소한의 것을 잘 판단했음"이라고 적힌 메모를 받은 적이 있다. 반복 주기 0 동안에는 이것이 핵심 기술이었기에 스티브는 소프트웨어를 만드는 일에서 자신의 천직을 발견한 것 같다.

지금까지 이번 장을 읽으면서 첫 번째 동작하는 골격을 만들려면 어느 정도 집중해야 하는지 알게 됐기를 바란다. 핵심은 전 구간에 걸친 시스템의 초기 구조를 설계하고 검증해(여기서 전 구간에 걸쳤다는 말은 동작하는 환경에 배포하는 것까지 포함한다) 패키지, 라이브러리, 도구 선택이 실제로 효과가 있을지 증명하는 데 있다. 긴박감은 팀이 가정을 테스트하는 데 절대적으로 필요한 최소한의 기능을 추려내는 데 도움이 될 것이다. 이런 이유로 스나이퍼 메시지에 아무런 내용도 집어넣지 않은 것이다. 그렇게 했다면 통신과 이벤트 처리를 동작하게 하는 데 집중하지 못했을 것이다. 아울러 상세한 코드 설계로 너무 힘을 빼지도 않았는데, 부분적으로 그렇게 할 만한 것도 별로 없었고, 주로 여기서 한 일이 여러 부분을 제자리에 놓는 데 불과했기 때문이다. 상세한 코드 설계는 조만간 해야 할 것이다.

물론 이번 장에서 살펴본 내용은 모두 중요한 부분만 뽑아낸 것이다. 여기서는 각종 제품 문서와 회의록을 샅샅이 훑어가면서 어떤 부분을 사용할지, 그리고 그것을 어떻게 동작하게 만들지 파악할 때 논의한 사항은 살펴보지 않았다. 아울러 이 프로젝트의 목적에 관해 논의한 내용의 일부도 싣지 않았다. 0 번째 반복 주기에서는 보통 팀에서 의사 결정을 이끄는 기준을 파악하면서 프로젝트 주요 안건을 제기하므로 프로젝트를 주관하는 곳에서는 프로젝트 목적에 관한 심층적인 문제들을 처리할 것으로 예상해야 한다.

진행 상황을 표현할 수 있게 눈에 보이는 뭔가를 만들어두면 그림 11.5처럼 목록에서 첫 번째 항목에 선을 그을 수 있다.

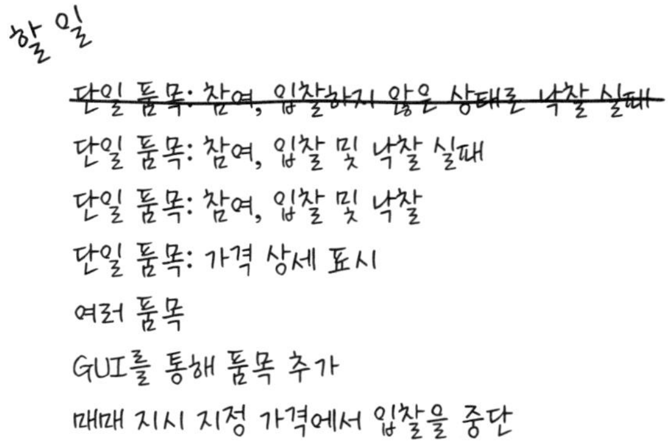

> **할 일**
> ~~단일 품목: 참여, 입찰하지 않은 상태로 낙찰 실패~~
> 단일 품목: 참여, 입찰 및 낙찰 실패
> 단일 품목: 참여, 입찰 및 낙찰
> 단일 품목: 가격 상세 표시
> 여러 품목
> GUI를 통해 품목 추가
> 매매 지시 지정 가격에서 입찰을 중단

그림 11.5 첫 번째 항목 완료

다음 단계에서는 실제 기능을 만들어 나가겠다.

12장

GROWING OBJECT-ORIENTED SOFTWARE GUIDED BY TESTS

입찰 준비

이번에는 전 구간 테스트를 작성해 스나이퍼가 경매에서 입찰을 하게 한다. 경매 프로토콜에 따라 메시지를 해석하기 시작해 그 과정에서 몇 가지 새로운 클래스를 찾아낸다. 첫 번째 단위 테스트를 작성하고 나서 도우미 클래스를 리팩터링한다. 이번 장에서는 이 같은 노력의 마지막 세부 사항을 전부 기술해 당시에 우리가 어떤 생각을 하고 있었는지 보여준다.

12.1 시장 소개

이제 골격 비유를 계속 이어나가고자 애플리케이션에 살을 붙이겠다. 스나이퍼의 핵심 기능은 경매에서 가격 변동이 있을 때 품목에 대해 더 높은 입찰가를 제시하는 것이다. 할 일 목록으로 돌아가보면 다음과 같은 두 가지 사항을 확인할 수 있다.

- 단일 품목: 참여, 입찰, 낙찰 실패. 가격이 제시되면 경매에서 규정한 최소 금액 단위로 입찰액을 올려 전달한다. 이 금액은 가격 갱신 정보에 포함된다.
- 단일 품목: 참여, 입찰, 낙찰. 현재 어느 입찰자가 경매에서 낙찰을 따내는 상황인지 파악하고 자기 자신에게 입찰하지 않는다.

이것 말고도 더 있다는 건 알지만 이 정도만으로도 설계를 파악하고 구체적인 진행 상황을 보여줄 만큼 기능 요소가 충분하다.

이와 비슷한 어느 분산 시스템에서든 실패 및 타이밍에서 생기는 흥미로운 이슈가 많지만 여기서 만드는 애플리케이션에서는 프로토콜의 클라이언트 측만 다룬다. 기반 XMPP에 의존해 여러 가지 일반적인 분산 프로그래밍 문제를 처리한다. 특히 입찰자와 경매 간에 오가는 메시지가 우리가 보낸 것과 같은 순서대로 도착하리라 예상한다.

5장에서 설명한 바와 같이 인수 테스트를 통해 다음 기능을 시작한다. 이전 장에서는 첫 테스트를 이용해 애플리케이션 구조에 살을 붙였다. 지금부터 점진적인 진행 상황을 보여주는 데 인수 테스트를 활용할 수 있다.

12.2 입찰 테스트

12.2.1 테스트로 시작하기

앞으로 작성할 각 인수 테스트에는 감당할 수 있을 정도의 신규 요구 사항이 있어야 한다. 그래서 다음 요구 사항으로 가격 정보를 몇 가지 추가하기로 마음먹었다. 단계는 다음과 같다.

1. 경매에서 스나이퍼로 가격을 보내게 한다.
2. 스나이퍼에서 가격을 받고 응답했는지 확인한다.
3. 경매에서 스나이퍼로부터 입찰가가 오른 입찰을 받았는지 확인한다.

이 테스트를 통과하게 하려면 스나이퍼는 경매에서 전달한 Price와 Close 이벤트를 구분해 현재 가격을 보여주고, 새로운 입찰을 생성해야 할 것이다. 아울러 그러한 입찰을 처리하자면 스텁 경매도 확장해야 할 것이다. 지금까지는 스나이퍼가 경매에서 낙찰했을 때와 같이 앞으로 필요할 다른 기능들을 구현하는 일을 미뤄왔다. 이 기능은 나중에 구현하겠다. 다음은 새로운 테스트 코드다.

```
public class AuctionSniperEndToEndTest {
  @Test public void
  sniperMakesAHigherBidButLoses() throws Exception {
    auction.startSellingItem();

    application.startBiddingIn(auction);
    auction.hasReceivedJoinRequestFromSniper(); ❶

    auction.reportPrice(1000, 98, "other bidder"); ❷
    application.hasShownSniperIsBidding(); ❸

    auction.hasReceivedBid(1098, ApplicationRunner.SNIPER_XMPP_ID); ❹

    auction.announceClosed(); ❺
    application.showsSniperHasLostAuction();
  }
}
```

이 테스트의 일부로 구현해야 할 새 테스트가 세 가지 있다.

❶ 테스트를 계속하기에 앞서 스텁 경매가 Join 요청을 받을 때까지 기다려야 한다. 여기서는 이 단정문을 이용해 스나이퍼와 경매를 동기화한다.
❷ 이 메서드는 스텁 경매에서 스나이퍼로 품목 가격이 1000이고, 다음 입찰에 대한 증가액이 98이며, 낙찰자는 "다른 입찰자"라는 소식을 가지고 다시 메시지를 전송하게 한다.
❸ 이 메서드에서는 스나이퍼가 경매로부터 가격 갱신 메시지를 받고 난 후 입찰하고 있음을 보여주는지 확인해 달라고 ApplicationRunner에 요청한다.
❹ 이 메서드에서는 스나이퍼로부터 입찰을 받았고 해당 입찰이 마지막 가격에 최소 증가액을 더한 것과 가격이 같은지 확인해 달라고 스텁 경매에 요청한다. 이 때 해야 할 일이 조금 더 있는데, XMPP 계층에서는 기본 식별자를 가지고 좀 더 긴 이름을 만들어 내므로 SNIPER_XMPP_ID 상수를 실제로 sniper@localhost/Auction으로 정의한다.
❺ 여전히 스나이퍼가 경매에서 낙찰을 못하기에 첫 테스트에서 썼던 경매 종료 로직을 재사용한다.

> **비현실적인 돈**
>
> 여기서는 정수를 사용해 값을 표현하고 있다(경매가 일본 엔화로 실시된다고 상상해보라). 실제 시스템에서는 고정 십진수 구현체로 도메인 타입을 정의해 금액을 표현할 것이다. 여기서는 예제 코드를 지면에 맞추고자 표현을 단순화했다.

12.2.2 가짜 경매 확장

FakeAuctionServer에는 전 구간 테스트를 지원하기 위해 작성해야 할 메서드가 두 개 있다. reportPrice()에서는 chat을 통해 Price 메시지를 전송해야 한다. hasReceivedBid()에서는 경매가 스나이퍼로부터 올바른 값을 받았는지 확인하는 좀 더 복잡한 일을 해야 한다. 전달되는 메시지를 구문 분석(parse)하는 대신 예상 메시지를 만들고 단순히 문자열을 비교하기만 한다. 아울러 FakeAuctionServer가 어떤 것을 메시지로 받아들일지 정의하는 데 유연성을 좀 더 부여하고자 SingleMessageListener로부터 Matcher 절을 가져왔다. 다음은 첫 번째 버전이다.

```
public class FakeAuctionServer { [...]
  public void reportPrice(int price, int increment, String bidder)
    throws XMPPException
  {
    currentChat.sendMessage(
          String.format("SOLVersion: 1.1; Event: PRICE; "
                      + "CurrentPrice: %d; Increment: %d; Bidder: %s;",
                      price, increment, bidder));
  }
  public void hasReceivedJoinRequestFromSniper() throws InterruptedException {
    messageListener.receivesAMessage(is(anything()));
  }
  public void hasReceivedBid(int bid, String sniperId)
    throws InterruptedException
  {
    assertThat(currentChat.getParticipant(), equalTo(sniperId));
    messageListener.receivesAMessage(
      equalTo(
        String.format("SOLVersion: 1.1; Command: BID; Price: %d;", bid)));
  }
}
public class SingleMessageListener implements MessageListener { [...]
  @SuppressWarnings("unchecked")
  public void receivesAMessage(Matcher<? super String> messageMatcher)
    throws InterruptedException
  {
    final Message message = messages.poll(5, TimeUnit.SECONDS);
    assertThat("Message", message, is(notNullValue()));
    assertThat(message.getBody(), messageMatcher);
  }
}
```

다시 한 번 살펴보면 두 '수신' 메서드 간에 균형이 맞지 않음을 볼 수 있다. Join 메서드는 입찰 메시지에 비해 메시지 내용과 전달자(sender) 측면에서 모두 훨씬 더 느슨하다. 이 부분은 나중에 잊지 않고 고치겠다. 점진적으로 개발할 때는 상당한 양의 결정 사항을 나중으로 미루지만 일관성과 대칭성이 더 의미 있을 때도 있다. 코드를 열어둔 김에 hasReceivedJoinRequestFromSniper()에 세부 사항을 좀 더 채워 넣기로 했다. 아울러 메시지 형식을 추출해 Main으로 옮겼는데, 스나이퍼에서 그것들을 이용해 미가공 메시지를 만들어야 할 것이기 때문이다.

```
public class FakeAuctionServer { [...]
  public void hasReceivedJoinRequestFrom(String sniperId)
    throws InterruptedException
  {
    receivesAMessageMatching(sniperId, equalTo(Main.JOIN_COMMAND_FORMAT));
  }

  public void hasReceivedBid(int bid, String sniperId)
    throws InterruptedException
  {
    receivesAMessageMatching(sniperId,
```

```
        }
                        equalTo(format(Main.BID_COMMAND_FORMAT, bid)));
    }
    private void receivesAMessageMatching(String sniperId,
                                          Matcher<? super String> messageMatcher)
        throws InterruptedException
    {
        messageListener.receivesAMessage(messageMatcher);
        assertThat(currentChat.getParticipant(), equalTo(sniperId));
    }
}
```

메시지 내용을 확인하고 난 후에야 스나이퍼의 식별자를 검사한 것을 눈여겨보자. 이렇게 하면 메시지가 도착할 때까지 서버가 대기하게 할 수 있는데, 이는 분명 서버가 연결을 받아들여 currentChat을 구성했음을 의미한다. 그렇지 않으면 스나이퍼의 식별자를 너무 일찍 검사해서 테스트가 실패할 것이다.

> **ℹ️ 복식 부기 값**
>
> 여기서는 동일한 상수를 이용해 Join 메시지를 생성하고 해당 메시지의 내용을 검사한다. 동일한 구성물을 사용함으로써 중복을 제거하고 시스템의 두 측면 사이의 연결을 코드에서 표현한다. 다른 한편으로는 스스로 두 시스템을 모두 잘못되게 하고 유효하지 않은 내용을 포착할 테스트를 확보하지 못하는 위험에 처하기도 한다. 이 경우 코드가 너무나 단순해서 대다수 구현에서도 그렇게 하겠지만 영속화 계층처럼 좀 더 복잡한 것을 개발할 때는 해답이 더 불확실해진다. 동일한 프레임워크를 사용해 값을 읽고 쓰는가? 단지 결과를 캐싱하는 것이 아니라 값이 올바르게 저장되는지 확신할 수 있는가? 어떤 직접적인 데이터베이스 쿼리를 작성해서 확인해야 하는가?
>
> 가장 핵심적인 질문은 바로 무엇을 테스트하고 있다고 생각하느냐다. 여기서는 통신 기능이 더 중요하고, 메시지가 문자열 상수에 의지할 수 있을 정도로 단순하고, IDE에서 메시지 형식과 관련된 코드를 찾을 수 있으리라 생각한다. 다른 개발자들은 다른 결론에 도달할 수도 있고 그들이 진행하는 프로젝트에서는 그들이 내린 결론이 맞을 수도 있다.

이제 새 API에 맞게 전 구간 테스트를 조정하고 테스트가 실패하는 것을 지켜본 다음, 스나이퍼에 추가적인 세부 사항을 구현해 테스트를 통과하게 한다.

```
public class AuctionSniperEndToEndTest {
  @Test public void
  sniperMakesAHigherBidButLoses() throws Exception {
    auction.startSellingItem();
```

```
            application.startBiddingIn(auction);
            auction.hasReceivedJoinRequestFrom(ApplicationRunner.SNIPER_XMPP_ID);

            auction.reportPrice(1000, 98, "other bidder");
            application.hasShownSniperIsBidding();
            auction.hasReceivedBid(1098, ApplicationRunner.SNIPER_XMPP_ID);

            auction.announceClosed();
            application.showsSniperHasLostAuction();
        }
    }
    public class Main { […]
      private void joinAuction(XMPPConnection connection, String itemId)
        throws XMPPException
      {
        Chat chat = connection.getChatManager().createChat(
              auctionId(itemId, connection),
              new MessageListener() {
                public void processMessage(Chat aChat, Message message) {
                  SwingUtilities.invokeLater(new Runnable() {
                    public void run() {
                      ui.showStatus(MainWindow.STATUS_LOST);
                    }
                  });
                }
            });
        this.notToBeGCd = chat;
        chat.sendMessage(JOIN_COMMAND_FORMAT);
      }
    }
```

12.2.3 놀라운 실패

끝으로, ApplicationRunner에 "검사(checking)" 메서드를 작성해 첫 실패하는 코드를 추가한다. 구현은 단순하다. 그냥 또 다른 상태 상수를 하나 추가하고 기존 메서드를 복사한다.

```
    public class ApplicationRunner { […]
      public void hasShownSniperIsBidding() {
        driver.showsSniperStatus(MainWindow.STATUS_BIDDING);
      }

      public void showsSniperHasLostAuction() {
        driver.showsSniperStatus(MainWindow.STATUS_LOST);
      }
    }
```

누락된 레이블 텍스트에 관해 뭔가가 나오길 기대했지만 대신 다음과 같은 결과가 나온다.

```
java.lang.AssertionError:
Expected: is not null
     got: null
  […]
  at auctionsniper.SingleMessageListener.receivesAMessage()
  at auctionsniper.FakeAuctionServer.hasReceivedJoinRequestFromSniper()
  at auctionsniper.AuctionSniperEndToEndTest.sniperMakesAHigherBid()
  […]
```

그리고 오류 스트림은 다음과 같다.

```
conflict(409)
    at jivesoftware.smack.SASLAuthentication.bindResourceAndEstablishSession()
    at jivesoftware.smack.SASLAuthentication.authenticate()
    at jivesoftware.smack.XMPPConnection.login()
    at jivesoftware.smack.XMPPConnection.login()
    at auctionsniper.Main.connection()
    at auctionsniper.Main.main()
```

오류 내용을 조금 조사하고 난 후 무슨 일이 일어났는지 깨달았다. 여기서 추가한 두 번째 테스트에서는 처음과 똑같은 계정, 리소스 이름을 사용해 연결을 시도한다. 사우스비 온라인처럼 서버는 다수의 열린 연결을 거부하도록 설정돼 있으므로 서버에서는 첫 번째 연결이 여전히 연결돼 있다고 생각해서 두 번째 테스트는 실패한다. 운영 환경에서는 애플리케이션이 문제없이 동작할 텐데, 경매를 종료할 때 전체 프로세스를 중단해 연결을 끊을 것이기 때문이다. 우리가 만들어낸 사소한 결함(애플리케이션을 새로운 스레드에서 시작하게 하는)은 결국 잡혔다. 여기서 해야 할 일은 애플리케이션이 스스로를 정리할 수 있게 콜백을 추가해 창을 닫을 때 클라이언트와 연결을 끊는 것이다.

```java
public class Main { […]
  private void joinAuction(XMPPConnection connection, String itemId)
    throws XMPPException
  {
    disconnectWhenUICloses(connection);
    Chat chat = connection.getChatManager().createChat(
    […]
    chat.sendMessage(JOIN_COMMAND_FORMAT);
  }
  private void disconnectWhenUICloses(final XMPPConnection connection) {
    ui.addWindowListener(new WindowAdapter() {
      @Override public void windowClosed(WindowEvent e) {
        connection.disconnect();
      }
    });
  }
}
```

이제 예상대로 실패하는데, 스나이퍼에서 입찰을 시작할 방법이 없기 때문이다.

```
java.lang.AssertionError:
Tried to look for...
    exactly 1 JLabel (with name "sniper status")
    in exactly 1 JFrame (with name "Auction Sniper Main" and showing on screen)
    in all top level windows
and check that its label text is "Bidding"
but...
    all top level windows
        contained 1 JFrame (with name "Auction Sniper Main" and showing on screen)
        contained 1 JLabel (with name "sniper status")
            label text was "Lost"
    [...]
    at auctionsniper.AuctionSniperDriver.showsSniperStatus()
    at auctionsniper.ApplicationRunner.hasShownSniperIsBidding()
    at auctionsniper.AuctionSniperEndToEndTest.sniperMakesAHigherBidButLoses()
```

12.2.4 이해관계자 중심 개발

이 실패를 토대로 다음으로 코딩해야 할 대상이 정해진다. 즉, 높은 수준에서 우리가 목적하는 바를 파악할 수 있는데, 바로 테스트를 통과할 때까지 구현을 채워 넣어야 한다는 것이다.

    테스트 주도 개발을 할 때 우리는 구현하고자 하는 행위를 일으키는 외부 이벤트로 시작해서 한 번에 한 객체씩 코딩을 계속해 나가며, 이 같은 과정은 목표를 달성했음을 가리키는 가시적인 효과(전송된 메시지나 로그 항목 같은)가 나타날 때까지 이어진다. 전 구간 테스트는 그 과정이 끝나는 지점을 보여주므로 그러한 과정의 한가운데로 헤쳐나갈 수 있다.

    이어지는 절에서는 경매 스나이퍼를 구현하는 데 필요한 타입을 만든다. 앞에서 언급한 과정이 어떻게 돌아가는지 보여주고자 이어지는 절에서 만들 타입을 TDD 규칙에 따라 천천히, 그리고 엄격하게 활용할 것이다. 실제 프로젝트에서는 이따금 전체적인 그림을 알아보고자 미리 설계를 약간 하기도 하지만 대부분의 경우 실제로 우리가 하는 일은 방금 설명한 대로다. 그 과정에서 올바른 결과물이 도출되고 올바른 질문을 하게 된다.

12.2.5 세부 사항에 무한정 신경을 쏟아야 하는가?

운에 의해서든 통찰력에 의해서든 서버 환경 설정이 사우스비 온라인의 환경 설정과 일치하기 때문에 자원이 충돌하는 것을 알게 됐다. 새 연결에서 기존 연결을 끊어버리는 것을 허용하는 대체 환경 설정을 사용했을 수도 있는데, 그러면 테스트는 통과하지만 오류 스트림에서 스맥 라이브러리가 혼란스러운 충돌 메시지를 출력했을 것이다. 이 방법은 개발 중에는 잘 통했겠지만 운영 환경에서는 스나이퍼가 실패하는 위험을 초래할 수 있다.

어떻게 전체 시스템의 모든 환경 설정 옵션을 관리할 수 있을까? 어느 수준에 이르면 그렇게 할 수 없으며, 이는 전문 테스터가 하는 일의 핵심이다. 우리가 할 수 있는 일은 시스템을 되도록 미리 많이 시험 가동하고 그 과정을 반복해서 하는 것뿐이다. 아울러 시스템 구성 요소의 품질을 높게 유지하고 끊임없이 단순화함으로써 전체 시스템의 복잡성을 스스로 다룰 수도 있다. 이 같은 활동에 비용이 많이 드는 것처럼 느껴진다면 바쁘게 돌아가는 운영 시스템에서 이와 같은 일시적인 버그를 찾아 고치는 데 드는 비용을 한번 생각해보길 바란다.

12.3 AuctionMessageTranslator

12.3.1 새로운 클래스 도출

스나이퍼로의 진입점은 바로 스맥 라이브러리를 통해 경매로부터 메시지를 받는 곳으로, 우리가 동작하게 하려는 다음 차례의 행위를 일으키는 이벤트에 해당한다. 실제로 이것은 Chat에 부착할 MessageListener라는 클래스를 구현함을 의미한다. 이 클래스가 경매로부터 미가공 메시지를 받을 때 해당 클래스에서는 메시지를 경매 이벤트를 나타내는 뭔가로 번역할 것이며, 결국 이 이벤트는 코드에서 스나이퍼의 행동을 촉발하고 사용자 인터페이스를 변경할 것이다.

이미 Main에는 그러한 클래스가 있다. 이 클래스는 익명 클래스이고 해당 클래스의 책임은 그리 명확해 보이지 않는다.

```
new MessageListener() {
  public void processMessage(Chat aChat, Message message) {
    SwingUtilities.invokeLater(new Runnable() {
      public void run() {
        ui.showStatus(MainWindow.STATUS_LOST);
      }
    });
  }
}
```

이 코드에서는 암시적으로 Close 메시지(지금까지 만든 유일한 메시지 종류)를 받아들이고 스나이퍼의 응답을 구현한다. 여기서는 기능을 더 추가하기 전에 이 같은 상황을 분명히 해두고 싶다. 우선 익명 클래스를 자체적인 일급 클래스로 승격하는 것으로 시작하는데, 이는 이 클래스에 이름이 필요하다는 의미다. 이 클래스는 '경매'에서 전달된 '메시지를 번역'할 것이므로 이전 단락에서 설명한 내용에 포함된 '번역'이라는 단어를 취해 클래스의 이름을 AuctionMessageTranslator로 하겠다.

여기서 조심해야 할 부분은 현재 익명 클래스에서 ui 필드를 Main에서 가져왔다는 것이다. 메시지에 응답할 수 있게 새로 승격한 클래스에 뭔가를 추가해야 할 것이다. 가장 분명한 건 MainWindow로 해당 클래스를 전달하는 것이지만 사용자 인터페이스에 대한 의존성을 만드는 것은 바람직하지 않다. 그렇게 하면 단위 테스트를 하기가 어려운데, 스윙 이벤트 스레드에서 실행 중인 컴포넌트 상태를 조회해야 할 것이기 때문이다.

더 중요한 점은 바로 의존성이 '단일 책임' 원칙을 위반한다는 것이다. 즉, 경매에서 전달된 미가공 메시지를 분석하는 것만 해도 한 클래스가 해야 할 일로는 충분하며, 아울러 스나이퍼 상태를 어떻게 나타낼지에 관해서도 몰라야 한다. 즉, '유지 보수성을 고려한 설계'(58쪽)에서 썼듯이 관심사의 분리를 유지하고 싶다.

이러한 제약하에서는 새 AuctionMessageTranslator가 해석한 이벤트를 처리하는 일을 협력자에 위임하도록 결정할 것이며, 협력자는 AuctionEventListener 인터페이스로 표현할 것이다. 그러면 AuctionEventListener를 구현하는 객체를 우리가 만든 번역기에 전달할 수 있다. 우리는 아직까지 이 인터페이스에 뭐가 있는지 모르고 어떻게 구현해야 할지도 생각해 두지 않았다. 당면한 관심사는 메시지 번역이 동작하게 하는 것이다. 나머지는 다음에 해도 된다. 지금까지 설계한 바를 그림으로 나타내면 그림 12.1과 같다(Chat과 같이 외부 프레임워크에 속하는 타입은 음영 처리했다).

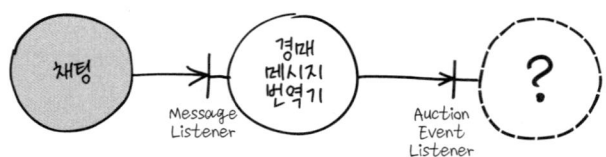

그림 12.1 AuctionMessageTranslator

12.3.2 첫 번째 단위 테스트

좀 더 간단한 이벤트 타입으로 시작한다. 지금까지 봐왔듯이 Close 이벤트는 값이 없고 단순 트리거(trigger)에 불과하다. 번역기가 Close 이벤트를 받으면 번역기가 해당 이벤트에 대한 리스너를 적절히 호출하게 하고 싶다.

이것이 바로 첫 번째 단위 테스트에 해당하므로 단위 테스트를 만드는 과정을 보이고자 매우 천천히 만들겠다(이후에는 좀 더 빠르게 진행하겠다). 우선 테스트 메서드명으로 시작하자. JUnit은 리플렉션(reflection)을 통해 테스트 메서드 이름을 선택하므로 테스트 메서드 이름을 가급적 우리가 선호하는 서술형으로 지어도 된다. 코드에 메서드 이름을 기재할 일이 없기 때문이다. 첫 테스트에서는 번역기에서 미가공 Close 메시지를 받을 경우 경매가 종료됐다는 소식을 듣고 있음을 알려주는 내용을 작성한다

```
package test.auctionsniper;

public class AuctionMessageTranslatorTest {
  @Test public void
  notifiesAuctionClosedWhenCloseMessageReceived() {
    // 아직까진 아무것도 없다.
  }
}
```

> 💡 **테스트는 다른 패키지에 넣으라**
>
> 우리는 지금까지 테스트를 테스트에서 시험하는 코드와 다른 패키지에 넣는 버릇을 들였다. 테스트용으로 패키지 수준에서 뒷문(back door)을 열어놓기보다 다른 여느 클라이언트와 마찬가지로 코드의 공개 인터페이스를 통해 코드를 구동하고자 한다. 아울러 애플리케이션과 테스트 코드 규모가 커지면서 패키지를 분리해두면 요즘 사용되는 IDE에서 코드를 탐색하기가 더 쉬워진다는 사실을 알게 됐다.

다음 단계는 테스트하고자 하는 행위를 촉발하는 동작을 추가하는 것이다(이 경우 Close 메시지를 보내는 것이 되겠다). 이미 우리는 이 같은 행동이 스맥의 MessageListener 인터페이스를 호출하는 형태가 되리라는 사실을 알고 있다.

```
public class AuctionMessageTranslatorTest {
  public static final Chat UNUSED_CHAT = null;
  private final AuctionMessageTranslator translator =
                                        new AuctionMessageTranslator();
  @Test public void
  notifiesAuctionClosedWhenCloseMessageReceived() {
    Message message = new Message();
    message.setBody("SOLVersion: 1.1; Event: CLOSE;");

    translator.processMessage(UNUSED_CHAT, message);
  }
}
```

12장 입찰 준비

> 💡 **인자가 중요하지 않다면 null을 사용하라**
>
> UNUSED_CHAT은 null로 정의된 상수치고는 의미 있는 이름이다. 우리는 이 상수를 실제 Chat 객체 대신 processMessage()에 전달하는데, 이는 Chat 클래스를 인스턴스화하기가 어렵기 때문이다. Chat 클래스의 생성자는 패키지 범위로 가시성이 제한돼 있어 Chat 객체를 생성하려면 의존성 그물을 채워 넣어야 할 것이다. 때마침 현재 기능에 대해서는 그러한 의존성이 필요하지 않으므로 null 값을 전달해 컴파일러가 오류를 일으키지 않게 하고 대신 유의미한 이름을 지닌 상수를 사용해 해당 객체의 중요성을 분명하게 보여주면 된다.
>
> 한 가지 확실히 해두자면 이 null은 호출할 순 있지만 응답으로 아무런 일도 하지 않는 널 객체(null object)[Woolf98]가 아니다. 이 null은 그저 자리를 채우는 역할에 불과하고 테스트 도중 이 상수를 대상으로 메서드가 호출되면 테스트가 실패할 것이다.

MessageListener 인터페이스의 골격 구현은 다음과 같이 만든다.

```java
package auctionsniper;

public class AuctionMessageTranslator implements MessageListener {
  public void processMessage(Chat chat, Message message) {
    // 할 일: 이곳을 채워 넣는다.
  }
}
```

다음으로, 번역이 일어났는지 검사하고자 한다(하지만 아직까지 구현한 바가 아무것도 없으니 테스트가 실패할 것이다). 이미 Close 이벤트가 발생했을 때 번역기가 해당 번역기의 리스너에 알려주기로 결정했으므로 테스트에서 그와 같은 예상되는 행위를 기술할 것이다.

```java
@RunWith(JMock.class)
public class AuctionMessageTranslatorTest {
  private final Mockery context = new Mockery();
  private final AuctionEventListener listener =
                              context.mock(AuctionEventListener.class);
  private final AuctionMessageTranslator translator =
                              new AuctionMessageTranslator();

  @Test public void
  notfiesAuctionClosedWhenCloseMessageReceived() {
    context.checking(new Expectations() {{
      oneOf(listener).auctionClosed();
    }});

    Message message = new Message();
    message.setBody("SOLVersion: 1.1; Event: CLOSE;");
```

```
    translator.processMessage(UNUSED_CHAT, message);
  }
}
```

앞의 테스트는 2장이 끝나는 부분에서 기술한 단위 테스트와 다소 비슷하므로 예상 값을 나타내는 굵게 강조한 줄을 제외하고는 테스트 구조를 또 한 번 살펴보지는 않겠다. 굵게 강조한 줄은 이 테스트에서 가장 중요한 부분으로서, 번역기가 자신을 둘러싼 환경에 미치는 영향에 관해 뭐가 가장 중요한지 선언한 것이다. 이것은 적절한 메시지를 번역기에 보냈을 때 번역기가 리스너의 auctionClosed() 메서드를 딱 한 번 호출할 것으로 예상함을 나타낸다.

테스트를 실행하면 테스트가 실패하면서 아직까지 필요한 행위가 구현되지 않았음을 보여준다.

```
not all expectations were satisfied
expectations:
  ! expected once, never invoked: auctionEventListener.auctionClosed()
what happened before this: nothing!
  at org.jmock.Mockery.assertIsSatisfied(Mockery.java:199)
  [...]
  at org.junit.internal.runners.JUnit4ClassRunner.run()
```

여기서 가장 핵심적인 구문은 바로 다음 구문이다.

```
expected once, never invoked: auctionEventListener.auctionClosed()
```

이 구문은 호출했어야 할 리스너를 호출하지 않았음을 보여준다.

테스트가 통과하려면 두 가지 일을 해야 한다. 우선 번역기와 리스너가 상호 작용할 수 있게 둘을 연결해야 한다. 여기서는 번역기의 생성자로 리스너를 전달하기로 한다. 이렇게 하는 편이 간단하고 번역기가 늘 리스너를 가지고 올바르게 구성되리라 보장할 수 있다. 자바의 타입 시스템 덕분에 이를 놓치지 않을 것이다. 테스트 구성은 다음과 같다.

```
public class AuctionMessageTranslatorTest {
  private final Mockery context = new Mockery();
  private final AuctionEventListener listener =
                          context.mock(AuctionEventListener.class);
  private final AuctionMessageTranslator translator =
                          new AuctionMessageTranslator(listener);
```

다음으로 auctionClosed() 메서드를 호출해야 한다. 실제로 아직까지는 다른 행위를 정의하지 않았기 때문에 이 테스트가 통과하게 하려면 이것만 하면 된다.

```
public void processMessage(Chat chat, Message message) {
    listener.auctionClosed();
}
```

테스트가 통과한다. 실제로 메시지를 분석하지는 않았기 때문에 이런 방법이 다소 변칙적인 방법이라 느낄지도 모르겠다. 지금까지 각 구성 요소가 어디에 있는지 파악하고 그것들을 테스트 장치에 집어넣었다. 그리고 기능을 더 추가할 때도 계속해서 동작해야 할 기능 중 하나를 확정했다.

> 💡 **단순화된 테스트 구성**
>
> 테스트 클래스의 모든 필드가 final로 지정돼 있다는 사실을 눈치챘을지도 모르겠다. 3장에서 설명한 것처럼 JUnit은 각 테스트 메서드에 대해 테스트 클래스의 인스턴스를 새로 만들어 내므로 필드도 각 테스트 메서드에 대해 다시 만들어진다. 가능한 한 많은 필드를 final로 지정하고 객체가 생성될 때 초기화해서 이러한 특성을 활용하고, 순환 의존성을 제거할 수 있다. 스티브는 이런 구조를 시각화해서 생각하길 좋아하는데, 이 경우 테스트를 보조하는 틀처럼 행동하는 객체의 격자를 만드는 것으로 생각할 수 있다.
>
> 이 예제의 후반부에서도 보겠지만 때때로 모든 것을 통제하에 둘 수 없어서 직접 의존성을 첨가해야 할 때도 있지만 대부분의 경우에는 통제하에 둘 수 있다. 예외적인 경우에는 주의가 쏠릴 것이며 이때 가능한 의존성의 고리가 드러날 것이다. 반면 NUnit에서는 동일한 테스트 클래스의 인스턴스를 재사용하므로, 그러한 경우 보조적인 테스트 값과 객체를 명시적으로 새로 만들어야 할 것이다.

12.3.3 사용자 인터페이스 고리 닫기

이제 새 컴포넌트를 제작하는 과정을 시작했으니 해당 컴포넌트를 스나이퍼에 채워 넣어서 동작하는 코드에서 너무 멀리 벗어나지 않게 할 수 있다. 앞에서는 Main에서 스나이퍼의 사용자 인터페이스를 갱신했으므로 이제 Main에서 AuctionEventListener를 구현하게 하고 기능을 새 auctionClosed() 메서드로 옮긴다.

```
public class Main implements AuctionEventListener { [...]
    private void joinAuction(XMPPConnection connection, String itemId)
        throws XMPPException
    {
        disconnectWhenUICloses(connection);
```

```
        Chat chat = connection.getChatManager().createChat(
                auctionId(itemId, connection),
                new AuctionMessageTranslator(this));
        chat.sendMessage(JOIN_COMMAND_FORMAT);
        notToBeGCd = chat;
    }
    public void auctionClosed() {
        SwingUtilities.invokeLater(new Runnable() {
          public void run() {
            ui.showStatus(MainWindow.STATUS_LOST);
          }
        });
    }
  }
```

구조는 이제 그림 12.2와 같다.

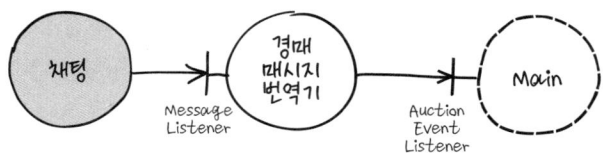

그림 12.2 AuctionMessageTranslator 도입

12.3.4 우리가 달성한 바는 무엇인가?

초기 단계에서 애플리케이션의 기능 하나를 별도의 클래스로 추출했는데, 이것은 이제 해당 기능이 이름을 가지고 단위 테스트의 대상이 될 수 있음을 의미한다. 아울러 Main을 좀 더 단순하게 만들어 이제 더는 경매에서 전달되는 메시지 내용을 해석하는 데 신경 쓰지 않아도 된다. 아직까지는 이러한 변화가 사소해 보일지 몰라도 스나이퍼 애플리케이션의 규모가 커지면서 이 같은 접근법이 어떻게 코드를 깔끔하고 유연하며, 아울러 컴포넌트의 책임과 관계도 명료하게 유지해주는지 보여주겠다.

12.4 가격 메시지 분석

12.4.1 메시지 이벤트 타입 도입

이제 두 번째 경매 메시지 타입인 현재 경매 가격의 변동 사항을 도입할 차례다. 스나이퍼에서는 두 메시지 타입을 구분해야 하므로 사우스비 온라인에서 보낸 메시지 형식은 9장에서 따로 살펴보겠다. 형식은 모두 단순한데, 이름/값 쌍이 포함된 한 줄에 불과하다. 다음은 예제 메시지 형식이다.

```
SOLVersion: 1.1; Event: PRICE; CurrentPrice: 192; Increment: 7; Bidder: Someone
else;
SOLVersion: 1.1; Event: CLOSE;
```

처음에는 객체 지향 추종자로서 이러한 메시지를 타입으로 모델링하려고 하겠지만 어떤 의미 있는 구조에 대한 필요성을 증명할 수 있을 만큼 행위에 관해 명확하게 알고 있지 않으므로 그런 생각은 일단 접어두자. 우선 아주 단순한 해법으로 시작해 차차 조정해 나가기로 하겠다.

12.4.2 두 번째 테스트

두 번째 테스트에 서로 다른 Price 이벤트를 도입하면 전달되는 메시지를 구문 분석해야만 할 것이다. 이 테스트는 첫 번째 테스트와 구조가 똑같지만 입력 문자열이 다르고, 리스너상의 다른 메서드가 호출되리라 예상한다. Price 메시지에는 마지막 입찰에 관한 세부 사항이 포함돼 있으며, 이러한 세부 사항이 바로 분석하고 리스너에 전달해야 하는 것이므로 currentPrice()라는 새 메서드의 서명(signature)에 그와 같은 세부 사항을 포함시킨다. 테스트는 다음과 같다.

```
@Test public void
notifiesBidDetailsWhenCurrentPriceMessageReceived() {
  context.checking(new Expectations() {{
    exactly(1).of(listener).currentPrice(192, 7);
  }});

  Message message = new Message();
    message.setBody(
      "SOLVersion: 1.1; Event: PRICE; CurrentPrice: 192; Increment: 7;
      Bidder: Someone else;"
                  );
  translator.processMessage(UNUSED_CHAT, message);
}
```

이 코드가 컴파일러를 통과하게끔 리스너에 다음과 같은 메서드를 추가한다. IDE에서 이렇게 하려면 키를 몇 개만 누르면 된다.[1]

```
public interface AuctionEventListener {
  void auctionClosed();
  void currentPrice(int price, int increment);
}
```

---

[1] 이클립스나 IDEA 같은 현대적인 개발 환경에서는 요청 시 누락된 메서드를 자동으로 채워줄 것이다. 이는 메서드를 호출하는 부분을 코드로 작성한 다음 도구에서 선언부를 대신 채우게 할 수 있다는 뜻이다.

테스트가 실패한다.

```
unexpected invocation: auctionEventListener.auctionClosed()
expectations:
  ! expected once, never invoked: auctionEventListener.currentPrice(<192>, <7>)
what happened before this: nothing!
  […]
  at $Proxy6.auctionClosed()
  at auctionsniper.AuctionMessageTranslator.processMessage()
  at AuctionMessageTranslatorTest.translatesPriceMessagesAsAuctionPriceEvents()
  […]
  at JUnit4ClassRunner.run(JUnit4ClassRunner.java:42)
```

이번에는 다음 구문이 핵심적인 구문이다.

```
unexpected invocation: auctionEventListener.auctionClosed()
```

앞의 구문은 테스트 도중에 코드에서 auctionClosed() 메서드를 잘못 호출했음을 의미한다. Mockery에서는 이 메서드가 호출되리라 예상하지 않았기에 곧바로 테스트가 실패하고 실패를 일으킨 줄의 스택 트레이스가 출력된다($Proxy6.auctionClosed()를 토대로 Mockery가 하는 일이 실제 AuctionEventListener를 런타임에 대체하는 것임을 확인할 수 있다). 여기서 코드가 실패하는 부분은 손쉽게 알 수 있으므로 해당 부분을 고칠 수 있다.

첫 번째 버전은 정교하진 않지만 테스트를 통과한다.

```java
public class AuctionMessageTranslator implements MessageListener {
  private final AuctionEventListener listener;

  public AuctionMessageTranslator(AuctionEventListener listener) {
    this.listener = listener;
  }

  public void processMessage(Chat chat, Message message) {
    HashMap<String, String> event = unpackEventFrom(message);

    String type = event.get("Event");
    if ("CLOSE".equals(type)) {
      listener.auctionClosed();
    } else if ("PRICE".equals(type)) {
      listener.currentPrice(Integer.parseInt(event.get("CurrentPrice")),
                            Integer.parseInt(event.get("Increment")));
    }
  }

  private HashMap<String, String> unpackEventFrom(Message message) {
    HashMap<String, String> event = new HashMap<String, String>();
    for (String element : message.getBody().split(";")) {
      String[] pair = element.split(":");
      event.put(pair[0].trim(), pair[1].trim());
```

```
        }
        return event;
    }
}
```

이 구현은 메시지 본문을 여러 개의 키/값 쌍으로 나눠서 AuctionEventListener에 통지할 수 있게 경매 이벤트로 해석한다. 아울러 FakeAuctionServer를 고쳐서 지금처럼 빈 메시지를 보내는 대신 Close 이벤트를 보내게 해야 한다. 그렇게 하지 않으면 전 구간 테스트가 올바르지 않게 실패할 것이다.

```
public void announceClosed() throws XMPPException {
    currentChat.sendMessage("SOLVersion: 1.1; Event: CLOSE;");
}
```

전 구간 테스트를 다시 한 번 실행해 보면 우리가 아직까지 입찰 기능을 작업하고 있음을 떠올릴 수 있다. 그런데 테스트에서 스나이퍼 상태 레이블에는 여전히 Bidding이 아닌 Joining이 표시되고 있다.

12.4.3 이후 작업 파악

이 코드는 단위 테스트를 통과하지만 빠진 부분도 있다. 이 코드에서는 메시지의 구조와 버전이 올바른 상태라고 가정한다. 메시지가 외부 시스템으로부터 전달되는 경우에는 이 같은 가정은 위험해 보이므로 오류 처리를 위한 코드를 추가해야 한다. 아울러 기능을 동작하게 하는 흐름을 깨고 싶지는 않기에 오류 처리는 할 일 목록에 추가하고 나중에 다시 한번 살펴보겠다(그림 12.3).

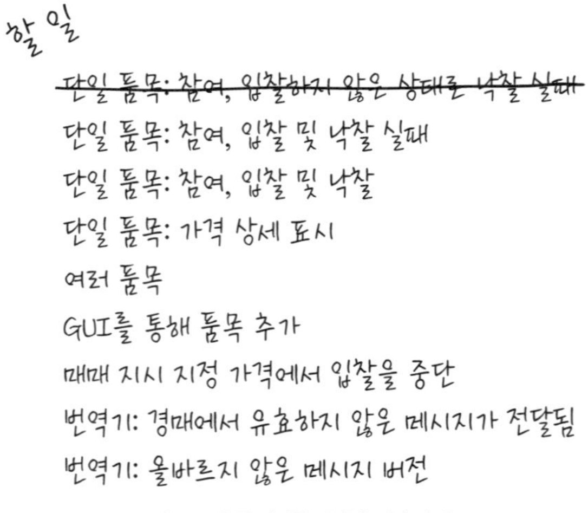

할 일

~~단일 품목: 참여, 입찰하지 않은 상태로 낙찰 실패~~
단일 품목: 참여, 입찰 및 낙찰 실패
단일 품목: 참여, 입찰 및 낙찰
단일 품목: 가격 상세 표시
여러 품목
GUI를 통해 품목 추가
매매 지시 지정 가격에서 입찰을 중단
번역기: 경매에서 유효하지 않은 메시지가 전달됨
번역기: 올바르지 않은 메시지 버전

그림 12.3 오류 처리를 위해 추가된 작업

게다가 번역기가 구문 분석과 디스패치 활동을 모두 수행하는 것처럼 이 클래스가 무슨 일을 해야 하는지 명확하지 않다는 점도 생각해 봐야 한다. 이 문제는 인수 테스트가 통과하는 대로 처리할 것이며, 조만간 그렇게 할 것이다.

12.5 마무리

이번 장 내용의 대부분은 우리가 하고 싶은 것과 그것을 하는 방법을 결정하려고 한 것이다. 즉, 높은 수준에서 전 구간 테스트를 작성해 스나이퍼가 구현해야 할 바를 기술하고 긴 단위 테스트 이름을 작성해 클래스의 역할을 드러내며, 새 클래스를 추출해 기능의 미세한 측면을 분리하고, 자그마한 테스트를 여러 개 작성해 각 코드 계층을 일관된 추상화 수준으로 유지하는 것이다. 그러나 먼저 대강 구현을 해서 필요로 하는 일을 코드로 어떻게 수행할지 우리가 알고 있음을 증명하고 나서 이를 리팩터링하려 한다. 이 내용은 다음 장에서 다루겠다.

'최초 버전의' 코드가 완성되지 않았다는 사실을 강조하지 않을 수 없다. 최초 버전의 코드는 우리가 생각하는 바를 정돈하고 모든 사항이 제자리에 있음을 확인하는 정도로는 좋지만, 그 의도가 명료하게 표현될 가능성은 거의 없다. 그렇다면 최초 버전의 코드를 수명이 끝났는데 반복해서 읽는다면 생산성에 방해가 될 것이다. 그것은 마치 목수가 나무를 매끄럽게 다듬지 않고 작업하는 것과 같다. 다시 말해, 결국 누군가의 못이 지저분하게 삐져나올 것이다.

13장

스나이퍼가 입찰하다

이번 장에서는 AuctionSniper 클래스를 뽑아내서 해당 클래스의 의존성을 파악한다. 새 클래스를 애플리케이션의 나머지 부분에 끼워 넣는데, 명령을 전달할 준비를 마치기 전까지는 경매의 빈 구현을 사용한다. 그러고 나서 XMPPAuction 클래스로 경매소에 돌아가는 과정을 마친다. 그리고 계속해서 코드에서 새 타입을 만드는 작업을 진행한다.

13.1 AuctionSniper 도입

13.1.1 의존성을 지닌 새 클래스

예제 애플리케이션에서는 경매로부터 Price 이벤트를 받지만 아직 이벤트를 해석하지 못한다. 여기서는 currentPrice() 메서드가 호출됐을 때 두 가지 동작을 수행하는 코드가 필요하다. 즉, 입찰가가 더 높은 입찰을 경매에 보내고 사용자 인터페이스에서 상태를 갱신하는 것이다. Main을 확장할 수도 있겠지만 클래스가 조금 지저분해 보인다. 이미 Main 클래스에서 하는 일이 너무 많다. 이때가 바로 'Auction Sniper'라고 하는, 애플리케이션의 핵심 컴포넌트를 도입하기에 적당한 시점인 듯하니 AuctionSniper 클래스를 만들겠다. 이 클래스에서 해야 할 일부 행위는 현재 Main에 묻혀 있으므로 우선 그러한 동작을 뽑아내서 새 클래스로 만드는 것이 좋겠다. 이 부분은 잠시 후에 살펴볼 것이며, 약간 수고를 들여야 한다.

AuctionSniper에서 Price 이벤트에 응답해야 하므로 해당 클래스에서는 Main이 아닌 AuctionSniper에서 AuctionEventListener를 구현해야 한다. 문제는 사용자 인터페이스에 관해서는 어떻게 해야 하느냐다. 이 메서드를 옮긴다고 가정하면

```
public void auctionClosed() {
  SwingUtilities.invokeLater(new Runnable() {
    public void run() {
      ui.showStatus(MainWindow.STATUS_LOST);
    }
  });
}
```

AuctionSniper가 스윙 스레드의 사용과 같은 사용자 인터페이스의 구현 세부 사항에 관해 아는 것이 정말 타당한가? 만약 그렇다면 '단일 책임' 원칙을 다시 한 번 위반하는 위험에 처할 것이다. 분명 AuctionSniper는 입찰 정책에만 신경 써야 하고 자기만의 방식으로 상태 변화를 알려줘야 한다.

새로운 관계를 도입하는 식으로 AuctionSniper를 보호함으로써 문제를 해결한다. 즉, AuctionSniper에서는 자신의 상태 변화를 SniperListener에 알려줄 것이다. 인터페이스와 첫 번째 단위 테스트는 다음과 같다.

```
public interface SniperListener extends EventListener {
  void sniperLost();
}

@RunWith(JMock.class)
public class AuctionSniperTest {
  private final Mockery context = new Mockery();
  private final SniperListener sniperListener =
                                  context.mock(SniperListener.class);
  private final AuctionSniper sniper = new AuctionSniper(sniperListener);

  @Test public void
  reportsLostWhenAuctionCloses() {
    context.checking(new Expectations() {{
      one(sniperListener).sniperLost();
    }});

    sniper.auctionClosed();
  }
}
```

이는 스나이퍼가 경매에서 Close 이벤트를 받을 경우 낙찰 실패를 보고해야 한다는 의미다. 실패 보고는 다음과 같다.

```
not all expectations were satisfied
expectations:
! expected exactly 1 time, never invoked: SniperListener.sniperLost();
```

이 테스트는 단순한 구현으로 통과하게 만들 수 있다.

```java
public class AuctionSniper implements AuctionEventListener {
  private final SniperListener sniperListener;

  public AuctionSniper(SniperListener sniperListener) {
    this.sniperListener = sniperListener;
  }

  public void auctionClosed() {
    sniperListener.sniperLost();
  }

  public void currentPrice(int price, int increment) {
    // 할 일: 자동 생성된 메서드 스텁
  }
}
```

끝으로, Main에서 SniperListener를 구현하게 해서 새 AuctionSniper를 집어넣는다.

```java
public class Main implements SniperListener { [...]
  private void joinAuction(XMPPConnection connection, String itemId)
    throws XMPPException
  {
    disconnectWhenUICloses(connection);

    Chat chat = connection.getChatManager().createChat(
          auctionId(itemId, connection),
          new AuctionMessageTranslator(new AuctionSniper(this)));
    this.notToBeGCd = chat;
    chat.sendMessage(JOIN_COMMAND_FORMAT);
  }

  public void sniperLost() {
    SwingUtilities.invokeLater(new Runnable() {
      public void run() {
        ui.showStatus(MainWindow.STATUS_LOST);
      }
    });
  }
}
```

동작하는 전 구간 테스트는 여전히 통과하고 깨진 테스트는 같은 곳에서 여전히 실패하므로 상황이 악화된 셈은 아니다. 새 구조는 그림 13.1과 같다.

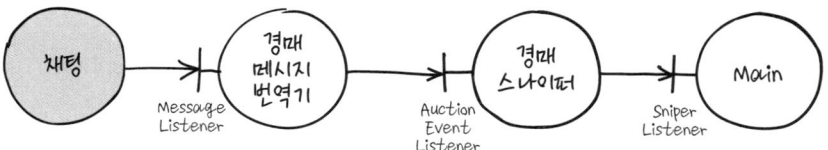

그림 13.1 AuctionSniper 끼워 넣기

13.1.2 집중, 집중, 집중

다시 한 번 클래스의 복잡성을 파악하고 그것을 활용해 초반의 골격 구현으로부터 새로운 개념을 뽑아냈다. 이제 번역기에서 전해주는 이벤트에 응답하는 스나이퍼가 만들어졌다. 조만간 보겠지만 이것은 코드에서 하는 일을 표현하고 단위 테스트를 하기에 더 나은 구조다. 아울러 sniperLost() 메서드는 이전의 auctionClosed()에 비해 좀 더 명확해 보이는데, 이제 해당 메서드의 이름과 역할(즉, 경매 낙찰 실패를 보고하는)이 좀 더 일치하기 때문이다.

이렇게 하는 것이 아까운 시간이 자꾸 흘러가는데도 코드에 불필요하고 하찮은 장식을 덧대는 것에 불과할까? 확실히 그렇게 생각하지는 않는다. 특히 프로젝트 초기에 아이디어를 정리할 때는 특히 그렇다. 설계에 지나치게 많은 노력을 들이는 팀도 있지만, 경험상 대다수 팀은 코드를 더 명확히 만드는 데 너무 적은 시간을 들여서 유지 보수 부담으로 그 대가를 치른다. 지금까지 두어 번 보여줬듯이, '단일 책임' 원칙은 복잡성을 완화하는 데 아주 효과적인 휴리스틱이며, 개발자들은 새로운 타입을 만들어내기를 주저해서는 안 된다. Main에서 여전히 너무 많은 일을 한다고 생각하지만 그것을 어떻게 쪼개야 가장 좋은지는 확신할 수 없다. 그래서 앞으로 계속 진행하면서 코드가 우리를 어디로 이끄는지 살펴보기로 한다.

13.2 입찰 전송

13.2.1 경매 인터페이스

다음 단계로 스나이퍼가 경매에 입찰을 보내게 한다. 그럼 스나이퍼는 누구한테 이야기해야 하는가? SniperListener를 확장하는 방법은 맞지 않은 듯한데, 그러한 관계는 스나이퍼에서 일어나는 일을 파악하는 것과 관련이 있지, 스나이퍼 바깥의 요소와는 관련이 없기 때문이다. '객체 이웃의 유형'(63쪽)에서 정의한 용어로 SniperListener는 알림이지, 의존성이 아니다.

일상적인 논의를 거친 후 새로운 협력 객체인 Auction을 도입하기로 한다. Auction과 SniperListener는 애플리케이션의 두 가지 도메인을 나타낸다. Auction은 금융 거래에 관한 것으로 시장에서 품목 입찰을 받아들이며, SniperListener는 애플리케이션에 전하는 피드백에 관한 것으로 스나이퍼의 현재 상태에 대한 변화를 보고한다. Auction은 의존성으로, Auction 없이는 스나이퍼가 기능할 수 없는 데 반해

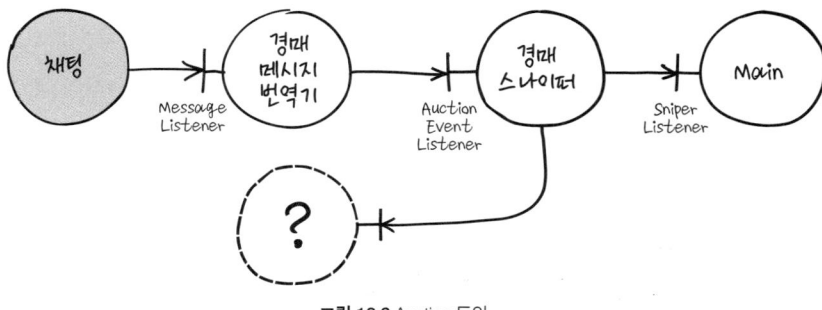

그림 13.2 Auction 도입

앞에서 언급했듯이 SniperListener는 그렇지 않다. 새 인터페이스를 도입하면 설계는 그림 13.2와 같이 바뀐다.

13.2.2 AuctionSniper가 입찰하다

이제 입찰을 시작할 준비를 마쳤다. 첫 단계는 Price 이벤트에 대한 응답을 구현하는 것이므로 AuctionSniper에 단위 테스트를 새로 추가하는 것으로 시작하겠다. 단위 테스트는 스나이퍼가 Price의 변동 사항을 받으면 입찰가를 올린 후 경매에 입찰하게 한다. 아울러 현재 입찰 중임을 리스너에 알리기도 하므로 sniperBidding() 메서드를 추가한다. 여기서는 Auction에서 스나이퍼가 어느 입찰자를 나타내는지 안다고 암묵적으로 가정하므로 스나이퍼에서는 그러한 정보를 입찰에 전달하지 않아도 된다.

```
public class AuctionSniperTest {
  private final Auction auction = context.mock(Auction.class);
  private final AuctionSniper sniper =
                    new AuctionSniper(auction, sniperListener);
  […]

  @Test public void
  bidsHigherAndReportsBiddingWhenNewPriceArrives() {
    final int price = 1001;
    final int increment = 25;
    context.checking(new Expectations() {{
      one(auction).bid(price + increment);
      atLeast(1).of(sniperListener).sniperBidding();
    }});

    sniper.currentPrice(price, increment);
  }
}
```

실패 메시지는 다음과 같다.

```
not all expectations were satisfied
expectations:
  ! expected once, never invoked: auction.bid(<1026>)
  ! expected at least 1 time, never invoked: sniperListener.sniperBidding()
what happened before this: nothing!
```

테스트를 작성할 때 우리는 스나이퍼가 입찰 중임을 리스너에 한 번 더 알려주는지에 관해 실제로 신경 쓰지 않는다는 사실을 깨달았다. 그것은 단지 상태 갱신에 불과하므로 여기서는 리스너의 예상 구문에 atLeast(1) 절을 사용했다. 반면 입찰은 딱 한 번만 했는지가 중요하므로 예상 구문에 one() 절을 사용했다. 물론 실제로는 아마 리스너만 한 번 호출할 테지만 이처럼 테스트에서 조건을 느슨하게 만드는 것은 두 가지 관계에 관한 우리의 의도를 표현해준다. 테스트를 통해 호출 방법 측면에서는 리스너가 Auction에 비해 좀 더 너그러운 협력 객체라는 점을 알 수 있다. 아울러 atLeast(1) 절을 다른 테스트 메서드에도 추가했다.

> **예상 값을 어떻게 기술해야 하는가?**
>
> 앞에서는 price와 increment를 추가해 예상 입찰 값을 기술했다. 테스트 값이 단지 '명백한' 값이 지정된 리터럴이어야 하는지, 아니면 해당 값이 나타내는 계산 측면에서 표현돼야 하는지에 관해서는 의견이 분분하다. 계산으로 적는 것은 테스트 가독성을 높일지도 모르지만 테스트에서 대상 코드를 재구현하는 위험을 무릅써야 하며, 어떤 경우에는 계산을 수행하기가 너무 복잡할 것이다. 여기서는 계산이 간단하므로 바로 테스트에 적어 넣었다.

> **jMock 예상 구문은 순서가 정확히 일치하지 않아도 된다**
>
> 이것은 예상 구문이 하나 이상인 첫 테스트에 해당하므로 예상 구문이 선언된 순서가 코드에서 메서드가 호출되는 순서와 일치하지 않아도 된다는 점을 지적하겠다. 호출 순서가 중요하다면 예상 구문에는 시퀀스(sequence) 절(부록 A에서 설명한다)을 포함해야 한다.

테스트를 통과하는 구현은 간단하다.

```
public interface Auction {
  void bid(int amount);
}

public class AuctionSniper implements AuctionEventListener { [...]
  private final SniperListener sniperListener;
  private final Auction auction;
```

```
public AuctionSniper(Auction auction, SniperListener sniperListener) {
  this.auction = auction;
  this.sniperListener = sniperListener;
}

public void currentPrice(int price, int increment) {
  auction.bid(price + increment);
  sniperListener.sniperBidding();
}
```

13.2.3 AuctionSniper를 이용해 성공적으로 입찰하기

이제 새 AuctionSniper를 애플리케이션에 집어넣어야 한다. 입찰 상태를 표시하는 부분은 어렵지 않지만 (약간) 더 어려운 부분은 경매로 입찰을 보내는 부분이다. 가장 먼저 코드가 컴파일러를 통과하게 만들어야 한다. 여기서는 코드가 너무 오랫동안 컴파일되지 않은 상태에 두지 않게끔 Main에서 새 sniperBidding() 메서드를 구현하고 AuctionSniper에 Auction의 빈 구현을 전달한다.

```
public class Main implements SniperListener { […]
  private void joinAuction(XMPPConnection connection, String itemId)
    throws XMPPException
  {
    Auction nullAuction = new Auction() {
      public void bid(int amount) {}
    };
    disconnectWhenUICloses(connection);

    Chat chat = connection.getChatManager().createChat(
        auctionId(itemId, connection),
        new AuctionMessageTranslator(new AuctionSniper(nullAuction, this)));
    this.notToBeGCd = chat;
    chat.sendMessage(JOIN_COMMAND_FORMAT);
  }
  public void sniperBidding() {
    SwingUtilities.invokeLater(new Runnable() {
      public void run() {
        ui.showStatus(MainWindow.STATUS_BIDDING);
      }
    });
  }
}
```

그럼 Auction 구현에는 뭐가 들어가야 할까? Auction 구현에서는 입찰 메시지를 전달할 수 있게 채팅에 접근할 필요가 있다. 번역기가 필요한 채팅을 생성하려면 번역기에는 스나이퍼가 필요하고, 스나이퍼에는 경매가 필요하다. 끊어야 할 의존성 고리가 있는 셈이다.

설계를 다시 살펴보면 개입할 수 있는 곳이 두 군데지만 ChatManager API 때문에 혼동되는 부분이 있다. Chat을 만드는 데는 MessageListener가 필요하지 않다. createChat() 메서드가 그렇게 하는 것을 암시하는데도 말이다. 우리가 보기에 MessageListener는 알림에 해당하므로 Chat을 생성할 때 null을 전달하고 Message Listener는 나중에 추가해도 된다.

> **API에서 의도 표현하기**
>
> MessageListener로 null을 전달할 수 있다는 사실을 알 수 있었던 것은 스맥 라이브러리의 소스 코드를 가지고 있었기 때문이다. 이러한 사실은 API에 분명하게 드러나 있지 않는데, 아마 해당 코드 작성자가 올바른 행위를 강제하고 싶었고 누구든지 리스너 없는 Chat을 필요로 하리라고 확신하지 못했기 때문일 것이다. 그렇지 않으면 그것에 상응하는, 리스너를 전달받지 않는 생성 메서드를 제공해야 할 것이다. 하지만 그렇게 하면 API 덩치가 커질 것이다. 이 경우 배포판에 잘 구조화된 소스 코드를 포함시키면 라이브러리를 훨씬 더 쉽게 다룰 수 있다는 점을 제외하고는 마땅한 최적의 접근법이 없다.

이제 연결 코드를 재구성해서 Chat으로 입찰을 전달할 수 있다.

```java
public class Main implements SniperListener { [...]
  private void joinAuction(XMPPConnection connection, String itemId)
    throws XMPPException
  {
    disconnectWhenUICloses(connection);

    final Chat chat =
      connection.getChatManager().createChat(auctionId(itemId, connection),
                                              null);
    this.notToBeGCd = chat;

    Auction auction = new Auction() {
      public void bid(int amount) {
        try {
          chat.sendMessage(String.format(BID_COMMAND_FORMAT, amount));
        } catch (XMPPException e) {
          e.printStackTrace();
        }
      }
    };
    chat.addMessageListener(
          new AuctionMessageTranslator(new AuctionSniper(auction, this)));
    chat.sendMessage(JOIN_COMMAND_FORMAT);
  }
}
```

> **널 구현**
>
> 널 구현(null implementation)은 널 객체[Woolf98]와 비슷하다. 둘 다 아무것도 하지 않음으로써 프로토콜에 반응하는 구현이기 때문이다. 하지만 의도는 서로 다르다. 대개 널 객체는 여러 가지 구현 가운데 하나에 해당하며 프로토콜을 호출하는 코드의 복잡성을 줄일 목적으로 도입된다. 우리는 널 구현을 임시적인 빈 구현으로 정의하는데, 널 구현은 구현을 뒤로 미뤄서 프로그래머가 작업을 진전시킨 다음 나중에 대체할 의도로 도입되는 것으로 본다.

13.2.4 전 구간 테스트 통과

이제 전 구간 테스트가 통과한다. 스나이퍼는 입찰하지 않고도 낙찰에 실패할 수 있고, 입찰한 후 낙찰에 실패할 수 있다. 그럼 할 일 목록에 한 줄 더 그을 수 있다. 하지만 줄을 그은 항목에는 XMPPException을 잡아 출력하는 것까지 포함한다. 일반적으로 우리는 이렇게 하는 것을 매우 좋지 않은 습관으로 간주하지만 테스트가 통과하는 것을 확인하고 일부 구조를 코드에 집어넣는 것을 보고 싶다. 그리고 아무튼 전 구간 테스트가 메시지를 전송하는 데 문제가 있을 경우 실패하리라는 점도 알고 있다. 방금 설명한 내용을 잊지 않고자 더 나은 해법을 찾는다는 할 일 항목을 하나 더 추가한다(그림 13.3).

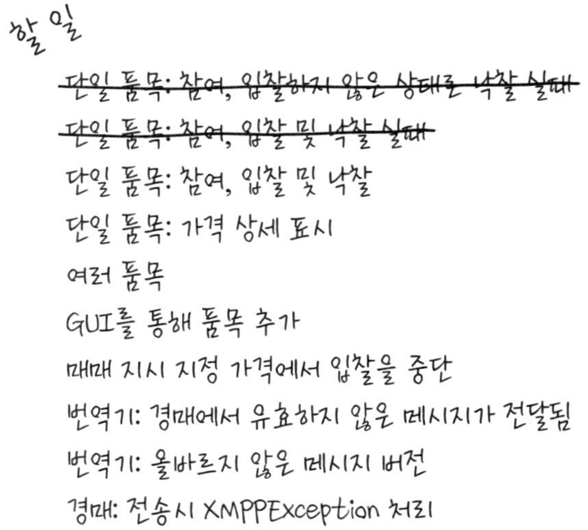

할 일

~~단일 품목: 참여, 입찰하지 않은 상태로 낙찰 실패~~
~~단일 품목: 참여, 입찰 및 낙찰 실패~~
단일 품목: 참여, 입찰 및 낙찰
단일 품목: 가격 상세 표시
여러 품목
GUI를 통해 품목 추가
매매 지시 지정 가격에서 입찰을 중단
번역기: 경매에서 유효하지 않은 메시지가 전달됨
번역기: 올바르지 않은 메시지 버전
경매: 전송 시 XMPPException 처리

그림 13.3 한 걸음 전진

13.3 구현 정리

13.3.1 XMPPAuction 추출

전 구간 테스트는 통과하지만 새로운 구현이 지저분하므로 아직 끝난 게 아니다. joinAuction()에서 수행하는 활동이 여러 부문, 즉 채팅 관리, 입찰 전송, 스나이퍼 생성 등에 걸쳐 일어난다는 사실을 깨달았다. 정리할 필요가 있다. 우선 경매 명령을 두 가지 수준(Auction 상위 수준과 Auction)에서 보내고 있다는 사실을 알았다. 경매로 명령을 보내는 것은 Auction 객체에서 해야 할 일인 듯하므로 둘을 합치는 것이 마땅하다. 인터페이스에 새 메서드를 추가해 익명 구현을 확장한 다음 그것을 (임시적인) 중첩 클래스로 뽑아낸다(이 중첩 클래스에는 이름이 필요하다). Auction에서 이 구현의 뚜렷이 구분되는 특징은 해당 구현이 메시지 기반 구조를 기초로 한다는 것이므로 새 클래스 이름은 XMPPAuction으로 짓겠다.

```java
public class Main implements SniperListener { […]
  private void joinAuction(XMPPConnection connection, String itemId) {
    disconnectWhenUICloses(connection);

    final Chat chat =
      connection.getChatManager().createChat(auctionId(itemId, connection),
                                             null);
    this.notToBeGCd = chat;

    Auction auction = new XMPPAuction(chat);
    chat.addMessageListener(
          new AuctionMessageTranslator(new AuctionSniper(auction, this)));
    auction.join();
  }

  public static class XMPPAuction implements Auction {
    private final Chat chat;

    public XMPPAuction(Chat chat) {
      this.chat = chat;
    }

    public void bid(int amount) {
      sendMessage(format(BID_COMMAND_FORMAT, amount));
    }

    public void join() {
      sendMessage(JOIN_COMMAND_FORMAT);
    }

    private void sendMessage(final String message) {
      try {
        chat.sendMessage(message);
      } catch (XMPPException e) {
```

```
            e.printStackTrace();
        }
      }
    }
  }
```

도메인 모델이 좀 더 분명해지는 것을 확인할 수 있다. auction.join() 줄은 이전의 채팅에 문자열을 보내는 상세 구현에 비해 의도를 좀 더 명확하게 표현한다. 새 설계는 그림 13.4와 같고 XMPPAuction은 최상위 수준의 클래스로 승격됐다.

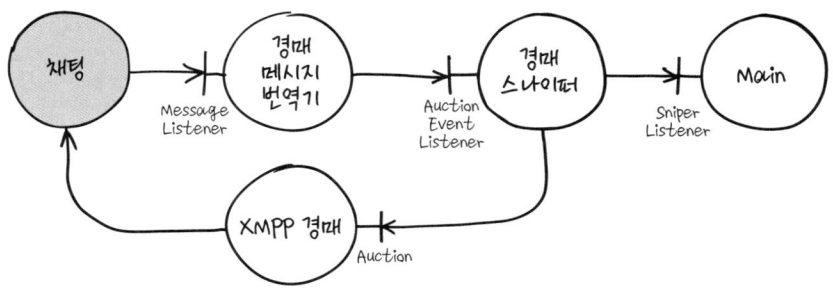

그림 13.4 XMPPAuction의 반복 고리 종료

joinAuction()은 여전히 불분명하고 XMPP 관련 세부 사항을 Main 밖으로 내보내고자 한다. 하지만 아직은 그렇게 할 준비가 되지 않았다. 또 하나 염두에 둘 점은 다음과 같다.

13.3.2 사용자 인터페이스 추출

Main에서 수행하는 다른 활동은 사용자 인터페이스를 구현해 스나이퍼로부터 전달되는 이벤트에 따라 현재 상태를 보여주는 것이다. 사실 Main이 SniperListener를 구현하는 것으로는 만족스럽지 않다. 다시 한 번 여러 가지 책임(애플리케이션을 시작하고 이벤트에 반응하는)이 섞인 듯한 느낌이 든다. SniperListener의 행위를 중첩된 도우미 클래스로 추출하기로 한다. 우리가 찾아낸 가장 적합한 이름은 SniperStateDisplayer다. 새 클래스는 두 가지 도메인 간의 브리지에 해당한다(이 클래스에서는 스나이퍼 이벤트를 번역해 스윙에서 표시할 수 있는 형태의 표현으로 변환하는데, 여기에는 스윙 스레드를 처리하는 작업이 포함된다). 새 클래스의 인스턴스를 AuctionSniper에 다음과 같이 끼워 넣었다.

```
public class Main { // SniperListener를 구현하지 않음
    private MainWindow ui;

    private void joinAuction(XMPPConnection connection, String itemId) {
        disconnectWhenUICloses(connection);
        final Chat chat =
          connection.getChatManager().createChat(auctionId(itemId,
                                                  connection), null);
        this.notToBeGCd = chat;

        Auction auction = new XMPPAuction(chat);
        chat.addMessageListener(
            new AuctionMessageTranslator(
                connection.getUser(),
                new AuctionSniper(auction, new SniperStateDisplayer())));
        auction.join();
    }
[...]

public class SniperStateDisplayer implements SniperListener {
    public void sniperBidding() {
        showStatus(MainWindow.STATUS_BIDDING);
    }

    public void sniperLost() {
        showStatus(MainWindow.STATUS_LOST);
    }

    public void sniperWinning() {
        showStatus(MainWindow.STATUS_WINNING);
    }

    private void showStatus(final String status) {
        SwingUtilities.invokeLater(new Runnable() {
            public void run() { ui.showStatus(status); }
        });
    }
}
```

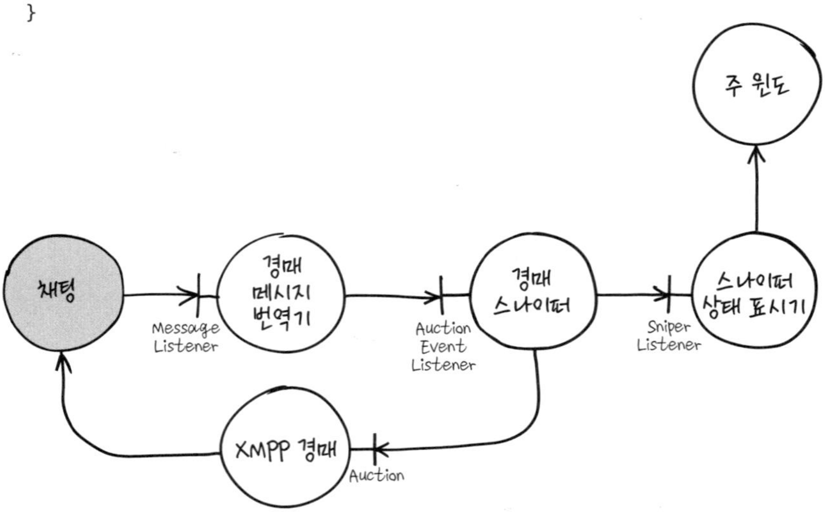

그림 13.5 SniperStateDisplayer 추출

그림 13.5에서는 어떻게 Main을 실행되는 프로그램에 더는 참여하지 않게 했는지 볼 수 있다(이해하기 쉽게 연결을 닫는 WindowAdapter는 생략했다). 이제 Main 에서는 다양한 컴포넌트를 생성해 각 컴포넌트에 도입하는 작업만 수행한다. 아울러 여기서는 스윙 프레임워크를 나타내고자 MainWindow를 외부에 뒀다(우리가 MainWindow 클래스를 만들었지만).

13.3.3 번역기 정리

마지막으로 앞에서 한 약속을 지켜서 AuctionMessageTranslator로 돌아가겠다. 상수와 정적 임포트를 추가해 잡음을 줄이고, 도우미 메서드로 중복을 없앤다. 그러고 나면 코드의 상당 부분이 이름/값 쌍의 맵을 조작하는 것이며, 그 작업이 다소 절차적이라는 사실을 깨닫게 될 것이다. 그렇다면 AuctionEvent라는 내부 클래스를 만들어 메시지 내용물을 푸는 과정을 캡슐화하는 편이 더 낫다. 해당 클래스는 단위 테스트로 보호받고 있으므로 안전하게 리팩터링할 수 있다고 확신할 수 있다.

```java
public class AuctionMessageTranslator implements MessageListener {
  private final AuctionEventListener listener;

  public AuctionMessageTranslator(AuctionEventListener listener) {
    this.listener = listener;
  }
  public void processMessage(Chat chat, Message message) {
    AuctionEvent event = AuctionEvent.from(message.getBody());

    String eventType = event.type();
    if ("CLOSE".equals(eventType)) {
      listener.auctionClosed();
    } if ("PRICE".equals(eventType)) {
      listener.currentPrice(event.currentPrice(), event.increment());
    }
  }
  private static class AuctionEvent {
    private final Map<String, String> fields = new HashMap<String, String>();
    public String type() { return get("Event"); }
    public int currentPrice() { return getInt("CurrentPrice"); }
    public int increment() { return getInt("Increment"); }

    private int getInt(String fieldName) {
      return Integer.parseInt(get(fieldName));
    }
    private String get(String fieldName) { return fields.get(fieldName); }

    private void addField(String field) {
      String[] pair = field.split(":");
      fields.put(pair[0].trim(), pair[1].trim());
    }
    static AuctionEvent from(String messageBody) {
      AuctionEvent event = new AuctionEvent();
```

```
      for (String field : fieldsIn(messageBody)) {
        event.addField(field);
      }
      return event;
    }
    static String[] fieldsIn(String messageBody) {
      return messageBody.split(";");
    }
  }
}
```

이것은 '값 타입'(71쪽)에서 설명한 '분해'의 한 예다. 이해하기 쉽지 않을 수도 있지만 AuctionEvent는 값에 해당한다. AuctionEvent는 변경 불가능하고 내용이 같은 두 인스턴스 사이에는 별다른 차이점이 없다. 이렇게 리팩터링하고 나면 Auction MessageTranslator 내의 각종 관심사가 분리된다. 즉, 최상위 수준에서는 이벤트와 리스너를 처리하고 내부 객체에서는 문자열 파싱을 처리한다.

> 💡 **컬렉션 캡슐화**
>
> 우리만의 클래스에서 컬렉션 같은 공통 타입을 함께 묶어두는 관례를 만들었다(자바 제네릭 덕분에 객체를 형변환하지 않아도 되지만). 우리는 자바 언어의 구성물보다는 문제 영역의 언어를 사용하려고 노력한다. 두 가지 버전의 processMessage()에서 첫 버전은 값을 찾고 파싱하는 것과 관련된 잡음이 상당히 많다. 두 번째 버전은 경매 이벤트 관점에서 작성돼 있으므로 도메인과 코드 간의 개념적 차이가 더 적은 편이다.
>
> 휴리스틱에 따르면 타입을 제네릭으로 감싸서(타입을 대괄호로 감싸서) 전달하는 것을 줄여야 한다. 특히 이를 컬렉션에 적용할 경우 중복된 형태에 해당한다. 그것은 타입으로 추출해야 할 도메인 개념이 있음을 암시적으로 드러낸다.

13.4 결정을 미루라

지금까지 여러 번에 걸쳐 사용한 기법은 메서드(또는 타입)의 널 구현을 도입해 다음 단계로 넘어가는 것이었다. 이렇게 하면 다음 번의 상당한 큰 기능 덩어리에 관해 생각하느라 진행이 처지지 않고도 당면한 과제에 집중하는 데 도움이 된다. 이를테면, 널 Auction을 도입함으로써 메시지 문제에 주의를 빼앗기지 않고도 단위 테스트에서 발견한 새로운 관계를 애플리케이션에 도입할 수 있었다. 이는 코드가 컴파일

돼야 한다는 압박을 겪지 않고도 잠시 객체 간의 의존성에 관해 생각할 수 있음을 의미한다.

> 💡 **코드를 컴파일 가능한 상태로 유지하라**
>
> 우리는 점진적인 변화를 통해 코드가 컴파일되지 않는 상태에 있는 시간을 최소화하려고 노력한다. 컴파일이 실패할 때 컴파일러를 통해 그러한 부분에 관해 알 수 없으므로 변경 범위가 어떻게 되는지 확신할 수 없다. 아울러 소스 저장소에 체크인(우리가 자주 하고 싶어 하는)할 수 없다는 의미이기도 한다. 열어둔 코드가 많을수록 머릿속에 유지해야 할 내용이 많아지고, 얄궂게도 이것은 대개 진행이 더뎌짐을 의미한다. 테스트 주도 개발로 발견된 것 가운데 가장 대단한 발견은 개발 단계가 얼마나 세분화될 수 있느냐는 것이다.

13.5 창발적 설계

시작하기에 적절하지 않아 보이는 것으로부터 설계를 점점 키워나가는 방법을 이번 장에서 좀 더 분명하게 알아봤다. 여기서는 대체로 기능을 추가하고 그 결과로 발생하는 코드를 반영하는(그리고 정리하는) 과정을 반복했다. 정리 단계는 필수인데, 정리 단계를 거치지 않으면 구현의 유지 보수가 불가능해지기 때문이다. 아울러 뭘 해야 할지 분명하지 않고 준비됐다고 확신할 수 없다면 코드 리팩터링을 미룰 준비를 했다. 그러면서 우리는 조금씩 진행하며 구현이 깨지는 시간을 최소화하기 위한 널 구현 같은 기법을 활용하면서 코드를 되도록 깔끔한 상태로 유지했다.

그림 13.5에서는 핵심 구현의 주위를 감싸는 계층을 만드는 모습을 확인할 수 있다. 해당 계층은 외부 의존성으로부터 핵심 구현을 '보호'한다. 이렇게 하는 것은 좋은 실천 사항이지만 흥미로운 부분은 함께 묶거나 그렇게 하지 말아야 할 클래스의 기능을 살펴보면서 그러한 목표를 점진적으로 달성한다는 것이다. 물론 우리는 비슷한 코드 기반을 다룬 경험에 영향을 받지만 선입견을 강요하는 대신 코드가 말해주는 바를 열심히 따르려고 노력한다. 때로는 이렇게 할 때 도메인이 가장 놀라운 방향으로 우리를 이끌기도 한다.

14장

GROWING OBJECT-ORIENTED SOFTWARE GUIDED BY TESTS

스나이퍼가 경매에서 낙찰하다

이번 장에서는 스나이퍼에 또 다른 기능을 추가해 경매에서 낙찰하게 한다. 스나이퍼에 상태 개념을 도입하고, 해당 상태에 대한 콜백을 대기하는 식으로 상태를 테스트한다. 우리는 이 부분도 일찍 찾아냈으며, 이것 역시 리팩터링의 성과 중 하나다.

14.1 우선 실패하는 테스트를 작성한다

이제 스나이퍼가 입찰을 더 많이 하는 식으로 가격 변화에 대응할 수 있게 됐지만 아직은 스나이퍼가 언제 낙찰하는지 알지 못한다. 할 일 목록에 있는 다음 기능은 경매에서 낙찰하는 것이다. 그러자면 그림 14.1에서 볼 수 있듯이 추가적인 상태 전이가 필요하다.

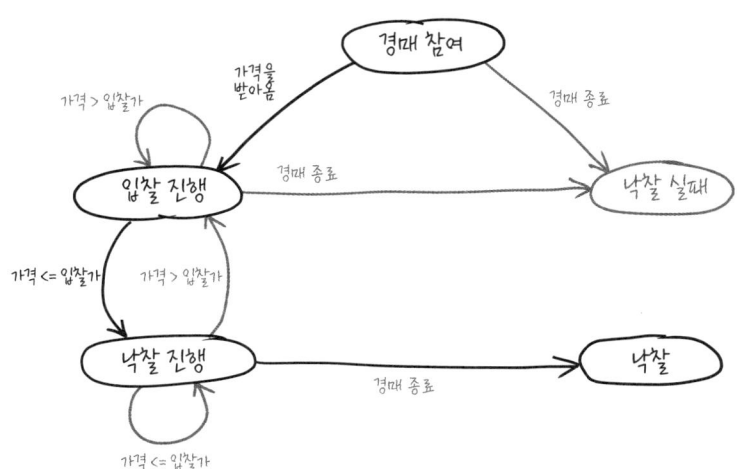

그림 14.1 스나이퍼가 입찰하고 낙찰한다.

이를 표현하고자 다른 결과를 내는 sniperMakesAHigherBidButLoses()를 기반으로 하는 전 구간 테스트, 즉 sniperWinsAnAuctionByBiddingHigher()를 추가한다. 다음은 이 테스트를 보여주며, 새로운 기능은 굵게 강조했다.

```
public class AuctionSniperEndToEndTest { […]
  @Test public void
  sniperWinsAnAuctionByBiddingHigher() throws Exception {
    auction.startSellingItem();

    application.startBiddingIn(auction);
    auction.hasReceivedJoinRequestFrom(ApplicationRunner.SNIPER_XMPP_ID);

    auction.reportPrice(1000, 98, "other bidder");
    application.hasShownSniperIsBidding();

    auction.hasReceivedBid(1098, ApplicationRunner.SNIPER_XMPP_ID);

    auction.reportPrice(1098, 97, ApplicationRunner.SNIPER_XMPP_ID);
    application.hasShownSniperIsWinning();

    auction.announceClosed();
    application.showsSniperHasWonAuction();
  }
}
```

테스트 기반 구조에는 사용자 인터페이스에서 새로운 두 가지 상태를 ApplicationRunner에 보여주는지 확인하는 메서드 두 개를 추가한다.

그러고 나면 새로운 실패 메시지가 나타난다.

```
java.lang.AssertionError:
Tried to look for...
  exactly 1 JLabel (with name "sniper status")
  in exactly 1 JFrame (with name "Auction Sniper Main" and showing on screen)
  in all top level windows
and check that its label text is "Winning"
but...
  all top level windows
  contained 1 JFrame (with name "Auction Sniper Main" and showing on screen)
  contained 1 JLabel (with name "sniper status")
  label text was "Bidding"
```

이제 어떻게 해야 할지 알고 있으니 해당 기능을 구현할 수 있다.

14.2 누가 입찰자에 대해 알고 있는가?

애플리케이션에서는 경매에서 수락한 최종 가격을 제시한 입찰자가 스나이퍼라면 스나이퍼가 낙찰 중임을 알 수 있다. 그 로직을 어디에 넣을지 결정해야 한다. 그림 13.5를 다시 한 번 살펴보면 한 가지 가능성 있는 곳은 번역기가 스나이퍼로 입찰자를 전달해 스나이퍼가 판단하게 하는 곳일 것이다. 이는 스나이퍼가 입찰자가 경매에서 어떻게 식별되는지 알고 있어야 한다는 뜻이며, 이 경우 지금까지 조심스럽게 별도로 유지했던 XMPP의 세부 사항이 드러날 위험이 있다. 스나이퍼가 낙찰 중인지 파악하려면 가격이 도착할 때 스나이퍼에서 "이 가격이 내가 제시한 가격인가?"만 알고 있으면 된다. 이는 선택 사항에 불과하며 식별자는 아니므로 여기서는 이를 AuctionEventListener에 넣은 PriceSource 열거형으로 표현하겠다.[1]

그런데 PriceSource는 값 타입의 한 예다. 스나이퍼 활동의 도메인을 기술하는 코드가 필요하며, 값을 읽을 때마다 값의 의미를 해석해야 하는 불리언을 원하지는 않는다. '값 타입'에 관해서는 이미 앞서 다룬 바 있다(71쪽).

```
public interface AuctionEventListener extends EventListener {
  enum PriceSource {
    FromSniper, FromOtherBidder;
  };
  […]
```

우리가 제시한 가격인지 판단하는 것이 번역기의 역할에 해당한다고 본다. 새로운 매개변수를 가지고 currentPrice()를 확장하고 번역기의 단위 테스트를 변경한다. 참고로 추가 기능을 포함하고자 기존 테스트 이름을 변경했다. 아울러 SNIPER_ID라는 이름으로 스나이퍼 식별자를 번역기로 전달하는 기회도 얻었다. 그리고 나면 두 번째 테스트에서 번역기 설정이 입력 메시지와 결합된다.

```
public class AuctionMessageTranslatorTest { […]
  private final AuctionMessageTranslator translator =
                        new AuctionMessageTranslator(SNIPER_ID, listener);

  @Test public void
  notifiesBidDetailsWhenCurrentPriceMessageReceivedFromOtherBidder() {
    context.checking(new Expectations() {{
      exactly(1).of(listener).currentPrice(192, 7,
                                PriceSource.FromOtherBidder);
    }});
    Message message = new Message();
    message.setBody(
      "SOLVersion: 1.1; Event: PRICE; CurrentPrice: 192; Increment: 7;
       Bidder: Someone else;"
                    );
```

---

[1] 우리가 아는 어떤 개발자는 항상 중첩 타입에 거부 반응을 보인다. 자바에서는 중첩 타입을 세분화된 유효 범위의 형태로 사용한다. 이 경우 PriceSource는 항상 AuctionEventListener와 함께 사용되므로 둘을 묶는 것이 타당하다.

```
      translator.processMessage(UNUSED_CHAT, message);
    }

    @Test public void
    notifiesBidDetailsWhenCurrentPriceMessageReceivedFromSniper() {
      context.checking(new Expectations() {{
        exactly(1).of(listener).currentPrice(234, 5, PriceSource.FromSniper);
      }});
      Message message = new Message();
      message.setBody(
        "SOLVersion: 1.1; Event: PRICE; CurrentPrice: 234; Increment: 5; Bidder: "
        + SNIPER_ID + ";");
      translator.processMessage(UNUSED_CHAT, message);
    }
  }
```

새 테스트는 실패한다.

```
  unexpected invocation:
    auctionEventListener.currentPrice(<192>, <7>, <FromOtherBidder>)
  expectations:
  ! expected once, never invoked:
      auctionEventListener.currentPrice(<192>, <7>, <FromSniper>)
        parameter 0 matched: <192>
        parameter 1 matched: <7>
        parameter 2 did not match: <FromSniper>, because was <FromOtherBidder>
  what happened before this: nothing!
```

테스트를 고치려면 스나이퍼 식별자를 이벤트 메시지에서 받아온 입찰자와 비교하면 된다.

```
  public class AuctionMessageTranslator implements MessageListener { […]
    private final String sniperId;

    public void processMessage(Chat chat, Message message) {
      […]
      } else if (EVENT_TYPE_PRICE.equals(type)) {
        listener.currentPrice(event.currentPrice(),
                              event.increment(),
                              event.isFrom(sniperId));
      }
    }

    public static class AuctionEvent { […]
      public PriceSource isFrom(String sniperId) {
        return sniperId.equals(bidder()) ? FromSniper : FromOtherBidder;
      }
      private String bidder() { return get("Bidder"); }
    }
  }
```

번역기 내의 다양한 책임을 분리하기 위해 '번역기 정리'(157쪽)에서 한 일은 여기서 보상받는다. 우리가 해야 했던 일은 그저 AuctionEvent에 메서드 몇 개를 추가해 가독성이 매우 높은 해법을 얻는 것뿐이었다.

    마지막으로 모든 코드가 컴파일러를 통과하도록 Main의 joinAuction() 메서드를 수정해 새 생성자 매개변수를 번역기로 전달한다. 그러면 올바르게 구성된 식별자를 connection에서 가져올 수 있다.

```
private void joinAuction(XMPPConnection connection, String itemId) {
  […]
  Auction auction = new XMPPAuction(chat);
  chat.addMessageListener(
      new AuctionMessageTranslator(
          connection.getUser(),
          new AuctionSniper(auction, new SniperStateDisplayer())));
  auction.join();
}
```

14.3 스나이퍼는 할 말이 더 있다

전 구간 테스트의 즉각적인 실패는 스나이퍼가 낙찰 중일 때 사용자 인터페이스에서 그러한 사항을 보여줘야 함을 알려준다. 다음 구현 단계는 AuctionSniper를 수정해 방금 추가한 isFromSniper 매개변수를 해석하는 것으로 구현을 마무리하는 일이다. 다시 한 번 단위 테스트로 시작한다.

```
public class AuctionSniperTest { […]
  @Test public void
  reportsIsWinningWhenCurrentPriceComesFromSniper() {
    context.checking(new Expectations() {{
      atLeast(1).of(sniperListener).sniperWinning();
    }});

    sniper.currentPrice(123, 45, PriceSource.FromSniper);
  }
}
```

코드가 컴파일러를 통과하게끔 새 sniperWinning() 메서드를 SniperListener에 추가한다. 이는 빈 구현을 SniperStateDisplayer에 추가한다는 의미다. 테스트는 실패한다.

```
unexpected invocation: auction.bid(<168>)
expectations:
! expected at least 1 time, never invoked: sniperListener.sniperWinning()
what happened before this: nothing!
```

이 실패는 예상하지 못한 메서드를 잡아내는 좋은 사례다. 여기서는 auction에 아무런 예상 값도 지정하지 않았으므로 auction의 어떤 메서드를 호출하더라도 테스트가 실패할 것이다. 이 테스트를 'AuctionSniper가 입찰하다'(149쪽)의 bidsHigherAndReportsBiddingWhenNewPriceArrives() 메서드와 비교해보면 price와 increment 변수를 빼먹고 숫자로 입력했음을 알 수 있다. 이 테스트에서는 계산해야 할 것이 없어서 해당 변수들을 예상 값에서 참조할 필요가 없기 때문이다. 그것들은 단지 흥미로운 행위가 나타나게 하는 세부 사항에 불과하다. 코드 수정은 쉽다.

```java
public class AuctionSniper implements AuctionEventListener { […]
  public void currentPrice(int price, int increment, PriceSource priceSource) {
    switch (priceSource) {
    case FromSniper:
      sniperListener.sniperWinning();
      break;
    case FromOtherBidder:
      auction.bid(price + increment);
      sniperListener.sniperBidding();
      break;
    }
  }
}
```

전 구간 테스트를 다시 한 번 실행해 보면 이번 장을 시작할 때 살펴본 실패(Winning 대신 Bidding을 보여주는)를 고쳤음을 알 수 있다. 이제 스나이퍼가 낙찰하게 만들어야 한다.

```
java.lang.AssertionError:
Tried to look for...
    exactly 1 JLabel (with name "sniper status")
    in exactly 1 JFrame (with name "Auction Sniper Main" and showing on screen)
    in all top level windows
and check that its label text is "Won"
but...
    all top level windows
    contained 1 JFrame (with name "Auction Sniper Main" and showing on screen)
    contained 1 JLabel (with name "sniper status")
    label text was "Lost"
```

14.4 스나이퍼가 일부 상태를 획득하다

스나이퍼의 복잡도를 바꾸는 단계를 도입하려 한다. 즉, 경매가 종료될 때 스나이퍼가 낙찰했는지 낙찰에 실패했는지 알리도록 만들려고 한다. 그러자면 스나이퍼가 경매 종료 시점에 입찰 중이거나 낙찰 중이었는지 반드시 알아야 한다. 아울러 스나이퍼가 아직까지 갖고 있지 않았던 상태를 보관하고 있어야 한다는 뜻이다.

이러한 기능을 추가하기 위해 스나이퍼가 낙찰에 실패하는 좀 더 단순한 경우부터 시작하겠다. 그림 14.2에서 볼 수 있듯이 스나이퍼가 낙찰(Won) 상태를 획득하는 별도 단계를 추가하기 전에 두 단계에 걸친 전이로 시작한다.

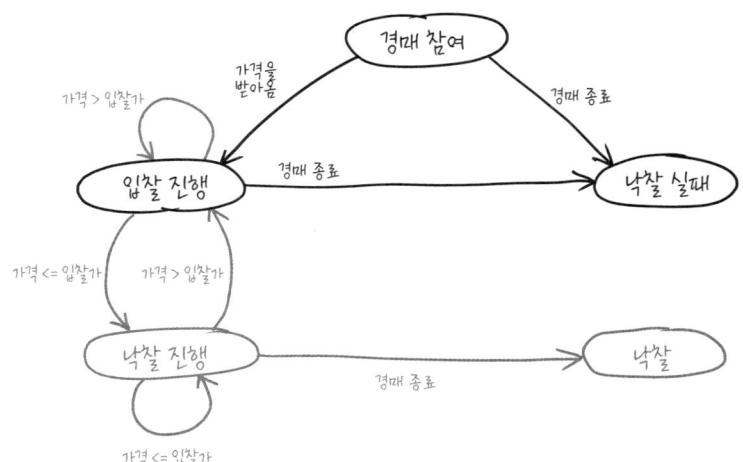

그림 14.2 스나이퍼가 입찰한 후 낙찰에 실패한다.

기존 단위 테스트를 참고해 새 단위 테스트를 하나 추가하는 것으로 시작한다. 이 단위 테스트들은 현재 구현된 코드로도 통과할 텐데, 테스트는 나중에 전이를 추가했을 때 행위를 깨뜨리지 않는다는 것을 보장할 목적으로 있는 것이다.

새 단위 테스트를 추가하면 새로운 jMock 문법인 상태(state)가 도입된다. 상태를 이용하면 테스트 대상 객체의 내부 상태에 관해 단정문을 적용할 수 있다. 상태에 관해서는 잠시 후에 알아보겠다.

```
public class AuctionSniperTest { [...]
  private final States sniperState = context.states("sniper"); ❶

  @Test public void
  reportsLostIfAuctionClosesImmediately() { ❷
    context.checking(new Expectations() {{
      atLeast(1).of(sniperListener).sniperLost();
    }});

    sniper.auctionClosed();
  }

  @Test public void
  reportsLostIfAuctionClosesWhenBidding() {
    context.checking(new Expectations() {{
      ignoring(auction); ❸
      allowing(sniperListener).sniperBidding();
                                    then(sniperState.is("bidding")); ❹
```

```
        atLeast(1).of(sniperListener).sniperLost();
                                  when(sniperState.is("bidding")); ❺
   }});

   sniper.currentPrice(123, 45, PriceSource.FromOtherBidder); ❻
   sniper.auctionClosed();
  }
}
```

❶ 스나이퍼가 이벤트를 전송할 때 신호를 받는 것처럼 현재 상태를 추적하고 싶으므로 context에 위치지정자 역할을 하게 한다. 기본 상태는 null이다.

❷ 원본 테스트는 그대로 두고 이제 가격 변동 사항이 없는 곳에 해당 테스트를 적용하겠다.

❸ 스나이퍼에서는 auction을 호출하겠지만 이 테스트에서는 그런 부분을 신경 쓰지 않아도 된다. 따라서 테스트가 auction이라는 협력자를 완전히 무시하게 한다.

❹ 스나이퍼가 입찰 이벤트를 보내면 그것은 스나이퍼가 bidding 상태에 있음을 의미하고, 여기서 그 상태를 기록한다. allowing() 절을 사용해 이것이 테스트에서 실제로 신경 써야 할 부분이 아니라 보조적인 부분임을 알린다. 다음에 나올 참고를 보라.

❺ 가장 중요한 구문으로, 우리가 단정하고자 하는 예상 구문에 해당한다. 스나이퍼가 이것을 호출할 때 입찰 중이 아니라면 테스트가 실패할 것이다.

❻ 첫 테스트로, 여기서는 스나이퍼가 우리가 테스트하고자 하는 상태에 있게 해줄 여러 이벤트가 필요하다. 그냥 순서대로 해당 메서드를 호출하기만 하면 된다.

허용

jMock에서는 허용 구문(allowed) 호출과 예상 구문(expected) 호출을 구분한다. allowing() 절은 객체가 해당 호출을 할 수 있을지도 모르지만 반드시 호출할 필요는 없음을 의미한다. 이와 달리 예상 구문은 호출되지 않을 경우 테스트가 실패한다. 이를 구분하면 테스트에서 뭐가 중요한지 표현하는 데 도움이 된다(기반 구현은 사실상 같다). 예상 구문은 어떤 일이 일어난다는 것을 확인할 때 쓴다. 허용은 테스트 객체가 올바른 상태에 있게 하는 데 기여하는 보조적인 기반 구조다. 객체가 올바른 상태에 있지 않다면 그러한 상태는 신경 쓰지 않아도 되는 부수 효과에 해당한다. '허용과 예상'(321쪽)에서 이 주제를 다시 한 번 살펴볼 것이며, 이와 관련한 API에 대해서는 부록 A에서 설명한다.

> **객체 상태 표현**
>
> 이 경우 상태에 따른 객체의 행위를 단정하고 싶지만 상태 구현 방법을 드러내서 캡슐화 원칙을 깨고 싶지는 않다. 대신 테스트에서는 스나이퍼가 자신의 상태 변화에 대해 궁금해 하는 협력자에게 협력자의 용어로 이야기하는 알림 이벤트를 기다릴 수 있다. jMock에서는 States 객체를 제공하므로 테스트에서는 어떤 중요한 이벤트, 예를 들면 스나이퍼가 이웃 객체를 호출하거나 하는 등의 이벤트가 발생할 때 객체 상태를 기록하고 해당 상태에 관한 단정문을 만들 수 있다. 자세한 문법은 부록 A를 참고한다.
>
> 이것은 객체 내부(이 경우 스나이퍼 내부에서 일어나는 일)를 '논리적으로' 표현한 것이다. 이렇게 하면 스나이퍼의 실제 구현 세부 사항과는 상관없이 스나이퍼에 관해 알아낸 바를 테스트에서 기술할 수 있다. 조만간 보겠지만 이러한 분리를 통해 테스트를 변경하지 않고도 스나이퍼 구현을 대폭 변경할 수 있다.

단위 테스트의 이름인 reportsLostIfAuctionClosesWhenBidding은 해당 테스트가 강제하는 예상 구문과 아주 비슷하다.

```
atLeast(1).of(sniperListener).sniperLost(); when(sniperState.is("bidding"));
```

우연이 아니다. 우리는 jMock에서 어떠한 추상화를 보조해야 할지 알아내는 것과 단위 테스트의 핵심 의도를 표현하는 스타일을 개발하는 데 상당한 노력을 기울였다.

14.5 스나이퍼가 낙찰하다

마지막으로 피드백 고리를 끝내고 스나이퍼가 낙찰되게 할 수 있다. 다음 테스트에서는 Won 이벤트를 도입한다.

```
@Test public void
reportsWonIfAuctionClosesWhenWinning() {
  context.checking(new Expectations() {{
    ignoring(auction);
    allowing(sniperListener).sniperWinning(); then(sniperState.is("winning"));

    atLeast(1).of(sniperListener).sniperWon(); when(sniperState.is("winning"));
  }});
  sniper.currentPrice(123, 45, PriceSource.FromSniper);
  sniper.auctionClosed();
}
```

테스트 구조는 같지만 스나이퍼가 낙찰한 경우를 표현한다. 스나이퍼가 sniper Lost()를 호출했으므로 테스트는 실패한다.

```
unexpected invocation: sniperListener.sniperLost()
expectations:
   allowed, never invoked:
      auction.<any method>(<any parameters>) was[];
   allowed, already invoked 1 time: sniperListener.sniperWinning();
                                       then sniper is winning
   expected at least 1 time, never invoked: sniperListener.sniperWon();
                                       when sniper is winning
states:
   sniper is winning
what happened before this:
   sniperListener.sniperWinning()
```

스나이퍼 상태를 표현하는 플래그(flag)를 추가하고 SniperStateDisplayer에서 새 sniperWon() 메서드를 구현한다.

```
public class AuctionSniper implements AuctionEventListener { […]
  private boolean isWinning = false;

  public void auctionClosed() {
    if (isWinning) {
      sniperListener.sniperWon();
    } else {
      sniperListener.sniperLost();
    }
  }
  public void currentPrice(int price, int increment, PriceSource priceSource) {
    isWinning = priceSource == PriceSource.FromSniper;
    if (isWinning) {
      sniperListener.sniperWinning();
    } else {
      auction.bid(price + increment);
      sniperListener.sniperBidding();
    }
  }
}
public class SniperStateDisplayer implements SniperListener { […]
  public void sniperWon() {
    showStatus(MainWindow.STATUS_WON);
  }
}
```

앞에서 PriceSource에 관해 이야기한 것과 여기서 isWinning에 대한 불리언을 사용하는 것이 모순될까? 변명하자면 앞에서 스나이퍼 상태에 열거형을 사용하려고 했는데 너무 복잡해 보이기만 했다. isWinning 필드는 AuctionSniper에 노출되지 않으며, 복잡하지 않아서 나중에 코드를 변경하거나 읽기 쉽다.

이제 단위 테스트 및 전 구간 테스트가 모두 통과하므로 그림 14.3의 할 일 목록에서 한 줄 더 그을 수 있다.

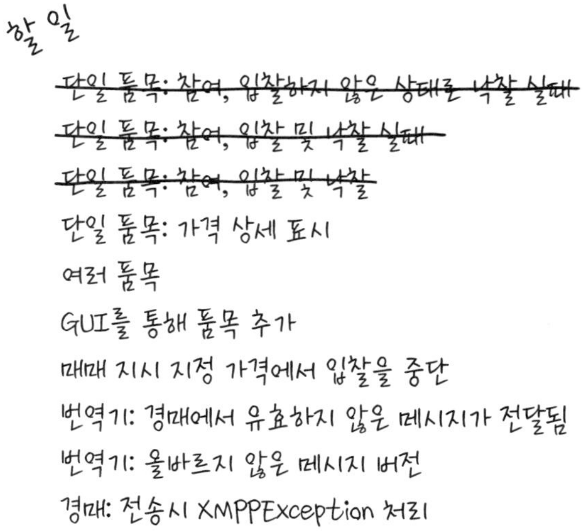

할 일
- ~~단일 품목: 참여, 입찰하지 않은 상태로 낙찰 실패~~
- ~~단일 품목: 참여, 입찰 및 낙찰 실패~~
- ~~단일 품목: 참여, 입찰 및 낙찰~~
- 단일 품목: 가격 상세 표시
- 여러 품목
- GUI를 통해 품목 추가
- 매매 지시 지정 가격에서 입찰을 중단
- 번역기: 경매에서 유효하지 않은 메시지가 전달됨
- 번역기: 올바르지 않은 메시지 버전
- 경매: 전송 시 XMPPException 처리

그림 14.3 스나이퍼가 낙찰하다.

작성할 테스트가 더 있다. 예를 들어 입찰에서 낙찰로, 다시 그 반대로 전이하는 과정을 설명하는 것들이 있지만 그러한 사항은 독자들의 몫으로 남겨 두겠다. 대신 주요 기능 변경으로 넘어가겠다.

14.6 꾸준하게 진행하기

늘 그랬듯이 여기서도 기능의 작은 부분을 추가하는 식으로 꾸준히 진행했다. 먼저 스나이퍼가 낙찰 중인 경우를 보여준 다음 낙찰한 경우를 보여주게 했다. 코드를 채울 준비가 되지 않았을 때는 빈 구현을 사용해 컴파일러를 통과하게 해서 당면한 작업에 집중했다.

한 가지 뜻밖의 유쾌한 사건은 이제 코드 규모가 조금씩 커지면서, 우리가 기존 구조에 맞게끔 새로운 기능을 추가할 때 앞에서 기울인 노력의 성과를 조금씩 보기 시작한다는 것이다. 다음으로 구현해야 할 작업에서는 이러한 구조를 대대적으로 바꿀 것이다.

15장

GROWING OBJECT-ORIENTED SOFTWARE GUIDED BY TESTS

실제 사용자 인터페이스를 향해

이번 장에서는 사용자 인터페이스를 레이블에서 테이블로 확장한다. 전체를 한 번에 바꾸는 위험을 무릅쓰기보다는 한 번에 기능 하나씩 추가해 이를 달성한다. 앞서 몇 가지 결정 사항이 더는 유효하지 않다는 사실을 알게 됐으므로 기존 코드까지도 변경하는 용기를 내보겠다. 아울러 계속해서 리팩터링하면서 좀 더 흥미로운 구조가 나타나기 시작하는 것을 보겠다.

15.1 좀 더 현실적인 구현

15.1.1 다음으로 할 일은 무엇인가?

지금까지는 사용자 인터페이스에 간단한 레이블만 만들었다. 그렇게 하면 애플리케이션의 구조를 명확하게 하고 아이디어를 검증하는 데 효과적이지만 다음 작업에는 좀 더 많은 항목이 필요할 테고, 클라이언트는 그림 9.1과 비슷한 것을 보고자 할 것이다. 경매에서 가격과 관련해 좀 더 자세한 사항을 보여주고 여러 품목을 처리할 필요가 있다.

가장 간단한 방안은 그냥 레이블에 텍스트를 더 추가하는 것이겠지만 우리가 생각하기에 이번이 바로 사용자 인터페이스의 구조를 보강하기에 적절한 때인 듯하다. 애플리케이션의 사용자 인터페이스에 노력을 기울이기를 미뤘지만 좀 더 복잡한 요구 사항을 구현하자면 이제 대비해야 한다. 가장 확실한 선택으로 스윙을 사용하기로 하고 레이블을 테이블 컴포넌트로 대체하기로 한다. 이 의사 결정 덕에 다음으로 나아가야 할 좀 더 확실한 설계 방향을 확보할 수 있다.

JTable 사용과 관련된 스윙 패턴은 TableModel과 연관돼 있다. 테이블 컴포넌트는 표시할 값에 대한 모델을 질의하고 모델에서는 값이 변경될 때 테이블에 알린다. 애플리케이션에서 각 컴포넌트의 관계는 그림 15.1과 같다. 새 클래스 이름을 SnipersTableModel이라고 지정했는데, 이 클래스로 다양한 스나이퍼를 지원하고자 하기 때문이다. SnipersTableModel은 여러 스나이퍼로부터 업데이트 사항을 받아들여 그 값을 JTable에 표현한다.

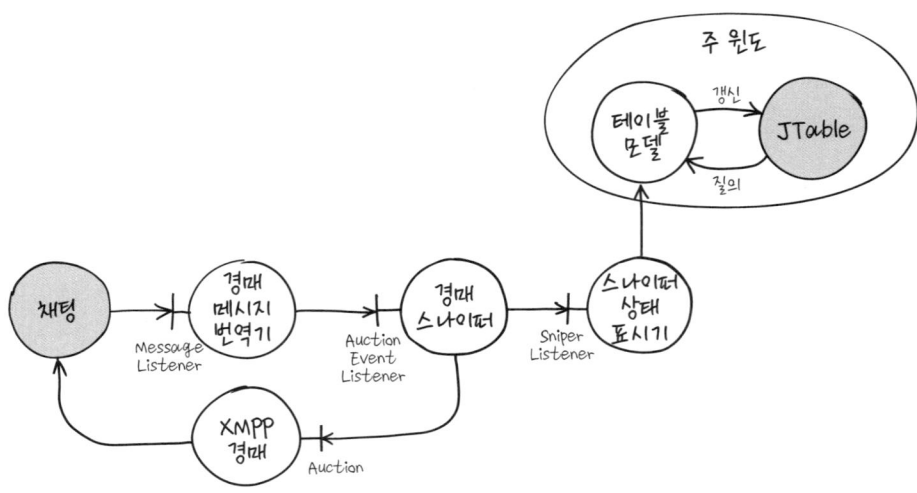

그림 15.1 AuctionSniper의 스윙 테이블 모델

문제는 거기서 여기까지 어떻게 도달하느냐다.

15.1.2 JLabel 대체

전체 애플리케이션을 분해하지 않으면서 최소한의 변경으로 조각을 제자리에 배치하고 싶다. 생각해낼 수 있는 가장 작은 단계는 기존 구현(JLabel)을 셀이 하나인 JTable로 대체하는 것이다. 그러면 거기서 추가적인 기능으로 규모를 확장할 수 있다. 그러자면 물론 테스트와 함께 시작해 테스트에서 레이블이 아니라 테이블 내의 셀을 찾게끔 변경한다.

```
public class AuctionSniperDriver extends JFrameDriver { […]
  public void showsSniperStatus(String statusText) {
    new JTableDriver(this).hasCell(withLabelText(equalTo(statusText)));
  }
}
```

이렇게 하면 아직 테이블을 추가하지 않았기에 실패 메시지가 나타난다.

```
[...] but...
    all top level windows
        contained 1 JFrame (with name "Auction Sniper Main" and showing on screen)
        contained 0 JTable ()
```

최소한의 JTable 구현을 새로 만들어 넣어 이 테스트를 고친다. 이제부터 설명에 박차를 가하고자 최종 결과만 보여주겠다. 신중한 태도를 취했다면 우선 빈 테이블을 추가해 즉각적인 실패를 고친 다음 거기에 내용물을 추가할 것이다. MainWindow 말고는 기존 클래스를 아무것도 변경하지 않아도 되는데, MainWindow가 상태를 갱신하는 동작을 캡슐화하기 때문이다. 다음은 새로 고친 코드다.

```
public class MainWindow extends JFrame { [...]
  private final SnipersTableModel snipers = new SnipersTableModel();

  public MainWindow() {
    super(APPLICATION_TITLE);
    setName(MainWindow.MAIN_WINDOW_NAME);
    fillContentPane(makeSnipersTable());
    pack();
    setDefaultCloseOperation(JFrame.EXIT_ON_CLOSE);
    setVisible(true);
  }

  private void fillContentPane(JTable snipersTable) {
    final Container contentPane = getContentPane();
    contentPane.setLayout(new BorderLayout());

    contentPane.add(new JScrollPane(snipersTable), BorderLayout.CENTER);
  }

  private JTable makeSnipersTable() {
    final JTable snipersTable = new JTable(snipers);
    snipersTable.setName(SNIPERS_TABLE_NAME);
    return snipersTable;
  }

  public void showStatusText(String statusText) {
    snipers.setStatusText(statusText);
  }
}

public class SnipersTableModel extends AbstractTableModel {
  private String statusText = STATUS_JOINING;

  public int getColumnCount() {
    return 1;
  }

  public int getRowCount() {
    return 1;
  }

  public Object getValueAt(int rowIndex, int columnIndex) {
    return statusText;
  }
```

```
    public void setStatusText(String newStatusText) {
      statusText = newStatusText;
      fireTableRowsUpdated(0, 0);
    }
  }
```

15.1.3 여전히 지저분하다

보다시피 SnipersTableModel은 정말로 최소 구현체에 해당한다. 바꿀 수 있는 값은 statusText밖에 없다. SnipersTableModel은 JTable의 데이터 변경을 알리는 기반 구조를 포함해 대부분의 행위를 스윙의 AbstractTableModel에서 상속받는다. 그 결과, 그림 15.2처럼 이제 JTable에서 'A'라는 기본 칼럼 제목을 추가하는 것을 제외하고 이전 버전만큼 모양이 볼품없다. 잠시 후에 값을 표현하는 부분을 작업하겠다.

그림 15.2 테이블에 셀이 하나뿐인 스나이퍼

15.2 가격 세부 사항 표시

15.2.1 우선 실패하는 테스트를 작성한다

다음으로 할 작업은 경매상에서 스나이퍼 상태(품목 식별자, 최종 경매가, 최종 입찰, 상태) 정보를 표시하는 것이다. 스나이퍼의 상태 값은 경매에서 전달된 갱신 내역과 애플리케이션 내에서 보관하는 상태에 근거한다. 상태 값을 출처에서 테이블 모델로 전달한 다음 표시 영역에 나타내야 한다. 물론 테스트로 시작한다. 이 기능이 기존 기능과 별개가 아니므로 애플리케이션 기본 기능에 포함돼야 한다고 가정하고 기존 인수 테스트를 갱신하겠다. 우선 한 번에 모든 것을 깨뜨리지 않게끔 테스트 하나로 시작한다. 다음은 새로운 버전의 테스트다.

```
  public class AuctionSniperEndToEndTest {
    @Test
    public void sniperWinsAnAuctionByBiddingHigher() throws Exception {
      auction.startSellingItem();

      application.startBiddingIn(auction);
      auction.hasReceivedJoinRequestFrom(ApplicationRunner.SNIPER_XMPP_ID);
```

```java
        auction.reportPrice(1000, 98, "other bidder");
        application.hasShownSniperIsBidding(1000, 1098); // 최종 가격과 입찰

        auction.hasReceivedBid(1098, ApplicationRunner.SNIPER_XMPP_ID);

        auction.reportPrice(1098, 97, ApplicationRunner.SNIPER_XMPP_ID);
        application.hasShownSniperIsWinning(1098); // 낙찰

        auction.announceClosed();
        application.showsSniperHasWonAuction(1098); // 최종 가격
    }
}

public class ApplicationRunner {
    private String itemId;

    public void startBiddingIn(final FakeAuctionServer auction) {
        itemId = auction.getItemId();
        […]
    }

    […]
    public void hasShownSniperIsBidding(int lastPrice, int lastBid) {
        driver.showsSniperStatus(itemId, lastPrice, lastBid,
                            MainWindow.STATUS_BIDDING);
    }

    public void hasShownSniperIsWinning(int winningBid) {
        driver.showsSniperStatus(itemId, winningBid, winningBid,
                            MainWindow.STATUS_WINNING);
    }

    public void showsSniperHasWonAuction(int lastPrice) {
        driver.showsSniperStatus(itemId, lastPrice, lastPrice,
                            MainWindow.STATUS_WON);
    }
}

public class AuctionSniperDriver extends JFrameDriver {
    […]
    public void showsSniperStatus(String itemId, int lastPrice, int lastBid,
                            String statusText)
    {
        JTableDriver table = new JTableDriver(this);
        table.hasRow(
          matching(withLabelText(itemId),
                withLabelText(valueOf(lastPrice)),
                withLabelText(valueOf(lastBid)), withLabelText(statusText)));
    }
}
```

아울러 테스트를 실행할 때 행에서 찾을 수 있는 품목 식별자가 필요하므로 경매에 접속할 때 ApplicationRunner가 품목 식별자를 갖고 있게 만든다. 여기서는 Auction SniperDriver를 확장해 품목 식별자와 최종 가격, 최종 입찰, 스나이퍼 상태를 보여주는 테이블 행을 찾겠다.

해당 행에는 세부 내용이 없고 상태 텍스트만 들어 있으므로 테스트가 실패한다.

```
[…] but...
    all top level windows
      contained 1 JFrame (with name "Auction Sniper Main" and showing on screen)
      contained 1 JTable ()
it is not with row with cells
  <label with text "item-54321">, <label with text "1000">,
  <label with text "1098">, <label with text "Bidding">
because
        in row 0: component 0 text was "Bidding"
```

15.2.2 스나이퍼의 상태 전송

앞으로의 진행 방향을 제시하는 인수 테스트를 이용해 그 방향으로 나아가는 데 필요한 각 단계를 채울 수 있다. 보통 우리는 행위를 촉발하는 이벤트를 통해 "외부에서 내부로" 작업을 진행한다. 이 경우 이벤트는 사우스비 온라인에서 보내주는 가격 업데이트에 해당한다. 연속된 메서드 호출을 따름으로써 AuctionMessageTranslator를 변경하지 않아도 되므로 AuctionSniper와 해당 클래스의 단위 테스트를 살펴보는 것으로 작업을 시작할 수 있다.

AuctionSniper는 변경 사항을 SniperListener 인터페이스를 구현하는 이웃에 알리는데, 기억할지 모르겠지만 SniperListener 인터페이스에는 콜백 메서드 네 개가 선언돼 있고, 각 메서드는 스나이퍼 상태를 처리한다. 이제 리스너에 변경 사항을 알릴 때 스나이퍼의 현재 상태도 전달해야 한다. 똑같은 인자 집합을 각 메서드에 추가할 수도 있지만 그렇게 하면 인자가 중복된다. 따라서 스나이퍼 상태를 전달하는 값 타입을 도입하겠다. 이는 '값 타입'(71쪽)에서 설명한 '포장'의 한 예다. 다음은 첫 번째 예제다.

```java
public class SniperState {
  public final String itemId;
  public final int lastPrice;
  public final int lastBid;

  public SniperState(String itemId, int lastPrice, int lastBid) {
    this.itemId = itemId;
    this.lastPrice = lastPrice;
    this.lastBid = lastBid;
  }
}
```

노력을 아끼고자 아파치 commons.lang 라이브러리의 리플렉션을 이용하는 빌더를 사용해 새 클래스의 equals(), hashCode(), toString() 메서드를 구현한다. 이 기능을 사용하기에는 조금 이른 감이 있지만 실제로 단위 테스트를 작성할 때 필요할 것이다.

> 💡 **공용 파이널 필드**
>
> 적어도 타입에서 어떤 일을 해야 하는지 정리하는 과정에서는 값 타입에 공용 파이널(public final) 필드를 사용하는 습관을 들였다. 이렇게 하면 해당 값이 불변적이라는 점이 분명하게 드러나고 클래스가 안정되지 않았을 때도 접근자(getter) 메서드를 유지하는 부담을 덜 수 있다. 이 목표는 (달성되지 않을 수도 있지만) 모든 필드 접근을 해당 타입에 존재하는 유의미한 행위 메서드로 대체하는 데 있다. 그럼 어떻게 되는지 알아보자.

한 번에 모든 테스트를 깨고 싶지는 않으므로 쉬운 것으로 시작하겠다. 이 테스트에는 아무런 이력이 없고 스나이퍼에서 특정 시점에 이용 가능한 정보를 가지고 SniperState를 생성해 리스너에 전달하기만 하면 된다.

```java
public class AuctionSniperTest { [...]
  @Test public void
  bidsHigherAndReportsBiddingWhenNewPriceArrives() {
    final int price = 1001;
    final int increment = 25;
    final int bid = price + increment;

    context.checking(new Expectations() {{
      one(auction).bid(bid);
      atLeast(1).of(sniperListener).sniperBidding(
                                new SniperState(ITEM_ID, price, bid));
    }});

    sniper.currentPrice(price, increment, PriceSource.FromOtherBidder);
  }
}
```

그러고 나서 테스트를 통과하게 만든다.

```java
public class AuctionSniper implements AuctionEventListener { [...]
  public void currentPrice(int price, int increment, PriceSource priceSource) {
    isWinning = priceSource == PriceSource.FromSniper;
    if (isWinning) {
      sniperListener.sniperWinning();
    } else {
      int bid = price + increment;
      auction.bid(bid);
      sniperListener.sniperBidding(new SniperState(itemId, price, bid));
    }
  }
}
```

코드를 컴파일할 수 있으려면 SniperStateDisplayer에 들어 있는 sniperBidding() 메서드에 상태 인자도 전달해야 한다. 여기서 SniperStateDisplayer는 SniperListener를 구현하지만 아직까진 아무 일도 하지 않는다.

한 가지 큰 변화는 SniperState를 생성할 수 있게 스나이퍼가 품목 식별자에 접근해야 한다는 것이다. 스나이퍼가 다른 어떤 이유로든 이 값이 필요하지 않은 경우라면 해당 값을 SniperStateDisplayer에 보관했다가 이벤트가 전달될 때 해당 값을 추가할 수도 있지만 스나이퍼가 이 정보에 접근하는 편이 더 바람직하다고 생각한다. 우리는 해당 식별자를 AuctionSniper의 생성자에 전달하기로 했다. 해당 시점에 식별자를 이용할 수 있다. 그리고 품목에 대한 자체적인 형태의 식별자를 가지고 있는 Auction 객체에서 그것을 가져오고 싶지는 않다.

sniperBidding() 메서드를 참조하는 다른 테스트도 하나 있지만 '허용' 형태로만 참조할 수 있다. 여기서는 그러한 사실을 나타내는 매처를 사용하는데, 해당 매처는 테스트에서 흥미로운 부분만 보조하며, 우리는 상태 객체의 내용에 관해서는 신경 쓰지 않는다.

```
allowing(sniperListener).sniperBidding(with(any(SniperState.class)));
```

15.2.3 입찰 중인 스나이퍼 보여주기

다음 작업, 즉 사용자 인터페이스에 상태를 보여주는 작업을 위해 조금 더 큰 보폭을 밟겠다. 이 작업이 큰 이유는 새로운 단위 테스트를 비롯해 일부 새로운 가동부(moving part)가 있기 때문이다. 첫 번째 버전의 코드는 생각 이상으로 지저분할 텐데, 조만간 보겠지만 그것을 정리할 흥미로운 기회가 생길 것이다.

첫 번째 단계는 새 상태 매개변수를 전달하는 것으로, 이 매개변수는 MainWindow에서 SnipersTableModel의 새 메서드에 이르기까지 지금까지 무시해온 것이다. 그러는 동안 MainWindow를 통해 이벤트를 전달하는 방법은 그다지 부가적인 가치가 없으므로 나중에 처리하기로 적어놓기만 한다.

```
public class SniperStateDisplayer implements SniperListener { [...]
  public void sniperBidding(final SniperState state) {
    SwingUtilities.invokeLater(new Runnable() {
      public void run() {
        ui.sniperStatusChanged(state, MainWindow.STATUS_BIDDING);
      }
    });
```

```
    }
  }
  public class MainWindow extends JFrame { […]
    public void sniperStatusChanged(SniperState sniperState, String statusText) {
      snipers.sniperStatusChanged(sniperState, statusText);
    }
  }
```

화면에서 새 값을 보려면 단위 테스트로 시작해 해당 값을 JTable에서 이용할 수 있게 SnipersTableModel을 수정해야 한다. 여기서는 자바의 enum을 도입해 테이블에 해당 칼럼을 표현하는 식으로 작은 설계 보폭을 취하겠다. enum은 그냥 정수를 사용하는 것보다 좀 더 의미가 풍부하다.

```
public enum Column {
  ITEM_IDENTIFIER,
  LAST_PRICE,
  LAST_BID,
  SNIPER_STATUS;

  public static Column at(int offset) { return values()[offset]; }
}
```

테이블 모델에서는 상태가 바뀔 때 두 가지 일을 해야 한다. 즉, 새 값을 유지하고 테이블에 해당 값이 변경됐음을 알려야 한다. 테스트는 다음과 같다.

```
@RunWith(JMock.class)
public class SnipersTableModelTest {
  private final Mockery context = new Mockery();
  private TableModelListener listener = context.mock(TableModelListener.class);
  private final SnipersTableModel model = new SnipersTableModel();

  @Before public void attachModelListener() { ❶
    model.addTableModelListener(listener);
  }

  @Test public void
  hasEnoughColumns() { ❷
    assertThat(model.getColumnCount(), equalTo(Column.values().length));
  }

  @Test public void
  setsSniperValuesInColumns() {
    context.checking(new Expectations() {{
      one(listener).tableChanged(with(aRowChangedEvent())); ❸
    }});

    model.sniperStatusChanged(new SniperState("item id", 555, 666), ❹
                              MainWindow.STATUS_BIDDING);

    assertColumnEquals(Column.ITEM_IDENTIFIER, "item id"); ❺
    assertColumnEquals(Column.LAST_PRICE, 555);
```

```
      assertColumnEquals(Column.LAST_BID, 666);
      assertColumnEquals(Column.SNIPER_STATUS, MainWindow.STATUS_BIDDING);
    }

    private void assertColumnEquals(Column column, Object expected) {
      final int rowIndex = 0;
      final int columnIndex = column.ordinal();
      assertEquals(expected, model.getValueAt(rowIndex, columnIndex));
    }

    private Matcher<TableModelEvent> aRowChangedEvent() { ❻
      return samePropertyValuesAs(new TableModelEvent(model, 0));
    }
  }
```

❶ TableModelListener의 목 구현체를 모델에 첨가했다. 이것은 '소유한 타입에 대해서만 목 객체를 적용하라'(83쪽)는 규칙을 위반하는 경우인데, 테이블 모델 설계가 설계 접근법과 가장 잘 맞기 때문이다.

❷ 첫 번째 테스트를 추가해 올바른 개수의 칼럼을 렌더링하게 했다. 나중에 칼럼 제목을 손보는 작업을 하겠다.

❸ 이 Expectation은 모델에 등록된 JTable의 내용이 변경됐음을 알리는지 검사한다.

❹ 이것은 테스트하고자 하는 행위를 일으키는 이벤트다.

❺ 테이블 모델에서 올바른 칼럼의 올바른 값을 반환한다고 단정한다. 행 번호를 코드에 직접 기재했는데, 여전히 행이 단 하나만 있다고 가정하기 때문이다.

❻ TableModelEvent에는 구체적인 equals() 메서드가 없으므로 TableModelEvent에서 예상되는 예제에 대해 수신하는 이벤트의 프로퍼티 값을 리플렉션으로 비교하는 매처를 사용한다. 여기서도 행 번호를 코드에 직접 기재했다.

평소처럼 빨강/초록 주기를 거치고 나면 다음과 같은 구현이 만들어진다.

```
  public class SnipersTableModel extends AbstractTableModel {
    private final static SniperState STARTING_UP = new SniperState("", 0, 0);
    private String statusText = MainWindow.STATUS_JOINING;
    private SniperState sniperState = STARTING_UP; ❶
    [...]
    public int getColumnCount() { ❷
      return Column.values().length;
    }
    public int getRowCount() {
      return 1;
    }
    public Object getValueAt(int rowIndex, int columnIndex) { ❸
      switch (Column.at(columnIndex)) {
      case ITEM_IDENTIFIER:
```

```
      return sniperState.itemId;
    case LAST_PRICE:
      return sniperState.lastPrice;
    case LAST_BID:
      return sniperState.lastBid;
    case SNIPER_STATUS:
      return statusText;
    default:
      throw new IllegalArgumentException("No column at " + columnIndex);
    }
  }
  public void sniperStatusChanged(SniperState newSniperState,  ❹
                                  String newStatusText)
  {
    sniperState = newSniperState;
    statusText = newStatusText;
    fireTableRowsUpdated(0, 0);
  }
}
```

❶ 스나이퍼가 접속하기 전에 테이블 모델이 작동하게끔 초기 SniperState에 '빈(empty)' 값을 제공한다.

❷ 해당 차원에 대해 Column 내의 값의 개수나 코드에 직접 기재한 행의 개수를 반환한다.

❸ 이 메서드에서는 값을 분석해 지정한 칼럼에 따라 값을 반환한다. 열거형을 사용할 때의 이점은 switch 문에서 분기 조건을 누락할 경우 컴파일러가 이를 알려준다는 점이다(default 분기이더라도). switch는 객체 지향적이지 않기에 우리는 switch 사용을 그다지 좋아하지 않으므로, 이 부분도 주시하겠다.

❹ 스나이퍼에 종속적인 메서드다. 필드를 설정한 다음 클라이언트가 업데이트되게 한다.

인수 테스트를 다시 실행하면 일부 진척 사항을 확인할 수 있다. Bidding을 점검하는 부분을 지나가면 실패하는데, 마지막 가격 칼럼인 'B'가 아직 업데이트되지 않아서다. 흥미롭게도 상태 칼럼은 Winning을 제대로 보여주는데, 해당 코드는 여전히 동작하기 때문이다.

```
  [...] but...
    all top level windows
    contained 1 JFrame (with name "Auction Sniper Main" and showing on screen)
    contained 1 JTable ()
it is not with row with cells
  <label with text "item-54321">, <label with text "1098">,
  <label with text "1098">, <label with text "Winning">
  because
      in row 0: component 1 text was "1000"
```

그리고 그림 15.3에서는 검증한 내용을 확인할 수 있다.

A	B	C	D
item-54321	1000	1098	Winning

그림 15.3 행의 세부 사항을 보여주는 스나이퍼

15.3 스나이퍼 이벤트의 단순화

15.3.1 잠깐의 휴식

Bidding이라는 스나이퍼 이벤트가 하나 있는데 애플리케이션에서는 이 이벤트를 처리할 수 있다. 이제 Winning, Lost, Won에 대해서도 똑같이 해야 한다.

솔직히 말해서 그렇게 하는 건 어리석은 짓이다. 다른 경우에 대해서도 동작하게 만들자면 너무 많은 반복 작업을 해야 한다. 즉, 스나이퍼에서 설정한 후 여러 계층을 통해 전달해야 한다. 설계가 뭔가 잘못된 것이다. 이 문제에 관해 잠시 의견을 취합해 보니 결국 그렇게 한다면 코드에 미묘한 중복이 생길 것이라는 사실을 알게 됐다. 스나이퍼 상태 전송은 두 가지 메커니즘으로 나눌 수 있는데, 바로 리스너 메서드를 선택하는 메커니즘과 상태 객체를 이용하는 메커니즘이다. 메커니즘은 하나로도 충분하다.

우리는 이벤트를 가격과 스나이퍼 상태를 모두 포함하는 한 알림으로 만들 수도 있다는 사실을 깨달았다. 물론 어떤 메커니즘을 선택하든 똑같은 정보를 전송하겠지만 메서드 호출 체인을 살펴보면 메서드를 하나만 가지고 SniperState를 통해 모든 것을 전달하는 편이 더 단순하다.

이렇게 하기로 한다면 마룻바닥을 뜯어내는 것 같은 근본적인 변경을 가하지 않고도 할 수 있을까? 그렇게 할 수 있다고 믿지만 우선 한 가지 더 분명히 해둘 게 있다.

우리는 경매에서 스나이퍼 상태(낙찰, 낙찰 실패 등)를 나타내는 타입을 만드는 것으로 시작하고 싶지만 특정 객체의 상태를 나타내는 'status'와 'state'라는 의미가 아주 비슷해서 분간하기 쉽지 않다. 어휘에 관해 논의한 후 결국 현재 SniperState라고 부르는 것보다 좀 더 나은 용어는 SniperSnapshot일 것으로 판단했다. SniperSnapshot은 이 시점에서 스나이퍼와 경매의 관계를 설명한 것에 해당한다. 이렇게 하면 SniperState라는 이름이 스나이퍼가 낙찰, 낙찰 실패 등인지 기술해야 하는 부담에서 벗어날 수 있고, 그림 9.3에서 그린 상태 기계의 용어와도 부합한다. Sniper State의 이름을 변경하자면 시간이 조금 걸리며, Column에 들어 있는 값을 SNIPER_STATUS에서 SNIPER_STATE로 변경한다.

> **[i] 지나간 일은 눈에 잘 보이는 법**
>
> 지금까지 '왜 진작에 알지 못했을까'하는 생각이 드는 어처구니없는 두 가지 순간을 겪었다. 분명 설계에 시간을 더 들인다면 지금 설계를 변경하지 않아도 됐을까? 그럴 때도 있다. 하지만 경험상 설계를 직접 구현해 보는 것만큼 설계에 영향을 주는 것은 아무것도 없으며 우리 중에는 설계를 늘 올바른 상태로 유지할 만큼 똑똑한 사람이 얼마 되지 않는다. 우리의 문제 해결 메커니즘은 코드의 핵심 영역으로 좀 더 일찍 파고들어 집단적인 사고를 바꾸는 것이다. 뭔가를 변경할 때 현재 기술로 작은 단계를 밟아가며 테스트하면서 실수를 막는다.

15.3.2 sniperBidding()의 또 다른 쓰임

첫 번째 단계는 우리가 원하는 바를 수행하는 메서드인 sniperBidding()을 가지고 새 계획에 맞게 재작업하는 것이다. 여기서는 방금 마음껏 쓸 수 있게 만든 SniperState라는 이름으로 열거형을 만들어 SniperSnapshot에 추가한다. 그리고 메서드 인자에서 sniperState 필드를 빼내고, 마지막으로 해당 메서드 이름을 sniperStateChanged()로 변경해 새로 의도하는 역할에 맞춘다. 코드를 변경한 결과는 다음과 같다.

```java
public enum SniperState {
  JOINING,
  BIDDING,
  WINNING,
  LOST,
  WON;
}

public class AuctionSniper implements AuctionEventListener { [...]
  public void currentPrice(int price, int increment, PriceSource priceSource) {
    isWinning = priceSource == PriceSource.FromSniper;
    if (isWinning) {
      sniperListener.sniperWinning();
    } else {
      final int bid = price + increment;
      auction.bid(bid);
      sniperListener.sniperStateChanged(
```

```
            new SniperSnapshot(itemId, price, bid, SniperState.BIDDING));
    }
  }
}
```

테이블 모델에서는 단순히 인덱스를 참조해 열거형을 표시 가능한 텍스트로 변환한다.

```
public class SnipersTableModel extends AbstractTableModel { [...]

  private static String[] STATUS_TEXT = { MainWindow.STATUS_JOINING,
                                          MainWindow.STATUS_BIDDING };
  public void sniperStateChanged(SniperSnapshot newSnapshot) {
    this.snapshot = newSnapshot;
    this.state = STATUS_TEXT[newSnapshot.state.ordinal()];

    fireTableRowsUpdated(0, 0);
  }
}
```

한 가지 흥미로운 조정 사항과 함께 컴파일러를 통과하기 위해 테스트 코드를 조금 변경한다. 앞서 SniperState의 세부 사항을 무시하기 위해 예상 구문을 작성한 것을 기억할지도 모르겠다.

```
allowing(sniperListener).sniperBidding(with(any(SniperState.class)));
```

다양한 이벤트를 구분하기 위해 메서드를 선택하는 데 더는 의존하지 않아도 되므로 올바른 객체와 일치하는지 확인하고자 새 SniperSnapshot 객체를 더 자세히 살펴봐야 한다. 상태를 검사하는 사용자 정의 매처를 이용해 예상 구문을 재작성한다.

```
public class AuctionSniperTest {
  [...]

  context.checking(new Expectations() {{
    ignoring(auction);
    allowing(sniperListener).sniperStateChanged(
                                  with(aSniperThatIs(BIDDING)));
                                    then(sniperState.is("bidding"));

    atLeast(1).of(sniperListener).sniperLost(); when(sniperState.is("bidding"));
  }});

  [...]

  private Matcher<SniperSnapshot> aSniperThatIs(final SniperState state) {
    return new FeatureMatcher<SniperSnapshot, SniperState>(
           equalTo(state), "sniper that is ", "was")
    {
```

```
      @Override
      protected SniperState featureValueOf(SniperSnapshot actual) {
        return actual.state;
      }
    };
  }
}
```

> **jMock에 대한 경량 확장**
>
> aSniperThatIs()라는 작은 도우미 메서드를 추가해 FeatureMatcher를 특화한 코드를 좀 더 이해하기 쉬운 이름으로 감쌌다. 이 메서드 이름이 예상 코드의 가독성을 높이는(또는 자바에서 관리할 수 있는) 의도를 지니고 있다는 사실을 알게 될 것이다. 앞서 aRowChangedEvent() 메서드에 대해서도 똑같은 작업을 했다. '다양한 수준의 언어'(62쪽)에서 다뤘듯이 이것은 사실상 자바에 포함된 언어의 확장 기능을 작성하는 것에 해당한다. jMock은 이러한 방식으로 확장 가능하게끔 설계됐으므로 개발자는 테스트 대상 코드의 용어로 기술한 기능들을 플러그인 형태로 추가할 수 있다. 이러한 작은 도우미 메서드를 jMock의 예상 언어에서 쓸 새로운 명사를 만들어내는 것으로 생각할 수도 있다.

15.3.3 숫자 채워 넣기

이제 사용자 인터페이스에 누락된 가격을 채워 넣을 차례다. 이는 리스너가 SniperSnapshot에 들어 있는 값을 수신할 수 있게 sniperWinning()으로부터 리스너를 호출하는 것을 sniperStateChanged()로 변경한다는 의미다. 우선 다른 리스너 호출을 기대하게끔 테스트를 변경하고 currentPrice()를 두 번 호출해 이벤트를 발생시키는 것으로 시작한다. 여기서 첫 번째로 호출하면 스나이퍼가 입찰하고, 다시 한 번 호출하면 스나이퍼가 낙찰했다고 알린다.

```
public class AuctionSniperTest { [...]
  @Test public void
  reportsIsWinningWhenCurrentPriceComesFromSniper() {
    context.checking(new Expectations() {{
      ignoring(auction);
      allowing(sniperListener).sniperStateChanged(
                         with(aSniperThatIs(BIDDING)));
                                    then(sniperState.is("bidding"));

      atLeast(1).of(sniperListener).sniperStateChanged(
                         new SniperSnapshot(ITEM_ID, 135, 135, WINNING));
                                    when(sniperState.is("bidding"));
    }});
```

```
        sniper.currentPrice(123, 12, PriceSource.FromOtherBidder);
        sniper.currentPrice(135, 45, PriceSource.FromSniper);
    }
}
```

AuctionSniper를 변경해 마지막 스냅샷을 보관함으로써 최근 값을 유지하게 했다. 아울러 SniperSnapshot에 몇 가지 도우미 메서드를 추가해 구현이 단순해지기 시작했다.

```
public class AuctionSniper implements AuctionEventListener { […]
  private SniperSnapshot snapshot;

  public AuctionSniper(String itemId, Auction auction,
                       SniperListener sniperListener)
  {
    this.auction = auction;
    this.sniperListener = sniperListener;
    this.snapshot = SniperSnapshot.joining(itemId);
  }

  public void currentPrice(int price, int increment, PriceSource priceSource) {
    isWinning = priceSource == PriceSource.FromSniper;
    if (isWinning) {
      snapshot = snapshot.winning(price);
    } else {
      final int bid = price + increment;
      auction.bid(bid);
      snapshot = snapshot.bidding(price, bid);
    }
    sniperListener.sniperStateChanged(snapshot);
  }
}

public class SniperSnapshot { […]
  public SniperSnapshot bidding(int newLastPrice, int newLastBid) {
    return new SniperSnapshot(itemId, newLastPrice, newLastBid,
                              SniperState.BIDDING);
  }

  public SniperSnapshot winning(int newLastPrice) {
    return new SniperSnapshot(itemId, newLastPrice, lastBid,
                              SniperState.WINNING);
  }

  public static SniperSnapshot joining(String itemId) {
    return new SniperSnapshot(itemId, 0, 0, SniperState.JOINING);
  }
}
```

> **상태 기계와 다름없는**
>
> 앞서 스냅샷 상태 사이를 오가기 위해 깔끔한 메커니즘을 제공하는 생성자 메서드를 Sniper

Snapshot에 추가했다. '적법한' 전이만을 강제하지는 않는다는 점에서 완전한 상태 기계는 아니지만 이를 힌트의 일종으로 볼 수 있으며, 필드에 접근하고 필드를 설정하는 것을 잘 감싸고 있다.

이번에는 SniperListener와 SniperListener의 구현에서 sniperWinning()을 제거하고 낙찰을 나타내는 값을 SnipersTableModel.STATUS_TEXT에 추가한다.

이제 전 구간 테스트가 통과한다.

15.4 완수

15.4.1 낙찰과 낙찰 실패 변환

동작은 하지만 여전히 변환을 위한 알림 메서드인 sniperWon()과 sniperLost()가 SniperListener에 남아 있는 한 완수했다고 할 수 없다. 다시 한 번 이 두 메서드를 sniperStateChanged()로 대체하고 새로운 값 두 개를 SniperState에 추가한다.

그러고 나면 코드가 더 단순해진다는 사실을 알 수 있다. isWinning 필드를 스나이퍼에서 없애고 일부 의사 결정과 관련된 코드를 SniperSnapshot으로 옮긴다. 그러면 SniperSnapshot에서 스나이퍼 낙찰 여부와 SniperState를 알 수 있다.

```
public class AuctionSniper implements AuctionEventListener { [...]
  public void auctionClosed() {
    snapshot = snapshot.closed();
    notifyChange();
  }

  public void currentPrice(int price, int increment, PriceSource priceSource) {
    switch(priceSource) {
    case FromSniper:
      snapshot = snapshot.winning(price);
      break;
    case FromOtherBidder:
      int bid = price + increment;
      auction.bid(bid);
      snapshot = snapshot.bidding(price, bid);
      break;
    }
    notifyChange();
  }

  private void notifyChange() {
    sniperListener.sniperStateChanged(snapshot);
  }
}
```

이제 만족스럽게 AuctionSniper가 더는 SniperState를 참조하지 않는다는 사실에 주목한다(SniperState는 SniperSnapshot에 감춰져 있다).

```java
public class SniperSnapshot { [...]
  public SniperSnapshot closed() {
    return new SniperSnapshot(itemId, lastPrice, lastBid,
                              state.whenAuctionClosed());
  }
}

public enum SniperState {
  JOINING {
    @Override public SniperState whenAuctionClosed() { return LOST; }
  },
  BIDDING {
    @Override public SniperState whenAuctionClosed() { return LOST; }
  },
  WINNING {
    @Override public SniperState whenAuctionClosed() { return WON; }
  },
  LOST,
  WON;

  public SniperState whenAuctionClosed() {
    throw new Defect("Auction is already closed");
  }
}
```

우리는 필드를 사용해 whenAuctionClosed()를 구현하는 방식을 선호했다. 컴파일러는 아직 정의되지 않은 열거형 값 중 하나를 가리키는 열거형을 처리하지 못할 것이므로 재정의한 메서드에서 나타나는 문법 오류를 참아야 한다.

ℹ️ 테스트하기에 너무 작지 않은

언뜻 보기에 SniperState는 단위 테스트를 하기에 너무 단순해 보이지만(결국엔 AuctionSniper 테스트를 거쳐 실행되는) 스스로 성실함을 계속 지켜나가야 한다고 생각한다. 테스트를 작성하는 것은 앞서 작성한 간단한 구현에서 경매의 재종료를 처리하지 않았다는 사실(일어나서는 안 될)을 보여주므로 예외를 추가했다. 이러한 경우가 불가능하게끔 코드를 작성하는 편이 더 낫겠지만 지금 당장은 어떻게 해야 할지 알 수 없다.

💡 결함 예외

우리가 구축하는 시스템에서는 대부분 결국 Defect(결함)나 StupidProgrammerMistakeException(멍청한 프로그래머의 실수로 일어나는 예외) 같은 것으로 부르는 런타임 예외를 작성하게 된다. 이러한 예외는 코드가 런타임 환경에서 실패하기보다는 프로그래밍 오류에 의해서만 일어날 수 있는 조건에 도달했을 때 던진다.

15.4.2 테이블 모델 다듬기

이제 모든 곳에서 sniperStatusChanged()를 사용하기 때문에 SnipersTableModel에 상태 표시 문자열을 설정하는 setStatusText() 접근 메서드를 제거한다. 말이 나온 김에 스나이퍼 상태를 설명하는 문자열 상수를 MainWindow에서 옮겨온다.

```java
public class SnipersTableModel extends AbstractTableModel { [...]
  private final static String[] STATUS_TEXT = {
    "Joining", "Bidding", "Winning", "Lost", "Won"
  };

  public Object getValueAt(int rowIndex, int columnIndex) {
    switch (Column.at(columnIndex)) {
    case ITEM_IDENTIFIER:
      return snapshot.itemId;
    case LAST_PRICE:
      return snapshot.lastPrice;
    case LAST_BID:
      return snapshot.lastBid;
    case SNIPER_STATE:
      return textFor(snapshot.state);
    default:
      throw new IllegalArgumentException("No column at" + columnIndex);
    }
  }

  public void sniperStateChanged(SniperSnapshot newSnapshot) {
    this.snapshot = newSnapshot;
    fireTableRowsUpdated(0, 0);
  }

  public static String textFor(SniperState state) {
    return STATUS_TEXT[state.ordinal()];
  }
}
```

textFor() 도우미 메서드는 가독성을 높이고 테스트에서 표시 문자열을 구하는 데도 사용할 수 있다(문자열 상수를 더는 MainWindow에서 가져올 수 없으므로).

15.4.3 객체 지향적인 칼럼

이 작업을 마치기 전에 한두 가지 해야 할 일이 더 있다. 가격 세부 사항을 구체화하지 않는 기존 테스트 코드는 모두 제거하고 필요에 따라 테스트에서 예상 값을 채워 넣는 것으로 시작한다. 테스트는 여전히 동작한다.

　다음으로 변경할 사항은 장황하고 그다지 객체 지향적이지 않으며, 단지 컴파일러를 통과할 목적으로 지정한 불필요한 default: 절을 포함하는 switch 문을 제거하는 것이다. 이것은 이전 코딩 단계를 무사히 마친다는 목적에도 부합한다. 여기서는 적절한 필드를 추출하는 메서드를 Column에 추가한다.

```java
public enum Column {
  ITEM_IDENTIFIER {
    @Override public Object valueIn(SniperSnapshot snapshot) {
      return snapshot.itemId;
    }
  },
  LAST_PRICE {
    @Override public Object valueIn(SniperSnapshot snapshot) {
      return snapshot.lastPrice;
    }
  },
  LAST_BID {
    @Override public Object valueIn(SniperSnapshot snapshot) {
      return snapshot.lastBid;
    }
  },
  SNIPER_STATE {
    @Override public Object valueIn(SniperSnapshot snapshot) {
      return SnipersTableModel.textFor(snapshot.state);
    }
  };

  abstract public Object valueIn(SniperSnapshot snapshot);
  […]
}
```

그러면 SnipersTableModel에는 코드가 아주 조금밖에 남지 않는다.

```java
public class SnipersTableModel extends AbstractTableModel { […]
  public Object getValueAt(int rowIndex, int columnIndex) {
    return Column.at(columnIndex).valueIn(snapshot);
  }
}
```

물론 Column에 대해서도 단위 테스트를 작성한다. 지금은 불필요하게 보일지도 모르지만 작성한 단위 테스트는 코드를 변경하고 칼럼 매핑을 최신으로 유지하는 것을 잊어버렸을 때 우리를 보호해줄 것이다.

15.4.4 이벤트 경로 단축하기

끝으로, 더는 필요하지 않은 것을 호출하는 부분이 보인다. MainWindow에서는 단지 업데이트 사항을 전달하기만 하고 SniperStateDisplayer는 거의 하는 일이 없는 수준으로 줄어들었다.

```
public class MainWindow extends JFrame { […]
  public void sniperStateChanged(SniperSnapshot snapshot) {
    snipers.sniperStateChanged(snapshot);
  }
}

public class SniperStateDisplayer implements SniperListener { […]
  public void sniperStateChanged(final SniperSnapshot snapshot) {
    SwingUtilities.invokeLater(new Runnable() {
      public void run() { mainWindow.sniperStateChanged(snapshot); }
    });
  }
}
```

SniperStateDisplayer에서는 여전히 유용한 목적을 달성하는데, 바로 업데이트 내역을 스윙 이벤트 스레드로 전달하는 것이다. 하지만 더는 코드에서 각 도메인 사이를 번역하지 않으며 MainWindow를 호출하는 부분도 불필요하다. 여기서는 SnipersTableModel에서 SniperListener를 구현하게 해서 연결을 단순화하기로 했다. 아울러 SniperStateDisplayer를 데코레이터(Decorator)로 바꾸고 이름을 SwingThreadSniperListener로 변경한 다음, 스나이퍼에서 윈도가 아닌 테이블 모델에 접속하게끔 Main을 재작성하겠다.

```
public class Main { […]
  private final SnipersTableModel snipers = new SnipersTableModel();
  private MainWindow ui;

  public Main() throws Exception {
    SwingUtilities.invokeAndWait(new Runnable() {
      public void run() { ui = new MainWindow(snipers); }
    });
  }

  private void joinAuction(XMPPConnection connection, String itemId) {
    […]
    Auction auction = new XMPPAuction(chat);
    chat.addMessageListener(
          new AuctionMessageTranslator(
              connection.getUser(),
              new AuctionSniper(itemId, auction,
                  new SwingThreadSniperListener(snipers))));
    auction.join();
  }
}
```

새로운 구조는 그림 15.4와 같다.

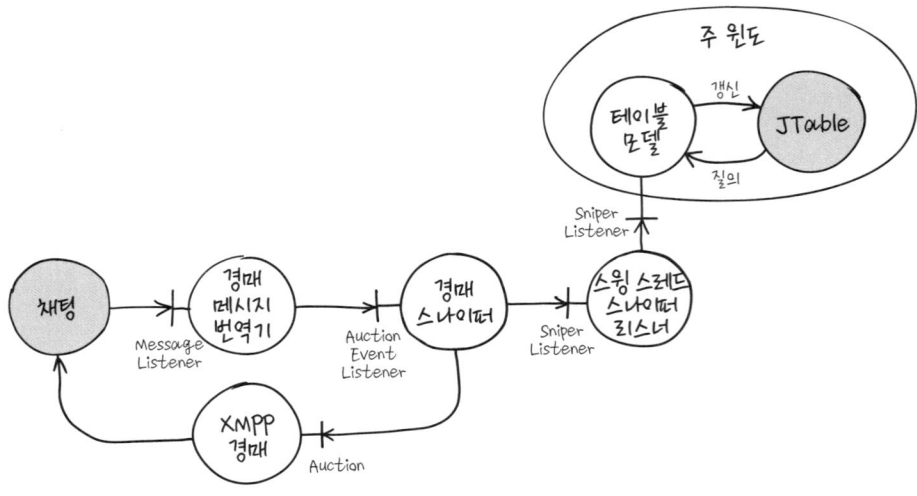

그림 15.4 SniperListener로서의 TableModel

15.5 마지막 손질

15.5.1 칼럼 제목 테스트

사용자 인터페이스를 남 앞에 내놓을 정도로 만들려면 그림 15.3에서도 봤듯이 누락된 칼럼 제목을 채울 필요가 있다. 이렇게 하기는 어렵지 않은데, 구현 내용은 대부분 스윙의 TableModel에 들어가기 때문이다. 늘 그렇듯이 먼저 인수 테스트로 시작한다. 여기서는 별도의 유효성 검증을 AuctionSniperDriver에 추가하는데, AuctionSniperDriver는 스나이퍼를 구동하는 ApplicationRunner의 메서드에서 호출될 것이다. 더불어 애플리케이션에서 표시한 제목을 검사하는 코드도 추가한다.

```
public class ApplicationRunner { […]
  public void startBiddingIn(final FakeAuctionServer auction) {
    itemId = auction.getItemId();

    Thread thread = new Thread("Test Application") {
      […]
    };
    thread.setDaemon(true);
    thread.start();

    driver = new AuctionSniperDriver(1000);
    driver.hasTitle(MainWindow.APPLICATION_TITLE);
```

```
        driver.hasColumnTitles();
        driver.showsSniperStatus(JOINING.itemId, JOINING.lastPrice,
                        JOINING.lastBid, textFor(SniperState.JOINING));
    }
}

public class AuctionSniperDriver extends JFrameDriver { […]
    public void hasColumnTitles() {
        JTableHeaderDriver headers =
            new JTableHeaderDriver(this, JTableHeader.class);
        headers.hasHeaders(matching(withLabelText("Item"),
            withLabelText("Last Price"), withLabelText("Last Bid"),
            withLabelText("State")));
    }
}
```

테스트는 실패한다.

```
java.lang.AssertionError:
Tried to look for...
    exactly 1 JTableHeader ()
    in exactly 1 JFrame (with name "Auction Sniper Main" and showing on screen)
    in all top level windows
and check that it is with headers with cells
  <label with text "Item">, <label with text "Last Price">,
  <label with text "Last Bid">, <label with text "State">
but...
    all top level windows
    contained 1 JFrame (with name "Auction Sniper Main" and showing on screen)
    contained 1 JTableHeader ()
  it is not with headers with cells
    <label with text "Item">, <label with text "Last Price">,
        <label with text "Last Bid">, <label with text "State">
    because component 0 text was "A"
```

15.5.2 TableModel 구현

스윙을 이용하면 JTable이 TableModel에 칼럼 헤더를 질의할 수 있는데, 이것은 우리가 사용하기로 한 메커니즘에 해당한다. 이미 Column이 칼럼을 표현하게 했으므로 SnipersTableModel에서 참조하는 헤더 텍스트에 해당하는 필드를 추가해 이 열거형을 확장하면 된다.

```
public enum Column {
    ITEM_IDENTIFIER("Item") { […]
    LAST_PRICE("Last Price") { […]
    LAST_BID("Last Bid") { […]
    SNIPER_STATE("State") { […]
    public final String name;

    private Column(String name) {
        this.name = name;
```

```
    }
  }
  public class SnipersTableModel extends AbstractTableModel implements
  SniperListener
  { […]
    @Override public String getColumnName(int column) {
      return Column.at(column).name;
    }
  }
```

SnipersTablesModel에 대한 단위 테스트에서 실제로 검사해야 할 부분은 Column 값과 칼럼명 간의 연결밖에 없는데, 이 부분은 순회하기가 간단해서 모두 검사하면 된다.

```
  public class SnipersTableModelTest { […]
    @Test public void
    setsUpColumnHeadings() {
      for (Column column: Column.values()) {
        assertEquals(column.name, model.getColumnName(column.ordinal()));
      }
    }
  }
```

인수 테스트가 통과하고 그림 15.5에서 결과를 확인할 수 있다.

Item	Last Price	Last Bid	State
item-54321	1098	1098	Won

그림 15.5 칼럼 헤더가 포함된 스나이퍼

15.5.3 지금은 충분하다

사용자 인터페이스를 최적화하려면 테두리와 텍스트 정렬 등 해야 할 일이 더 있다. 이는 각 Column 값과 CellRenderers를 연결하거나 아마 TableColumModel을 도입하는 식으로 할 수 있을지도 모른다. 하지만 그런 부분은 개발 프로세스에 더는 통찰력을 주지 않기 때문에 독자의 몫으로 남겨두겠다.

그러는 사이 그림 15.6과 같이 할 일 목록에서 작업 하나에 줄을 그을 수 있게 됐다.

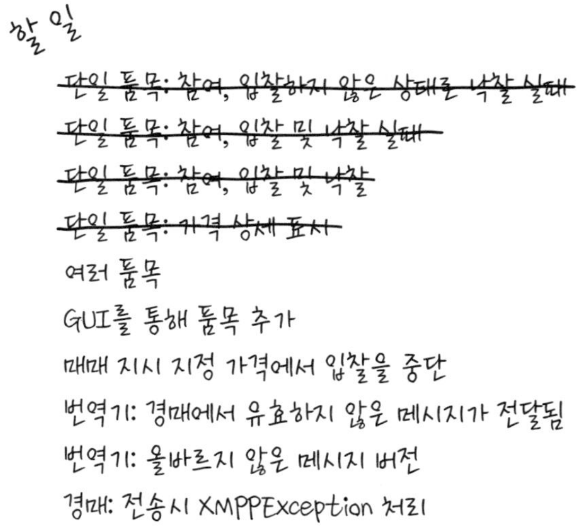

> 할 일
>
> ~~단일 품목: 참여, 입찰하지 않은 상태로 낙찰 실패~~
> ~~단일 품목: 참여, 입찰 및 낙찰 실패~~
> ~~단일 품목: 참여, 입찰 및 낙찰~~
> ~~단일 품목: 가격 상세 표시~~
> 여러 품목
> GUI를 통해 품목 추가
> 매매 지시 지정 가격에서 입찰을 중단
> 번역기: 경매에서 유효하지 않은 메시지가 전달됨
> 번역기: 올바르지 않은 메시지 버전
> 경매: 전송 시 XMPPException 처리

그림 15.6 스나이퍼에서 가격 정보를 보여준다.

15.6 고찰

15.6.1 단일 책임

SnipersTableModel에는 책임이 하나 있다. 바로 사용자 인터페이스에 입찰 상태를 표현하는 것이다. SnipersTableModel은 '단일 책임 원칙'(62쪽)에서 설명한 휴리스틱을 따른다. 지금까지 비즈니스 로직이 섞여 있어서 불안정한 사용자 인터페이스를 너무 자주 봐왔다. 이 경우, 모델에 입찰 여부를 결정하는 책임을 둘 수도 있었지만("그렇게 하는 게 더 간단하니까") 그렇게 하면 사용자 인터페이스나 입찰 정책이 변경될 경우 거기에 대응하기 더 어려워질 것이다. 그러면 입찰 정책을 찾는 것조차 어려워질 것이며, 이러한 이유로 AuctionSniper를 격리한 것이다.

15.6.2 소프트웨어의 키홀 수술

이번 장에서는 시스템 전체에 걸쳐 아주 자그마한 단편에 해당하는 행위만을 추가하는 실천법을 반복해 사용했다. 즉, 레이블을 테이블로 교체한 후 동작하게 만들고, 스나이퍼가 입찰하는 것을 보이게 한 후 그 부분을 동작하게 했으며, 또 다른 값을 추가한 후 그것을 동작하게 만들었다. 이 모든 경우에서 앞으로의 진행 방향을 파악했지만(모든 과정에서 더 나은 대안을 발견할지도 모른다는 가능성을 열어둔 채로) 목적을 이루려고 애플리케이션을 산산조각 내는 방식은 피하고자 했다. 일단 중대한 재작업을 시작하고 나면 해당 작업이 완료되기까지는 멈출 수 없으며, 브랜치 하지 않고는 체크인할 수 없으며, 팀의 나머지 사람들과 병합하기는 더 어렵다. 외과 의사들이 개복 수술보다 키홀 수술(수술 부위에 작은 구멍을 뚫고 내시경 등으로 수술하는 방식)을 선호하는 이유가 바로 여기에 있다. 그러한 수술법이 덜 침습적이고 비용이 덜 들기 때문이다.

15.6.3 프로그래머의 높은 민감성

우리 모두 각자의 시간 가치에 대해 잘 발달된 감각이 있다. 반복적으로 복사해서 약간만 고쳐 쓰는 코드처럼 재능(비할 바 없이 중요한)을 최대한 이용하지 않는 활동을 주시한다(추상화를 맞게 했다면 그런 고생을 하지 않아도 될 것이다). 특히 기존 코드를 가지고 작업할 때처럼 이렇게 해야 할 때도 있지만 직접 작성한 코드일 때는 변명의 여지가 없다. 설계를 언제 변경할 것인지 결정하는 데는 타협점에 대한 좋은 감각이 필요한데, 이러한 감각은 민감도와 기술적 성숙도를 모두 의미한다. 즉, "이 코드를 조금만 바꿔서 계속 써먹으려고 하는데, 그렇게 하는 건 너무 바보 같고 낭비야"에 대비되는 "이걸 재작업하기에는 적절한 시점이 아닐지도 모르겠는데, 아직까지는 잘 모르겠어"에 해당한다.

단순하고 재현 가능한 기법은 없다. 그러자면 기술과 경험이 필요하다. 개발자들은 자신의 활동을 되돌아보고 코드를 작성하고 남은 자투리 시간에 자기 시간을 투자하는 가장 좋은 방법을 반추해보는 습관을 들여야 한다. 이는 하던 대로 계속하는 것을 의미할 수도 있지만 최소한 반성에 관해서는 생각해보게 될 것이다.

15.6.4 생각이 바뀌는 것을 받아들이라

> 사실이 바뀌면 전 생각을 고쳐먹습니다. 당신은 어떻게 합니까?
> – 존 메이너드 케인즈

이번 장에서는 코드에서 여러 기능의 이름을 바꿨다. 많은 개발 문화에서 이처럼 이름을 바꾸는 것을 취약함의 신호로 본다. 다시 말해 적절한 작업을 할 능력이 없음을 의미한다는 것이다. 그런데 우리는 이를 개발 프로세스에서 필수불가결한 부분이라고 생각한다. 작성한 코드를 이용하면서 구조가 어떠해야 할지를 배워나가는 것처럼 해당 코드를 사용할 때 우리가 택한 이름에 관해 좀 더 배우게 된다. 우리는 타입과 메서드 이름이 얼마나 잘 어울리는지, 개념이 명확한지 아닌지 확인하는데, 이는 새로운 아이디어의 발견을 자극한다. 어떤 기능의 이름이 올바르지 않으면, 해야 할 가장 현명한 일은 이름을 바꿔서 나중에 해당 코드를 읽을 사람이 어마어마한 혼돈의 시간을 보내지 않게 하는 것이다.

15.6.5 이것이 유일한 해법은 아니다

이번 장에서 살펴본 것과 같은 이 책의 예제는 그 해법밖에 없는 것처럼 보이는 경향이 있다. 부분적으로 우리가 글을 서술하는 흐름을 만들어내는 노력을 들였기 때문이지만, 한 가지 해법을 제시하면 독자의 의식 속에서 다른 해법이 배제되는 경향이 있기 때문이기도 하다. 고려할 수 있었던 다른 해법도 있으며, 그중 일부는 예제가 발전하면서 다시 나타날지도 모른다.

이를테면 AuctionSniper가 경매에 입찰했는지 여부 외에 낙찰했는지 아닌지는 알 필요가 없다고 주장할 수도 있다. 지금은 애플리케이션에서 낙찰에 관해 신경 쓰는 부분은 사용자 인터페이스밖에 없으며, 그 결정을 AuctionSniper와 SniperSnapshot에서 빼냈다면 분명 AuctionSniper와 SniperSnapshot이 단순해질 것이다. 여기서는 그렇게 하는 편이 올바른 선택인지 아직까지 알지 못하므로 그렇게 하지 않겠지만 설계 선택 사항을 논의하다 보면 때로는 훨씬 더 나은 해법으로 이어진다는 사실을 알게 된다.

16장

GROWING OBJECT-ORIENTED SOFTWARE GUIDED BY TESTS

여러 품목에 대한 스나이핑

이번 장에서는 여러 품목에 대해 입찰하며, 경매 단위로 처리하는 코드에서 연결 단위로 처리하는 코드를 분리해낸다. 또 이전에 도입한 테이블 모델을 이용해 추가 입찰을 표시하고 사용자 인터페이스를 확장해 사용자가 동적으로 품목을 추가할 수 있게 한다. 이때 테스트는 변경할 필요 없이 구현만 변경하면 된다. '사용자 요청 리스너' 개념을 도출하는데, 이는 일부 기능을 좀 더 직접적으로 테스트할 수 있음을 의미한다. 그리고 코드를 조금 지저분한 상태로 남겨둔다.

16.1 여러 품목에 대한 테스트

16.1.1 두 품목에 관한 이야기

할 일 목록에서 다음으로 해야 할 일은 한 번에 여러 품목을 처리할 수 있게 준비하는 것이다. 앞으로 필요할 상당한 설비를 이미 마련해둔 상태이고 사용자 인터페이스가 테이블에 기반을 두므로 여러 품목을 처리하기 위해서는 구조적인 측면을 조금만 수정하면 된다. 할 일 목록을 살펴보면 이러한 변화를 사용자 인터페이스를 통한 품목 추가와 합칠 수도 있지만 아직까지는 그렇게 할 필요가 없다고 생각한다. 한 가지 작업에만 집중한다는 것은 경매장 연결에 속하는 기능과 개별 경매에 속하는 기능을 명확하게 구분할 수 있다는 의미다. 지금까지는 명령행에서 품목을 지정했지만 이를 확장해 인자 목록에 여러 품목을 전달할 수 있다.

항상 그렇듯이 테스트로 시작한다. 새 테스트에서는 애플리케이션에서 두 품목을 대상으로 입찰하고 낙찰할 수 있음을 보여주고 싶으므로 이미 만들어둔 테스트를 살펴보는 것으로 시작한다. '우선 실패하는 테스트를 작성한다'(176쪽)에 있는 성공적인 입찰에 대한 테스트는 애플리케이션에서 경매를 단 하나만 진행 중이라고 가정한다. 이러한 사항은 다음과 같이 코드에 암시적으로 표현돼 있다.

```
application.hasShownSniperIsBidding(1000, 1098);
```

이제 각 ApplicationRunner를 호출할 때 경매를 전달해 여러 품목에 대비한다. 따라서 이제 코드는 다음과 같다.

```
application.hasShownSniperIsBidding(auction, 1000, 1098);
```

ApplicationRunner에서는 itemId 필드를 제거하고, 대신 품목 식별자를 auction 매개변수에서 추출한다.

```
public void hasShownSniperIsBidding(FakeAuctionServer auction,
                                    int lastPrice, int lastBid)
{
  driver.showsSniperStatus(auction.getItemId(), lastPrice, lastBid,
                           textFor(SniperState.BIDDING));
}
```

나머지는 비슷하며, 새로운 테스트를 작성할 수 있음을 의미한다.

```
public class AuctionSniperEndToEndTest {
  private final FakeAuctionServer auction =
    new FakeAuctionServer("item-54321");
  private final FakeAuctionServer auction2 =
    new FakeAuctionServer("item-65432");

  @Test public void
  sniperBidsForMultipleItems() throws Exception {
    auction.startSellingItem();
    auction2.startSellingItem();

    application.startBiddingIn(auction, auction2);
    auction.hasReceivedJoinRequestFrom(ApplicationRunner.SNIPER_XMPP_ID);
    auction2.hasReceivedJoinRequestFrom(ApplicationRunner.SNIPER_XMPP_ID);

    auction.reportPrice(1000, 98, "other bidder");
    auction.hasReceivedBid(1098, ApplicationRunner.SNIPER_XMPP_ID);

    auction2.reportPrice(500, 21, "other bidder");
    auction2.hasReceivedBid(521, ApplicationRunner.SNIPER_XMPP_ID);

    auction.reportPrice(1098, 97, ApplicationRunner.SNIPER_XMPP_ID);
    auction2.reportPrice(521, 22, ApplicationRunner.SNIPER_XMPP_ID);

    application.hasShownSniperIsWinning(auction, 1098);
    application.hasShownSniperIsWinning(auction2, 521);

    auction.announceClosed();
    auction2.announceClosed();
```

```
    application.showsSniperHasWonAuction(auction, 1098);
    application.showsSniperHasWonAuction(auction2, 521);
  }
}
```

프로토콜 관례에 따라 새로운 사용자인 auction-item-65432를 채팅 서버에 추가해 새 경매를 표현하는 것도 잊지 않는다.

> **거짓 양성 피하기**
>
> showSniper 메서드들을 관련 경매 트리거와의 짝을 만드는 대신 그룹화한다. 이는 이전 버전에서 발견한 문제를 파악하기 위해서다. 이전 버전은 각 확인(checking) 메서드가 가장 최근 변경 사항(이전 호출로 발생했을 변경 사항)을 파악하는 곳이다. 확인 메서드들을 한데 그룹화하면 동시에 해당 메서드들의 유효성을 보장받을 수 있다.

16.1.2 ApplicationRunner

ApplicationRunner에서 가장 크게 손봐야 할 부분은 startBiddingIn() 메서드다. 이제 startBiddingIn() 메서드에서는 스나이퍼의 명령행을 통해 전달되는 가변적인 개수의 경매를 받아들여야 한다. 변환을 수행하는 코드는 다소 지저분한데, 품목 식별자를 풀어 다른 명령행 인자의 끝에 덧붙여야 하기 때문이다. 우리가 할 수 있는 가장 좋은 방법은 자바의 배열을 이용하는 것이다.

```
public class ApplicationRunner { […]
  public void startBiddingIn(final FakeAuctionServer... auctions) {
    Thread thread = new Thread("Test Application") {
      @Override public void run() {
        try {
          Main.main(arguments(auctions));
        } catch (Throwable e) {
    […]
    for (FakeAuctionServer auction : auctions) {
      driver.showsSniperStatus(auction.getItemId(), 0, 0, textFor(JOINING));
    }
  }

  protected static String[] arguments(FakeAuctionServer... auctions) {
    String[] arguments = new String[auctions.length + 3];
    arguments[0] = XMPP_HOSTNAME;
    arguments[1] = SNIPER_ID;
    arguments[2] = SNIPER_PASSWORD;
    for (int i = 0; i < auctions.length; i++) {
      arguments[i + 3] = auctions[i].getItemId();
    }
```

```
        return arguments;
    }
}
```

테스트를 실행하면 실패하는 것을 볼 수 있다.

```
java.lang.AssertionError:
Expected: is not null
     got: null
at auctionsniper.SingleMessageListener.receivesAMessage()
```

16.1.3 분화, 실패 메시지 수정

암호 같은 이 실패 메시지는 11장에서 처음으로 본 적이 있다. 그때는 그리 나쁘지 않았는데, 당시에는 해당 메시지가 한곳에서만 발생했고 어쨌거나 테스트할 코드가 그리 많지 않았기 때문이다. 하지만 이제는 다음 메서드를 찾아 빠뜨린 부분이 뭔지 파악해야 하기 때문에 약간 더 성가시다.

```
public void receivesAMessage(Matcher<? super String> messageMatcher)
  throws InterruptedException
{
  final Message message = messages.poll(5, TimeUnit.SECONDS);
  assertThat(message, is(notNullValue()));
  assertThat(message.getBody(), messageMatcher);
}
```

이 두 단정문을 합쳐서 좀 더 유의미한 실패 메시지를 제공하고자 한다. 메시지 본문에 대해서는 사용자 정의 매처(custom matcher)를 작성할 수도 있지만 Message의 구조가 당분간은 변경되지 않을 예정이라 다음과 같이 PropertyMatcher를 작성해도 된다.

```
public void receivesAMessage(Matcher<? super String> messageMatcher)
  throws InterruptedException
{
  final Message message = messages.poll(5, TimeUnit.SECONDS);
  assertThat(message, hasProperty("body", messageMatcher));
}
```

이렇게 수정하고 나면 좀 더 도움이 되는 실패 메시지가 나타난다.

```
java.lang.AssertionError:
Expected: hasProperty("body", "SOLVersion: 1.1; Command: JOIN;")
     got: null
```

약간 더 신경 쓰면 FeatureMatcher를 확장해 더 나은 실패 보고와 함께 메시지 본문을 추출할 수도 있다. 이렇게 해도 큰 차이는 없지만 타입 검사가 정적으로 수행될 것이다. 이제 하던 일로 돌아가자.

16.1.4 Main 재구성

테스트가 실패하는데, 스나이퍼가 두 번째 경매에 대해서는 Join 메시지를 보내지 않기 때문이다. 이 경우 추가 인자를 해석하게끔 Main을 변경해야 한다. 상기하는 차원에서 코드의 현재 모습은 다음과 같다.

```
public class Main {
  public Main() throws Exception {
    SwingUtilities.invokeAndWait(new Runnable() {
      public void run() {
        ui = new MainWindow(snipers);
      }
    });
  }

  public static void main(String... args) throws Exception {
    Main main = new Main();
    main.joinAuction(
      connection(args[ARG_HOSTNAME], args[ARG_USERNAME], args[ARG_PASSWORD]),
      args[ARG_ITEM_ID]);
  }

  private void joinAuction(XMPPConnection connection, String itemId) {
    disconnectWhenUICloses(connection);
    Chat chat = connection.getChatManager()
                          .createChat(auctionId(itemId, connection), null);
    […]
  }
}
```

여러 항목을 추가하려면 경매 서버에 접속하는 코드와 경매에 참여하는 코드를 구분할 필요가 있다. 먼저 여러 채팅에서 재사용할 수 있게 connection을 확보하는 것으로 시작한다. 코드를 수정한 결과가 그리 객체 지향적이지는 않지만 구조가 어떻게 발전해 가는지 두고 보겠다. 아울러 notToBeGCd도 단일 값에서 컬렉션으로 바꾼다.

```
public class Main {
  public static void main(String... args) throws Exception {
    Main main = new Main();
    XMPPConnection connection =
      connection(args[ARG_HOSTNAME], args[ARG_USERNAME], args[ARG_PASSWORD]);
    main.disconnectWhenUICloses(connection);
```

```
        main.joinAuction(connection, args[ARG_ITEM_ID]);
    }
    private void joinAuction(XMPPConnection connection, String itemId) {
      Chat chat = connection.getChatManager()
                            .createChat(auctionId(itemId, connection), null);
      notToBeGCd.add(chat);

      Auction auction = new XMPPAuction(chat);
      chat.addMessageListener(
            new AuctionMessageTranslator(
                connection.getUser(),
                new AuctionSniper(itemId, auction,
                            new SwingThreadSniperListener(snipers))));
      auction.join();
    }
  }
```

앞에서 부여한 각 항목을 순회한다.

```
  public static void main(String... args) throws Exception {
    Main main = new Main();
    XMPPConnection connection =
      connection(args[ARG_HOSTNAME], args[ARG_USERNAME], args[ARG_PASSWORD]);
    main.disconnectWhenUICloses(connection);

    for (int i = 3; i < args.length; i++) {
      main.joinAuction(connection, args[i]);
    }
  }
```

코드가 지저분하지만 단일 연결에 대한 코드와 여러 경매를 분리하는 모습을 볼 수 있다. 이 코드는 머지않아 정리되리라는 예감이 든다.

이제 전 구간 테스트는 화면을 통해 공급한 추가 항목을 처리하지 못한다는 사실을 보여준다. 테이블 모델은 여전히 한 행을 지원하도록 하드코딩돼 있으므로 해당 항목 중 하나는 무시될 것이다.

```
  [...] but...
       it is not table with row with cells
           <label with text "item-65432">, <label with text "521">,
           <label with text "521">, <label with text "Winning">
       because
           in row 0: component 0 text was "item-54321"
```

그나저나 이 결과는 전 구간 테스트에서 우리가 타이밍(실행 시점)에 유의해야 하는 이유를 잘 보여준다. 이 테스트는 auction1이나 auction2를 찾을 경우에는 실패할지도 모른다. 시스템이 비동기적이면 어느 것이 먼저 도착할지 판단할 수 없어서다.

16.1.5 테이블 모델 확장

SnipersTableModel이 여러 항목에 관해 알아야 할 필요가 있으므로 스나이퍼가 경매에 참가할 때 그 사실을 알려줄 새 메서드를 하나 추가한다. 이 메서드를 Main.joinAuction()에서 호출해 콘텍스트를 우선 보여줄 것이며, SnipersTableModel에 빈 구현체를 작성해 컴파일러를 통과하게 만들겠다.

```
private void
joinAuction(XMPPConnection connection, String itemId) throws Exception {
  safelyAddItemToModel(itemId);
  […]
}
private void safelyAddItemToModel(final String itemId) throws Exception {
  SwingUtilities.invokeAndWait(new Runnable() {
    public void run() {
      snipers.addSniper(SniperSnapshot.joining(itemId));
    }
  });
}
```

메서드 호출을 invokeAndWait()로 감싸야 하는데, 해당 메서드 호출이 스윙 스레드 바깥에서 사용자 인터페이스의 상태를 변경하기 때문이다.

SnipersTableModel의 구현 자체는 단일 스레드 형식이므로 직접적인 단위 테스트를 작성할 수 있다. 우선 스나이퍼를 추가하는 것에 대한 단위 테스트로 시작한다.

```
@Test public void
notifiesListenersWhenAddingASniper() {
    SniperSnapshot joining = SniperSnapshot.joining("item123");
    context.checking(new Expectations() { {
        one(listener).tableChanged(with(anInsertionAtRow(0)));
    }});

    assertEquals(0, model.getRowCount());

    model.addSniper(joining);

    assertEquals(1, model.getRowCount());
    assertRowMatchesSnapshot(0, joining);
}
```

앞의 테스트는 새 메서드를 호출하고 다른 TableModelEvent와 매칭한다는 점만 제외하면 '입찰 중인 스나이퍼 보여주기'(180쪽)에서 작성한 스나이퍼 상태 갱신 테스트와 비슷하다. 또 테이블 행 값을 비교하는 부분을 assertRowMatchesSnapshot() 도우미 메서드로 그러모았다.

여기서는 SniperSnapshot 필드를 컬렉션으로 바꾸고 별도의 테이블 이벤트를 거는 식으로 이 테스트를 통과하게 한다. 이런 변경 사항은 기존 스나이퍼 갱신 테스트를 망가뜨리는데, 더는 기본 스나이퍼가 없기 때문이다. 따라서 다음과 같이 수정한다.

```
@Test public void
setsSniperValuesInColumns() {
  SniperSnapshot joining = SniperSnapshot.joining("item id");
  SniperSnapshot bidding = joining.bidding(555, 666);
  context.checking(new Expectations() {{
    allowing(listener).tableChanged(with(anyInsertionEvent()));
    one(listener).tableChanged(with(aChangeInRow(0)));
  }});

  model.addSniper(joining);
  model.sniperStateChanged(bidding);

  assertRowMatchesSnapshot(0, bidding);
}
```

모델에 스나이퍼를 추가해야 한다. 이렇게 하면 이 테스트와 관련이 없는 삽입 이벤트가 발생하므로(이 테스트는 단지 보조적인 기반 구조에 불과하다) allowing() 절을 추가해 삽입하는 것을 그냥 내버려두자. allowing() 절에서는 이벤트의 유효 범위 말고 이벤트 타입만 검사하는 좀 더 관대한(forgiving) 매처를 사용한다. 아울러 갱신 이벤트(우리가 신경 써야 할 이벤트)에 대해서도 매처를 변경해 현재 검사 중인 행을 정확하게 파악하게끔 만들었다.

그리고 나서 단위 테스트를 더 작성해 나머지 기능을 제거한다. 이 단위 테스트에서는 TableModelEvent들에 관심이 없으므로 listener는 완전히 무시한다.

```
@Test public void
holdsSnipersInAdditionOrder() {
  context.checking(new Expectations() { {
    ignoring(listener);
  }});

  model.addSniper(SniperSnapshot.joining("item 0"));
  model.addSniper(SniperSnapshot.joining("item 1"));

  assertEquals("item 0", cellValue(0, Column.ITEM_IDENTIFIER));
  assertEquals("item 1", cellValue(1, Column.ITEM_IDENTIFIER));
}
updatesCorrectRowForSniper() { […] }
throwsDefectIfNoExistingSniperForAnUpdate() { […] }
```

구현은 이해하기가 어렵지 않다. 유일하게 특기할 만한 부분은 SniperSnapshot에

isForSameItemAs() 메서드를 추가해 테이블 모델에서 식별자를 추출해 비교하는 대신 똑같은 항목을 참조하고 있는지 판단할 수 있게 했다는 것이다.[1] 이렇게 하면 책임 배분이 더 명확해지고 테이블 모델을 변경할 필요 없이 테이블 모델의 구현체를 변경할 수 있다는 이점도 있다. 관련 항목을 찾지 않는 것은 프로그래밍 오류라고 판단했다.

```
public void sniperStateChanged(SniperSnapshot newSnapshot) {
  int row = rowMatching(newSnapshot);
  snapshots.set(row, newSnapshot);
  fireTableRowsUpdated(row, row);
}
private int rowMatching(SniperSnapshot newSnapshot) {
  for (int i = 0; i < snapshots.size(); i++) {
    if (newSnapshot.isForSameItemAs(snapshots.get(i))) {
      return i;
    }
  }
  throw new Defect("Cannot find match for " + snapshot);
}
```

앞서와 같이 코드를 변경하면 현재 전 구간 테스트가 통과하므로 그림 16.1의 할 일 목록에서 완료한 작업을 표시할 수 있다.

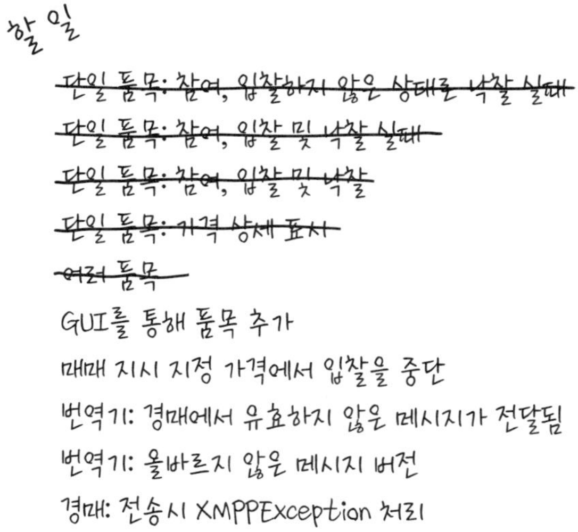

할 일

~~단일 품목: 참여, 입찰하지 않은 상태로 낙찰 실패~~
~~단일 품목: 참여, 입찰 및 낙찰 실패~~
~~단일 품목: 참여, 입찰 및 낙찰~~
~~단일 품목: 가격 상세 표시~~
~~여러 품목~~
GUI를 통해 품목 추가
매매 지시 지정 가격에서 입찰을 중단
번역기: 경매에서 유효하지 않은 메시지가 전달됨
번역기: 올바르지 않은 메시지 버전
경매: 전송시 XMPPException 처리

그림 16.1 스나이퍼가 여러 항목을 처리한다.

---

1 이렇게 하면 '기능에 대한 욕심'이라는 나쁜 코드 냄새를 피할 수 있다[Fowler99].

> **이제 하나 차이에 의한 오류(Off-by-One Error)가 더는 발생하지 않을까?**
>
> 테이블 모델과 상호 작용하려면 논리적인 셀 그리드에 인덱스를 지정해야 한다. 우리는 이러한 경우에 TDD가 특별히 유용하다는 사실을 알게 됐다. 가장 단순한 경우를 제외하면 인덱스를 올바르게 획득하는 것은 다소 까다로운 일이 될 수 있으며, 테스트를 먼저 작성하면 경계 조건이 명확해지고 올바르게 구현됐는지 검사할 수 있다. 앞서 우리는 코드에 깊숙이 숨어 있던 인덱스 참조 버그를 찾느라 너무 많은 시간을 허비한 적이 있다.

16.2 사용자 인터페이스를 통한 항목 추가

16.2.1 더 단순한 설계

구매자와 사용자 인터페이스 디자이너들은 여전히 아이디어를 구체화하는 중이지만 항목 입력부를 팝업 대화 상자 대신 상단 표시줄로 옮겨 기존 디자인을 가까스로 단순화했다. 현재 버전의 디자인은 그림 16.2와 같으므로 텍스트 필드와 버튼을 화면에 추가할 필요가 있다.

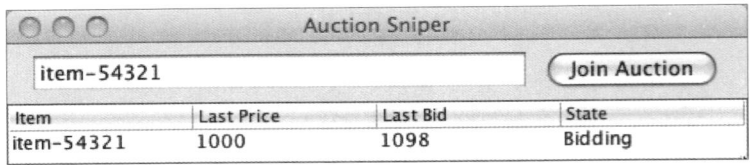

그림 16.2 표시줄에 입력 필드가 포함된 스나이퍼

> **할 수 있을 때 진행하라**
>
> 사용자 인터페이스 설계는 이 책의 범위를 벗어난다. 프로젝트 규모와 상관없이 사용자 경험 전문가는 사용자에게 일관된 경험을 제공하고자 온갖 종류의 거시적/미시적인 세부 사항을 고려하므로 일부 팀에서는 코딩하기 전에 인터페이스 디자인을 확정하려고 노력하기도 한다. 우리를 비롯해 제프 패튼(Jeff Patton) 같은 사람들의 경험에 비춰보면 설계가 정리되는 와중에도 개발을 진행할 수 있다. 기능에 대해 현재 팀이 이해하고 있는 바에 따라 구축하고 코드(그리고 태도)를 유연하게 유지함으로써 기능이 확정됨에 따라 설계와 관련된 아이디어에 유연하게 대응할 수 있다(그리고 아마 우리가 경험한 바는 이 같은 프로세스에도 피드백을 줄 것이다).

16.2.2 테스트 갱신

AuctionSniperEndToEndTest를 다시 살펴보면 애플리케이션에서 해야 할 일을 테스트에서 이미 모두 표현하고 있다. 이 테스트에는 스나이퍼가 하나 이상의 경매에 접속해 입찰하는 방법이 기술돼 있다. 변경된 사항은 우리가 ApplicationRunner에서 일어나는 그러한 일부 행위(명령행이 아니라 사용자 인터페이스를 통해 연결하는)의 다른 구현을 기술하고 싶다는 것이다. Main에서 만든 것과 비슷하게 개별 경매에 대한 연결을 나누는 식으로 구조를 재구성할 필요가 있다. 여기서는 스나이퍼를 구동하고 검사한 다음 차례로 각 경매에 입찰을 시작하는 startSniper() 메서드를 뽑아낸다.

```
public class ApplicationRunner {
  public void startBiddingIn(final FakeAuctionServer... auctions) {
    startSniper();
    for (FakeAuctionServer auction : auctions) {
      final String itemId = auction.getItemId();
      driver.startBiddingFor(itemId);
      driver.showsSniperStatus(itemId, 0, 0, textFor(SniperState.JOINING));
    }
  }

  private void startSniper() {
    // showsSniperStatus() 메서드를 호출하기 전
  }
  […]
}
```

테스트 기반 구조에 대한 다른 변경 사항은 AuctionSniperDriver에 startBiddingFor()라는 새 메서드를 구현하는 것이다. 이 메서드는 항목 식별자에 해당하는 텍스트 필드를 찾아 채운 다음 Join Auction 버튼을 찾아 클릭한다.

```
public class AuctionSniperDriver extends JFrameDriver {
  @SuppressWarnings("unchecked")
  public void startBiddingFor(String itemId) {
    itemIdField().replaceAllText(itemId);
    bidButton().click();
  }

  private JTextFieldDriver itemIdField() {
    JTextFieldDriver newItemId =
      new JTextFieldDriver(this, JTextField.class,
        named(MainWindow.NEW_ITEM_ID_NAME));
    newItemId.focusWithMouse();
    return newItemId;
  }

  private JButtonDriver bidButton() {
```

```
      return new JButtonDriver(this, JButton.class,
        named(MainWindow.JOIN_BUTTON_NAME));
  }
  […]
}
```

이러한 구성 요소도 아직 존재하지 않으므로 텍스트 필드를 찾을 때 테스트가 실패한다.

```
[…] but…
    all top level windows
    contained 1 JFrame (with name "Auction Sniper Main" and showing on screen)
    contained 0 JTextField (with name "item id")
```

16.2.3 액션 표시줄 추가

새 패널을 상단에 추가해 식별자를 입력하는 텍스트 필드와 Join Auction 버튼을 포함하는 식으로 이 실패를 처리한다. 이때 makeControls() 메서드로 이러한 활동을 감싸서 우리의 의도를 표현한다. 이 코드가 그리 흥미롭진 않지만 어떤 행위를 추가하기에 앞서 코드 구조를 보여주고 싶다.

```
public class MainWindow extends JFrame {
  public MainWindow(TableModel snipers) {
    super(APPLICATION_TITLE);
    setName(MainWindow.MAIN_WINDOW_NAME);
    fillContentPane(makeSnipersTable(snipers), makeControls());
    […]
  }

  private JPanel makeControls() {
    JPanel controls = new JPanel(new FlowLayout());
    final JTextField itemIdField = new JTextField();
    itemIdField.setColumns(25);
    itemIdField.setName(NEW_ITEM_ID_NAME);
    controls.add(itemIdField);

    JButton joinAuctionButton = new JButton("Join Auction");
    joinAuctionButton.setName(JOIN_BUTTON_NAME);
    controls.add(joinAuctionButton);

    return controls;
  }
  […]
}
```

액션 표시줄을 추가하고 나서도 다음 테스트는 실패하는데, 아직 테이블 모델에 식별된 행을 생성하지 않았기 때문이다.

```
[…] but...
  all top level windows
    contained 1 JFrame (with name "Auction Sniper Main" and showing on screen)
    contained 1 JTable ()
  it is not with row with cells
    <label with text "item-54321">, <label with text "0">,
    <label with text "0">, <label with text "Joining">
```

16.2.4 설계할 시간

이제 뭘 해야 할까? 현재 상태를 되짚어보자면 앞으로 고쳐야 할 깨진 인수 테스트가 하나 있고, 사용자 인터페이스 골격은 있는데 행위는 없으며, SnipersTableModel은 여전히 한 번에 스나이퍼 하나만 처리한다. 목표는 Join Auction 버튼을 클릭했을 때 애플리케이션이 항목 필드에 지정된 경매에 참가를 시도하고 경매 목록에 신규 행을 하나 추가해서 요청이 처리 중임을 보이게 하는 것이다.

실제로 이것이 의미하는 바는 JButton에 대한 스윙의 ActionListener가 필요하다는 것이다. 이 ActionListener는 JTextField에 입력된 텍스트를 새로운 세션의 항목 식별자로 사용할 것이다. ActionListener 구현체에서는 SnipersTableModel에 행을 하나 추가한 다음 사우스비 온라인 서버에 새로운 Chat을 생성할 것이다. 한 가지 주의해야 할 점은 연결과 관련해서 해야 할 일은 모두 Main에 있는데, 버튼과 텍스트 필드는 MainWindow에 들어 있다는 것이다. 이렇게 구분해 두는 이유는 이렇게 했을 때 두 클래스가 본연의 책임에 더 충실할 수 있기 때문이다.

이쯤에서 잠깐 멈추고 '역할, 책임, 협력자'(18쪽)에서 아이디어를 시각화하는 데 도움이 된 CRC 카드를 사용해 코드 구조에 관해 생각해보자. 약간 논의를 거치고 나니 MainWindow의 역할이 UI 컴포넌트와 해당 컴포넌트의 상호 작용을 관리하는 것이라는 점이 떠올랐다. 따라서 MainWindow에서는 '연결'이나 '채팅' 같은 개념까지 다뤄서는 안 된다. 사용자 상호 작용이 사용자 인터페이스 바깥의 활동을 의미할 경우, MainWindow에서는 이 같은 사항을 처리하는 책임을 협력 객체에 위임해야 한다.

방금 설명한 바를 표현하고자 MainWindow에 리스너를 추가해 이웃 객체에 사용자 요청에 관해 알리기로 한다. 여기서는 새 협력자를 UserRequestListener라고 할 텐데, 사용자 요청을 처리할 책임을 질 것이기 때문이다.

```
public interface UserRequestListener extends EventListener {
  void joinAuction(String itemId);
}
```

16.2.5 또 다른 수준의 테스트

앞서 제안한 새로운 행위에 대한 테스트를 작성하고 싶지만 스윙 스레드 때문에 단위 테스트를 단순하게 작성할 수 없다. 테스트 말미의 단정문을 검사하는 시점에서 스윙 코드가 실행을 완료했으리라 확신할 수 없으므로 테스트된 코드가 안정화될 때까지 기다릴 뭔가가 필요한데, 이를 보통 통합 테스트라고 한다. 우리가 작성한 코드가 서드 파티 라이브러리와도 동작하는지 테스트하기 때문이다. 전 구간 테스트는 물론 이 같은 수준의 테스트에 대해서도 윈도리커를 사용할 수 있다. 다음은 새로 작성한 테스트다.

```java
public class MainWindowTest {
  private final SnipersTableModel tableModel = new SnipersTableModel();
  private final MainWindow mainWindow = new MainWindow(tableModel);
  private final AuctionSniperDriver driver = new AuctionSniperDriver(100);

  @Test public void
  makesUserRequestWhenJoinButtonClicked() {
    final ValueMatcherProbe<String> buttonProbe =
      new ValueMatcherProbe<String>(equalTo("an item-id"), "join request");

    mainWindow.addUserRequestListener(
        new UserRequestListener() {
          public void joinAuction(String itemId) {
            buttonProbe.setReceivedValue(itemId);
          }
        });

    driver.startBiddingFor("an item-id");
    driver.check(buttonProbe);
  }
}
```

> **ℹ️ 윈도리커의 검증 대상**
>
> 윈도리커에서 탐침(probe)은 특정 상태를 검사하는 객체다. 드라이버의 check() 메서드에서는 탐침이 만족하거나 시간이 만료될 때까지 반복해서 특정 탐침을 수행한다. 이 테스트에서는 ValueMatcherProbe를 사용했는데, UserRequestListener의 joinAuction() 메서드가 올바른 경매 식별자를 포함한 상태로 호출되기까지 대기하기 위해 햄크레스트 매처와 값을 비교한다.

컴파일러를 통과하고자 MainWindow.addUserRequestListener의 빈 구현체를 만들었지만 테스트는 실패한다.

```
Tried to look for...
    join request "an item-id"
but...
    join request "an item-id". Received nothing
```

이 테스트를 통과하고자 MainWindow의 요청 리스너 기반 구조를 Announcer를 이용해 채웠다. Announcer는 유틸리티 클래스이며 리스너의 컬렉션을 관리하는 역할을 담당한다.[2] 항목 식별자를 추출하고 그것을 요청 리스너에 알리는(announce) 스윙 ActionListener를 추가한다. MainWindow에서 이와 관련한 부분은 다음과 같다.

```
public class MainWindow extends JFrame {
  private final Announcer<UserRequestListener> userRequests =
                                    Announcer.to(UserRequestListener.class);

  public void addUserRequestListener(UserRequestListener userRequestListener) {
    userRequests.addListener(userRequestListener);
  }

  […]
  private JPanel makeControls(final SnipersTableModel snipers) {
    […]
    joinAuctionButton.addActionListener(new ActionListener() {
      public void actionPerformed(ActionEvent e) {
        userRequests.announce().joinAuction(itemIdField.getText());
      }
    });
    […]
  }
}
```

해당 부분을 강조하고자 사용자 인터페이스 프레임워크의 내부에 존재하던 ActionListener 이벤트를 경매와 상호 작용하는 사용자에 관한 UserRequestListener 이벤트로 변환했다. 이것들은 뚜렷이 구분되는 두 도메인에 해당하며, MainWindow의 역할은 한 도메인의 개념을 다른 도메인의 개념으로 번역하는 것이다. MainWindow는 UserRequestListener 구현체의 동작 방식과는 직접적인 연관이 없다. 그렇게 되면 MainWindow가 너무 많은 역할을 하게 될 것이다.

> **사소한 자만**
>
> 이러한 수준의 테스트가 과도한 경우일 수도 있는데, 처음 이 예제를 작성했을 때 텍스트 필드의 내용이 아닌 텍스트 필드의 이름을 반환하게 했다(하나는 item-id였고 다른 하나는 item id

---

2 Announcer는 jMock에 포함된 예제에 들어 있다.

였다). 이것은 놓치기 쉬운 일종의 버그이자 전 구간 테스트에서 풀어야 할 악몽에 해당한다. 이런 이유로 우리는 통합 수준 테스트도 작성하는 편이다.

16.2.6 UserRequestListener 구현

Main으로 돌아와서 새로 만든 UserRequestListener를 어디에 끼워 넣을 수 있는지 살펴보자. 변경할 부분은 거의 없는데, 이번 장의 전반부에서 Main 클래스의 구조를 재구성할 때 대부분의 일을 해뒀기 때문이다. 지금 당장은 일을 좀 더 진행하기 전까지 기존 코드를 대부분 그대로 둘 것이므로(전혀 제대로 된 모습을 갖추고 있진 않지만 말이다) 이전의 joinAuction() 메서드를 UserRequestListener에 그대로 옮기기만 하겠다. 아울러 UserRequestListener가 스윙 스레드에서 호출될 것이므로 safelyAddItemToModel() 래퍼를 제거해도 된다. 현재 상태의 코드에서 바뀐 부분은 그리 확연히 드러나지 않는다. 일단 메모해 뒀다가 나중에 해결하자.

```
public class Main {
  public static void main(String... args) throws Exception {
    Main main = new Main();
    XMPPConnection connection =
      connection(args[ARG_HOSTNAME], args[ARG_USERNAME], args[ARG_PASSWORD]);
    main.disconnectWhenUICloses(connection);
    main.addUserRequestListenerFor(connection);
  }

  private void addUserRequestListenerFor(final XMPPConnection connection) {
    ui.addUserRequestListener(new UserRequestListener() {
      public void joinAuction(String itemId) {
        snipers.addSniper(SniperSnapshot.joining(itemId));
        Chat chat = connection.getChatManager()
                            .createChat(auctionId(itemId, connection), null);
        notToBeGCd.add(chat);

        Auction auction = new XMPPAuction(chat);
        chat.addMessageListener(
                new AuctionMessageTranslator(connection.getUser(),
                    new AuctionSniper(itemId, auction,
                        new SwingThreadSniperListener(snipers))));
        auction.join();
      }
    });
  }
}
```

전 구간 테스트를 다시 수행해 통과하는 것을 확인했다. 머리에 약간 쥐가 나므로 커피나 한 잔 하면서 쉬자.

16.3 고찰

16.3.1 꾸준한 진행

재구성 작업의 혜택을 좀 더 보기 시작했다. 전 구간 테스트에서 여러 항목을 처리하게끔 변환하는 일은 아주 쉬웠고, 구현체의 대부분은 이미 동작하는 코드로 구성돼 있었다. 우리는 클래스가 모두 자기 역할에 충실하게끔 신중을 기했다. 동작하는 절충안 코드를 작성해둔 Main 클래스 한 곳만 제외하면 말이다.

충분한 테스트를 충실히 작성하려고 노력했다. 그렇게 하지 않았다면 그대로 남겨뒀을 법한 몇 가지 경계 조건까지 고려했으며, 새로운 중간 수준의 '통합' 테스트를 도입해 시스템 나머지 부분의 진행에 차질을 빚지 않고도 사용자 인터페이스 구현체를 만들어 냈다.

16.3.2 TDD에 관한 비밀

예제 개발에 해당하는 모든 사항을 책에 싣지는 않았다. 지루한 일이고 지면 낭비에 불과하다. 하지만 이와 관련해서 일어난 일에 관해서는 알아둘 가치가 있다고 생각한다. 우리는 여러 차례 시도 끝에 현재 설계가 올바른 방향을 가리키게끔 만들 수 있었는데, 잘못된 객체에 행위를 할당하려고 했었기 때문이다. 우리가 계속 솔직할 수 있었던 것은 초점이 잡혀 있고 적절한 테스트를 작성하려고 할 때마다 설정과 단정이 서로 차이가 났기 때문이다. 프로그래머로서 부족한 면을 극복하고 나니 테스트가 훨씬 명료해졌다.

16.3.3 출시?

이제 모든 것이 동작하고 기능을 좀 더 추가할 수 있겠다. 그렇지 않은가? 아니다. 우리는 '동작한다'는 말이 '완료'와 같은 것이라고 생각하지 않는다. 아이디어를 정리할 때 꽤나 지저분한 설계를 Main에 남겨뒀고, 애플리케이션의 다양한 기능 조각은 모두 한 곳에 뒤죽박죽되어 있다. 이것이 남긴 혼돈은 차치하더라도 이 코드의 대부분은 실제로 전 구간 테스트를 통과하는 것을 제외하곤 테스트가 불가능하다. 이제 그러한 부분들을 제거할 수 있는데, 코드 규모는 여전히 작지만 애플리케이션이 성장하면 거기에 맞춰 그대로 유지하기 어려울 것이다. 더 중요한 점은 코드 내부 품질에 관한 단위 테스트의 피드백을 아직 아무것도 받지 못했다는 것이다.

이 코드가 앞으로 변경될 일이 전혀 없거나 위급 상황이었다면 운영 환경에 집어 넣었을지도 모른다. 애플리케이션이 아직 완성되지 않았으므로 첫 번째 가정이 거짓임을 안다. 그리고 서두른다고 해서 실제로 위기 상황인 것은 아니다. 조만간 이 코드를 다시 다룰 것이다. 그래서 아직까지 머릿속에 생생하게 들어 있는 코드를 지금 정리해 두거나 수정해야 할 때마다 코드를 다시 익힐 수도 있다. 우리가 교육적인 면을 강조한다는 사실을 염두에 둔다면 다음으로 뭘 할지 짐작할 수 있을 것이다.

17장

GROWING OBJECT-ORIENTED SOFTWARE GUIDED BY TESTS

Main 분석

이번 장에서는 XMPP와 사용자 인터페이스 코드를 스나이퍼 로직과 분리되게끔 행위를 재편하면서 애플리케이션을 여러 부분으로 나눈다. 전체 애플리케이션을 망가뜨리지 않고 한 번에 한 개념씩 바꾸면서 이를 점진적으로 달성한다. 마지막으로 notToBeGCd를 날려버린다.

17.1 역할 찾기

Main을 조금 수정할 필요가 있다고 생각했지만 개선된 Main으로 뭘 해야 할까?

사소한 프로그램이 아닐 경우 우리는 최상위 수준 클래스를 '중매쟁이', 즉 컴포넌트를 발견해 각 컴포넌트끼리 서로 소개하는 클래스로 생각하길 좋아한다. '중매'가 끝나면 해당 클래스는 백그라운드로 전환해 애플리케이션이 끝나길 기다린다. 좀 더 규모가 큰 경우에는 관계가 XML로 인코딩되기도 한다는 것을 제외하고 현 세대의 애플리케이션 컨테이너가 중매쟁이 역할을 담당한다.

현재 모습을 보자면 Main은 중매쟁이 역할을 하지만 컴포넌트 일부를 구현하기도 하는데, 이는 Main에 역할이 너무 많다는 의미다. 한 가지 단서로 임포트 구문을 보면 다음과 같다.

```
import java.awt.event.WindowAdapter;
import java.awt.event.WindowEvent;
import java.util.ArrayList;

import javax.swing.SwingUtilities;

import org.jivesoftware.smack.Chat;
import org.jivesoftware.smack.XMPPConnection;
import org.jivesoftware.smack.XMPPException;

import auctionsniper.ui.MainWindow;
```

```
import auctionsniper.ui.SnipersTableModel;
import auctionsniper.AuctionMessageTranslator;
import auctionsniper.XMPPAuction;
```

보다시피 auctionsniper 패키지 자체를 비롯해 관련 없는 세 패키지에서 코드를 임포트하고 있다. 사실 최상위 수준 패키지와 UI 패키지에는 서로 의존하는 패키지 순환 관계가 있다. 다른 언어와 달리 자바에서는 패키지 순환을 허용하지만 그다지 바람직하지는 않다.

우리는 이 행위의 일부를 Main에서 뽑아내야 한다고 생각하며, XMPP 기능이 첫 후보로 적절해 보인다. 스맥을 사용한다는 것은 구현 세부 사항에 해당하며, 애플리케이션의 나머지 부분과 관련이 없다.

17.2 채팅 추출

17.2.1 채팅 격리

대다수 동작은 Main 내의 UserRequestListener.joinAuction() 구현에서 일어난다. 우리는 경매 스나이핑과 채팅 같은 각기 다른 수준의 도메인을 한 단위의 코드에 집어넣었다는 사실을 알고 있다. 각 수준의 도메인을 나누고자 한다. 다시 한 번 코드를 살펴보자.

```
public class Main { [...]
  private void addUserRequestListenerFor(final XMPPConnection connection) {
    ui.addUserRequestListener(new UserRequestListener() {
    public void joinAuction(String itemId) {
      snipers.addSniper(SniperSnapshot.joining(itemId));
        Chat chat = connection.getChatManager()
                              .createChat(auctionId(itemId, connection), null);
      notToBeGCd.add(chat);

      Auction auction = new XMPPAuction(chat);
      chat.addMessageListener(
              new AuctionMessageTranslator(connection.getUser(),
                 new AuctionSniper(itemId, auction,
                    new SwingThreadSniperListener(snipers))));
      auction.join();
      }
    });
  }
}
```

이 코드를 스맥에 한정하는 객체는 chat이다. chat을 여러 번 참조하는데, 가비지 컬렉션을 피하고, Auction 구현에 chat을 첨부하고, 메시지 리스너를 붙일 때 chat을 참조한다. 경매와 스나이퍼 관련 코드를 함께 모을 수 있다면 chat을 다른 곳으로 옮길 수 있지만 XMPPAuction과 Chat, AuctionSniper 사이에 의존성 고리가 있는 한 그렇게 하기가 여의치 않다.

다시 한 번 살펴보면 실제로 스나이퍼가 AuctionEventListener로 AuctionMessageTranslator에 연결된다. 아마 직접 연동하기보다는 Announcer를 이용해 둘을 연동하면 필요한 유연성이 확보될 것이다. 게다가 '객체 이웃의 유형'(63쪽)에서 정의한 것처럼 스나이퍼를 알림 수단으로 가지고 있는 것도 앞뒤가 맞을 것이다. 결과는 다음과 같다.

```
public class Main { […]
  private void addUserRequestListenerFor(final XMPPConnection connection) {
    ui.addUserRequestListener(new UserRequestListener() {
      public void joinAuction(String itemId) {
        Chat chat = connection.[…]
        Announcer<AuctionEventListener> auctionEventListeners =
                  Announcer.to(AuctionEventListener.class);
        chat.addMessageListener(
                  new AuctionMessageTranslator(
                      connection.getUser(),
                      auctionEventListeners.announce()));
        notToBeGCd.add(chat);

        Auction auction = new XMPPAuction(chat);
        auctionEventListeners.addListener(
          new AuctionSniper(itemId, auction,
            new SwingThreadSniperListener(snipers)));
        auction.join();
      }
    }
  }
}
```

더 나빠진 것처럼 보여도 조금 흥미로운 부분은 마지막 세 줄이다. 가까이 들여다보면 모든 것이 경매와 스나이퍼 측면에서 기술된 것처럼 보인다(스윙 스레드 문제가 여전히 있지만 분명 가까이 들여다보라고 했다).

17.2.2 채팅 캡슐화하기

여기서부터 chat과 관련된 모든 것, 즉 chat을 초기화하고, Announcer를 이용하는 부분을 XMPPAuction으로 집어넣을 수 있고, 이때 XMPPAuction의 AuctionEventListener에 대한 관리 메서드를 Auction 인터페이스에 추가한다. 여기서 최종 결과를 보여주겠지만 우리는 코드를 점진적으로 변경해 코드를 오랫동안 깨진 상태에 있지 않게 했다.

```java
public final class XMPPAuction implements Auction { [...]
  private final Announcer<AuctionEventListener> auctionEventListeners = [...]
  private final Chat chat;

  public XMPPAuction(XMPPConnection connection, String itemId) {
    chat = connection.getChatManager().createChat(
                auctionId(itemId, connection),
                new AuctionMessageTranslator(connection.getUser(),
                                auctionEventListeners.announce()));
  }

  private static String auctionId(String itemId, XMPPConnection connection) {
    return String.format(AUCTION_ID_FORMAT, itemId,
        connection.getServiceName());
  }
}
```

가비지 컬렉션이라는 '부스럼'을 제외하면 이 방법으로 Chat에 대한 참조를 Main에서 모두 제거할 수 있다.

```java
public class Main { [...]
  private void addUserRequestListenerFor(final XMPPConnection connection) {
    ui.addUserRequestListener(new UserRequestListener() {
      public void joinAuction(String itemId) {
          snipers.addSniper(SniperSnapshot.joining(itemId));
          Auction auction = new XMPPAuction(connection, itemId);
          notToBeGCd.add(auction);
          auction.addAuctionEventListener(
            new AuctionSniper(itemId, auction,
                    new SwingThreadSniperListener(snipers)));
          auction.join();
      }
    });
  }
}
```

그림 17.1 XMPPAuction이 추출된 모습

17.2.3 새 테스트 작성

확장된 XMPPAuction에 대한 새 통합 테스트도 작성해 XMPPAuction이 Chat을 생성해 리스너를 부착할 수 있게 했다. 아울러 FakeAuctionServer 같은 기존 전 구간 테스트 기반 구조를 비롯해 자바 동시성 라이브러리의 CountDownLatch를 이용해 응답을 기다리게 했다.

```
@Test public void
receivesEventsFromAuctionServerAfterJoining() throws Exception {
  CountDownLatch auctionWasClosed = new CountDownLatch(1);

  Auction auction = new XMPPAuction(connection, auctionServer.getItemId());
  auction.addAuctionEventListener(auctionClosedListener(auctionWasClosed));

  auction.join();
  server.hasReceivedJoinRequestFrom(ApplicationRunner.SNIPER_XMPP_ID);
  server.announceClosed();

  assertTrue("should have been closed", auctionWasClosed.await(2, SECONDS));
}
private AuctionEventListener
auctionClosedListener(final CountDownLatch auctionWasClosed) {
  return new AuctionEventListener() {
    public void auctionClosed() { auctionWasClosed.countDown(); }
    public void currentPrice(int price, int increment,
      PriceSource priceSource) {
        // 구현하지 않음
    }
  };
}
```

결과를 살펴보면 XMPPAuction이 이제 Chat을 캡슐화해서 메시지 번역을 비롯한 요청 리스너와 경매 서비스 사이의 통신과 관련된 모든 것을 감추는 것이 타당함을 확인할 수 있다. 아울러 AuctionMessageTranslator가 캡슐화 내부에 존재하는 것을 볼 수 있으며, 스나이퍼에서는 AuctionMessageTranslator를 볼 필요가 없다. 그럼 새 구조를 이해하고자 XMPPAuction과 AuctionMessageTranslator를 새 auctionsniper.xmpp 패키지로 옮기고 테스트를 그에 상응하는 xmpp 테스트 패키지로 옮긴다.

> **생성자에 양보하기**
>
> 이 구현에는 의심스러운 부분이 하나 있다. 바로 생성자에 실제 행위의 일부가 포함된다는 것이다. 경험상 생성자에서 할 일이 많으면 언젠가는(특히 테스트할 때) 코드가 망가진다는 가정을 해야 하므로 필드를 설정하는 데 그치는 식으로 생성자를 매우 단순하게 유지하는 방식을 선호한

다. 지금은 이 부분을 외부 라이브러리와의 브리지에 해당하는 "껍데기" 코드로만 여긴다. 아울러 스맥 클래스에는 우리가 지양하는 복잡한 생성자가 있어서 통합 테스트만 할 수 있다.

17.3 연결 추출

다음으로 Main에서 제거해야 할 것은 XMPPConnection을 직접 참조하는 부분이다. 이 부분은 특정 품목에 대한 Auction 인스턴스를 생성하는 팩터리 클래스로 감쌀 수 있으므로 다음과 같은 메서드를 만들 것이다.

```
Auction auction = <팩터리>.auctionFor(품목 식별자);
```

이 새 타입을 뭐라고 불러야 할지 고민인데, 타입 이름이 경매에서 쓰는 용어를 반영해야 하기 때문이다. 결국 경매를 처리한다는 개념은 '경매장'이라고 판단하고 새 타입 이름을 다음과 같이 지정한다.

```
public interface AuctionHouse {
  Auction auctionFor(String itemId);
}
```

이렇게 리팩터링한 최종 결과는 다음과 같다.

```
public class Main { […]
  public static void main(String... args) throws Exception {
    Main main = new Main();
    XMPPAuctionHouse auctionHouse =
      XMPPAuctionHouse.connect(
        args[ARG_HOSTNAME], args[ARG_USERNAME], args[ARG_PASSWORD]);
    main.disconnectWhenUICloses(auctionHouse);
    main.addUserRequestListenerFor(auctionHouse);
  }
  private void addUserRequestListenerFor(final AuctionHouse auctionHouse) {
    ui.addUserRequestListener(new UserRequestListener() {
      public void joinAuction(String itemId) {
        snipers.addSniper(SniperSnapshot.joining(itemId));
        Auction auction = auctionHouse.auctionFor(itemId);
        notToBeGCd.add(auction);
        […]
      }
    }
  }
}
```

XMPPAuctionHouse를 구현하기는 어렵지 않다. 경매 품목 ID를 가지고 재버 ID를 생성하는 부분을 포함해 connection과 관련된 코드를 모두 옮기기만 하면 된다. 그러면 Main이 더 단순해지는데, XMPP 관련 코드로는 auctionsniper.xmpp.XMPPAuctionHouse 딱 하나만 임포트한다. 새 버전은 그림 17.2와 같다.

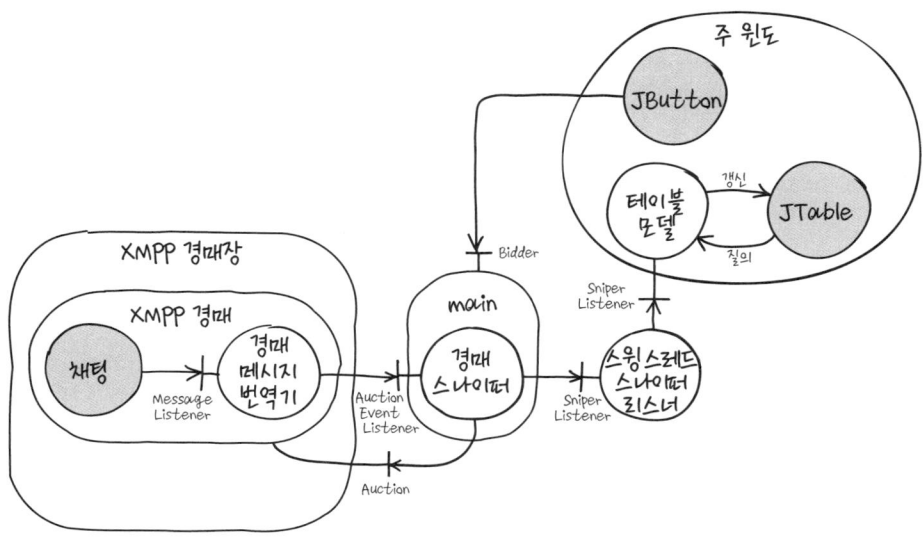

그림 17.2 XMPPAuctionHouse를 추출한 모습

일관성을 유지하고자 XMPPAuction에 대한 통합 테스트에서 지금처럼 XMPPAuction을 직접 생성하지 않고 XMPPAuctionHouse를 추가하고 해당 테스트의 이름을 XMPPAuctionHouseTest로 변경한다.

마지막 손질로 Main에 남겨둔 관련 상수를 옮긴다. 메시지 포맷은 XMPPAuction으로, 연결 식별자 포맷은 XMPPAuctionHouse로 옮긴다. 그러면 이러한 상수가 사용되는 범위가 좁아지므로 올바른 방향으로 가고 있다고 안심할 수 있다.

17.4 SnipersTableModel 추출

17.4.1 스나이퍼 실행기

마지막으로 SnipersTableModel을 직접 참조하는 부분, 관련 SwingThreadSniperListener, 그리고 끔찍한 notToBeGCd에 관한 작업을 하고자 한다. 그러자면 몇 단계를 거쳐야 한다.

첫 단계는 UserRequestListener의 의존성을 이해할 수 있게 UserRequestListener의 익명 구현을 적절한 클래스로 전환하는 것이다. 여기서는 새 클래스를 Sniper Launcher로 부르기로 했는데, SniperLauncher 클래스가 스나이퍼를 '실행'함으로써 경매에 참여하는 요청에 응답할 것이기 때문이다. 그렇게 했을 때 한 가지 긍정적인 효과는 notToBeGCd의 유효 범위를 새 클래스에 한정할 수 있다는 점이다.

```java
public class SniperLauncher implements UserRequestListener {
  private final ArrayList<Auction> notToBeGCd = new ArrayList<Auction>();
  private final AuctionHouse auctionHouse;
  private final SnipersTableModel snipers;

  public SniperLauncher(AuctionHouse auctionHouse, SnipersTableModel snipers) {
    // 필드 설정
  }

  public void joinAuction(String itemId) {
    snipers.addSniper(SniperSnapshot.joining(itemId));
    Auction auction = auctionHouse.auctionFor(itemId);
    notToBeGCd.add(auction);
    AuctionSniper sniper =
      new AuctionSniper(itemId, auction,
                        new SwingThreadSniperListener(snipers));
    auction.addAuctionEventListener(snipers);
    auction.join();
  }
}
```

SniperLauncher를 분리하고 나면 스윙 기능이 여기에 어울리지 않는다는 사실이 훨씬 더 분명해진다. 즉, SnipersTableModel에 해당하는 snipers를 사용하기가 까다롭다는 데서 알 수 있는데, snipers에 초기 SniperSnapshot을 전달함으로써 새 스나이퍼에 관해 알리고 snipers를 스나이퍼와 경매에 모두 전달한다. 아울러 초기 SniperSnapshot을 이곳과 AuctionSniper 생성자에서 만든다는 측면에서 숨겨진 중복이 있다는 점도 있다.

한걸음 물러서서 이 클래스를 단순하게 만들어 새 AuctionSniper를 준비하는 일만 하게 만들자. 새 스나이퍼를 애플리케이션으로 받아들이는 과정은 SniperCollector(SnipersTableModel로 구현된)라는 새로운 역할에 위임할 수 있다.

```java
public static class SniperLauncher implements UserRequestListener {
  private final AuctionHouse auctionHouse;
  private final SniperCollector collector;
  […]
  public void joinAuction(String itemId) {
    Auction auction = auctionHouse.auctionFor(itemId);
    AuctionSniper sniper = new AuctionSniper(itemId, auction);
```

```
      auction.addAuctionEventListener(sniper);
      collector.addSniper(sniper);
      auction.join();
    }
  }
```

확인하고 싶은 한 가지 행위는 다른 모든 것이 준비된 후에 경매에 참여하는 것이다. 이제 코드를 격리해뒀으므로 States를 대상으로 jMock 객체를 적용해 순서를 점검할 수 있다.

```
public class SniperLauncherTest {
  private final States auctionState = context.states("auction state")
                                             .startsAs("not joined");
  [...]
  @Test public void
  addsNewSniperToCollectorAndThenJoinsAuction() {
    final String itemId = "item 123";
    context.checking(new Expectations() {{
      allowing(auctionHouse).auctionFor(itemId); will(returnValue(auction));

      oneOf(auction).addAuctionEventListener(with(sniperForItem(itemId)));
                        when(auctionState.is("not joined"));
      oneOf(sniperCollector).addSniper(with(sniperForItem(item)));
                        when(auctionState.is("not joined"));

      one(auction).join(); then(auctionState.is("joined"));
    }});

    launcher.joinAuction(itemId);
  }
}
```

sniperForItem()은 특정 품목 식별자와 연관된 AuctionSniper와 일치하는 Matcher를 반환한다.

SnipersTableModel을 확장해 새로운 역할을 수행한다. 이제 SnipersTableModel은 SniperSnapshot 대신 AuctionSniper를 받아들인다. 이 부분이 작동하게 하려면 의존 관계에 있는 Sniper의 리스너를 의존에서 알림으로 변환해야 하는데, 그래야만 생성 후에 리스너를 추가할 수 있다. 아울러 SnipersTableModel에서 새 API를 사용하고 SniperSnapshot을 추가하지 못하도록 변경한다.

```
public class SnipersTableModel extends AbstractTableModel
    implements SniperListener, SniperCollector
{
  private final ArrayList<AuctionSniper> notToBeGCd = [...]

  public void addSniper(AuctionSniper sniper) {
    notToBeGCd.add(sniper);
```

```
    addSniperSnapshot(sniper.getSnapshot());
    sniper.addSniperListener(new SwingThreadSniperListener(this));
  }

  private void addSniperSnapshot(SniperSnapshot sniperSnapshot) {
    snapshots.add(sniperSnapshot);
    int row = snapshots.size() - 1;
    fireTableRowsInserted(row, row);
  }
}
```

올바른 방향으로 향하고 있음을 나타내는 한 가지 변화는 SwingThreadSniperListener가 코드에서 일반 SniperLauncher가 아닌 스윙을 다루는 부분으로 들어갔다는 것이다.

17.4.2 스나이퍼 포트폴리오

다음 단계에서 모든 스나이핑 활동을 나타내는, 즉 포트폴리오(portfolio)라고 부를 만한 것이 아직 아무것도 없다는 사실을 깨달았다. 바로 지금 SnipersTableModel이 스나이핑에 대한 기록을 유지하고 해당 기록을 보여주는 일을 은연중에 모두 책임지고 있다. 아울러 스윙과 관련한 구현 세부 사항을 Main에서 가져오고 있기도 하다.

좀 더 명확한 관심사의 분리를 원하므로 SniperPortfolio를 추출해 스나이퍼를 유지 보수하겠다. 즉, 새로운 SniperCollector의 구현자를 만들겠다. SnipersTableModel을 생성하는 부분을 MainWindow로 보내고 그 부분을 PortfolioListener로 만들어 언제 스나이퍼를 추가하거나 제거하는지 포트폴리오에 알릴 수 있다.

```
public interface PortfolioListener extends EventListener {
  void sniperAdded(AuctionSniper sniper);
}

public class MainWindow extends JFrame {
  private JTable makeSnipersTable(SniperPortfolio portfolio) {
    SnipersTableModel model = new SnipersTableModel();
    portfolio.addPortfolioListener(model);
    JTable snipersTable = new JTable(model);
    snipersTable.setName(SNIPERS_TABLE_NAME);
    return snipersTable;
  }
}
```

이렇게 하면 최상위 수준의 코드가 매우 간단해진다. 즉, portfolio를 통해 사용자 인터페이스와 스나이퍼를 생성하는 부분을 연동하기만 한다.

```
public class Main { [...]
  private final SniperPortfolio portfolio = new SniperPortfolio();

  public Main() throws Exception {
    SwingUtilities.invokeAndWait(new Runnable() {
      public void run() {
        ui = new MainWindow(portfolio);
      }
    });
  }

  private void addUserRequestListenerFor(final AuctionHouse auctionHouse) {
    ui.addUserRequestListener(new SniperLauncher(auctionHouse, portfolio));
  }
}
```

훨씬 더 좋은 점은 SniperPortfolio에서 모든 스나이퍼 목록을 유지하므로 최종적으로 notToBeGCd를 제거할 수 있다는 것이다.

이렇게 리팩터링하고 나면 그림 17.3에 나온 구조로 이어진다. 지금까지 코드를 세 가지 구성 요소로 분리했다. 바로 핵심 애플리케이션을 나타내는 부분과 XMPP 통신을 수행하는 부분, 스윙을 통해 표시하는 부분이다. 잠시 후에 이 부분으로 되돌아오겠다.

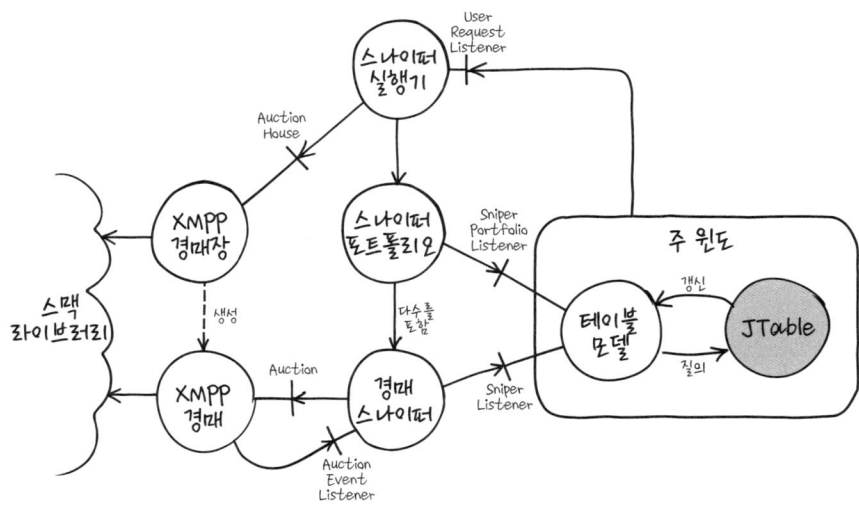

그림 17.3 SniperPortfolio가 추가된 모습

이제 정리를 마쳤으니 목록에서 다음 항목에 줄을 그을 수 있다(그림 17.4).

할 일

~~단일 품목: 참여, 입찰하지 않은 상태로 낙찰 실패~~
~~단일 품목: 참여, 입찰 및 낙찰 실패~~
~~단일 품목: 참여, 입찰 및 낙찰~~
~~단일 품목: 가격 상세 표시~~
~~여러 품목~~
~~GUI를 통해 품목 추가~~
매매 지시 지정 가격에서 입찰을 중단
번역기: 경매에서 유효하지 않은 메시지가 전달됨
번역기: 올바르지 않은 메시지 버전
경매: 전송시 XMPPException 처리

그림 17.4 사용자 인터페이스를 통한 품목 추가

17.5 고찰

17.5.1 점진적인 아키텍처

Main을 이런 식으로 재구조화하는 것은 애플리케이션 개발 과정에서 핵심적인 순간이다.

그림 17.5에 볼 수 있듯이 이제 '유지 보수성을 고려한 설계'(58쪽)에서 설명한 '포트와 어댑터' 아키텍처에 해당하는 구조가 만들어졌다. 여기엔 브리지 역할을 하는 코드(예: SnipersTableModel)에 의존하는 핵심 도메인 코드(예: AuctionSniper)가 있다. 브리지 역할을 하는 코드란 기술과 관련된 코드(예: JTable)를 구동하거나 거기에 응답하는 코드를 말한다. 우리는 도메인 코드를 외부 기반 구조를 참조하지 않도록 유지했다. auctionsniper 패키지의 내용은 자기 서술적인 언어를 사용해 경매 스나이핑 업무 모델을 정의하는 것이다. 예외는 Main인데, Main은 진입점이자 도메인 모델과 기반 구조가 함께 묶이는 부분에 해당한다.

이 예제의 목적상 중요한 바는 기능을 추가하고 반복해서 경험을 따르는 식으로 이러한 설계에 점진적으로 도달했다는 점이다. 경험에 의지해 의사 결정을 내리지만 코드를 이해하고 깔끔하게 유지하는 것만으로 이러한 해법에 거의 저절로 도달했다.

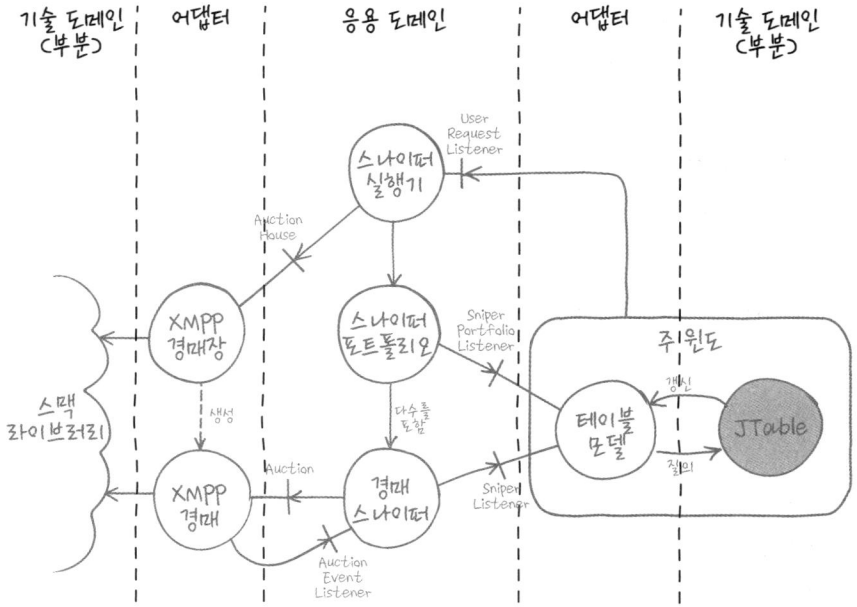

그림 17.5 이제 애플리케이션에 '포트와 어댑터' 아키텍처가 마련됐다.

17.5.2 3지점의 원리

이 같은 리팩터링 과정을 자세하게 썼는데, 리팩터링 과정에서 몇 가지 중요한 점을 강조하고 상당수의 리팩터링을 점진적으로 할 수 있음을 보여주고 싶었기 때문이다. 다음으로 뭘 해야 할지 확실하지 않거나 거기에 어떻게 도달할지 가늠할 수 없을 경우 여기에 대처하는 한 가지 방법은 켄트 벡이 보여준 것처럼 개별 변경 사항의 규모를 줄이는 것이다[Beck02]. 반복해서 코드상의 국부적인 문제를 해결함으로써 설계를 안전하게 탐사할 수 있고 동작하는 코드에서 조금도 벗어나지 않을 수 있다. 보통 이렇게만 하면 더 나은 설계로 향하기에 충분할 뿐 아니라 설계가 잘 동작하지 않는다면 언제든지 되돌아와서 다른 길로 나아갈 수 있다.

이를 '3지점의 원리'라는 암벽 등반 규칙으로 생각해볼 수 있다. 숙련된 등반가는 팔이나 다리를 한 번에 하나만 옮겨서 추락 위험을 최소화한다. 각 움직임은 최소한이며, 안전할 뿐 아니라 움직임을 조합하는 것만으로도 꼭대기까지 올라갈 수 있다.

'경과 시간'으로 치자면 리팩터링을 하는 데 걸린 시간은 리팩터링 과정을 읽는 데 걸린 시간보다 그렇게 길지 않았다. 이 점이 관심사를 명확하게 분리하는 데 대한 충분한 보상이라 생각한다. 경험을 토대로 좀 더 최단 거리에 가까운 길을 취할 수 있게 코드상의 문제를 인식하는 것도 배웠다.

17.5.3 동적 설계와 정적 설계

이번 장의 코드를 작업하는 도중에 한 가지 난관에 부딪쳤다. 스티브는 Sniper Portfolio를 추출하다가 스윙 스레드 내에서 sniperAdded() 메서드가 호출됐는지 확인하는 부분에서 어려움을 겪었다. 결국 스티브는 버튼 클릭으로 이벤트가 발생된다는 사실을 생각해냈고, 이미 그 부분은 다룬 적이 있었다.

여기서 배울 수 있는 바는(책의 예제를 작성할 때 짝을 이뤄서 작업해야 한다는 점은 차치하고) 코드를 리팩터링할 때 한 가지 이상의 시각을 고려해야 한다는 것이다. 결국 리팩터링은 설계 활동이며, 우리가 배운 기술(주기적으로 필요한 게 아니라 늘 필요하다는 점을 제외하고)이 여전히 모두 필요하다는 의미다. 리팩터링은 정적 구조(클래스와 인터페이스)에 초점을 맞추고 있어 애플리케이션의 동적 구조(인스턴스와 스레드)에 관한 시각을 잃어버리기 쉽상이다. 한걸음 물러나, 다시 말하자면 그림 17.6 같은 상호 작용 다이어그램이 필요할 때가 있다.

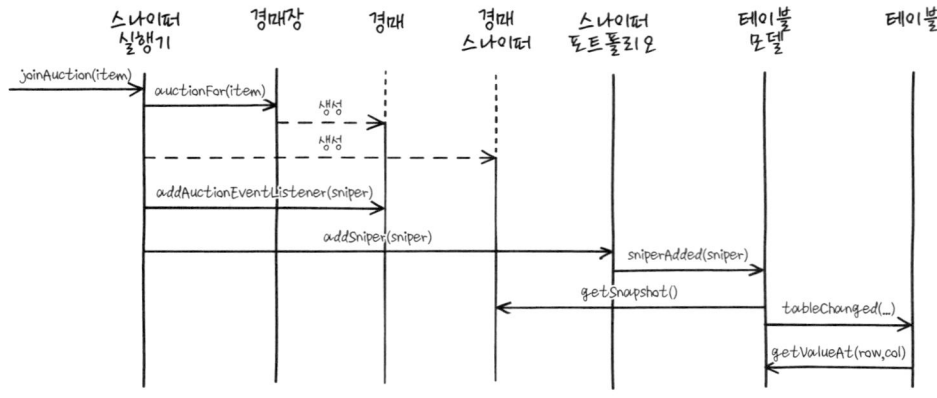

그림 17.6 상호 작용 다이어그램

17.5.4 notToBeGCd를 고치는 다른 방법

이번 장에서 선택한 방법은 참조를 보관하고 있는 SniperPortfolio에 의존한다. 실제로 그렇게 할 공산이 크지만 SniperPortfolio가 언제라도 바뀐다면 추적하기 어려운 실패를 일시적으로 겪게 될 것이다. 애플리케이션의 부수 효과에 의존해 XMPP 코드상의 문제를 해결하는 셈이다.

다른 방법으로는 그 문제가 스맥과 관련된 문제라서 XMPP 계층에서 해당 문제를 처리해야 한다고 말하는 것이 있다. XMPPAuctionHouse가 생성하는 XMPPAuction을 참조하게 할 수도 있는데, 이 경우 일종의 생명 주기 리스너를 추가해 언제 Auction과 관련된 작업이 끝나고 그것을 해제할 수 있는지 알려야 할 것이다. 여기에는 분명한 선택의 여지가 없다. 단지 상황을 봐서 판단을 시험해 봐야 한다.

18장

GROWING OBJECT-ORIENTED SOFTWARE GUIDED BY TESTS

세부 사항 처리

이번 장에서는 무한정 입찰하지 않게 매매 지시 지정 가격(stop price)을 도입한다. 아직 종료되지 않은 경매라도 낙찰에 실패할 수 있다는 의미다. 이를 위해 새 필드를 사용자 인터페이스에 추가하고 해당 필드 값을 스나이퍼에 전달한다. 우리는 훨씬 전에 Item 타입을 만들었어야 했다는 사실을 깨달았다.

18.1 좀 더 유용한 애플리케이션

지금까지 애플리케이션에서 제공하는 기능은 잠재 고객에게 애플리케이션의 외양을 제공함으로써 흥미를 돋우는 데 중점을 뒀다. 품목 추가와 일부 스나이핑 기능을 보여줄 수 있다. 하지만 이 정도로는 그리 유용한 애플리케이션이 아닌데, 다른 것들은 둘째치고 품목을 입찰하는 데 상한이 없다. 그래서 배포하는 데 비용이 아주 많이 들 수도 있다.

    이는 애자일 개발 기법을 이용해 새로운 프로젝트를 진행할 때 흔히 일어나는 패턴이다. 팀은 후원자의 욕구가 시간이 지남에 따라 어떻게 변화하는가에 대응할 만큼 유연함을 갖춰야 한다. 처음에는 프로젝트를 계속 진행하도록 뒷받침할 만큼 충분히 매력적인 개념을 제공하는 데 중점을 둘 것이다. 후반부에는 배포할 준비가 된 충분한 기능을 구현하는 데 중점을 둘 것이다. 후반부에도 계속해서 폭넓은 사용자를 지원할 목적으로 좀 더 많은 선택 사항을 제공하게끔 변경하는 데 중점을 둘 것이다.

    이러한 역학은 고정적인 설계 접근법(개발 구조상 작업을 시작하기 전에 승인을 받아야 하는)과 코드 작성 후 수정하는(code-and-fix) 접근법(시스템이 초기에 성공적일 수 있지만 변화하는 역할에 적응할 만큼 탄력성을 갖추지는 않은)에서 모두 아주 다양한 양상을 보인다.

18.2 충분할 때 멈추라

다음으로 가장 긴급한 작업은(특히 금융 시장의 위기를 겪고 난 후로는) 특정 품목의 입찰에 대해 상한에 해당하는 "매매 지시 지정 가격"을 설정하는 기능을 구현하는 것이다.

18.2.1 낙찰 실패 상태 도입

매매 지시 지정 가격을 도입할 경우 경매가 종료되기 전에도 스나이퍼가 낙찰에 실패할 수도 있다. 스나이퍼가 매매 지시 지정 가격에 도달했을 때 스나이퍼를 Lost로 표시해 이를 구현할 수도 있지만 사용자들은 경매를 포기하고 나서 해당 경매가 종료했을 때의 최종가를 알고 싶어하므로 이를 별도의 상태로 모델링한다. 스나이퍼가 자신이 지정한 매매 지시 지정 가격보다 더 높은 가격을 맞게 되면 절대로 낙찰할 수 없을 것이므로 해당 경매가 끝날 때까지 다른 입찰자가 제시한 새로운 가격(더 높은)에 관한 갱신 내역을 받아보면서 기다리는 수밖에 없다.

그림 9.3에 그린 상태 기계가 새 상태 전이를 포함하게끔 각색한 결과는 그림 18.1과 같다.

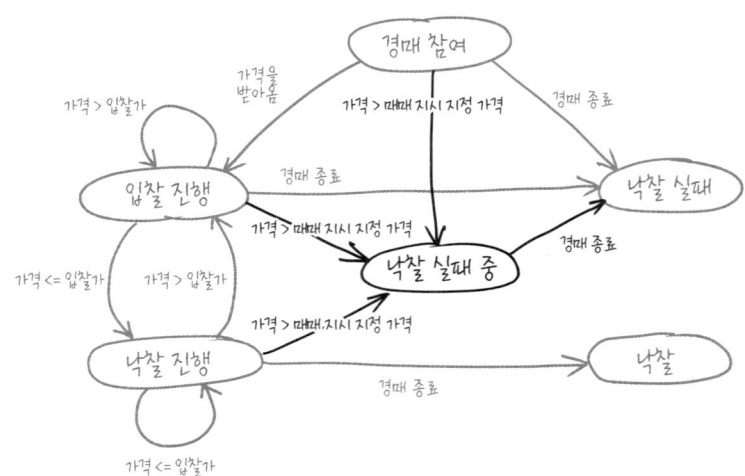

그림 18.1 이제 입찰자가 낙찰 실패할 수 있다.

18.2.2 첫 실패 테스트

당연히 실패 테스트로 시작한다. 모든 경우를 다루지는 않겠지만 이 예제는 필수 테스트 케이스를 모두 거친다. 먼저 새 기능을 서술하는 전 구간 테스트를 작성한다. 이 테스트에서는 스나이퍼가 품목을 대상으로 입찰하지만 매매 지시 지정 가격에 부딪쳐 낙찰 실패하고 경매가 종료될 때까지 다른 입찰자가 계속 진행하는 시나리오를 보여준다.

```
@Test public void sniperLosesAnAuctionWhenThePriceIsTooHigh() throws Exception {
  auction.startSellingItem();
  application.startBiddingWithStopPrice(auction, 1100);
  auction.hasReceivedJoinRequestFrom(ApplicationRunner.SNIPER_XMPP_ID);
  auction.reportPrice(1000, 98, "other bidder");
  application.hasShownSniperIsBidding(auction, 1000, 1098);

  auction.hasReceivedBid(1098, ApplicationRunner.SNIPER_XMPP_ID);

  auction.reportPrice(1197, 10, "third party");
  application.hasShownSniperIsLosing(auction, 1197, 1098);

  auction.reportPrice(1207, 10, "fourth party");
  application.hasShownSniperIsLosing(auction, 1207, 1098);

  auction.announceClosed();
  application.showsSniperHasLostAuction(auction, 1207, 1098);
}
```

이 테스트에서는 새로운 메서드 두 개를 테스트 기반 구조에 도입했는데, 컴파일러를 통과하려면 이 메서드의 내용을 채워야 한다. 첫 메서드인 startBiddingWithStopPrice()는 ApplicationRunner를 통해 새로운 매매 지시 지정 가격 값을 Auction SniperDriver에 전달한다.

```
public class AuctionSniperDriver extends JFrameDriver {
  public void startBiddingFor(String itemId, int stopPrice) {
    textField(NEW_ITEM_ID_NAME).replaceAllText(itemId);
    textField(NEW_ITEM_STOP_PRICE_NAME).replaceAllText(String.
                                                  valueOf(stopPrice));
    bidButton().click();
  }
  […]
}
```

이는 사용자 인터페이스에 매매 지시 지정 가격에 대한 새 입력 필드가 필요하다는 사실을 암시하므로 MainWindow에서 해당 필드를 구분하는 상수를 만든다(컴포넌트 자체는 조만간 채우겠다). 아울러 매매 지시 지정 가격이 없는 기존 테스트를 지원할 필요도 있으므로 매매 지시 지정 가격이 전혀 없음을 표현하고자 기존 테스트에서 Integer.MAX_VALUE를 사용하도록 수정한다.

ApplicationRunner 내의 다른 새 메서드는 hasShownSniperIsLosing()이다. 이 메서드는 SniperState에서 새 Losing 값을 사용한다는 점을 제외하면 다른 검사 메서드와 같다.

```
public enum SniperState {
  LOSING {
    @Override public SniperState whenAuctionClosed() { return LOST; }
  }, [...]
```

그리고 반복 고리를 마치고자 SnipersTableModel에 표시용 텍스트에 값을 추가한다.

```
private final static String[] STATUS_TEXT = {
  "Joining", "Bidding", "Winning", "Losing", "Lost", "Won"
};
```

실패 메시지는 매매 지시 지정 가격 필드가 없다고 알린다.

```
[...] but...
    all top level windows
      contained 1 JFrame (with name "Auction Sniper Main" and showing on screen)
      contained 0 JTextField (with name "stop price")
```

이제 기능의 의도를 설명한 전 구간 테스트가 실패했으므로 해당 기능을 구현할 수 있다.

18.2.3 매매 지시 지정 가격 입력

작업을 진행하려면 매매 지시 지정 가격을 입력받는 컴포넌트를 사용자 인터페이스에 반드시 추가해야 한다. 그림 16.2에서 봤던 현재 설계에는 품목 식별자에 대한 필드만 있지만 상단 표시줄에서 매매 지시 지정 가격을 받아들이게끔 손쉽게 수정할 수 있다.

구현에서는 매매 지시 지정 가격에 대해 정수 값만을 받아들이게끔 제약하는 JFormattedTextField를 비롯해 몇 가지 레이블을 추가하겠다. 새 상단 표시줄은 그림 18.2와 같다.

그림 18.2 표시줄에 매매 지시 지정 가격 필드가 추가된 스나이퍼

예상한 테스트 실패가 나타나면 스나이퍼가 입찰을 계속하기 때문에 낙찰에 실패하지 않았다는 의미다.

```
[...] but...
    all top level windows
    contained 1 JFrame (with name "Auction Sniper Main" and showing on screen)
    contained 1 JTable ()
  it is not table with row with cells
    <label with text "item-54321">, <label with text "1098">,
    <label with text "1197">, <label with text "Losing">
  because
    in row 0: component 1 text was "1197"
```

18.2.4 매매 지시 지정 가격 전파

이 기능이 동작하게 하려면 사용자 인터페이스에서 AuctionSniper로 매매 지시 지정 가격을 전달해야 한다. 그러면 AuctionSniper에서 매매 지시 지정 가격을 사용해 입찰을 더는 못하게 제한할 수 있다. 이러한 흐름은 MainWindow에서 다음과 같은 메서드를 사용해 UserRequestListener에 알릴 때 시작된다.

```
void joinAuction(String itemId);
```

한 가지 분명히 해야 할 일은 매매 지시 지정 가격이 AuctionSniper에 도달할 때까지 stopPrice 인자를 이 메서드와 나머지 호출 체인에 추가하는 것이다. 여기서는 이 부분을 강조하고 싶으므로 약간 다른 접근법으로 새 값을 전파하겠다.

또 다른 접근법이란 사용자 인터페이스에서 스나이퍼의 품목 입찰에 대한 사용자의 '정책(policy)'을 기술하는 내용을 만드는 것이다. 지금껏 품목 식별자만 들어 있었지만('이 품목에 대해 입찰') 이제 매매 지시 지정 가격도 추가해('이 품목에 대해 이 금액까지 입찰') 구조를 좀 더 다채롭게 만들겠다.

이 구조를 잘 드러나게 만들고 싶으므로 Item이라는 클래스를 새로 생성한다. 식별자와 매매 지시 지정 가격을 공개된 불변 필드로 전달하는 단순 값으로 시작한다. 이 값과 관련된 행위는 나중에 옮길 수 있다.

```java
public class Item {
  public final String identifier;
  public final int stopPrice;

  public Item(String identifier, int stopPrice) {
    this.identifier = identifier;
    this.stopPrice = stopPrice;
  }
  // 이하 equals(), hashCode(), toString()
}
```

Item 클래스를 도입하는 것은 '값 타입'(71쪽)에서 설명한 '파생'의 한 예다. 파생은 어떤 개념을 식별하는 데 사용하는 위치지정자 타입으로, 코드 규모가 커짐에 따라 관련 있는 새 기능을 집어넣을 곳을 마련해준다.

먼저 UserRequestListener로 시작해 Item을 코드에 추가할 때 뭐가 망가지는지 살펴보겠다.

```java
public interface UserRequestListener extends EventListener {
  void joinAuction(Item item);
}
```

우선 MainWindowTest를 수정한다. MainWindowTest는 16장에서 스윙을 구현하고자 작성한 통합 테스트다. 표현 방식은 이미 바뀌기 시작했다. 이 테스트의 이전 버전에서는 검증 변수를 buttonProbe라고 불렀는데, 이것은 사용자 인터페이스의 구조를 기술한다. 이 내용은 더는 맞지 않으므로 buttonProbe를 itemProbe로 이름을 바꾸겠다. itemProbe는 MainWindow와 그 이웃 객체 사이의 협력 관계를 기술한다.

```java
@Test public void
makesUserRequestWhenJoinButtonClicked() {
  final ValueMatcherProbe<Item> itemProbe =
    new ValueMatcherProbe<Item>(equalTo(new Item("an item-id", 789)),
                                "item request");
  mainWindow.addUserRequestListener(
      new UserRequestListener() {
        public void joinAuction(Item item) {
          itemProbe.setReceivedValue(item);
        }
      });
  driver.startBiddingFor("an item-id", 789);
  driver.check(itemProbe);
}
```

MainWindow 내의 매매 지시 지정 가격 값을 추출해 이 테스트를 통과하게 한다.

```java
joinAuctionButton.addActionListener(new ActionListener() {
  public void actionPerformed(ActionEvent e) {
```

```
      userRequests.announce().joinAuction(new Item(itemId(), stopPrice())));
    }
    private String itemId() {
      return itemIdField.getText();
    }
    private int stopPrice() {
      return ((Number)stopPriceField.getValue()).intValue();
    }
  });
```

이렇게 하면 Item이 SniperLauncher로 들어가는데, SniperLauncher는 Item을 다시 AuctionHouse나 AuctionSniper 같은 의존 타입으로 전달한다. 아직까지 구현하지 않은 전 구간 테스트는 제외하고 컴파일 오류를 수정하고 다시 모든 테스트가 통과하게 한다.

이제 도메인의 또 다른 명시적인 개념을 하나 만들었다. 우리는 품목 식별자가 사용자가 경매에서 입찰하는 방법의 일부에 불과하다는 사실을 깨달았다. 코드에서 정확히 입찰 선택에 관한 의사 결정이 이뤄지는 지점을 알려줄 수 있으므로 어느 문자열이 관련 있는지 확인하고자 메서드 호출 체인을 따라가지 않아도 된다.

18.2.5 AuctionSniper 제약

작업을 마무리하는 마지막 단계는 전달한 매매 지시 지정 가격을 AuctionSniper가 관찰하다가 입찰을 중단하게 하는 것이다. 실제로는 그림 18.1에 나온 새로운 상태 전이마다 단위 테스트를 작성해 모든 경우를 검증할 것이다. 첫 테스트에서는 스나이퍼가 입찰을 시작하게 한 다음 입찰가가 한도를 넘을 때 이를 알린다(매매 지시 지정 가격은 1234로 설정돼 있다). 아울러 공통적인 예상 구문을 도우미 메서드로 추출했다.[1]

```
@Test public void
doesNotBidAndReportsLosingIfSubsequentPriceIsAboveStopPrice() {
  allowingSniperBidding();
  context.checking(new Expectations() {{
    int bid = 123 + 45;
    allowing(auction).bid(bid);
    atLeast(1).of(sniperListener).sniperStateChanged(
                        new SniperSnapshot(ITEM_ID, 2345, bid, LOSING));
                                       when(sniperState.is("bidding"));
  }});
  sniper.currentPrice(123, 45, PriceSource.FromOtherBidder);
  sniper.currentPrice(2345, 25, PriceSource.FromOtherBidder);
```

---

[1] jMock에서는 한 테스트 내에서 checking()을 여러 번에 걸쳐 호출할 수 있다.

```
    }
    private void allowingSniperBidding() {
      context.checking(new Expectations() {{
        allowing(sniperListener).sniperStateChanged(with(aSniperThatIs(BIDDING)));
                                            then(sniperState.is("bidding"));
      }});
    }
```

> **테스트 구성과 단정 구분하기**
>
> 다시 한 번 allowing 절을 사용해 테스트 구성(AuctionSniper가 올바른 상태를 갖게 하는)과 유의미한 테스트 단정(AuctionSniper가 현재 낙찰에 실패했음)을 구분했다. 우리는 표현력에 관해 아주 민감한데, 이런 표현력이 시간이 흘러도 테스트를 의미 있게, 즉 유용하게 유지하는 유일한 방법이라는 사실을 깨달았기 때문이다. 이 주제에 대해서는 21장과 24장에서 좀 더 자세히 살펴보겠다.

다른 테스트도 비슷하다.

```
doesNotBidAndReportsLosingIfFirstPriceIsAboveStopPrice()
reportsLostIfAuctionClosesWhenLosing()
continuesToBeLosingOnceStopPriceHasBeenReached()
doesNotBidAndReportsLosingIfPriceAfterWinningIsAboveStopPrice()
```

SniperSnapshot과 Item의 지원 기능을 이용해 테스트를 통과할 수 있게 AuctionSniper를 변경한다.

```
public class AuctionSniper { [...]
  public void currentPrice(int price, int increment, PriceSource priceSource) {
    switch(priceSource) {
    case FromSniper:
      snapshot = snapshot.winning(price);
      break;
    case FromOtherBidder:
      int bid = price + increment;
      if (item.allowsBid(bid)) {
        auction.bid(bid);
        snapshot = snapshot.bidding(price, bid);
      } else {
        snapshot = snapshot.losing(price);
      }
      break;
    }
    notifyChange();
  } [...]

public class SniperSnapshot { [...]
  public SniperSnapshot losing(int newLastPrice) {
    return new SniperSnapshot(itemId, newLastPrice, lastBid, LOSING);
```

```
    } [...]
public class Item { [...]
    public boolean allowsBid(int bid) {
        return bid <= stopPrice;
    } [...]
```

전 구간 테스트가 통과하고 그림 18.3의 목록에서 해당 기능에 줄을 그을 수 있다.

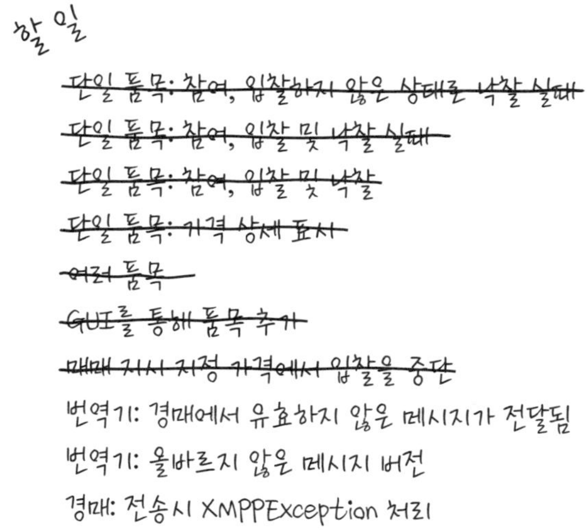

할 일

- ~~단일 품목: 참여, 입찰하지 않은 상태로 낙찰 실패~~
- ~~단일 품목: 참여, 입찰 및 낙찰 실패~~
- ~~단일 품목: 참여, 입찰 및 낙찰~~
- ~~단일 품목: 가격 상세 표시~~
- ~~여러 품목~~
- ~~GUI를 통해 품목 추가~~
- ~~매매 지시 지정 가격에서 입찰을 중단~~
- 번역기: 경매에서 유효하지 않은 메시지가 전달됨
- 번역기: 올바르지 않은 메시지 버전
- 경매: 전송시 XMPPException 처리

그림 18.3 스나이퍼가 매매 지시 지정 가격에서 입찰을 중단한다.

18.3 고찰

18.3.1 점진적으로 만들어지는 사용자 인터페이스

개발 막바지 단계에서는 사용자 인터페이스를 굉장히 많이 변경하는 것처럼 보인다. 이런 광경을 보지 말았어야 하는가? 이는 애자일 사용자 경험 커뮤니티에서 활발한 논의 주제에 해당하며, 늘 그렇듯이 정답은 "그때그때 다르지만 생각보다는 선택의 여지가 많다"이다.

사실 이 예제처럼 간단한 애플리케이션의 경우, 시작할 때 사용자 인터페이스의 사용성과 응집성을 확보할 수 있도록 좀 더 세부적으로 다듬는 편이 더 타당할 것이다. 특히 테스트와 코드를 무겁게 하지 않고 유연하게 구조화하면 변화하는 요구에 대응할 수 있다는 점을 강조하고 싶기도 하다. 우리 모두 요구 사항이 바뀐다는 사실을 알고 있으며, 특히 애플리케이션을 운영 환경에 배치할 때 그러하므로 변화에 대응할 수 있어야 한다.

18.3.2 여전히 유효한 다른 모델링 기법

일부 TDD 발표 자료에서는 TDD가 기존의 모든 소프트웨어 설계 기법을 대체할 것처럼 보인다. 우리는 TDD가 가능한 한 폭넓은 경험(기존 기법과 형식을 활용하는 것을 비롯해)에서 얻은 솜씨와 판단력에 근거하고 있을 때 가장 효과적이라고 생각한다(여기서 논란거리를 만들어 내지는 않았으면 한다).

상태 전이 다이어그램은 또 다른 관점을 취하는 한 가지 사례에 해당한다. 우리는 도메인 핵심 개념에 대해 유효한 상태와 전이가 뭔지 전혀 파악하지 못하는 팀을 일상적으로 만나는데, 이러한 간단한 형식화를 적용한다는 것은 코드 여기저기에 흩어진 행위들을 손으로 더듬어 파악하는 짓을 청산할 수 있다는 의미다. 상태 전이 다이어그램의 좋은 점은 상태 전이 다이어그램이 테스트에 직접 대응하기 때문에 우리가 모든 가능성을 다루고 있음을 보여줄 수 있다는 것이다.

지원하고 안내하기 위해 모델링 기법을 이해하고 사용하는 것이 요령이지, 그것 자체가 목적은 아닌데 모델링 기법이 애초부터 나쁜 평판을 얻게 되는 것은 이 때문이다. TDD를 하고 어떻게 해야 할지 확신이 서지 않을 때는 때때로 되돌아가서 색인 카드를 펼쳐보거나 상호 작용을 그려보면서 올바른 방향으로 나아가는 데 도움을 얻을 수 있다.

18.3.3 도메인 타입이 문자열보다 낫다

> 문자열은 황량한 자료 구조며, 문자열이 전달된 곳은 프로세스 중복이 상당히 많다. 문자열은 정보 은닉을 달성하는 완벽한 수단이다.
>
> – 앨런 펄리스

돌아보면 우리는 String을 사용해 스나이퍼가 입찰하는 대상을 나타내는 대신, Item 타입을 일찌감치(아마 UserRequestListener를 추출했을 때) 만들었어야 했다. 그렇게 했더라면 매매 지시 지정 가격을 기존 Item 클래스에 추가할 수도 있었을 테고, 정의상 매매 지시 지정 가격이 필요한 곳에 배치됐을 것이다.

아울러 품목 식별자를 대상으로 테이블에 인덱스를 설정하는 게 아니라 Item을 대상으로 인덱스를 설정했어야 한다는 사실을 금방 알게 됐을지도 모른다. 그랬다면 한 경매에서 여러 가지 정책을 시도해볼 가능성이 열렸을 것이다. 검증되지 않은 요건을 좀 더 추측에 근거해 설계해야 했다고 말하는 게 아니다. 오히려 도메인을 명확하게 표현하는 수고를 아끼지 않았을 때 선택의 폭이 좀 더 넓어지기도 한다.

도메인 타입이 String뿐 아니라 컬렉션을 비롯해 다른 내장 타입까지 감싸도록 정의하는 편이 나을 때가 있다. 우리가 해야 할 일은 스스로의 충고를 잊지 않고 적용하는 것이다. 보다시피 우리도 그런 충고를 잊을 때가 있다.

19장

GROWING OBJECT-ORIENTED SOFTWARE GUIDED BY TESTS

실패 처리

이번 장에서는 불완전한 세계에서 프로그래밍한다는 현실을 다루고 실패 보고 기능을 추가한다. 아울러 실패를 보고하는 새 경매 이벤트를 추가한다. 실패할 경우 스나이퍼 실행을 중단하는 새 이벤트 리스너를 첨부한다. 또 로그에 메시지를 기록하고 클래스를 대상으로 목 객체를 적용하는 단위 테스트를 작성하는데, 이 점에 대해서는 매우 유감이다.

독자들의 인내심을 시험하지 않게끔 이번 장에서 예제를 마무리하겠다.

지금까지는 모든 것이 정상적으로 동작하리라 가정하고 준비했다. 애플리케이션이 오래도록 사용되지 않을 경우라면 그렇게 하는 것도 타당하다. 아마 애플리케이션이 충돌해도 그냥 재시작하면 된다거나 이 경우처럼 도메인의 개념을 증명하거나 탐구하는 데 주로 초점을 맞춘다면 그렇게 할 만하다. 이제 실패를 처리하는 방법을 터놓고 말할 차례다.

19.1 뭔가 제대로 동작하지 않는다면?

제품 사용자들은 사우스비 온라인이 때때로 실패하고 구조가 올바르지 않은 메시지를 보낸다는 것을 걱정하고 있으므로 우리가 그러한 문제를 해결할 수 있음을 보여줄 필요가 있다. 우리와 상호 작용하는 시스템은 실제로 다수의 경매 정보를 집계하는 시스템에 불과하므로, 개별 경매가 실패하더라도 전체 시스템이 안전하지 못하다는 의미는 아닌 것으로 판명됐다. 우리는 해석할 수 없는 메시지를 받으면 해당 경매를 Failed로 표시하고 추후 업데이트된 정보를 더는 받지 않는 것으로 정책을 세웠는데, 해석할 수 없는 메시지를 받는다는 것은 무슨 일이 일어날지 더는 알 수 없음을

의미하기 때문이다. 일단 경매가 실패하면 복구하려고 시도하지 않는다.[1]

실제로 실패 메시지를 보고한다는 것은 경매가와 입찰가를 모두 버리고 실패가 발생한 품목에 대해 Failed로 상태를 표시한다는 의미다. 나중에 문제를 다룰 수 있도록 어딘가에 이벤트도 기록한다. 실패한 행에 색깔을 입혀서 실패를 좀 더 분명하게 표시하게 할 수도 있지만 이 버전은 단순하게 유지하고 부가적인 연습은 독자의 몫으로 남겨둔다.

전 구간 테스트에서는 스나이퍼가 올바르지 않은 메시지를 받아서 실패 내역을 보이고 기록한 다음 해당 경매에서 보내는 추후 갱신 내역은 무시하는 과정을 보여준다.

```
@Test public void
sniperReportsInvalidAuctionMessageAndStopsRespondingToEvents()
    throws Exception
{
  String brokenMessage = "a broken message";
  auction.startSellingItem();
  auction2.startSellingItem();

  application.startBiddingIn(auction, auction2);
  auction.hasReceivedJoinRequestFrom(ApplicationRunner.SNIPER_XMPP_ID);

  auction.reportPrice(500, 20, "other bidder");
  auction.hasReceivedBid(520, ApplicationRunner.SNIPER_XMPP_ID);

  auction.sendInvalidMessageContaining(brokenMessage);
  application.showsSniperHasFailed(auction);

  auction.reportPrice(520, 21, "other bidder");
  waitForAnotherAuctionEvent();

  application.reportsInvalidMessage(auction, brokenMessage);
  application.showsSniperHasFailed(auction);
}

private void waitForAnotherAuctionEvent() throws Exception {
  auction2.hasReceivedJoinRequestFrom(ApplicationRunner.SNIPER_XMPP_ID);
  auction2.reportPrice(600, 6, "other bidder");
  application.hasShownSniperIsBidding(auction2, 600, 606);
}
```

sendInvalidMessageContaining()에서 채팅을 통해 유효하지 않은 문자열을 스나이퍼로 보내고 있으며, showsSniperHasFailed()에서 품목의 상태가 Failed이고 경매

---

[1] 메시지를 자주 잘못 이해하는 경매 사이트는 오래 살아남을 가능성이 적다는 점을 인정하지만 이것은 책의 내용을 설명하기 위한 간단한 예제에 불과하다. 입찰한 내역이 처리 불능 상태에 빠져서 경매에 낙찰됐는지, 낙찰에 실패했는지 알 수 없는 상태에 빠진 걸 보고 기뻐할 입찰자는 아무도 없을 것이다. 한편으로는 그다지 그럴싸하지 못한 시스템이 다량의 특별한 처리 과정을 토대로 전 세계적으로 성공하는 모습을 본 적도 있으므로 아마 이 방식으로도 그럭저럭 해나가리라 생각할 수 있다.

가가 0인지 확인한다. 여기서는 reportsInvalidMessage() 구현은 잠시 보류했다가 이번 장의 후반부에서 다시 다루겠다.

> 💡 **뭔가 일어나지 않음을 테스트하기**
>
> 앞서 waitForAnotherAuctionEvent() 메서드가 관련이 없는 스나이퍼 이벤트를 강제하고 나서 시스템에서 처리되길 기다리는 것을 봤다. 이 메서드를 호출하지 않으면 최종 showsSniperHasFailed() 메서드에서 검사하는 것을 올바르지 않게 통과할 가능성이 있는데, 이전 스나이퍼 상태를 선택할 것이기 때문이다(시스템에서 적절한 경매 가격 이벤트를 처리할 시간을 확보하기도 전에). 추가 이벤트는 시스템에서 실패를 만회할 시간을 확보하기에 충분할 만큼 테스트를 대기하게 한다. 비동기적인 작업과 관련한 테스트에 대해서는 27장을 참고하라.

이 테스트가 적절하게 실패하도록 FAILED 값을 SniperState 열거형에 추가하고, SnipersTableModel에서 관련 텍스트와의 매핑을 추가한다. 테스트는 실패한다.

```
[…] but...
  it is not table with row with cells
    <label with text "item-54321">, <label with text "0">,
    <label with text "0">, <label with text "Failed">
  because
    in row 0: component 1 text was "500"
    in row 1: component 0 text was "item-65432"
```

테스트 결과 테이블에는 행이 두 개 있다. 두 번째 행은 다른 경매에 대한 것이고, 첫 번째 행은 0이 되었어야 하는데 현재가가 500임을 보여준다. 이 실패는 다음으로 구축해야 할 부분을 알려준다.

19.2 실패 감지

실질적으로 실패는 AuctionMessageTranslator(14장에서 마지막으로 보여준)에서 일어나는데, 구체적으로 AuctionMessageTranslator가 메시지를 파싱하는 과정에서 런타임 예외를 던진다. 스맥 라이브러리에서는 MessageHandler에서 던진 예외를 무시하므로 우리가 작성한 핸들러에서 모든 예외를 잡아야 한다. 번역기에서 발생하는 실패에 대한 단위 테스트를 작성하면서 우리는 새로운 타입의 경매 이벤트를 보고할 필요를 깨닫고 AuctionEventListener 인터페이스에 auctionFailed() 메서드를 추가한다.

```
@Test public void
notifiesAuctionFailedWhenBadMessageReceived() {
  context.checking(new Expectations() {{
    exactly(1).of(listener).auctionFailed();
  }});

  Message message = new Message();
  message.setBody("a bad message");

  translator.processMessage(UNUSED_CHAT, message);
}
```

앞의 코드는 문자열에서 이름/값 쌍을 추출하려고 할 때 ArrayIndexOutOfBoundsException을 던지면서 실패한다. 어느 예외를 잡아야 할지 좀 더 정확하게 기술할 수도 있지만 여기서는 그다지 중요하지 않다. 메시지를 파싱하든 파싱하지 않든 테스트가 통과하게 하려면 processMessage() 메서드의 상당 부분을 translate() 메서드로 추출하고 try/catch 블록으로 감싼다.

```
public class AuctionMessageTranslator implements MessageListener {
  public void processMessage(Chat chat, Message message) {
    try {
      translate(message.getBody());
    } catch (Exception parseException) {
      listener.auctionFailed();
    }
  }
}
```

여긴 그렇다 치고 검사해야 할 실패 모드가 하나 더 있다. 메시지가 형식은 준수하지만 불완전할 가능성이 있다. 즉, 이벤트 타입이나 현재가 같은 필드를 하나 빼먹었을지도 모른다. 이 문제들을 잡아낼 수 있음을 보여주는 테스트를 다음과 같이 작성한다.

```
@Test public void
notifiesAuctionFailedWhenEventTypeMissing() {
  context.checking(new Expectations() {{
    exactly(1).of(listener).auctionFailed();
  }});
  Message message = new Message();
  message.setBody("SOLVersion: 1.1; CurrentPrice: 234; Increment: 5; Bidder: "
                  + SNIPER_ID + ";");
  translator.processMessage(UNUSED_CHAT, message);
}
```

여기서 채택한 해법은 설정되지 않은 값이 있을 때마다 예외를 던지는 것이며, 이 용도로 MissingValueException을 정의한다.

```
public static class AuctionEvent { [...]
  private String get(String name) throws MissingValueException {
    String value = values.get(name);
    if (null == value) {
      throw new MissingValueException(name);
    }
    return value;
  }
}
```

19.3 실패 보여주기

AuctionMessageTranslator를 단위 테스트하는 동안 auctionFailed() 메서드를 AuctionEventListener에 추가했다. 이렇게 하면 컴파일러가 AuctionSniper에서 경고를 보여주므로 계속 진행하고자 빈 구현을 추가했다. 이제 빈 구현을 채울 차례이며, 그리 어렵지 않을 것이다. 이를테면, 다음과 같이 AuctionSniperTest에 새 상태전이를 테스트하는 코드를 작성한다.

```
@Test public void
reportsFailedIfAuctionFailsWhenBidding() {
  ignoringAuction();
  allowingSniperBidding();

  expectSniperToFailWhenItIs("bidding");

  sniper.currentPrice(123, 45, PriceSource.FromOtherBidder);
  sniper.auctionFailed();
}

private void expectSniperToFailWhenItIs(final String state) {
  context.checking(new Expectations() {{
    atLeast(1).of(sniperListener).sniperStateChanged(
          new SniperSnapshot(ITEM_ID, 00, 0, SniperState.FAILED));
            when(sniperState.is(state));
  }});
}
```

여기서는 도우미 메서드를 두어 개 추가했는데, ignoringAuction()은 auction에 일어나는 일에 신경 쓰지 않는다는 것을 말해주며, 이벤트가 통과하게 해서 실패에 도달할 수 있게 한다. 그리고 expectSniperToFailWhenItIs()는 스나이퍼의 이전 상태를 비롯해 실패가 어떤 모습이어야 하는지 기술한다.

SniperSnapshot에 failed() 전이를 추가하고 새 메서드에서 사용하기만 하면 된다.

```
public class AuctionSniper implements AuctionEventListener {
  public void auctionFailed() {
    snapshot = snapshot.failed();
    listeners.announce().sniperStateChanged(snapshot);
  } [...]
public class SniperSnapshot {
  public SniperSnapshot failed() {
    return new SniperSnapshot(itemId, 0, 0, SniperState.FAILED);
  } [...]
```

앞의 코드는 그림 19.1 같은 실패를 보여준다.

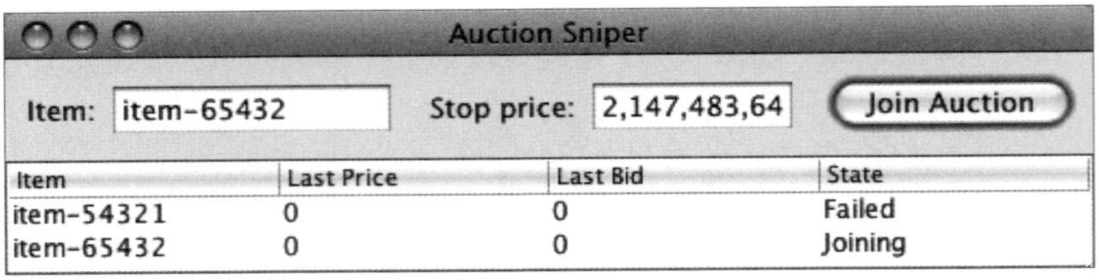
Auction Sniper
Item: item-65432
Stop price: 2,147,483,64
Join Auction
Item
Last Price
Last Bid
State
item-54321
0
0
Failed
item-65432
0
0
Joining

그림 19.1 스나이퍼가 실패한 경매를 보여준다.

하지만 전 구간 테스트는 여전히 실패한다. 이것은 실패한 이후에도 경매로부터 이벤트를 계속 수신할 수 있는 상태이기 때문이며, 이는 우리가 추가한 동기화 확장점(hook)이 스나이퍼와의 연결을 끊지 않았음을 보여준다.

19.4 스나이퍼 연결 끊기

스나이퍼의 AuctionMessageTranslator를 Chat의 MessageListener 집합에서 제거해 스나이퍼가 동작하지 않게 했다. 메시지를 처리하는 동안 마음 놓고 이렇게 할 수 있는 이유는 Chat이 모든 리스너를 스레드에 안전한 '기록 시 복사(copy on write)' 컬렉션에 저장하기 때문이다. 이렇게 할 수 있는 가장 분명한 곳은 Chat을 인자로 받는 AuctionMessageTranslator의 processMessage() 안인데, 이와 관련해 확인해야 할 부분이 두 가지 있다. 첫째, 12장에서 지적한 바대로 실제 Chat을 생성하는 데는 고통이 따른다. 목 프레임워크에서는 대부분 목 클래스 생성을 지원하지만, 그렇게 할 경우 역할이 아니라 구현체와의 관계를 정의하게 되므로 꺼림칙한 부분이 있다(의존 관계를 너무 정밀하게 표현하고 있는 셈이다). 둘째, AuctionMessageTranslator

에 너무 많은 책임을 할당하는 것일지도 모른다. AuctionMessageTranslator에서는 메시지를 번역해야 할 뿐 아니라 실패할 경우의 처리 방법도 결정해야 한다.

이것의 대안이 되는 접근법은 이미 AuctionEventListener에 통지하고자 만들어둔 기반 구조를 활용해 이러한 분리 정책을 구현하는 또 다른 객체를 번역기에 덧붙이는 것이다.

```
public final class XMPPAuction implements Auction {
  public XMPPAuction(XMPPConnection connection, String auctionJID) {
    AuctionMessageTranslator translator = translatorFor(connection);
    this.chat = connection.getChatManager().createChat(auctionJID, translator);
    addAuctionEventListener(chatDisconnectorFor(translator));
  }

  private AuctionMessageTranslator translatorFor(XMPPConnection connection) {
    return new AuctionMessageTranslator(connection.getUser(),
        auctionEventListeners.announce());
  }

  private AuctionEventListener
  chatDisconnectorFor(final AuctionMessageTranslator translator) {
    return new AuctionEventListener() {
      public void auctionFailed() {
        chat.removeMessageListener(translator);
      }
      public void auctionClosed(// 빈 메서드
      public void currentPrice( // 빈 메서드
    };
  } [...]
```

아직까진 전 구간 테스트가 통과한다.

---

i 콤포지션 야바위 게임

이 설계 에피소드의 쟁점은 변함없는 근본적인 기능의 복잡함에 있는 게 아니라 기능의 복잡함을 어떻게 나누느냐에 있다. 우리가 선택한 설계(분리 리스너를 덧붙이는)에 대해서는 설계 대안(번역기 내에서 채팅과 분리하는)에 비해 좀 더 복잡하다는 주장이 제기될 수도 있다. 분명 그렇게 하면 코드 양이 더 많아지겠지만 코드 양이 유일한 측정 수단은 아니다. 대신 여기서는 '단일 책임' 원칙을 강조하는데, 이 원칙은 각 객체가 한 가지만 잘 하고 시스템의 행위는 객체들을 조립하는 방법으로 결정되는 것을 의미한다.

때로는 이로 인해 마치 우리가 찾는 행위가 언제나 다른 어딘가에 있다는 느낌이 드는데(게트루드 스타인이 말한 대로 "거기에 거기는 없다"), 이러한 스타일에 익숙하지 않은 개발자들은 좌절감을 느낄 수 있다. 반면 경험상 특정 책임에 집중하면 코드를 유지 보수하기 좋아지는데,

관련이 없는 기능에는 신경 쓰지 않고 원하는 부분을 곧바로 다룰 수 있기 때문이다. 좀 더 자세히 논의한 내용은 6장을 참고하라.

19.5 실패 기록

이제 전 구간 테스트로 돌아가서 앞에서 제쳐둔 reportsInvalidMessage() 메서드를 살펴보자. 요구 사항은 사용자가 속한 조직에서 실패 상황을 복구할 수 있게 스나이퍼 애플리케이션에서 실패에 관한 메시지를 기록해야 한다는 것이다. 이는 테스트에서 로그 파일을 찾아 파일 내용을 검사해야 한다는 의미다.

19.5.1 테스트 채우기

이번에는 검사를 누락한 부분을 구현하고 각 테스트를 실행하기에 앞서 로그 파일 관리를 AuctionLogDriver 클래스(아파치 커먼즈 IO 라이브러리를 사용하는)에 위임해 로그를 기록하겠다. 아울러 로그 파일을 삭제하면 캐시된 로거가 혼동할 여지가 있으므로 AuctionLogDriver 클래스에서는 로그 관리자를 초기화하는 식으로(실제로 같은 주소 공간에 위치해 있어야 하는 건 아니다) 살짝 속임수를 쓰겠다.

```
public class ApplicationRunner { [...]
  private AuctionLogDriver logDriver = new AuctionLogDriver();

  public void reportsInvalidMessage(FakeAuctionServer auction, String message)
    throws IOException
  {
    logDriver.hasEntry(containsString(message));
  }

  public void startBiddingWithStopPrice(FakeAuctionServer auction, int stopPrice)
  {
    startSniper();
    openBiddingFor(auction, stopPrice);
  }
  private startSniper() {
    logDriver.clearLog();
    Thread thread = new Thread("Test Application") {
      @Override public void run() { // 애플리케이션 시작 [...]
    }
  }
}

public class AuctionLogDriver {
  public static final String LOG_FILE_NAME = "auction-sniper.log";
  private final File logFile = new File(LOG_FILE_NAME);
```

```
    public void hasEntry(Matcher<String> matcher) throws IOException {
      assertThat(FileUtils.readFileToString(logFile), matcher);
    }
    public void clearLog() {
      logFile.delete();
      LogManager.getLogManager().reset();
    }
  }
```

새 검사 로직은 시스템을 통해 메시지를 전달하고 일종의 로그 레코드로 메시지가 기록되도록 보장해준다. 이 검사 로직은 여러 부분이 통합됨을 말해준다. 로그 레코드에 대해서는 나중에 철저하게 내용물을 테스트하는 코드를 작성하겠다. 물론 읽을 로그 파일이 없어서 전 구간 테스트는 실패한다.

19.5.2 번역기에서의 실패 보고

다시 한 번 가장 먼저 바뀐 부분은 AuctionMessageTranslator에 있다. 레코드에 경매 식별자와 받은 메시지, 발생한 예외를 포함시키고 싶다. '단일 책임' 원칙은 AuctionMessageTranslator가 이벤트를 어떻게 보고해야 할지 결정할 책임을 져서는 안 된다고 제안하므로 새로운 협력 객체를 만들어 이 작업을 처리하겠다. 이 협력 객체를 XMPPFailureReporter라고 하자.

```
public interface XMPPFailureReporter {
  void cannotTranslateMessage(String auctionId, String failedMessage,
                              Exception exception);
}
```

여기서는 기존 실패 테스트를 수정하고 메시지 생성과 공통적인 예상 구문을 도우미 메서드로 감싼다. 예를 들면 다음과 같은 식이다.

```
@Test public void
notifiesAuctionFailedWhenBadMessageReceived() {
  String badMessage = "a bad message";
  expectFailureWithMessage(badMessage);
  translator.processMessage(UNUSED_CHAT, message(badMessage));
}
private Message message(String body) {
  Message message = new Message();
  message.setBody(body);
  return message;
}
private void expectFailureWithMessage(final String badMessage) {
  context.checking(new Expectations() {{
    oneOf(listener).auctionFailed();
```

```
            oneOf(failureReporter).cannotTranslateMessage(
                                    with(SNIPER_ID), with(badMessage),
                                    with(any(Exception.class)));
    }});
}
```

새로운 리포터는 번역기의 의존성에 해당하므로 생성자를 통해 리포터를 전달하고 리스너에 통지하기 직전에 리포터를 호출한다. message.getBody()를 호출하면 예외가 던져지지 않으리라는 사실을 알고 있으며, message는 간단한 빈이므로 catch 블록 바깥에 둘 수 있다.

```
public class AuctionMessageTranslator implements MessageListener {
  public void processMessage(Chat chat, Message message) {
    String messageBody = message.getBody();
    try {
      translate(messageBody);
    } catch (RuntimeException exception) {
      failureReporter.cannotTranslateMessage(sniperId, messageBody, exception);
      listener.auctionFailed();
    }
  } [...]
```

단위 테스트가 통과한다.

19.5.3 로그 메시지 생성

다음 단계는 로그 파일 생성 기능을 지닌 XMPPFailureReporter를 구현하는 것이다. XMPPFailureReporter는 실제로 로그 항목의 형식과 내용을 검사하는 곳이다. 먼저 LoggingXMPPFailureReporter로 시작하고 자바의 내장 로깅 프레임워크를 사용하기로 한다. 이러한 새 클래스에서 실제 파일에 기록하거나 실제 파일에서 읽어들이게 할 수도 있지만 실제 파일 접근은 방금 구성한 전 구간 테스트에서 처리해도 충분하다고 판단하므로 메모리상에서 모든 것을 실행하는 식으로 테스트의 의존성을 줄이겠다. 우리는 이러한 지름길을 취할 수 있다고 자신하는데, 예제가 아주 간단하기 때문이다. 좀 더 복잡한 작동 방식에 대해서는 통합 테스트를 작성할 것이다.

자바 로깅 프레임워크에는 인터페이스가 없으므로 우리가 선호하는 것에 비해 좀 더 구체적으로 코드를 작성해야 한다. 여기서는 예외적으로 클래스 기반 목 객체를 이용해 Logger의 관련 메서드를 재정의하기로 한다. 참고로 jMock에서는 setImposteriser()를 호출해 클래스 기반 목 생성을 활성화한다. AfterClass 애노테이션을 지정하면 모든 테스트가 실행된 후 JUnit이 resetLogging()을 호출해 로깅 환경에 적용됐을지도 모를 변경 사항을 모두 되돌린다.

```java
@RunWith(JMock.class)
public class LoggingXMPPFailureReporterTest {
  private final Mockery context = new Mockery() {{
    setImposteriser(ClassImposteriser.INSTANCE);
  }};
  final Logger logger = context.mock(Logger.class);
  final LoggingXMPPFailureReporter reporter =
    new LoggingXMPPFailureReporter(logger);

  @AfterClass
  public static void resetLogging() {
    LogManager.getLogManager().reset();
  }
  @Test public void
  writesMessageTranslationFailureToLog() {
    context.checking(new Expectations() {{
      oneOf(logger).severe("<auction id> "
                    + "Could not translate message \"bad message\" "
                    + "because \"java.lang.Exception: bad\"");
    }});
    reporter.cannotTranslateMessage("auction id", "bad message",
      new Exception("bad"));
  }
}
```

여기서 테스트를 통과하는 데 사용된 구현체에서는 로거를 호출할 때 cannotTranslateMessage()에 입력한 내용을 형식화한 문자열을 전달한다.

> **스스로 규칙을 어기는 것인가?**
>
> 우리는 이미 클래스에 목 객체를 적용하는 것을 좋아하지 않는다고 쓴 적이 있으며, 20장에서 그와 같은 주제를 좀 더 자세히 다루겠다. 그럼 여기서는 어째서 이렇게 했을까?
>
> 이 테스트에서 우리가 신경 쓰는 부분은 실패 메시지에 심각도와 함께 값을 렌더링하는 것이다. 클래스는 로깅 계층 위에 끼워져 있는 상태로 매우 제한적이어서 로깅 역할을 정의하기 위해 또 다른 간접 계층을 도입할 만한 가치가 있다고 생각하지 않는다. 앞에서도 썼듯이 우리는 실제 파일을 상대로 실행하는 게 그다지 바람직하지 않다고 생각하는데, 그렇게 할 경우 현재 개발 중인 기능과는 그다지 관련이 없는 의존성(그리고 더 좋지 않은 점은 비동기성)이 도입되기 때문이다. 아울러 자바 런타임의 일부로 로깅 API는 바뀔 가능성이 높지 않다고 생각한다.
>
> 그래서 이번 한 번만 특별히 선례를 만들지 않으면서 앞으로 절대 그럴 리 없다고 장담하면서 Logger 클래스에 목 객체를 적용했다. 앞으로 나아가기 전에 짚고 넘어가면 좋을 만한 것이 두어 가지 있다. 첫째, 우리는 코드 내부적으로 존재하는 클래스에 대해서는 이렇게 하지 않는다.

인터페이스를 작성해 해당 인터페이스가 담당하는 역할을 서술할 수 있을 것이기 때문이다. 둘째, LoggingXMPPFailureReporter의 복잡성이 높아졌다면 아마 직접적으로 테스트할 수도 있는 보조 메시지 형식화 클래스를 찾아낼 것이다.

19.5.4 반복 고리 종료

이제 각 부분이 제자리를 찾아서 전체 전 구간 테스트가 통과한다. LoggingXMPPFailureReporter 인스턴스를 XMPPAuctionHouse에 집어넣어 XMPPAuction을 통해 모든 AuctionMessageTranslator가 리포터를 가지고 생성되게 한다. 또 로그 파일명을 정의하는 상수를 AuctionLogDriver에서 옮겨 왔으며, 패키지 내에서 발생하는 실패를 포괄하는 새 XMPPAuctionException을 정의한다.

```java
public class XMPPAuctionHouse implements AuctionHouse {
  public XMPPAuctionHouse(XMPPConnection connection)
    throws XMPPAuctionException
  {
    this.connection = connection;
    this.failureReporter = new LoggingXMPPFailureReporter(makeLogger());
  }
  public Auction auctionFor(String itemId) {
    return new XMPPAuction(connection, auctionId(itemId, connection),
                           failureReporter);
  }
  private Logger makeLogger() throws XMPPAuctionException {
    Logger logger = Logger.getLogger(LOGGER_NAME);
    logger.setUseParentHandlers(false);
    logger.addHandler(simpleFileHandler());
    return logger;
  }
  private FileHandler simpleFileHandler() throws XMPPAuctionException {
    try {
      FileHandler handler = new FileHandler(LOG_FILE_NAME);
      handler.setFormatter(new SimpleFormatter());
      return handler;
    } catch (Exception e) {
      throw new XMPPAuctionException("Could not create logger FileHandler "
                                   + getFullPath(LOG_FILE_NAME), e);
    }
  } […]
```

이제 전 구간 테스트가 완전히 통과하고 그림 19.2에 나온 것처럼 목록에서 또 한 항목에 줄을 그을 수 있다.

할 일

~~단일 품목: 참여, 입찰하지 않은 상태로 낙찰 실패~~
~~단일 품목: 참여, 입찰 및 낙찰 실패~~
~~단일 품목: 참여, 입찰 및 낙찰~~
~~단일 품목: 가격 상세 표시~~
~~여러 품목~~
~~GUI를 통해 품목 추가~~
~~매매 지시 지정 가격에서 입찰을 중단~~
~~번역기: 경매에서 유효하지 않은 메시지가 전달됨~~
번역기: 올바르지 않은 메시지 버전
경매: 전송시 XMPPException 처리

그림 19.2 스나이퍼가 경매에서 전달받은 실패 메시지를 보고한다.

19.6 고찰

19.6.1 점증적 개발

얇지만 응집력 있는 조각 형태로 기능을 추가하면서 소프트웨어 규모를 점증적으로 키우는 리듬에 대해 감을 잡았기를 바란다. 새 기능에 대해서는 해당 기능이 수행해야 할 일을 보여주는 테스트를 어느 정도 작성하고, 코드가 통과할 만큼 변화하는 각 테스트를 작업하고, 신기능이 추가될 공간을 마련하거나 새로운 개념을 드러낼 필요에 따라 코드 구조를 변경한다. 그러고 나서 출시한다. 우리는 이 과정이 5장에서 살펴본 대규모 개발 환경에서 어떻게 맞아 들어갈지 다뤘다. 자바나 C# 같은 정적인 언어에서는 컴파일러가 구현 의존성의 사슬을 탐색하는 데 도움이 된다. 새로 발생하는 이벤트를 받아들이고자 코드를 변경하고, 깨진 부분을 확인하고, 고치고, 변경 결과로 또 뭐가 깨지는지 확인하는 과정을 기능이 동작할 때까지 반복한다.

비결은 요구 사항을 점증적인 조각으로 나눠서 늘 뭔가를 동작하게 하고, 언제든지 기능을 하나 더 추가하는 법을 익히는 데 있다. 이 과정이 끊임없이 일어난다고 느끼겠지만, 단지 꾸준히 나아가는 것에 불과하다. 과정이 효과가 있으려면 코드를 점증적이고 비판적으로 변경하는 법을 이해해야 하고, 어디로든 가야 할 곳으로(그리고 아직깐 그곳이 어디인지 몰라도) 향할 수 있게 코드를 잘 구조화된 상태로 유지해야 한다. 이것이 테스트 주도 개발 주기에서 리팩터링이 차지하는 부분이 중요한 이유다. 즉, 리팩터링 주기를 잘 따르지 않으면 언제나 곤란한 상황에 처하고 만다.

19.6.2 의도를 표현하는 작은 메서드

우리는 도우미 메서드를 작성해 적은 양의 코드를 감싸는 습관이 있는데, 이렇게 하는 데는 두 가지 이유가 있다. 첫째, 이렇게 하면 자바 같은 언어의 특성에서 비롯되는 호출 코드에서 문법적으로 지저분한 부분이 줄어든다. 이를테면, 스나이퍼에 연결할 때 translatorFor() 메서드는 같은 줄에서 두 번에 걸쳐 'AuctionMessageTranslator'를 입력하지 않아도 됨을 의미한다. 둘째, 이렇게 하면 구조에 의미 있는 이름이 부여된다(이러한 이름이 아니라면 이해하기 어려울 것이다). 이를테면, chatDisconnectorFor() 메서드는 이 메서드에 포함된 익명 클래스가 하는 일을 설명하고 이름을 지정한 내부 클래스를 정의하는 방식에 비해 덜 거슬린다.

목표는 각 수준의 코드를 가독성 있게 만들고 될 수 있으면 코드만으로도 이해할 수 있게 만들어 실제로 우리가 자바 구성물을 사용해야 할 때까지 앞에서 설명한 과정을 계속해서 반복하는 것이다.

19.6.3 로깅도 일종의 기능이다

XMPPFailureReporter를 정의해 AuctionMessageTranslator에 대한 실패 보고를 감쌌다. 많은 팀에서는 이를 과도한 설계로 간주하고 로그 메시지를 곳곳에 작성할 것이다. 우리는 이렇게 하면 똑같은 코드 안에 여러 차원(메시지 번역과 로깅)의 코드가 혼재해서 설계가 약화된다고 생각한다.

우리는 개발자가 필요할 때마다 즉흥적으로 로깅을 추가하는 시스템을 여럿 봐왔다. 하지만 제품 로깅은 현재 구현 구조에 따라 좌우되는 게 아니라 해당 로깅에 의존할 조직의 요구 사항에 따라야 할 외부 인터페이스에 해당한다. XMPPFailureReporter에서 한 것처럼 호출자 관점에서 런타임 보고를 기술하려는 노력을 기울일 때 좀 더 유용한 로그가 만들어진다는 사실을 알고 있다. 아울러 코드 곳곳에 흩어지는 게 아니라 로깅 기반 구조가 명확하게 격리돼서 활용하기가 좀 더 쉬워진다는 점도 발견했다.

20장에서는 이러한 근심거리(적어도 스티브에게는)를 주제로 한 절을 통째로 할애해서 살펴보겠다.

4부 지속 가능한 테스트 주도 개발

4부에서는 개발을 '지속 가능하게' 유지하는 테스트 코드의 품질 속성에 관해 살펴본다. 우리는 테스트가 표현력을 갖추게 해서 테스트를 읽거나 테스트가 실패했을 때 뭐가 중요한지 분간할 수 있게 하고 테스트 자체가 유지 보수에 걸림돌로 작용하지 않게 해서 테스트가 제 역할을 다하게 하고자 한다. 코딩 스타일은 다를 수도 있지만 제품 코드와 마찬가지로 테스트에도 되도록 신경을 쏟고 주의를 기울일 필요가 있다. 테스트 코드를 계속 바꿔야 할 필요가 있다는 점이 테스트를 하는 어려움일지도 모르지만, 설계에 관한 생각이 잘못됐고 제품 코드를 변경해야 한다는 힌트가 될 때도 있다.

이 책에서는 이러한 지침을 별도 장으로 썼는데, 그렇게 해야만 이 책에서 사례로 든 예제가 매끄럽게 이어지기 때문이다. 실제로 품질 요소는 모두 서로 관련이 있고 상보적이다. 테스트 주도 개발에서는 테스트, 명세, 설계가 하나의 전체적인 활동으로 어우러진다.[1]

---

[1] 상호 관련성 때문에 각 주제를 일관된 내용이 담긴 장으로 나눌 때 어려움을 겪었다.

20장

테스트에 귀 기울이기

> 관찰만으로도 많은 것을 알 수 있다.
> — 요기 베라

코드에 추가하고 싶은 일부 기능에 대한 테스트를 작성하기 어려울 때가 있다. 경험상 이것은 대개 설계를 개선할 수 있음을 의미한다(아마 클래스가 환경에 너무 긴밀하게 결합돼 있거나 책임이 불분명할 것이다). 이 경우 우리는 테스트를 좀 더 복잡하게 만들거나 좀 더 정교한 도구를 사용해 설계를 만지기 전에 그것이 코드를 개선할 기회인지 먼저 확인한다. 객체를 손쉽게 테스트하게 해주는 품질 요소가 코드를 변화에 반응성 있게 만들어 준다는 사실도 알게 됐다.

그렇게 하는 비결은 테스트가 설계를 '주도'하게 하는 데 있다(그래서 테스트 '주도' 개발이라고 하는 것이다). TDD는 코드를 테스트하는, 즉 기능과 성능처럼 겉으로 드러나는 품질 속성을 검증하는 활동에 관한 것이다. TDD는 코드의 내부 품질 속성에 관한 피드백, 즉 클래스의 결합도와 응집력, 명시적이거나 감춰진 의존성, 효과적인 정보 은닉 등 코드를 유지 보수 가능한 상태로 유지하는 품질 속성에 관한 작업이기도 하다.

훈련을 통해 테스트의 매끄럽지 못한 부분에 더욱 민감해지므로 설계에 관한 신속한 피드백을 위해 테스트를 활용할 수 있다. 테스트하기 어려운 기능을 발견하면 우리는 단순히 해당 기능을 '어떻게' 테스트해야 할지 자문하는 게 아니라 '왜' 테스트하기 어려운지도 묻는다.

이번 장에서는 지금까지 접한 '테스트 악취'를 살펴보고, 그것이 코드 설계에 암시하는 바에 관해 다루겠다. 고려해야 할 테스트 악취에는 두 종류가 있다. 하나는 테스트 자체가 제대로 작성돼 있지 않은, 즉 테스트가 불분명하거나 불안정하게 작성된 경우다. 메스자로스의 책[Meszaros07] 「테스트 악취」 장에서 그러한 패턴을 여럿 다룬다. 이번 장에서는 다른 종류의 테스트 악취도 다루는데, 바로 테스트에서 대상 코드가 문제라고 강조되는 경우다. 메스자로스가 지은 책에서는 테스트 악취에 대한 패턴이 하나 있는데, '테스트하기 어려운 코드(Hard-to-Test Code)'라고 한다. 이 책에서는 TDD에 대한 우리의 접근법과 관련이 있는 몇 가지 공통 사례를 선별했다.

20.1 대체할 수 없는 객체에 대해 목 객체를 적용해야 한다(마법을 쓰지 않고)

20.1.1 싱글턴은 의존성이다

코드에서 복잡성을 줄인다는 말은 대체로 유용한 객체를 전역 구조(대개 싱글턴으로 구현)를 통해 접근할 수 있게 하는 것으로 해석되기도 한다. 그러한 기능에 접근할 필요가 있는 코드에서는 해당 기능을 인자로 받는 대신 전역적인 이름으로 참조할 수 있다. 다음은 흔히 볼 수 있는 예다.

```
Date now = new Date();
```

내부적으로 생성자에서는 싱글턴인 System을 호출하고 System.currentTimeMillis()를 이용해 새 인스턴스를 현재 시간으로 설정한다. 편리한 기법이지만 대가가 따른다. 테스트를 다음과 같이 작성하고 싶다고 해보자.

```
@Test public void rejectsRequestsNotWithinTheSameDay() {
  receiver.acceptRequest(FIRST_REQUEST);
  // 다음날
  assertFalse("too late now", receiver.acceptRequest(SECOND_REQUEST));
}
```

구현은 다음과 같다.

```
public boolean acceptRequest(Request request) {
  final Date now = new Date();
  if (dateOfFirstRequest == null) {
    dateOfFirstRequest = now;
  } else if (firstDateIsDifferentFrom(now)) {
    return false;
  }
  // 요청 처리
```

```
        return true;
    }
```

dateOfFirstRequest는 필드이며, firstDateIsDifferentFrom()은 자바 날짜 라이브러리와 관련된 그다지 보고 싶지 않은 부분을 감춰주는 도우미 메서드다.

이 제한 시간을 테스트하려면 테스트가 하룻밤을 기다리게 하거나 뭔가 현명한 조치(아마 애스펙트나 바이트 코드 조작을 통해)를 취해 생성자를 가로채서 테스트에 필요한 적당한 Date 값을 반환해야만 한다. 이 테스트에서 어려움은 코드를 변경해야 한다는 조짐이다. 테스트를 좀 더 이해하기 쉽게 만들려면 Date 객체가 생성되는 방법을 제어할 필요가 있으므로 Clock을 도입해 그것을 Receiver에 전달한다. Clock에 대한 테스트를 만들 경우 테스트는 다음과 같다.

```
@Test public void rejectsRequestsNotWithinTheSameDay() {
    Receiver receiver = new Receiver(stubClock);
    stubClock.setNextDate(TODAY);
    receiver.acceptRequest(FIRST_REQUEST);

    stubClock.setNextDate(TOMORROW);
    assertFalse("too late now", receiver.acceptRequest(SECOND_REQUEST));
}
```

그리고 구현은 다음과 같다.

```
public boolean acceptRequest(Request request) {
    final Date now = clock.now();
    if (dateOfFirstRequest == null) {
        dateOfFirstRequest = now;
    } else if (firstDateIsDifferentFrom(now)) {
        return false;
    }
    // 요청 처리
    return true;
}
```

이제 별다른 꼼수를 쓰지 않고도 Receiver를 테스트할 수 있다. 하지만 좀 더 중요한 점은 Receiver가 시간에 의존한다는 사실을 좀 더 분명히 한 것이다(Clock 없이는 Receiver를 생성할 수조차 없다). 이렇게 하면 Receiver의 내부 구조가 드러나 캡슐화를 어긴다고 주장하는 사람도 있다. 인스턴스를 생성할 수만 있으면 그 부분은 걱정하지 않을 것이다(하지만 지금까지 개발자가 시간 개념을 격리하지 않아 테스트하기 불가능한 시스템을 너무 많이 봐왔다). 우리는 이러한 의존성에 관해 '알고 싶은데', 특히 서비스가 전 세계를 대상으로 하고 뉴욕과 런던에서 각기 다른 결과를 내는 것에 관해 불평을 토로하기 시작했을 때가 그렇다.

20.1.2 절차에서 객체로

Clock 객체를 도입하려고 노력하고 나서 우리는 코드에 '도메인 측면에서' 날짜를 검사하는 개념이 누락돼 있지는 않은지 궁금해지기 시작했다. Receiver에서는 시간대와 로캘(locale) 같은 달력 체계의 모든 세부 사항을 알 필요가 없다. 단지 Receiver에서는 날짜가 이 애플리케이션에 대해 변경됐는지 여부만 알 필요가 있다. 다음과 같은 코드 조각에 실마리가 있다.

```
firstDateIsDifferentFrom(now)
```

이것은 일부 날짜 조작 코드를 Receiver로 감싸야 했음을 의미한다. 하지만 이를 Receiver 객체에 넣은 것은 잘못이다. 이 작업은 Clock에서 처리해야 한다. 다시 테스트를 다음과 같이 작성한다.

```
@Test public void rejectsRequestsNotWithinTheSameDay() {
  Receiver receiver = new Receiver(clock);
  context.checking(new Expectations() {{
      allowing(clock).now(); will(returnValue(NOW));
      one(clock).dayHasChangedFrom(NOW); will(returnValue(false));
  }});
  receiver.acceptRequest(FIRST_REQUEST);
  assertFalse("too late now", receiver.acceptRequest(SECOND_REQUEST));
}
```

구현은 다음과 같다.

```
public boolean acceptRequest(Request request) {
  if (dateOfFirstRequest == null) {
      dateOfFirstRequest = clock.now();
  } else if (clock.dayHasChangedFrom(dateOfFirstRequest)) {
      return false;
  }
  // 요청 처리
  return true;
}
```

이 버전의 Receiver는 좀 더 초점이 잘 잡혀 있다. Receiver에서는 한 날짜를 다른 날짜와 구분하는 방법을 몰라도 되고 날짜를 받아서 첫 번째 값으로 설정하기만 하면 된다. Clock 인터페이스에서는 Receiver가 자신을 둘러싼 환경에 요구하는 것과 정확히 일치하는 날짜 서비스를 정의한다.

하지만 여기서 더 나아갈 수 있다고 생각한다. Receiver에서는 날짜 변화를 감지할 수 있게 날짜를 보관하기만 하는데, 모든 날짜 관련 기능을 또 다른 객체, 좀 더 나은 이름을 지닌 SameDayChecker라는 객체에 위임해야 할 것이다.

```
@Test public void rejectsRequestsOutsideAllowedPeriod() {
  Receiver receiver = new Receiver(sameDayChecker);
  context.checking(new Expectations() {{
    allowing(sameDayChecker).hasExpired(); will(returnValue(false));
  }});
  assertFalse("too late now", receiver.acceptRequest(REQUEST));
}
```

구현은 다음과 같다.

```
public boolean acceptRequest(Request request) {
  if (sameDayChecker.hasExpired()) {
    return false;
  }
  // 요청 처리
  return true;
}
```

날짜에 관한 모든 로직이 Receiver에서 분리되어 Receiver는 요청을 처리하는 데 집중할 수 있다. 두 객체를 가지고 각 행위(날짜 검사와 요청 처리)를 대상으로 깔끔하게 단위 테스트할 수 있다.

20.1.3 암시적인 의존성도 여전히 의존성이다

전역 값을 사용해 캡슐화를 우회함으로써 컴포넌트 호출자로부터 의존성을 감출 수 있지만 그렇게 한다고 해서 의존성이 사라지지는 않으며, 단지 의존성에 접근할 수 없게 될 뿐이다. 예를 들어, 스티브는 액티브디렉터리를 설치하지 않고는 불러올 수 없는 마이크로소프트 닷넷 라이브러리를 써야 한 적이 있었다. 액티브디렉터리는 실제로 스티브가 사용하고자 하는 기능에 필요하지 않았고 아무튼 스티브는 자기가 쓰는 장비에 액티브디렉터리를 설치할 수 없었다. 라이브러리 개발자는 도움을 주고자 노력했고 '그냥 돌아가게' 만들기는 했지만 결과적으로 스티브는 그 라이브러리로 전혀 작업할 수 없었다.

코드 구조화 기법 측면에서 객체 지향의 목표 중 하나는 객체의 경계를 명확하게 보이게 하는 것이다. '콘텍스트 독립성'(66쪽)에서 강조한 것처럼 객체는 오직 지역적이거나(해당 객체의 범위 내에서 생성되고 관리되는) 명시적으로 전달되는 값과 인스턴스를 다뤄야 한다.

이전 예제에서는 날짜 검사를 테스트 가능하게 하는 행위로 인해 Receiver의 요구사항이 좀 더 명시적으로 바뀌었고 도메인에 관해 더욱 명확하게 생각해보게 됐다.

> 💡 **제품 코드에 사용한 것과 같은 기법을 이용해 단위 테스트에서 의존성을 끊는다**
>
> 클래스 로더나 바이트 코드를 조작하는 것 같은 기법을 이용해 단위 테스트에서 대상 코드를 변경하지 않고도 의존성을 끊는 데 도움이 되는 프레임워크가 여러 가지 있다. 대체로 이런 프레임워크는 고급 기법에 해당하는데, 개발자들은 대부분 제품 코드를 작성할 때 그것들을 이용하지 않는다. 이런 도구가 정말로 필요할 때가 있지만 개발자들은 그러한 도구에 숨겨진 비용이 따라온다는 사실도 알아야 한다.
>
> 프로그래머가 설계상의 형편없는 의존성 관리를 피할 수 있게 해주는 단위 테스트 도구 때문에 귀중한 피드백 원천이 낭비되기도 한다. 결국 긴급한 기능을 추가하려고 이러한 설계상의 약점을 해결해야 할 경우 그렇게 하기가 더 어렵다는 사실을 개발자들은 알게 될 것이다. 형편없는 구조는 거기에 의존하는 시스템의 다른 부분에도 영향을 줄 것이고, 원래 의도를 이해한 것도 소용없어질 것이다. 지저분한 취사 도구와 마찬가지로 사용하기 전이라야 기름기를 제거하기 쉽다.

20.2 로깅은 기능이다

대체하기 어려운 객체를 다루는 것과 관련해 논쟁을 불러일으킬 만한 사례가 하나 더 있다. 바로 로깅이다. 다음과 같은 두 줄의 코드를 살펴보자.

```
log.error("Lost touch with Reality after " + timeout + "seconds");
log.trace("Distance traveled in the wilderness: " + distance);
```

이것은 구현을 공유하는 두 가지 별개의 기능이다. 하나씩 살펴보자.

- 보조 로깅(오류와 정보)은 애플리케이션 사용자 인터페이스의 일부다. 이 메시지는 아마 실패를 진단하거나 실행 중인 시스템의 진행 상태를 감시할 목적으로 시

스템 관리자와 운영자를 비롯해 지원 담당자가 추적할 의도로 작성된 것이다.
- 진단 로깅(디버그와 추적)은 프로그래머를 위한 기반 구조에 해당한다. 이 메시지는 제품 코드로 전환해서는 안 되는데, 프로그래머가 현재 개발 중인 시스템 내부의 진행 상황을 이해하는 데 도움을 줄 목적으로 만들어지는 것이기 때문이다.

이렇게 구분할 경우 이러한 두 가지 유형의 로깅에 각기 다른 기법을 사용하는 것에 관해 생각해봐야 한다. 보조 로깅은 감사나 실패 복구 같은 요구 사항으로부터 테스트 주도적이어야 한다. 테스트는 각 메시지의 용도가 무엇인가에 관해 우리가 생각한 바를 확신시켜 주고, 그러한 메시지가 작동하게끔 만들어줬다. 아울러 테스트는 다른 사람들이 로그 메시지를 분석하려고 만든 도구나 스크립트가 망가지지 않게 보호해줄 것이다. 반면 진단 로깅은 시스템에서 일어나는 일을 세부적으로 추적하고자 하는 프로그래머의 필요에 따라 주도된다. 진단 로깅은 건물 골격에 해당한다. 그래서 진단 로깅은 테스트 주도적일 필요가 없고 진단 로깅 메시지는 보조 로그처럼 일관성을 유지할 필요가 없을지도 모른다. 어찌 됐건 이 메시지를 제품에 사용하지 않기로 합의하지 않았던가?

20.2.1 로깅보다는 알림

이번 장에서 강조하는 바로 되돌아가자면, 로거를 비롯해 정적 전역 객체를 대상으로 단위 테스트를 작성하기란 까다로운 일이다. 우리는 파일 시스템으로부터 읽거나 테스트를 목적으로 별도의 어펜더(appender) 객체를 관리해야 한다. 게다가 테스트가 서로 방해하지 않도록 테스트가 종료된 후에 정리하고 올바른 로거에 올바른 로깅 수준을 설정하는 것을 기억해야 한다. 테스트에서 발생하는 소음은 우리가 작성하는 코드가 두 가지 수준에서 동작하고 있다는 사실을 상기시켜 준다. 바로 도메인과 로깅 기반 구조다. 다음은 로깅을 수행하는 코드의 흔한 예다.

```
Location location = tracker.getCurrentLocation();
for (Filter filter : filters) {
  filter.selectFor(location);
  if (logger.isInfoEnabled()) {
    logger.info("Filter " + filter.getName() + ", " + filter.getDate()
                    + " selected for " + location.getName()
                    + ", is current: " + tracker.isCurrent(location));
  }
}
```

이 코드에서는 반복문의 기능적인 부분과 (강조한) 로깅 부분 사이에서 어휘와 스타일이 바뀌는 것을 눈여겨보라. 코드는 한 번에 두 가지 일을 하고 있는데, 위치와 관련된 일과 보조 정보를 표시하는 일을 한다. 이로써 단일 책임 원칙을 위반한다. 대신 다음과 같이 할 수도 있다.

```
Location location = tracker.getCurrentLocation();
for (Filter filter : filters) {
  filter.selectFor(location);
  support.notifyFiltering(tracker, location, filter);}
```

여기서 support 객체는 로거나 메시지 버스, 팝업 창, 또는 적절한 것이라면 어떤 것으로든 구현될 수 있다. 이러한 세부 사항은 이 수준의 코드와는 관련이 없다.

이 코드도 19장에서 본 것처럼 테스트하기 쉽다. 우리는 로깅 프레임워크가 아니라 보조적인 객체를 소유하고 있으므로 편리하게 목 구현체를 전달해 테스트 케이스에 국한되게 유지할 수 있다. 다른 단순화로는 형식화된 문자열 내용물이 아니라 객체를 대상으로 테스트하는 것이 있다. 물론 여전히 support의 구현과 그것과 어울리는 몇 가지 초점이 잘 잡힌 통합 테스트를 작성해야 할 것이다.

20.2.2 그렇지만 그건 말도 안 되는 소리…

보조 리포팅을 캡슐화한다는 생각은 과도한 설계처럼 들리지만 잠시 생각해볼 가치가 있다. 그렇게 한다는 건 구현(로깅)이 아니라 '의도'(지원 부서 사람들을 돕는)라는 측면에서 코드를 작성한다는 의미이므로 좀 더 표현력이 있다. 모든 보조 리포팅은 일부 알려진 곳에서 처리되므로 리포팅 방법에 일관성을 유지하기가 쉽고 재사용을 촉진한다. 아울러 자바 패키지 관점이 아니라 애플리케이션 도메인 측면에서 리포팅을 구조화하고 제어하는 데 도움이 되기도 한다. 마지막으로, 각 리포트에 대한 테스트를 작성하는 행위는 '이 예외를 어떻게 해야 할지 모르겠으니, 로그로 남기고 계속 실행하겠다' 증후군, 즉 불분명한 오류 조건을 처리하지 못하기 때문에 로그가 넘치고 제품이 실패하는 지경에 이르는 현상을 피하는 데 도움이 된다.

우리가 들었던 한 가지 반대 이유는 다음과 같다. "지금까지 도메인 객체를 전부 로깅해왔기 때문에 로거를 대상으로 테스트할 순 없어요. 그러려면 모든 곳에 도메인 객체를 전달해야 할 거에요." 우리는 이것이 설계를 충분히 명확하게 하지 않았다는 사실을 말해주는 테스트 악취라고 생각한다. 아마 보조 로깅의 일부는 정말로 진단 로깅이 돼야 하거나, 아니면 행위를 아직 이해하지 못했을 때 작성한 뭔가 때문에 필요에 비해 더 로깅하고 있는 것에 해당한다. 아마 도메인 코드에는 여전히 너무 많은 중복이 있을 테고, 우리는 대부분의 제품 로깅이 들어가야 할 '관문'을 아직까지 찾지 못했을 것이다.

그럼 진단 로깅은 어떤가? 진단 로깅은 작업이 완료되면 무너뜨려야 할 일회용 골격에 불과한가, 아니면 테스트하고 유지 보수해야 할 필수불가결한 기반 구조인가? 시스템에 따라 다르겠지만 보조 로깅과 진단 로깅을 구분하고 나면 보조 로깅과 진단 로깅에 대해 다양한 기법을 사용하는 것에 관해 마음껏 생각해볼 자유를 얻을 수 있다. 우리는 인라인 코드가 중요 제품 코드의 가독성에 방해가 되기 때문에 진단 로깅에 쓰기에는 잘못된 기법이라고 판단할지도 모른다. 어쩌면 일부 애스펙트를 대신 위빙(애스펙트의 전형적인 쓰임새이므로)할 수도 있고, 그렇지 않을 수도 있지만 최소한 이제 선택은 분명해진 셈이다.

마지막으로 한 가지만 더 이야기하겠다. 우리 중 한 명은 굉장히 많은 내용이 로그로 기록돼서 디스크 공간에 맞추려면 한 주가 끝날 때마다 로그를 삭제해야 했던 시스템에서 작업했던 적이 있다. 상황이 이렇게 되자 고쳐야 할 버그가 할당되는 시점에서는 관련 로그가 보통 사라져버려서 유지 보수하기가 아주 어려웠다. 차라리 로그를 전혀 남기지 않았더라면 시스템은 유용한 정보를 잃지 않고도 좀 더 빠르게 동작했을 것이다.

20.3 구상 클래스에 대한 목 객체 적용

상호 작용 테스트에 대한 한 가지 접근법은 인터페이스가 아니라 구상 클래스를 대상으로 목 객체를 적용하는 것이다. 이 기법을 쓰려면 목 객체를 적용하려는 클래스를 상속받아 테스트 내에서 호출될(직접 또는 목 프레임워크를 통해) 메서드를 재정의해야 한다. 우리가 생각하기에 이 기법은 다른 선택의 여지가 없을 때만 써야 한다.

다음은 손수 목 객체를 적용하는 예다. 테스트에서는 오디오 컴포넌트(music centre)가 CD 플레이어를 요청된 시간에 시작하는지 검증한다. CdPlayer 객체를 대상으로 스케줄을 설정하면 우리가 테스트하고 싶지 않은 일부 행위가 일어난다고 가정하고 scheduleToStartAt()을 재정의해 올바른 인자와 함께 해당 메서드를 호출한 후 검증한다.

```
public class MusicCentreTest {
  @Test public void
  startsCdPlayerAtTimeRequested() {
    final MutableTime scheduledTime = new MutableTime();
    CdPlayer player = new CdPlayer() {
      @Override public void scheduleToStartAt(Time startTime) {
        scheduledTime.set(startTime);
      }
    }

    MusicCentre centre = new MusicCentre(player);
    centre.startMediaAt(LATER);

    assertEquals(LATER, scheduledTime.get());
  }
}
```

이 접근법의 문제는 CdPlayer와 MusicCentre 사이의 관계가 암시적으로 남게 된다는 것이다. 지금쯤이면 테스트 '주도' 개발에서 우리 의도가 목 객체를 이용해 객체 간의 관계를 끌어내는 데 있음을 알기 바란다. 하위 클래스를 만든다면 도메인 코드에 그러한 관계를 눈에 보이게끔 할 만한 것(객체상의 메서드)이 아무것도 없다. 이렇게 되면 이 관계를 지원하는 서비스가 다른 곳에서도 의미가 있는지 확인하기 더 어려워지며, 다음 번에 해당 클래스를 이용할 때 다시 분석해야만 할 것이다. 요점을 말하자면 CdPlayer를 다음과 같이 구현하는 것도 가능하다.

```
public class CdPlayer {
  public void scheduleToStartAt(Time startTime) { […]
  public void stop() { […]
  public void gotoTrack(int trackNumber) { […]
  public void spinUpDisk() { […]
  public void eject() { […]
}
```

MusicCentre에서는 CdPlayer의 시작 메서드와 중단 메서드만 사용하는 것으로 밝혀졌다. 나머지 메서드는 시스템의 다른 부분에서 사용 중이다. 우리는 MusicCentre가 CdPlayer와 너무 많은 상호 작용을 하게 해서 MusicCentre를 지나치게 자세히 명시한 축에 속할 것이다. 실제로 필요한 것은 ScheduleDevice다. 로버트 마틴은 '인터페이스 분리 원칙'에서 "클라이언트가 사용하지 않는 인터페이스에 의존하게 해서는 안 된다"라면서 그 점을 강조했는데(1996년) 이것은 바로 우리가 구상 클래스를 대상으로 목 객체를 적용할 때 하는 일과 정확히 일치한다.

구상 클래스를 대상으로 목 객체를 적용하지 않는 데는 좀 더 미묘하지만 그럴 만한 이유가 있다. 테스트 주도 개발 과정의 일부로 인터페이스를 추출할 경우 우리가 발견한 관계를 기술할 이름을 생각해내야 한다(이 예제에서는 ScheduleDevice가 여기에 해당한다). 그러면 도메인에 대해 좀 더 고심하고 달리 놓친 개념은 없는지 알아내려 애쓰게 된다. 뭔가가 이름을 갖게 되면 우리는 그것에 관해 이야기를 나눌 수 있다.

20.3.1 "응급 상황 대비용 유리 깨기"

악취를 참아야 할 때가 있다. 가장 마음에 들지 않는 상황은 제어할 수는 있지만 한꺼번에 전부 변경할 수는 없는 레거시 코드를 다룰 때다. 아니면 전혀 변경할 수 없는 서드 파티 코드를 다룰 때일지도 모른다(8장 참고). 우리는 외부 라이브러리를 대상으로 직접 목 객체를 적용하는 게 아니라 외부 라이브러리에 대한 껍데기에 해당하는 것을 작성하는 편이 거의 언제나 낫다는 사실을 알고 있다. 하지만 그 방법이 효과가 없을 때도 있다. 19장에서는 Logger로 그 규칙을 어겼지만 그 점에 대해 사과하고 유감을 표명했다. 어떤 경우든 이러한 부분은 아쉽지만 필요한 타협이며, 가능하다면 우리 식대로 하려고 노력할 것이다. 코드에서 그러한 부분을 오랫동안 남겨둘수록 설계 불안정성으로 고민에 빠질 가능성이 높아진다.

    무엇보다도 클래스의 내부 기능을 재정의해서는 안 된다. 이렇게 하면 현재 구현의 유별난 부분에 테스트가 묶여버린다. 가시적인 메서드만 재정의해야 한다. 이 규칙은 테스트에서 재정의하기 위해 내부 메서드를 드러내는 현상을 방지하기도 한다. 여러분이 필요로 하는 구조에 닿을 수 없다면 이는 클래스를 좀 더 작고 구성할 수 있는 기능으로 분할할 시점이라는 것을 테스트가 말해주는 셈이다.

20.4 값에 목 객체를 적용하지 말라

값(어찌 됐든 불변적이어야 할)에 목 객체를 적용할 이유는 전혀 없다. 인스턴스를 생성해서 쓰기만 하라. 이를테면, 다음 테스트에서 Video는 Show의 일부 세부 사항을 담고 있다.

```
@Test public void sumsTotalRunningTime() {
  Show show = new Show();
  Video video1 = context.mock(Video.class); // 이렇게 하지 말라.
  Video video2 = context.mock(Video.class);

  context.checking(new Expectations(){{
    one(video1).time(); will(returnValue(40));
```

```
      one(video2).time(); will(returnValue(23));
  }});
  show.add(video1);
  show.add(video2);
  assertEqual(63, show.runningTime())
}
```

여기서는 어느 시간 값이 반환되는지 제어하고자 인터페이스/구현 쌍을 생성할 만한 이유가 없다. 단지 적절한 시간을 담고 있는 인스턴스를 생성해서 사용하기만 하면 된다.

클래스가 값이 될 가능성이 있어서 목 객체를 적용할 필요가 없는 경우에 대한 휴리스틱이 몇 가지 있다. 우선 해당 클래스의 값은 불변적이다(이것이 해당 클래스가 '객체 이웃의 유형'(63쪽)에서 설명한 '조정' 객체에 해당한다는 의미일 수도 있지만). 둘째, 해당 타입의 인터페이스를 구현하는 클래스를 대상으로 의미 있는 이름을 생각해낼 수 없다. Video가 인터페이스였다면 해당 인터페이스를 구현한 클래스를 VideoImpl 또는 똑같이 모호한 뭔가로 부르지 않는다면 뭐라고 불러야 할까? 클래스 이름을 부여하는 주제에 대해서는 'Impl 클래스는 의미를 충분히 드러내지 않는다'(77쪽)에서 설명한 바 있다.

값의 인스턴스를 생성하기가 너무 복잡해서 값을 대상으로 목 객체를 적용하고 싶은 마음이 든다면 빌더를 작성하는 방법을 고려해보라(22장 참고).

20.5 비대한 생성자

TDD 과정이 진행되는 과정에서 생성자의 인자 목록이 길고 다루기 어려울 때가 있다. 대체로 그렇게 될 가능성이 높은 경우는 한 번에 하나씩 객체의 의존성을 추가할 때인데, 그러한 경우 우리가 손쓸 수준을 넘어서게 된다. 이렇게 되더라도 프로세스를 토대로 클래스와 이웃 객체 간의 설계를 정리할 수 있기에 끔찍한 상태는 아니지만 이제 정리할 시점이다. 그래도 모든 현재 생성자의 인자에 의존하는 기능은 필요할 것이므로 거기에 우리가 도출해낼 수 있는 암시적인 구조가 있는지 확인해봐야 한다.

한 가지 가능성은 특정 개념을 나타내는 일부 인자를 묶어 새로운 객체로 대체하는 경우다. 다음에 나오는 예제를 살펴보자.

```
public class MessageProcessor {
  public MessageProcessor(MessageUnpacker unpacker,
                          AuditTrail auditor,
                          CounterPartyFinder counterpartyFinder,
                          LocationFinder locationFinder,
                          DomesticNotifier domesticNotifier,
                          ImportedNotifier importedNotifier)
  {
    // 여기서 필드를 설정
  }

  public void onMessage(Message rawMessage) {
    UnpackedMessage unpacked = unpacker.unpack(rawMessage, counterpartyFinder);
    auditor.recordReceiptOf(unpacked);
    // 다른 일부 활동
    if (locationFinder.isDomestic(unpacked)) {
      domesticNotifier.notify(unpacked.asDomesticMessage());
    } else {
      importedNotifier.notify(unpacked.asImportedMessage())
    }
  }
}
```

모든 객체에 대해 예상 구문을 작성한다는 생각 때문에 지치게 되며, 상황이 너무 복잡해진다. 첫 번째 단계는 unpacker와 counterpartyFinder가 언제나 함께 사용된다는 사실을 알아차리는 것이다. 두 객체는 생성 시점에 정해지고 서로를 호출한다. counterpartyFinder를 unpacker에 집어넣어 인자를 하나 제거할 수 있다.

```
public class MessageProcessor {
  public MessageProcessor(MessageUnpacker unpacker,
                          AuditTrail auditor,
                          LocationFinder locationFinder,
                          DomesticNotifier domesticNotifier,
                          ImportedNotifier importedNotifier) { […] }

  public void onMessage(Message rawMessage) {
    UnpackedMessage unpacked = unpacker.unpack(rawMessage);
    // 등등
  }
}
```

그러고 나면 locationFinder와 두 알리미(notifier)로 구성된 세 객체가 있는데, 이것들은 함께해야 하는 것으로 보인다. 이것들을 MessageDispatcher로 모두 묶는 게 맞을지도 모른다.

```
public class MessageProcessor {
  public MessageProcessor(MessageUnpacker unpacker,
                          AuditTrail auditor,
                          MessageDispatcher dispatcher) { […] }

  public void onMessage(Message rawMessage) {
    UnpackedMessage unpacked = unpacker.unpack(rawMessage);
```

```
      auditor.recordReceiptOf(unpacked);
      // 다른 어떤 활동
      dispatcher.dispatch(unpacked);
    }
  }
```

이 예제를 일부러 이번 절의 내용에 맞게 구성하긴 했지만 테스트 내의 복잡성에 민감하다는 것이 설계를 명료하게 하는 데 유용할 수 있음을 보여준다. 이제 일반적인 세 단계(수신, 처리, 전달)를 명확하게 수행하는 메시지 처리 객체가 마련됐다. 메시지를 보낼 곳을 결정하는 코드(MessageDispatcher)를 빼낼 수 있으므로 MessageProcessor에는 책임이 조금 줄어들고 상황이 좀 더 복잡해졌을 때 어디서 메시지 전송 지점을 결정하는지 알게 된다. 아울러 이 코드가 단위 테스트하기가 좀 더 수월하다는 사실을 눈치챘을지도 모르겠다.

암시적인 컴포넌트를 뽑아낼 경우 우리는 두 가지 조건을 살펴보는 것으로 시작한다. 바로 해당 클래스에서 늘 함께 사용되고 수명이 같은 인자가 여기에 해당한다. 조건이 일치하는 부분을 찾고 나면 해당 개념을 설명하는 더 나은 이름을 알아내는 좀 더 어려운 일이 남는다.

그건 그렇고 설계가 잘 개발되고 있다는 한 가지 징후는 변화를 통합하기 쉽다는 것이다. 우리가 해야 할 일은 MessageProcessor가 생성되는 곳을 찾아서 다음과 같은 코드를

```
messageProcessor =
  new MessageProcessor(new XmlMessageUnpacker(),
                       auditor, counterpartyFinder,
                       locationFinder, domesticNotifier,
                       importedNotifier);
```

다음과 같이 변경하기만 하면 된다.

```
messageProcessor =
  new MessageProcessor(new XmlMessageUnpacker(counterpartyFinder),
                       auditor,
                       new MessageDispatcher(
                         locationFinder,
                         domesticNotifier, importedNotifier));
```

그러면 나중에 MessageDispatcher를 생성하는 부분을 추출해 문법적으로 장황한 부분을 줄일 수 있다.

20.6 혼동되는 객체

'비대한 생성자'를 진단하는 또 다른 방법은 객체에 역할이 너무 많아서 객체 자체의 규모가 너무 크다는 것일지도 모른다. 이를테면 다음과 같다.

```
public class Handset {
  public Handset(Network network, Camera camera, Display display,
                 DataNetwork dataNetwork, AddressBook addressBook,
                 Storage storage, Tuner tuner, …)
  {
    // 여기서 필드를 설정
  }
  public void placeCallTo(DirectoryNumber number) {
    network.openVoiceCallTo(number);
  }
  public void takePicture() {
    Frame frame = storage.allocateNewFrame();
    camera.takePictureInto(frame);
    display.showPicture(frame);
  }
  public void showWebPage(URL url) {
    display.renderHtml(dataNetwork.retrievePage(url));
  }
  public void showAddress(SearchTerm searchTerm) {
    display.showAddress(addressBook.findAddress(searchTerm));
  }
  public void playRadio(Frequency frequency) {
    tuner.tuneTo(frequency);
    tuner.play();
  }
  // 등등
}
```

휴대 전화와 마찬가지로 이 클래스에는 여러 의존성을 끌어오게 하는 관련이 없는 책임이 다수 포함돼 있다. 그리고 휴대 전화처럼 클래스는 사용하기 혼란스러운데, 관련이 없는 기능들이 서로 방해하기 때문이다. 모든 기기를 담을 만큼 주머니가 크지 않기 때문에 한 단말기 내에 이 모든 것이 포함되는 절충안을 받아들일 준비가 됐지만 이는 코드에는 적용되지 않는다. 이 클래스는 분할해야 한다. 마이클 페더스는 그렇게 하는 일부 기법을 [Feathers04]의 20장에서 설명하고 있다.

이런 클래스와 연관된 악취는 해당 클래스의 테스트 스위트도 혼란스러워 보인다는 것이다. 해당 클래스의 다양한 기능에 대한 테스트는 서로 아무런 관련이 없으므로 다른 것을 건드리지 않고도 한 영역에 중대한 변경을 가할 수 있을 것이다. 테스트 클래스를 서로 아무것도 공유하지 않는 여러 조각으로 쪼갤 수 있다면 객체도 쪼개는 게 최선일지도 모른다.

20.7 너무 많은 의존성

비대한 생성자에 대한 세 번째 진단은 모든 인자가 '객체 이웃의 유형'(63쪽)에서 정의한 이웃 유형 가운데 하나인 의존성은 아니라는 것이다. 해당 절에서 논의했듯이 우리는 생성자에 전달되는 것을 의존성이라고 주장하지만 알림과 조정에는 기본값을 설정할 수 있고 나중에 재설정할 수 있다. 생성자가 너무 크고 인자에 암시적인 새 타입이 있다고 여겨지지 않는다면 기본값을 좀 더 쓰고 특정 테스트 케이스에 대해 기본값을 덮어쓰기만 하면 된다.

예제를 하나 보자. 다음 예제는 고쳐야 할 만큼 나쁘지는 않지만 여기서 설명하고자 하는 바를 강조하기에는 충분하다. 예제 애플리케이션은 경주 게임이며, 플레이어는 차량에 대해 각기 다른 설정과 운전 스타일을 시험해보면서 어느 차량이 경주에서 이길지 확인할 수 있다.[1] RacingCar는 경주 내 경쟁자를 나타낸다.

```java
public class RacingCar {
  private final Track track;
  private Tyres tyres;
  private Suspension suspension;
  private Wing frontWing;
  private Wing backWing;
  private double fuelLoad;
  private CarListener listener;
  private DrivingStrategy driver;
  public RacingCar(Track track, DrivingStrategy driver, Tyres tyres,
                   Suspension suspension, Wing frontWing, Wing backWing,
                   double fuelLoad, CarListener listener)
  {
    this.track = track;
    this.driver = driver;
    this.tyres = tyres;
    this.suspension = suspension;
    this.frontWing = frontWing;
    this.backWing = backWing;
    this.fuelLoad = fuelLoad;
    this.listener = listener;
  }
}
```

track은 RacingCar의 유일한 의존성인 것으로 드러났는데, track만이 final 필드이기 때문이다. listener는 알림이며, 다른 것은 모두 조정에 해당한다(이것들은 모두 경주 시작 전이나 경주 도중에 사용자가 변경할 수 있다). 다음은 생성자를 재작업한 코드다.

---

[1] 냇은 포뮬라 원 경주로와 관련된 일을 한 적이 있다.

```
public class RacingCar {
  private final Track track;

  private DrivingStrategy driver = DriverTypes.borderlineAggressiveDriving();
  private Tyres tyres = TyreTypes.mediumSlicks();
  private Suspension suspension = SuspensionTypes.mediumStiffness();
  private Wing frontWing = WingTypes.mediumDownforce();
  private Wing backWing = WingTypes.mediumDownforce();
  private double fuelLoad = 0.5;

  private CarListener listener = CarListener.NONE;

  public RacingCar(Track track) {
    this.track = track;
  }

  public void setSuspension(Suspension suspension) { […] }
  public void setTyres(Tyres tyres) { […] }
  public void setEngine(Engine engine) { […] }

  public void setListener(CarListener listener) { […] }
}
```

이제 이러한 이웃 객체들을 흔히 볼 수 있는 기본값으로 초기화했다. 사용자는 나중에 사용자 인터페이스를 통해 조정할 수 있으며, 우리는 단위 테스트에서 그것들을 조정할 수 있다. listener를 널 객체로 초기화했으며, 다시 말하지만 이것은 객체 환경에 의해 나중에 변경될 수 있다.

20.8 너무 많은 예상 구문

테스트에 예상 구문이 너무 많으면 중요한 것이 무엇이고 실제로 뭘 테스트하는지 파악하기 어렵다. 이를테면, 다음과 같은 테스트가 있다.

```
@Test public void
decidesCasesWhenFirstPartyIsReady() {
  context.checking(new Expectations(){{
    one(firstPart).isReady(); will(returnValue(true));
    one(organizer).getAdjudicator(); will(returnValue(adjudicator));
    one(adjudicator).findCase(firstParty, issue); will(returnValue(case));
    one(thirdParty).proceedWith(case);
  }});

  claimsProcessor.adjudicateIfReady(thirdParty, issue);
}
```

이는 다음과 같이 구현할 수도 있다.

```
public void adjudicateIfReady(ThirdParty thirdParty, Issue issue) {
  if (firstParty.isReady()) {
    Adjudicator adjudicator = organization.getAdjudicator();
    Case case = adjudicator.findCase(firstParty, issue);
    thirdParty.proceedWith(case);
  } else{
    thirdParty.adjourn();
  }
}
```

테스트를 읽기 어렵게 하는 것은 모든 것이 예상 구문이라는 점이므로 전부 똑같이 중요해 보인다. 뭐가 중요하고 테스트를 통과하는지 분간할 수 없다.

사실 호출하는 메서드를 모두 살펴보면 이 클래스 외부에는 부수 효과를 지닌 메서드가 두 개밖에 없다(thirdParty.proceedWith()와 thirdParty.adjourn()). 그러면 이 메서드들을 한 번 이상 호출하면 오류일 것이다. 다른 메서드는 모두 질의에 해당한다. 우리는 동작 방식을 깨뜨리지 않고도 organization.getAdjudicator()를 되풀이해 호출할 수 있다. adjudicator.findCase()는 어느 방식이든 취할 수 있지만 룩업이 되어 부수 효과가 없다.

우리는 스텁(테스트를 통과하는 데 도움이 되게끔 실제 행위를 흉내 낸 것)과 예상 구문(객체가 자기 이웃 객체와 상호 작용하는 방법에 관해 보장하려는 단언)을 구분해 의도를 좀 더 분명하게 할 수 있다. 이 구분에 대해서는 '허용과 예상'(321쪽)에서 좀 더 길게 다룬다. 테스트를 재작업한 결과는 다음과 같다.

```
@Test public void decidesCasesWhenFirstPartyIsReady() {
  context.checking(new Expectations(){{
    allowing(firstPart).isReady(); will(returnValue(true));
    allowing(organizer).getAdjudicator(); will(returnValue(adjudicator));
    allowing(adjudicator).findCase(firstParty, issue); will(returnValue(case));

    one(thirdParty).proceedWith(case);
  }});

  claimsProcessor.adjudicateIfReady(thirdParty, issue);
}
```

객체가 해당 객체를 둘러싼 세계를 어떻게 바꾸는지 예상하는 바가 좀 더 분명해졌다.

💡 예상 구문을 조금만 작성하라

동료인 로밀리 코킹(Romilly Cocking)은 처음으로 우리와 함께 일할 때 우리가 평소에 단위 테스트에서 예상 구문을 작성하는 양을 보고 놀란 적이 있다. '모든 이'가 테스트에서 너무 많은 단정을 자제하는 것을 배운 것처럼 우리는 너무 많은 예상 구문을 자제한다. 예상 구문이 많다면 너무 큰 단위로 테스트하려고 하거나 너무 많은 객체의 상호 작용을 제재하고 있는 셈이다.

20.8.1 특별 보너스 상

우리는 늘 좋은 예제를 생각해 내야 한다는 문제가 있다. 이 코드를 실제로 더 개선하는 방법이 있다. 바로 Case 객체에 도달하기 위해 여기서 적절하지 않은 의존성을 드러내는 객체 연쇄를 이용해 왔다는 사실을 알아차리는 것이다. 대신 다음과 같이 가장 근접한 객체에게 대신 그 일을 해달라고 해야 한다.

```
public void adjudicateIfReady(ThirdParty thirdParty, Issue issue) {
  if (firstParty.isReady()) {
    organization.adjudicateBetween(firstParty, thirdParty, issue);
  } else {
    thirdParty.adjourn();
  }
}
```

또는 다음과 같이 수정하면

```
public void adjudicateIfReady(ThirdParty thirdParty, Issue issue) {
  if (firstParty.isReady()) {
    thirdParty.startAdjudication(organization, firstParty, issue);
  } else{
    thirdParty.adjourn();
  }
}
```

코드가 좀 더 균형감이 있어 보인다. 이를 알아차렸다면 편할 때마다 연습할 수 있게 '잘난 체 할 수 있는 순간 상'을 주겠다.

20.9 테스트가 우리에게 말해주는 것(여러분이 귀 기울인다면)

테스트 악취에 귀를 기울이는 것을 배우는 과정에서 다음과 같은 이점이 있다는 사실을 깨달았다.

지식의 초점이 특정 객체에 맞춰진다

목을 생성하기 위해 '마법'이 필요한 것처럼 식별한 테스트 악취의 일부는 컴포넌트 간에 새어 나가는 지식과 관련이 있다. 지식을 특정 객체(객체 내부든, 객체에 전달하든)에 국한할 수 있다면 해당 객체의 구현은 그것을 둘러싼 콘텍스트에 독립성을 유지할 수 있다. 그러면 해당 객체를 안전하게 어느 곳으로든 옮길 수 있다. 이 작업을 일관되게 하면 착탈식 컴포넌트로 만든 애플리케이션은 변경하기 수월해질 것이다.

뭔가가 명시적이라면 거기에 이름을 부여할 수 있다

구상 클래스를 대상으로 목 객체를 적용하는 것을 좋아하지 않는 한 가지 이유는 여러 객체 간의 관계는 물론 객체 자체에도 이름을 부여하길 좋아하기 때문이다. 전설에 따르면 뭔가의 진짜 이름을 안다면 그것을 조종할 수 있다. 이름을 알 수 있다면 그것의 다른 쓰임새를 찾아서 중복을 줄일 수 있는 좀 더 나은 기회를 얻은 셈이다.

이름이 더 많다는 것은 도메인 정보가 더 많다는 의미다

우리는 객체가 무엇인지보다 객체가 어떻게 상호 작용하는지 강조할 경우 구현보다 좀 더 도메인 측면에서 정의된 타입과 역할을 갖게 된다는 사실을 깨달았다. 이는 자그마한 추상화가 굉장히 많이 돼 있어서이기 때문인데, 자그마한 추상화가 굉장히 많다는 것은 기반 언어의 모습을 찾아보기 어렵다는 의미다. 왠지 도메인 어휘를 코드에 좀 더 집어넣은 것처럼 보인다.

데이터 대신 행위를 전달하라

'묻지 말고 말하라'를 꾸준히 적용하다 보면 스택을 통해 값을 꺼내는 대신 시스템에 행위를 전달하는(콜백 형태로) 경향을 보이는 코딩 스타일이 만들어진다는 사실을 깨달았다. 이를테면, 17장에서는 새 Sniper에 관해 이야기할 때 Sniper Collector를 소개했다. 스나이퍼 생성 코드에 이 리스너를 전달하면 추가될 컬렉션을 노출할 때보다 더 나은 정보 은닉이 가능해진다. 좀 더 정확한 인터페이스는 더 나은 정보 은닉과 더욱 명확한 추상화를 가능하게 한다.

우리는 작업을 진행할수록 테스트와 코드를 깔끔하게 유지하는 것에 신경 쓰는데, 도메인을 이해하고 새로운 요구 사항으로 말미암아 설계를 변경해야 하는 경우에 대처하지 못하는 위험을 줄이는 데 도움이 되기 때문이다. 코드 기반을 깔끔하게 유지하는 편이 엉망진창에서 회복하는 것보다 훨씬 더 쉽다. 코드 기반이 '부패'하기 시작하면 개발자들은 코드를 보기 흉하게 만들어서라도 다음 작업을 완수하려는 압박을 받게 될 것이다. 그렇게 되면 팀의 선량한 의도가 금방 사라질 것이다.

우리는 jMock 사용자 리스트에 다음과 같은 의견을 올린 적이 있다.

최근에 jMock을 상당히 비중 있게 쓴 프로젝트에 참여했습니다. 당시를 되돌아보고 다음과 같은 사실을 알게 됐습니다.

1. 단위 테스트를 때때로 읽을 수 없었다(해당 단위 테스트가 뭘 하는지 알 수 없었음).
2. 일부 테스트 클래스는 추상 클래스(이 클래스도 500줄에 육박하는)를 상속하는 것에 더해 500줄에 달하기도 했다.
3. 리팩터링을 하면 테스트 코드가 엄청나게 변경될 것이다.

단위 테스트는 1000줄 이상이어서는 안 된다! 단위 테스트는 기껏해야 몇 가지 클래스에만 집중하고 픽스처를 많이 생성하거나, 객체가 단지 대상 기능을 시험할 수 있는 상태로 진입하게 하는 데에도 너무 많은 준비 과정을 수행해서는 안 된다. 그러한 테스트는 이해하기 어렵다(테스트 코드를 읽을 때 기억해야 할 사항이 너무 많아진다). 그리고 당연히 불안정하며, 테스트와 관련된 모든 객체가 너무 긴밀하게 결합돼 있고 테스트에 필요한 상태를 설정하기 너무 어렵다.

테스트 주도 개발은 어려울 수 있다. 테스트 품질이 낮으면 개발이 더뎌지고 테스트 중인 시스템의 내부 품질이 낮으면 테스트의 품질도 낮아질 것이다. 테스트를 작성할 때 얻는 내부 품질 피드백에 주의를 기울임으로써 단위 테스트가 1000줄의 코드에 근접하기 전에 문제를 미연에 방지할 수 있다. 역으로 가독성 있고 유연한 테스트를 작성하는 데 노력을 기울임으로써 테스트하는 코드의 내부 품질에 관한 피드백을 좀 더 얻을 수 있다. 그렇게 되면 결국 계속되는 개발을 방해하는 게 아니라 개발에 도움이 되는 테스트가 만들어진다.

21장

GROWING OBJECT-ORIENTED SOFTWARE GUIDED BY TESTS

테스트 가독성

> 디자인하기는 제어하거나 숙달할 수 있는 어떠한 수단을 동원해서라도 명확하게 의사소통하는 것이다.
> ―밀턴 글래서

TDD를 채용하는 팀은 대개 초기에 생산성이 향상되는 것을 볼 수 있는데, 테스트 덕분에 자신감 있게 기능을 추가하고 오류를 곧바로 잡아낼 수 있기 때문이다. 하지만 어떤 팀은 테스트 자체가 유지 보수 부담이 되면서 진행 속도가 더뎌지기도 한다. TDD가 지속 가능하려면 테스트가 코드의 작동 방식을 검증하는 것 이상을 해야만 한다. 즉, 테스트는 행위를 명확하게 표현하기도 해야 한다(테스트는 가독성이 있어야 한다). 코드 가독성이 중요한 것과 같은 이유로 테스트 가독성도 중요하다. 매번 개발자가 테스트가 의미하는 바를 파악하려고 더듬어 나간다면 새로운 기능을 만드는 데 쓸 시간이 부족할 테고 팀 속도는 떨어지고 만다.

우리는 제품 코드에 신경 쓰는 것만큼 테스트 코드를 작성하는 데도 신경을 쓰지만 각 코드는 서로 용도가 달라서 스타일에 차이가 있게 마련이다. 테스트 코드는 제품 코드에서 하는 일이 무엇인지 반드시 기술해야 한다. 이것은 테스트 코드가 예상되는 결과의 예제로 사용하는 값에 관해서는 구체적이지만 해당 코드가 동작하는 방식에 관해서는 추상적인 경향이 있기 때문이다. 반면 제품 코드는 작용의 대상이 되는 값에 관해서는 추상적이지만, 해당 작업이 수행되는 방식에 관해서는 구체적인 경향이 있다. 이와 비슷하게 제품 코드를 작성할 경우 객체를 어떻게 조합해서 동작하는 시스템을 구성할지 고려해야 하며, 객체 의존성도 신중하게 관리해야 한다. 한편 테스트 코드는 의존성 사슬의 끝에 위치하므로 대상 코드의 의도를 표현하는 것이 다른 객체망의 일부를 구성하는 일보다 중요하다. 우리는 테스트 코드가 테스트되는 대상을 선언적으로 기술한 것처럼 읽히길 바란다.

이번 장에서는 테스트 코드의 가독성과 표현력을 유지하는 데 도움이 되는 몇 가지 실천법을 설명하겠다.

> **더 잘할 수도 있었다**[1]
>
> 지금까지 조금만 더 주의를 기울였더라면 훨씬 효과적일 수도 있었을 수많은 단위 테스트 스위트를 봐왔다. 많은 단위 테스트 스위트가 [Meszaros07]는 물론 이 책의 20장과 24장에서 분류한 종류에 속하는 '테스트 악취'를 굉장히 많이 풍기고 있었다. 테스트를 정리하거나 새 테스트를 작성하려고 할 때 주의해야 하는 가독성 문제는 다음과 같다.
>
> - 테스트 이름이 그 테스트 케이스가 의도하는 바를 명확히 설명하지 못하며 다른 테스트 케이스와의 차이점도 드러내지 못함
> - 테스트 케이스 하나로 여러 기능을 테스트함
> - 테스트 구조가 서로 달라서 코드를 읽는 사람이 테스트를 쭉 훑어보는 것만으로는 테스트 의도를 이해할 수 없음
> - 테스트를 준비하고 예외 처리를 하는 코드가 너무 많아서 핵심 로직이 파묻힘
> - 리터럴 값('매직 넘버')을 사용하지만 해당 값의 정체(만약 있다면 그 값에 아주 중요한)가 명확하지 않은 테스트

21.1 테스트 이름은 기능을 기술한다

테스트의 이름은 개발자가 현재 테스트 중인 것이 무엇이고 대상 객체가 어떻게 행동해야 할지에 대한 첫 번째 단서를 제시해야 한다.

우리와 함께 일했던 모든 팀이 이 원칙을 지지하지는 않았다. 개발 경험이 풍부하지 않은 개발자들은 다음과 같이 아무 의미도 없는 이름을 사용하기도 한다.

```
public class TargetObjectTest {
  @Test public void test1() { […]
  @Test public void test2() { […]
```

---

[1] 영국 학교에서 아이들이 제출한 숙제가 기대보다 좋지 않을 때 흔히 쓰는 문구다.

```
@Test public void test3() { […]
```

요즘에는 이런 이름을 자주 보진 않는다. 세상은 바뀌고 있다. 흔히 볼 수 있는 접근법은 테스트 중인 메서드 이름을 따라 테스트 이름을 짓는 방법이다.

```
public class TargetObjectTest {
  @Test public void isReady() { […]
  @Test public void choose() { […]
  @Test public void choose1() { […]

public class TargetObject {
  public void isReady() { […]
  public void choose(Picker picker) { […]
```

아마 똑같은 메서드의 여러 실행 경로를 테스트하는 메서드가 생길 것이다.

하지만 이러한 이름은 기껏해야 개발자가 대상 클래스를 보기만 해도 알 수 있는 정보를 중복하는 것에 불과하다. '반복하지 말라(Don't Repeat Yourself)' 원칙 [Hunt99]을 위반하는 것이다. TargetObject에 choose() 메서드가 있다는 사실을 알 필요가 없다. 대신 다양한 상황에서 객체가 무슨 일을 하고 메서드 용도가 무엇인지 알 필요가 있다.

더 나은 접근법은 대상 객체에서 제공하는 기능 측면에서 테스트 이름을 짓는 방법이다. 우리는 TestDox 관례(크리스 스티븐슨이 고안한)를 활용하는데, 이 관례를 따르면 대상 클래스를 암시적인 주제로 상정한 상태에서 각 테스트 이름이 문장처럼 읽힌다. 이를테면 다음과 같다.

- List는 항목이 추가된 순서대로 항목을 보관한다.
- List는 동일한 항목에 대해 여러 개의 참조를 보관할 수 있다.
- List는 보관 중이지 않은 항목을 제거할 때 예외를 던진다.

이 문장을 바로 메서드 이름으로 옮길 수 있다.

```
public class ListTests {
  @Test public void holdsItemsInTheOrderTheyWereAdded() { […]
  @Test public void canHoldMultipleReferencesToTheSameItem() { […]
  @Test public void throwsAnExceptionWhenRemovingAnItemItDoesntHold() { […]
```

이런 이름들은 원하는 만큼 길어도 되는데, 어차피 리플렉션을 통해 호출되며, 절대 손수 입력해 호출할 일이 없기 때문이다.

이 관례의 요점은 개발자가 대상 객체가 하는 일을 중심으로 생각하게끔 독려하는 데 있다. 게다가 기존 코드 기반에 한 번에 하나씩 점진적으로 기능을 추가하는 우리의 접근법과도 잘 어울린다. 이렇게 하면 3부에서 본 것처럼 사용자 스토리에서 태스크와 인수 테스트를 거쳐 단위 테스트를 수행하는 과정에 이르기까지 일관된 명명 스타일이 생겨난다.

스타일 측면에서 테스트 이름은 예상하는 결과와 객체의 행동, 시나리오의 동기에 관해 무언가를 말해줘야 한다. 이를테면, ConnectionMonitor 클래스를 테스트하고 있었다면

```
pollsTheServersMonitoringPort()
```

는 왜 폴(poll)을 수행하는지, 결과를 얻으면 어떻게 되는지에 대해 충분한 이야기를 전해주지 않는다. 반면

```
notifiesListenersThatServerIsUnavailableWhenCannotConnectToItsMonitoringPort()
```

는 시나리오와 예상되는 행위를 모두 설명해준다. 이러한 명명 스타일이 어떻게 우리의 표준 테스트 구조와 대응하는지 나중에 보여주겠다.

> **ℹ️ 테스트 이름은 언제 작성하는가?**
>
> 우리는 일부 개발자들이 위치지정자 이름으로 시작해 테스트의 본문을 채운 다음 해당 테스트의 이름을 어떻게 정해야 할지 판단한다는 사실을 알게 됐다. 다른 사람들(스티브 같은)은 테스트 코드를 작성하기 전에 테스트의 의도를 분명하게 하고자 테스트 이름을 먼저 짓기를 좋아한다. 두 접근법 모두 개발자가 결국 테스트의 일관성과 표현력을 끝까지 지키고 보장할 수만 있다면 유효하다.

TestDox의 형태는 TDD의 초기 약속, 즉 테스트가 코드에 대한 문서 역할을 한다는 사실을 보장해준다. 아울러 인텔리J IDEA용 TestDox 플러그인처럼 '낙타 표기법(camel case)'을 따르는 메서드 이름을 풀어서 테스트 중인 클래스와 연결해주는 각종 도구와 IDE가 있다. 그림 21.1은 KeyboardLayout 클래스에 대한 자동화된 문서다.

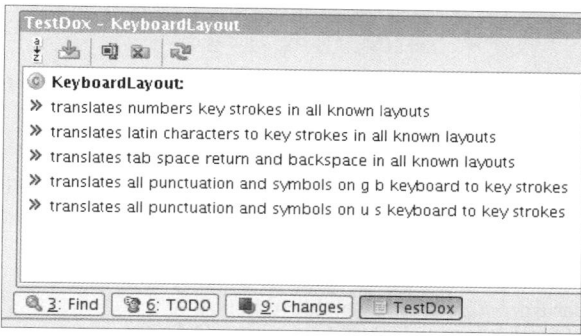

그림 21.1 TestDox 인텔리J 플러그인

> 💡 **정기적으로 테스트에서 생성된 문서를 읽으라**
>
> 테스트에서 생성된 문서가 테스트 이름에 대한 신선한 관점을 제시하고 우리가 코드에 너무 가까이에 있어서 보지 못하는 문제를 강조한다는 사실을 알게 됐다. 예를 들어, 그림 21.1의 화면을 생성할 때 냇은 첫 테스트의 이름이 명확하지 않다는 사실을 깨달았다. 그 이름은 '알려진 모든 레이아웃 내에서 숫자를 키 입력으로 변환한다(translates numbers to key strokes in all known layouts)'여야 한다.
>
> 최소한 개발 기간 동안 정기적으로 문서를 훑어보는 노력을 기울여야 한다.

21.2 정규 테스트 구조

우리는 테스트를 표준 형태로 작성하면 이해하기 쉽다는 사실을 발견했다. 테스트를 훑어보기만 해도 예상 결과와 단정을 빠르게 파악할 수 있고 테스트가 테스트 중인 코드와 어떻게 연결되는지 가늠할 수 있다. 표준 형태로 테스트를 작성하기 어렵다면, 코드가 너무 복잡하거나 아이디어를 그다지 명확하게 하지 않았음을 암시하기도 한다. 가장 공통적인 테스트 형태는 다음과 같다.

1. 준비(Setup): 대상 코드가 실행될 환경에 해당하는 테스트의 콘텍스트를 마련한다.
2. 실행(Execute): 대상 코드를 호출해 테스트된 행위를 촉발한다.
3. 검증(Verify): 해당 행위에서 예상할 수 있는 가시적인 효과를 검사한다.
4. 정리(Teardown): 다른 테스트에 손상을 입힐 수도 있을 잔존 상태를 정리한다.

몇 가지 단계로 나뉘는 '준비, 행동, 단정' 같은 다른 버전도 있다.

예를 들면, 다음과 같다.

```java
public class StringTemplateTest {
  @Test public void expandsMacrosSurroundedWithBraces() {
    StringTemplate template = new StringTemplate("{a}{b}"); // 준비
    HashMap<String,Object> macros = new HashMap<String,Object>();
    macros.put("a", "A");
    macros.put("b", "B");

    String expanded = template.expand(macros);    // 실행
    assertThat(expanded, equalTo("AB"));          // 단정
  }                                               // 정리하지 않음
}
```

목 객체를 상대로 예상 구문을 설정하는 테스트에서는 이 구조의 변형을 사용하는데, 이 변형에서는 일부 단정을 실행 단계 전에 선언하고 나중에 암시적으로 검사한다. 예로는 19장의 LoggingXMPPFailureReporterTest가 있다.

```java
@RunWith(JMock.class)
public class LoggingXMPPFailureReporterTest {
  private final Mockery context = new Mockery() {{ // 준비
    setImposteriser(ClassImposteriser.INSTANCE);
  }};

  final Logger logger = context.mock(Logger.class);
  final LoggingXMPPFailureReporter reporter =
    new LoggingXMPPFailureReporter(logger);
  @Test public void writesMessageTranslationFailureToLog() {
    Exception exception = new Exception("an exception");
    context.checking(new Expectations() {{ // 예상
      oneOf(logger).severe(expected log message here);
    }});

    reporter.cannotTranslateMessage("auction id", // 실행
                                    "failed message", exception);
    // 예상 구문이 모두 충족되는지 암시적으로 검사 // 단정
  }

  @AfterClass public static void resetLogging() { // 정리
    LogManager.getLogManager().reset();
  }
}
```

> 💡 **테스트를 거꾸로 작성하라**
>
> 테스트 코드에 대해 정규적인 형태를 고수하지만 꼭 하향식으로 테스트를 작성하지는 않는다. 대신 테스트 이름을 작성하고(달성하고 싶은 게 뭔지 결정하는 데 도움이 된다), 대상 코드를 호출하는 코드(기능의 진입점에 해당하는)를 작성한 후 예상 구문과 단정을 작성해 해당 기능의

효과가 무엇인지 파악하고 준비와 정리 단계에 해당하는 코드를 작성해 테스트의 콘텍스트를 정의하기도 한다. 물론 이 단계들을 혼용하면 컴파일러를 통과하는 데 도움이 될지도 모르지만 이 흐름은 새로운 단위 테스트에 대해 우리가 생각하는 방식을 반영한다. 그런 다음 우리는 테스트를 실행하고 실패하는 것을 지켜본다.

> **테스트 메서드에는 단정이 얼마나 많아야 하는가?**
>
> 몇몇 TDD 실천가들은 각 테스트에 예상 구문이나 단정을 하나만 담아야 한다고 제안하기도 한다. 이는 TDD를 배울 때 개발자들이 생각할 수 있는 모든 것을 단정하는 상황을 피하기 위한 교육 규칙으론 유용하지만 우리는 그 방법이 실용적이지 않다는 사실을 알게 됐다. 더 나은 규칙은 테스트마다 한 가지 응집력 있는 기능을 생각하는 것인데, 이러한 기능은 몇 안 되는 단정으로 표현될지도 모른다. 단일 테스트가 대상 객체의 각기 다른 기능에 관해 단정을 만드는 듯하다면 나누는 작업이 가치 있을지도 모른다. 다시 한 번 강조하지만 표현력이 핵심이다. 테스트를 읽는 사람으로서 뭐가 중요한지 가늠할 수 있는가?

21.3 테스트 코드의 능률화

테스트 코드를 비롯해 모든 코드는 '어떻게'보다 '무엇'을 강조해야 한다. 메서드에 구현 세부 사항이 많이 포함될수록 해당 메서드를 읽는 사람은 무엇이 중요한지 이해하기 더 어려워진다. 우리는 시험 중인 특정 기능을 도메인 측면에서 설명하는 데 도움이 되지 않는 모든 것을 테스트 메서드에서 빼내려고 노력한다. 이렇게 하는 데는 때때로 코드를 재구조화하는 작업이 필요할 때도 있고, 때로는 문법적인 잡음을 무시하는 게 필요할 때도 있다.

21.3.1 구조를 이용해 설명하라

3부를 통틀어 보았듯이 우리는 '의도를 표현하는 작은 메서드'(260쪽)를 따르는 것을 강조하고 자바의 문법 잡음을 줄이고자 translatorFor() 같은 메서드를 작성하는 것까지 확장하기도 한다. 이는 햄크레스트 접근법과도 잘 맞아떨어지는데, 이 접근법에서는 개발자들이 assertThat()과 jMock 예상 구문 문법을 이용해 자그마한 기능을 (어느 정도) 가독성 있는 단정 설명으로 만들 수 있다. 예를 들어,

```
          assertThat(instruments, hasItem(instrumentWithPrice(greaterThan(81))));
```

은 instruments 컬렉션에 적어도 하나의 Instrument와 81보다 큰 strikePrice 프로퍼티가 포함돼 있는지 검사한다. 단정 줄은 의도를 표현하며, 도우미 메서드는 값을 검사하는 매처를 생성한다.

```
  private Matcher<? super Instrument>
  instrumentWithPrice(Matcher<? super Integer> priceMatcher) {
    return new FeatureMatcher<Instrument, Integer>(
                    priceMatcher, "instrument at price", "price") {
      @Override protected Integer featureValueOf(Instrument actual) {
        return actual.getStrikePrice();
      }
    };
  }
```

이렇게 하면 결국 프로그램 텍스트가 좀 더 많이 만들어지지만 소스를 최소화하는 것보다 표현력을 우선시하게 된다.

21.3.2 구조를 사용해 공유하라

아울러 우리는 값을 준비하고, 상태를 정리하며, 단정을 만들고, 때때로 이벤트를 발생시키는 테스트 사이에서 공유할 수 있는 메서드로 공통 기능을 추출한다. 예를 들어, 19장에서는 반복적인 행위를 서술적인 이름 너머로 감싸는 expectSniperToFailWhenItIs() 메서드를 작성하고자 다수의 예상 구문 블록을 설정하는 데 jMock의 설비를 활용했다.

테스트 구조를 도출할 때 유일하게 주의할 점은 이번 장 도입부에서 얘기했듯이 테스트를 너무 추상적으로 만들어 테스트가 뭘 하는지 더는 알지 못하게 만들지 않도록 주의를 기울여야 한다는 것이다. 우리의 가장 큰 관심사는 테스트가 대상 코드가 하는 일을 서술하게 해서 대상 코드의 흐름을 파악할 수 있을 정도로 리팩터링하는 것이다. 그러나 제품 코드에 하는 것처럼 심하게 리팩터링하지는 않는다.

21.3.3 긍정적인 요소를 강조하라

우리는 예외에 관해 뭔가를 단정하고 싶다면 테스트에서 예외를 잡기만 한다. 때때로 다음과 같은 테스트를 보기도 한다.

```
  @Test public void expandsMacrosSurroundedWithBraces() {
```

```
    StringTemplate template = new StringTemplate("{a}{b}");
    try {
      String expanded = template.expand(macros);
      assertThat(expanded, equalTo("AB"));
    } catch (TemplateFormatException e) {
      fail("Template failed: " + e);
    }
  }
```

이 테스트가 통과할 의도라면 예외를 변환하면서 실제로 스택 트레이스에서 발생하는 정보가 사라진다. 해야 할 가장 간단한 일은 잡아챌 테스트 런타임에 예외를 전파하는 것이다. 임의의 예외를 테스트 메서드 서명(signature)에 추가할 수 있는데, 테스트 메서드가 리플렉션에 의해서만 호출되기 때문이다. 이렇게 하면 테스트를 구성하는 코드 줄이 최소한 반절은 줄어들고 다음과 같은 형태로까지 줄일 수 있다.

```
  @Test public void expandsMacrosSurroundedWithBraces() throws Exception {
    assertThat(new StringTemplate("{a}{b}").expand(macros),
               equalTo("AB"));
  }
```

앞의 테스트는 무슨 일이 일어나는지 알려주고 다른 것은 모두 무시한다.

21.3.4 부수적인 객체에 위임하라

도우미 메서드로는 충분하지 않고 테스트를 보조하는 도우미 객체가 필요할 때가 있다. 이러한 경우를 11장에서 만든 테스트 장치에서 본 적이 있다. 우리는 Application Runner, AuctionSniperDriver, FakeAuctionServer 클래스를 개발해서 스윙과 메시징 측면이 아니라 경매와 스나이퍼 측면에서 테스트를 작성할 수 있었다.

   한 가지 흔히 접할 수 있는 기법은 테스트 데이터 빌더(test data builder)를 작성해 테스트에 적절한 값이 포함된 복합적인 데이터 구조를 만드는 것이다(22장에서 좀 더 자세히 살펴보겠다). 이번에도 요점은 테스트에 관련 있는 값을 포함시켜 테스트를 읽는 사람이 그 의도를 이해할 수 있게 하는 것이다. 다른 모든 것은 기본값으로 지정해도 된다.

   부수적인 객체를 작성하는 데는 두 가지 접근법이 있다. 11장에서는 확인하고자 하는 테스트를 작성하는 것으로 시작한 다음 보조적인 객체를 채워 넣었다. 이때 문제를 기술하는 것으로 시작해 어디로 이어지는지 살펴봤다. 다른 접근법은 테스트에서 코드를 직접 작성한 다음 행위의 묶음을 리팩터링하는 것이다. 이 접근법은 원도리커 프레임워크의 기원인데, 스윙 이벤트 디스패처와 상호 작용하기 위한 JUnit 테스트의 도우미 코드로 시작해 결국 별도 프로젝트로 발전했다.

21.4 단정과 예상 구문

테스트의 단정과 예상 구문은 대상 코드의 행위에서 중요한 바를 정확히 전달해야 한다. 테스트가 너무 많은 세부 사항을 단정하는 코드를 일상적으로 보는데, 그렇게 되면 테스트를 읽기 어렵고 상황이 바뀌었을 때 불안정해진다. '너무 많은 예상 구문'(279쪽)에서 이것이 의미하는 바를 설명했다.

우리가 작성하는 예상 구문과 단정의 경우, 그것들의 정의 범위를 되도록 좁히려고 노력한다. 예를 들어, 앞서 '가격이 지정된 악기' 단정에서는 행사 가격(strike price)만 검사하고 해당 테스트와 무관한 나머지 값은 무시한다. 다른 경우에는 메서드의 모든 인자에 관심이 있지 않으므로 예상 구문에서 그것들을 무시한다. 19장에서는 스나이퍼 식별자와 메시지에 신경 쓴다고 말해주는 예상 구문을 정의했지만 세 번째 인자로는 어떠한 RuntimeException 객체가 와도 무방하다.

```
oneOf(failureReporter).cannotTranslateMessage(
                with(SNIPER_ID), with(badMessage),
                with(any(RuntimeException.class)));
```

학교에서 선행 조건과 후행 조건을 배웠다면 이 부분이 바로 그때 배운 내용이 유용하게 활용되는 부분이다.

마지막으로, assertFalse()에 관해 주의할 사항이 하나 있다. 실패 메시지와 부정문을 조합하면 두 날짜가 다르면 안 된다는 의미로 쉽게 읽을 수 있다.

```
assertFalse("end date", first.endDate().equals(second.endDate()));
```

우리는 assertTrue()를 사용하고 "!"를 결과에 추가할 수도 있지만 이 경우 단문자를 놓치기 쉽다. 그래서 우리가 매처를 사용해 코드를 좀 더 명시적으로 만드는 것이다.

```
assertThat("end date", first.endDate(), not(equalTo(second.endDate())));
```

이렇게 하면 실패 보고에서 받은 실제 날짜를 보여줄 수 있다는 이점도 있다.

```
java.lang.AssertionError: end date
Expected: not <Thu Jan 01 02:34:38 GMT 1970>
     but: was <Thu Jan 01 02:34:38 GMT 1970>
```

21.5 리터럴과 변수

마지막으로 하나만 더 설명하겠다. 이번 장 도입부에서도 썼듯이 테스트 코드는 제품 코드에 비해 구체적인데, 이것은 테스트 코드에 리터럴 값이 더 많다는 의미다. 설명이 없는 리터럴 값은 이해하기 어려울 수 있는데, 프로그래머가 특정 값이 중요한지(예: 허용되는 범위 밖에 있는), 아니면 단순히 행위를 추적할 목적의 임의 위치 지정자에 해당하는지(예: 두 배여야 하고 이웃에 전달돼야 한다) 해석해야 하기 때문이다. 리터럴 값은 자신의 역할을 기술하지 않는다(23장에서 그렇게 하는 기법을 보여주긴 하겠지만).

해법은 리터럴 값을 변수나 상수에 할당하고, 그것들의 기능을 기술하는 이름을 부여하는 것이다. 예를 들면, 12장에서 선언한

```
public static final Chat UNUSED_CHAT = null;
```

은 대상 코드에서 사용되지 않은 인자를 나타내고자 null을 사용하고 있었음을 보여준다. 제품에서는 코드가 null을 받으리라 기대하지 않았지만 신경 쓰지 않고 그렇게 할 경우 테스트가 더 쉬워진다는 것으로 드러났다. 이와 비슷하게 팀에서는 다음과 같이 공통 값의 이름을 부여하는 개발 관례를 마련할지도 모른다.

```
public final static INVALID_ID = 666;
```

우리는 변수에 이름을 부여해 이러한 값이나 객체가 테스트에서 수행하는 역할과 그것들의 대상 객체와의 관계를 보여준다.

22장

GROWING OBJECT-ORIENTED SOFTWARE GUIDED BY TESTS

복잡한 테스트 데이터 만들기

> 많은 의사소통 시도는 너무 많은 것을 말함으로써 무가치해진다.
> ―로버트 그린리프

생성자와 불변 값 객체를 사용하는 데 엄격하다면 테스트에서 객체를 생성하는 일은 따분할 수 있다. 제품 코드에서는 비교적 적은 곳에서만 그러한 객체를 생성하고, 필요한 모든 값은 사용자 입력이나 데이터베이스 질의, 또는 어딘가에서 받은 메시지에서 구할 수 있다. 하지만 테스트에서는 객체를 생성하고 싶을 때마다 생성자 인자를 모두 직접 제공해야만 한다.

```
@Test public void chargesCustomerForTotalCostOfAllOrderedItems() {
  Order order = new Order(
      new Customer("Sherlock Holmes",
          new Address("221b Baker Street",
                      "London",
                      new PostCode("NW1", "3RX"))));
  order.addLine(new OrderLine("Deerstalker Hat", 1));
  order.addLine(new OrderLine("Tweed Cape", 1));
  [...]
}
```

이 모든 객체를 생성하는 코드는 테스트 대상이 되는 행위에 기여하지 않는 정보로 테스트를 채워 넣어 테스트가 읽기 어려워진다. 게다가 생성자 인자나 객체 구조를 변경했을 때 여러 테스트가 깨질 것이므로 테스트가 불안정해진다. 객체 모체(object mother) 패턴[Schuh01]은 이 문제를 방지하는 한 가지 시도에 해당한다. 객체 모체는 테스트에서 사용할 객체를 생성하는 여러 팩터리 메서드[Gamma94]가 담긴 클래스를 가리킨다. 이를테면, 주문을 위한 객체 모체를 다음과 같이 작성할 수 있다.

```
Order order = ExampleOrders.newDeerstalkerAndCapeOrder();
```

객체 모체는 새 객체 구조를 만드는 코드를 묶고 거기에 이름을 부여함으로써 테스트의 가독성을 높인다. 그뿐 아니라 객체 모체의 기능은 테스트 사이에서 재사용할 수 있어 유지 보수에도 도움이 된다. 한편으로 객체 모체 패턴은 테스트 데이터가 변형되면 잘 대처하지 못한다. 사소한 차이가 있을 때마다 새로운 팩터리 메서드가 필요하기 때문이다.

```
Order order1 = ExampleOrders.newDeerstalkerAndCapeAndSwordstickOrder();
Order order2 = ExampleOrders.newDeerstalkerAndBootsOrder();
[...]
```

시간이 지나면 객체 모체 자체가 중복된 코드로 가득 차거나 무수히 많은 미세 메서드로 리팩터링되어 지원하기가 너무 어려워질지도 모른다.

22.1 테스트 데이터 빌더

또 다른 해법은 빌더 패턴을 이용해 테스트에서 인스턴스(주로 값에 대한)를 생성하는 것이다. 복잡한 준비가 필요한 클래스의 경우 생성자의 각 매개변수(안전한 값으로 초기화되는)에 대응되는 필드가 포함된 테스트 데이터 빌더를 만든다. 빌더에는 필드의 값을 덮어쓰는 데 사용되는 '연결 가능한' 공용 메서드가 있으며, 관례상 마지막에 build() 메서드를 호출해 필드 값을 토대로 대상 객체의 새로운 인스턴스를 만들어낸다.[1] 테스트를 더 정제한다면 테스트 내에서 현재 만들어내는 대상이 명확하게끔 빌더 자체에 대한 정적 팩터리 메서드를 추가하는 것이다. 예를 들어, Order 객체에 대한 빌더는 다음과 같다.

```java
public class OrderBuilder {
  private Customer customer = new CustomerBuilder().build();
  private List<OrderLine> lines = new ArrayList<OrderLine>();
  private BigDecimal discountRate = BigDecimal.ZERO;

  public static OrderBuilder anOrder() {
    return new OrderBuilder();
  }
  public OrderBuilder withCustomer(Customer customer) {
    this.customer = customer;
```

---

[1] 이 패턴은 본질적으로 스몰토크의 캐스케이드(cascade)와 같다.

```
      return this;
    }
    public OrderBuilder withOrderLines(OrderLines lines) {
      this.lines = lines;
      return this;
    }
    public OrderBuilder withDiscount(BigDecimal discountRate) {
      this.discountRate = discountRate;
      return this;
    }
    public Order build() {
      Order order = new Order(customer);
      for (OrderLine line : lines) order.addLine(line);
        order.setDiscountRate(discountRate);
      }
    }
  }
```

Order 객체가 필요하고 해당 객체의 내용물에 대해서는 신경 쓰지 않는 테스트에서는 다음과 같은 한 줄로 Order 객체를 생성할 수 있다.

```
Order order = new OrderBuilder().build();
```

객체 내에서 특정 값이 필요한 테스트에서는 의미 있는 값을 지정하고 나머지 부분에는 기본값을 이용할 수 있다. 이렇게 하면 테스트에 예상 결과와 관련이 있는 값만 포함되어 테스트 표현력이 높아진다. 예를 들어, 테스트에 우편 번호가 없는 Customer에 대한 Order가 필요하다면 다음과 같이 작성할 수 있다.

```
new OrderBuilder()
  .fromCustomer(
      new CustomerBuilder()
        .withAddress(new AddressBuilder().withNoPostcode().build())
        .build())
  .build();
```

우리는 테스트 데이터 빌더가 테스트의 표현력을 유지하고 변화에 탄력적으로 대응한다는 사실을 알게 됐다. 첫째, 새 객체를 생성할 때 문법적으로 지저분한 부분을 대부분 가려준다. 둘째, 기본적인 경우를 단순하게 하고 특별한 경우라도 그리 복잡하게 만들지 않는다. 셋째, 테스트 객체의 구조적인 변화로부터 테스트를 다시 한 번 보호한다. 생성자에 인자를 추가한다면, 새 인자가 필요했던 부분과 관련된 빌더와 테스트만 변경하면 된다.

마지막 이점은 읽기 쉽고 오류를 찾기 쉬운 테스트 코드를 작성할 수 있다는 것이다. 각 빌더 메서드가 해당 매개변수의 용도를 밝히기 때문이다. 이를테면, 이 코드에서는 'London'이 시/도 이름이 아닌 상세 주소로 전달됐는지가 분명하지 않다.

```
TestAddresses.newAddress("221b Baker Street", "London", "NW1 6XE");
```

테스트 데이터 빌더에서는 실수가 좀 더 분명하게 드러난다.

```
new AddressBuilder()
  .withStreet("221b Baker Street")
  .withStreet2("London")
  .withPostCode("NW1 6XE")
  .build();
```

22.2 비슷한 객체 생성

다수의 비슷한 객체를 생성해야 할 때 빌더를 이용할 수 있다. 가장 손쉬운 접근법은 새로운 객체마다 새로운 빌더를 하나씩 만드는 것이지만 다음 이렇게 하면 중복이 발생하고 테스트 코드를 다루기가 어려워진다. 이를테면, 다음 두 주문은 할인율만 제외하면 똑같다. 차이를 강조하지 않았다면 차이를 분간하기가 어려울 것이다.

```
Order orderWithSmallDiscount = new OrderBuilder()
  .withLine("Deerstalker Hat", 1)
  .withLine("Tweed Cape", 1)
  .withDiscount(0.10)
  .build();
Order orderWithLargeDiscount = new OrderBuilder()
  .withLine("Deerstalker Hat", 1)
  .withLine("Tweed Cape", 1)
  .withDiscount(0.25)
  .build();
```

대신 빌더 하나만을 공통적인 상태로 초기화한 다음 생성될 각 객체를 대상으로 값을 다르게 정의한 후 build() 메서드를 호출하면 된다.

```
OrderBuilder hatAndCape = new OrderBuilder()
  .withLine("Deerstalker Hat", 1)
  .withLine("Tweed Cape", 1);

Order orderWithSmallDiscount = hatAndCape.withDiscount(0.10).build();
Order orderWithLargeDiscount = hatAndCape.withDiscount(0.25).build();
```

이렇게 하면 더 적은 코드로도 차이에 더 집중할 수 있는 테스트가 만들어진다. 공통 기능을 토대로 빌더의 이름을 짓고 차이점을 토대로 도메인 객체의 이름을 지을 수 있다.

이 기법은 객체의 동일 필드가 달라질 경우 가장 효과적이다. 객체의 여러 필드가 바뀐다면 각 build()가 이전 코드에서 변경된 부분을 그대로 가져갈 것이다. 이를테면, 다음 코드에서는 orderWithGiftVoucher에 상품권과 더불어 10% 할인도 적용된다는 사실이 분명하게 드러나지 않는다.

```
Order orderWithDiscount = hatAndCape.withDiscount(0.10).build();
Order orderWithGiftVoucher = hatAndCape.withGiftVoucher("abc").build();
```

이 문제를 방지하고자 복사 생성자나 다른 빌더에게서 상태를 중복하는 메서드를 추가할 수도 있다.

```
Order orderWithDiscount = new OrderBuilder(hatAndCape)
  .withDiscount(0.10)
  .build();

Order orderWithGiftVoucher = new OrderBuilder(hatAndCape)
  .withGiftVoucher("abc")
  .build();
```

아니면 현재 상태를 지닌 빌더의 사본을 반환하는 팩터리 메서드를 추가할 수도 있다.

```
Order orderWithDiscount = hatAndCape.but().withDiscount(0.10).build();
Order orderWithGiftVoucher = hatAndCape.but().withGiftVoucher("abc").build();
```

복잡한 준비 과정의 경우 가장 안전한 방법은 'with' 메서드의 기능을 풍부하게 하고 각 메서드가 새로운 빌더 대신 빌더의 사본을 반환하게 하는 것이다.

22.3 빌더 조합

각 객체에 대한 테스트 데이터 빌더가 '이미 만들어진' 다른 객체를 사용하는 경우에는 그 대상 객체 대신 객체의 빌더를 인자로 전달받을 수 있다. 이렇게 하면 build() 메서드가 제거되어 테스트 코드가 단순해질 것이다. 그러면 중요한 정보, 즉 뭔가를 만드는 메커니즘이 아니라 현재 생성 중인 대상이 부각되어 결과가 더 읽기 쉬워진다. 예를 들어, 다음 코드는 우편번호가 없는 주문을 두 개 만들어 내지만 빌더의 기반 구조가 두드러지게 부각된다.

```
Order orderWithNoPostcode = new OrderBuilder()
  .fromCustomer(
    new CustomerBuilder()
          .withAddress(new AddressBuilder().withNoPostcode().build())
          .build())
    .build();
```

이제 빌더를 전달해서 잡음을 상당수 없앨 수 있다.

```
Order order = new OrderBuilder()
  .fromCustomer(
      new CustomerBuilder()
        .withAddress(new AddressBuilder().withNoPostcode())))
  .build();
```

22.4 팩터리 메서드를 이용한 도메인 모델 강조

빌더를 생성하는 부분을 팩터리 메서드로 감싸면 테스트 코드에 있는 잡음을 더욱 줄일 수 있다.

```
Order order =
  anOrder().fromCustomer(
        aCustomer().withAddress(anAddress().withNoPostcode())).build();
```

테스트 코드를 압축하다 보면 빌더에 포함된 중복 코드는 좀 더 두드러져 보인다. 생성된 타입의 이름이 'with' 메서드와 'builder' 메서드에 모두 들어 있다. 이를 자바의 메서드 중복 정의(method overload)를 활용해 with() 메서드 하나로 줄여서 자바의 타입 시스템이 어느 필드를 갱신해야 할지 판단하게 할 수 있다.

```
Order order =
  anOrder().from(aCustomer().with(anAddress().withNoPostcode())).build();
```

분명 이 방법은 각 타입의 한 인자에 대해서만 효과가 있을 것이다. 예를 들어, Postcode를 도입하면 메서드 중복 정의를 활용할 수 있는 반면 빌더 메서드의 나머지 부분에서는 이름에 String을 사용하므로 반드시 명시적인 이름을 써야만 한다.

```
Address aLongerAddress = anAddress()
    .withStreet("221b Baker Street")
    .withCity("London")
    .with(postCode("NW1", "3RX"))
    .build();
```

이렇게 하면 '도메인 타입이 문자열보다 낫다'(244쪽)에서 썼듯이 도메인 타입 도입이 촉진되어 좀 더 표현력 있고 유지 보수하기 쉬운 코드가 만들어진다.

22.5 사용 시점에서 중복 없애기

지금까지 테스트 데이터 빌더를 이용해 테스트에 필요한 복잡한 객체를 조합하는 과정을 단순하고 좀 더 표현력 있게 만들었다. 이제 테스트를 구조화해서 특정 맥락에서 이러한 빌더를 가장 잘 활용하는 방법을 살펴보겠다. 보조 객체를 생성해 그것을 테스트 대상 코드에 전달하기 위해 비슷한 테스트 코드를 작성할 때가 있으므로 중복을 정리하고 싶다. 우리는 몇 가지 리팩터링이 다른 것들보다 낫다는 사실을 발견했다. 다음은 한 예다.

22.5.1 우선 중복을 제거한다

우리는 주문을 비동기적으로 처리하는 시스템을 사용 중이다. 테스트에서는 시스템으로 주문을 내고, 모니터에서 진행 상태를 파악하고 나서 사용자 인터페이스에서 주문을 확인한다. 테스트가 다음과 같이 보이게끔 모든 기반 구조를 묶었다.

```
@Test public void reportsTotalSalesOfOrderedProducts() {
  Order order1 = anOrder()
    .withLine("Deerstalker Hat", 1)
    .withLine("Tweed Cape", 1)
    .withCustomersReference(1234)
    .build();
  requestSender.send(order1);
  progressMonitor.waitForCompletion(order1);

  Order order2 = anOrder()
    .withLine("Deerstalker Hat", 1)
    .withCustomersReference(5678)
    .build();
  requestSender.send(order2);
  progressMonitor.waitForCompletion(order2);

  TotalSalesReport report = gui.openSalesReport();
  report.checkDisplayedTotalSalesFor("Deerstalker Hat", is(equalTo(2)));
  report.checkDisplayedTotalSalesFor("Tweed Cape", is(equalTo(1)));
}
```

주문이 생성되어 전달되고 추적하는 방식에 명백한 중복이 있다. 가장 먼저 그 부분을 도우미 메서드로 빼내자는 생각이 들지도 모른다.

```
@Test public void reportsTotalSalesOfOrderedProducts() {
  submitOrderFor("Deerstalker Hat", "Tweed Cape");
  submitOrderFor("Deerstalker Hat");

  TotalSalesReport report = gui.openSalesReport();
  report.checkDisplayedTotalSalesFor("Deerstalker Hat", is(equalTo(2)));
  report.checkDisplayedTotalSalesFor("Tweed Cape", is(equalTo(1)));
}
void submitOrderFor(String ... products) {
  OrderBuilder orderBuilder = anOrder()
    .withCustomersReference(nextCustomerReference());

  for (String product : products) {
    orderBuilder = orderBuilder.withLine(product, 1);
  }

  Order order = orderBuilder.build();
  requestSender.send(order);
  progressMonitor.waitForCompletion(order);
}
```

이 리팩터링은 객체 모체 패턴과 같이 한 케이스만 있을 때는 문제 없이 동작하지만 케이스가 다양해지면 확장하기가 수월하지 않다. 다른 내용, 수정, 취소 등 내역이 포함된 주문을 다룰 때는 결국 다음과 같이 코드가 지저분해진다.

```
void submitOrderFor(String ... products) { […] }
void submitOrderFor(String product, int count,
                    String otherProduct, int otherCount) { […] }
void submitOrderFor(String product, double discount) { […] }
void submitOrderFor(String product, String giftVoucherCode) { […] }
```

테스트와 공통적인 부분 사이에 변종이 얼마나 다양하게 있는지는 조금 어려운 문제라고 생각하며 더 나은 방법은 빌더의 인자가 아니라 빌더를 전달하는 것임을 깨달았다. 빌더를 조합할 때와 비슷하다. 도우미 메서드에서는 빌더를 이용해 주문을 시스템에 제공하기 전에 보조적인 세부 사항을 더할 수 있다.

```
@Test public void reportsTotalSalesOfOrderedProducts() {
  sendAndProcess(anOrder()
    .withLine("Deerstalker Hat", 1)
    .withLine("Tweed Cape", 1));
  sendAndProcess(anOrder()
    .withLine("Deerstalker Hat", 1));

  TotalSalesReport report = gui.openSalesReport();
  report.checkDisplayedTotalSalesFor("Deerstalker Hat", is(equalTo(2)));
  report.checkDisplayedTotalSalesFor("Tweed Cape", is(equalTo(1)));
}

void sendAndProcess(OrderBuilder orderDetails) {
```

```
    Order order = orderDetails
      .withDefaultCustomersReference(nextCustomerReference())
      .build();
    requestSender.send(order);
    progressMonitor.waitForCompletion(order);
  }
```

22.5.2 그러고 나서 기량을 향상한다

테스트 코드가 좀 더 나아 보이긴 하지만 여전히 스크립트처럼 읽힌다. 우리는 테스트 코드에서 이름을 바꿔 쓰는 식으로 테스트 코드에서 강조하는 바를 테스트의 구현 방법이 아닌 테스트에서 예상하는 행위로 바꿀 수 있다.

```
  @Test public void reportsTotalSalesOfOrderedProducts() {
    havingReceived(anOrder()
        .withLine("Deerstalker Hat", 1)
        .withLine("Tweed Cape", 1));
    havingReceived(anOrder()
        .withLine("Deerstalker Hat", 1));

    TotalSalesReport report = gui.openSalesReport();
    report.displaysTotalSalesFor("Deerstalker Hat", equalTo(2));
    report.displaysTotalSalesFor("Tweed Cape", equalTo(1));
  }

  @Test public void takesAmendmentsIntoAccountWhenCalculatingTotalSales() {
    Customer theCustomer = aCustomer().build();

    havingReceived(anOrder().from(theCustomer)
      .withLine("Deerstalker Hat", 1)
      .withLine("Tweed Cape", 1));

    havingReceived(anOrderAmendment().from(theCustomer)
      .withLine("Deerstalker Hat", 2));

    TotalSalesReport report = user.openSalesReport();
    report.containsTotalSalesFor("Deerstalker Hat", equalTo(2));
    report.containsTotalSalesFor("Tweed Cape", equalTo(1));
  }
```

먼저 절차적으로 보이는 테스트로 시작해 해당 테스트의 행위를 빌더 객체로 추출해 결국 기능에서 어떤 일을 하는지 선언적으로 설명하는 코드로 바꿨다. 우리는 테스트 코드가 다른 사람, 심지어 기술과 관련이 없는 사람과 기능에 관해 논의할 때도 쓸 수 있는 언어의 일종이 되게 하고 있다(다른 것들은 모두 보조 코드로 옮겼다).

22.6 의사소통이 우선이다

테스트 데이터 빌더를 이용해 중복을 줄이고 테스트 코드를 좀 더 표현력 있게 만들었다. 이것은 우리가 코드라는 언어를 관찰한 바를 반영하는 또 다른 기법에 해당하며, 이 기법은 '코드는 읽으려고 있는 것'이라는 원칙에 의해 주도된다. 테스트 데이터 빌더는 팩터리 메서드와 테스트 골격을 조합한 형태로, 단순히 기능을 이끌어 나가는 단계의 나열이 아니라 좀 더 읽기 쉽고 기능의 의도를 서술하는 선언적인 테스트를 작성하는 데 도움이 된다.

이러한 기법을 이용하면 수준 높은 테스트를 업무 분석가처럼 기술과 관련이 없는 이해당사자와 직접적으로 의사소통하는 데 활용할 수 있다. 업무 분석가들이 불분명한 문장부호를 무시할 의향이 있다면 우리는 테스트를 이용해 어떤 기능이 정확히 무슨 일을 하고 왜 그렇게 하는지를 좁히는 데 도움을 얻을 수 있다.

FIT[Mugridge05] 같이 팀 내에서 기술 및 비기술 관련 구성원의 협업을 촉진하는 도구도 있다. 우리는 LiFT 팀[LIFT] 같은 사람들도 있다는 사실을 알게 됐는데, LiFT를 이용하면 기존 개발 도구 모음을 그대로 쓰면서 여기서 설명한 내용을 상당수 달성할 수 있다. 그리고 물론 우리 스스로도 더 나은 테스트를 작성할 수 있다.

23장

GROWING OBJECT-ORIENTED SOFTWARE GUIDED BY TESTS

테스트 진단

> 실수는 발견으로 통하는 관문이다.
> ─제임스 조이스

23.1 실패하는 설계

테스트의 핵심은 통과가 아니라 실패에 있다. 우리는 제품 코드가 테스트를 통과하길 바랄 뿐 아니라 테스트가 실제로 존재하는 오류를 감지해 보고하게 하고 싶기도 하다. '실패하는' 테스트는 본연의 역할을 성공적으로 수행해 왔다. 심지어 우리가 다루는 것과 관련이 없는 영역에서 일어난 예상치 못한 테스트 실패조차도 아주 가치가 있을 수 있다. 테스트 실패가 우리가 알아차리지 못했던 코드상의 암시적인 관계를 드러내기 때문이다.

하지만 피하고 싶은 한 가지 상황은 발생한 테스트 실패를 진단할 수 없을 때다. 절대 하지 말아야 할 일은 디버거를 열어서 테스트한 코드를 단계별로 훑어 내려가면서 불일치한 지점을 알아내는 것이다. 그렇게 한다는 것은, 최소한 우리가 작성한 테스트가 요구 사항을 충분히 명확하게 표현하지 못했다는 것을 의미한다. 최악의 경우 마감은 가까워졌는데 버그를 수정하는 데 얼마나 걸릴지 알지 못하는 '디버그 지옥'에 빠지게 될 수도 있다. 이 시점에 이르면 테스트를 그냥 삭제하고 싶다는 충동이 높아질 것이며, 그러면 안전망을 잃어버리게 된다.

> 💡 **안전한 상태를 확보하라**
> 테스트가 예상치 못하게 실패하더라도 최근의 변경 사항을 크게 되돌리고 다른 접근법을 시도

하는 데 많은 비용이 들지 않게끔 소스 코드 저장소와 자주 동기화한다(몇 분마다).

　이 팁의 다른 의미는 코드를 버리고 재시도하는 것을 너무 억제하지는 말라는 것이다. 계속해서 파고들기보다는 코드를 이전 상태로 되돌리고 맑은 정신으로 재시작하는 것이 더 빠를 때도 있다.

지금껏 테스트가 유익하게 실패하게 하는 방법을 어렵게 배웠다. 실패하는 테스트가 명확하게 무엇이 실패했고 왜 실패했는지 설명해주면 신속하게 코드를 진단해 오류를 수정할 수 있다. 그러고 나서 다음 작업으로 넘어갈 수 있다.

21장에서는 테스트의 정적인 가독성에 초점을 맞췄다. 23장에서는 런타임에 필요한 정보를 테스트가 주는 데 도움이 되는 몇 가지 실천 사항을 설명한다.

23.2 작고, 문제에 집중하고, 이름을 잘 지은 테스트

진단을 개선하는 가장 쉬운 방법은 각 테스트를 작으면서 문제에 초점을 맞춘 상태로 유지하고 21장에서 설명한 대로 테스트에 가독성 있는 이름을 부여하는 것이다. 테스트 규모가 작으면 테스트의 이름이 발생한 문제에 관해 알아야 할 사항들을 대부분 전해줄 것이다.

23.3 설명력 있는 단정 메시지

JUnit의 모든 단정 메서드에는 단정이 실패했을 때 표시할 메시지를 첫 번째 매개변수로 전달할 수 있다. 지금까지 봐온 바로는 이 기능은 단정 메시지를 더욱 유용하게 할 수 있다는 사실에 비해 자주 사용되지는 않는 편이다.

　예를 들어, 다음 테스트가 실패하면

```
Customer customer = order.getCustomer();
assertEquals("573242", customer.getAccountId());
assertEquals(16301, customer.getOutstandingBalance());
```

결과를 봐도 어느 단정이 실패했는지 분명하지 않다.

```
ComparisonFailure: expected:<[16301]> but was:<[16103]>
```

앞의 메시지는 원인(미변제 잔액 계산이 잘못됐다)보다는 증상(잔액이 16103이다)을 기술한다.

하지만 다음과 같이 단정의 대상이 되는 값을 식별하는 값을 추가한다면

```
assertEquals("account id", "573242", customer.getAccountId());
assertEquals("outstanding balance", 16301, customer.getOustandingBalance());
```

요점을 바로 파악할 수 있다.

```
ComparisonFailure: outstanding balance expected:<[16301]> but was:<[16103]>
```

23.4 매처를 활용한 세부 사항 강조

개발자들은 햄크레스트 매처의 assertThat()을 이용해 새로운 차원의 진단 세부 사항을 제공할 수 있다. Matcher API에는 차이점을 정확하게 이해하는 데 도움을 주기 위해 불일치하는 값을 기술하는 보조 기능이 포함돼 있다. 이를테면, 290쪽에서 행사 가격에 대한 명령어는 다음과 같은 실패 메시지를 만들어내며,

```
Expected: a collection containing instrument at price a value greater than <81>
but: price was <50>, price was <72>, price was <31>
```

이 메시지는 어느 값이 중요한지 정확히 보여준다.

23.5 자기 서술적인 값

단정에 세부 사항을 더하는 또 한 가지 방법은 단정 내의 값에 세부 사항을 추가하는 것이다. 주석이 코드를 개선할 필요가 있다는 힌트인 것과 같은 맥락으로 생각할 수 있다. 즉, 단정에 세부 사항을 추가해야 한다면 아마도 우리가 실패를 좀 더 이해하기 쉽게 만들 수도 있다는 힌트일 것이다.

앞의 고객 예제에서는 Customer 테스트에 계정 식별자를 지정해 실패 메시지를 자기 서술적 값인 'a customer account id'로 개선할 수도 있었다.

```
ComparisonFailure: expected:<[a customer account id]> but was:<[id not set]>
```

이제 값 자체가 자신의 역할을 설명하므로 설명 메시지를 추가하지 않아도 된다.

우리는 참조 타입을 다룰 때 더 많은 일을 할 수 있을지도 모른다. 예를 들어, 다음과 같이 구성한 테스트에서는

```
Date startDate = new Date(1000);
Date endDate = new Date(2000);
```

실패 메시지에 결제일이 잘못됐다고 나오지만 어디서 잘못된 값이 나왔는지는 기술하지 않는다.

```
java.lang.AssertionError: payment date
Expected: <Thu Jan 01 01:00:01 GMT 1970>
     got: <Thu Jan 01 01:00:02 GMT 1970>
```

우리가 실제로 알고 싶은 것은 이 날짜의 의미다. 다음과 같이 날짜를 문자열로 표시되게 한다면

```
Date startDate = namedDate(1000, "startDate");
Date endDate = namedDate(2000, "endDate");

Date namedDate(long timeValue, final String name) {
    return new Date(timeValue) { public String toString() { return name; } };
}
```

각 날짜의 역할을 설명하는 메시지가 나타난다.

```
java.lang.AssertionError: payment date
Expected: <startDate>
     got: <endDate>
```

그러면 결제일에 잘못된 필드를 할당했다는 사실이 분명하게 드러난다.[1]

23.6 명확하게 가공된 값

검사 대상이 되는 값이 스스로를 쉽게 설명하지 못할 때가 있다. 이를테면, char나 int에는 충분한 정보가 없다. 한 가지 방법은 제품에서 기대할 법한 값과는 확연히 다른 별난 값을 사용하는 것이다. int를 예로 들면 음수 값(이 값이 코드를 망가뜨리

---

[1] 이것은 더 많은 도메인 타입을 정의해 언어의 기본 타입을 숨기려는 또 다른 동기에 해당한다. '도메인 타입이 문자열보다 낫다'(244쪽)에서 설명했듯이 도메인 타입은 이처럼 유용한 행위를 배치할 자리를 마련해 준다.

지 않을 경우)이나 Integer.MAX_VALUE(이 값이 크게 범위를 벗어나지 않는다면)를 사용할 수 있다. 이와 비슷하게 이전 예제에서 startDate의 원본 버전이 명확히 가공된 값인 것은 해당 시스템에서는 1970년 이전의 것이 아무것도 없기 때문이다.

팀에서 공통적인 값에 대한 관례를 만들어두면 관례가 분명 두드러지게 드러날 수 있다. 이전 장의 말미에서 보여준 INVALID_ID는 세 자리 값이었다. 실제 시스템 식별자가 5자리까지일 경우 잘못됐다는 사실이 매우 분명하게 드러날 것이다.

23.7 추적자 객체

때로는 테스트 중인 코드로 전달한 객체가 적절한 협력 객체에까지 전달됐는지 확인하고 싶을 때가 있다. 이러한 값을 표현하기 위해 '명확하게 가공된 값' 타입에 해당하는 추적자 객체(tracer object)를 만들 수 있다. 추적자 객체는 뭔가가 실패했을 때 자신의 역할을 기술하는 것을 제외하면 자체적인 보조적 행위가 아무것도 없는 더미 객체에 해당한다. 예를 들어, 다음과 같은 테스트는

```
@RunWith(JMock.class)
public class CustomerTest {
  final LineItem item1 = context.mock(LineItem.class, "item1");
  final LineItem item2 = context.mock(LineItem.class, "item2");
  final Billing billing = context.mock(Billing.class);

  @Test public void
  requestsInvoiceForPurchasedItems() {
    context.checking(new Expectations() {{
      oneOf(billing).add(item1);
      oneOf(billing).add(item2);
    }});

    customer.purchase(item1, item2);
    customer.requestInvoice(billing);
  }
}
```

다음과 같은 실패 메시지를 만들어낼지도 모른다.

```
not all expectations were satisfied
expectations:
  expected once, already invoked 1 time: billing.add(<item1>)
  ! expected once, never invoked: billing.add(<item2>>)
what happened before this:
  billing.add(<item1>)
```

눈여겨봐야 할 부분은 jMock이 실패 보고에 사용될 목 객체를 생성할 때 이름을 하나 받을 수 있다는 점이다. 사실 같은 타입의 목 객체가 여러 개 있을 때는 jMock이 목 객체에 이름을 부여해 혼동을 방지해야 한다고 메시지를 보여줄 것이다(기본값은 클래스 이름을 사용하는 것이다).

추적자 객체는 클래스에 TDD를 적용할 때 유용한 설계 도구일 수 있다. 때때로 우리는 빈 인터페이스로 도메인 개념을 표시(하고 이름을 부여)해 인터페이스가 협력에 어떻게 사용되는지 보여주기도 한다. 나중에 코드 규모가 커지면 인터페이스를 메서드로 채워서 해당 인터페이스의 행위를 기술한다.

23.8 예상이 충족됐음을 명시적으로 단정하라

예상 구문과 단정이 모두 포함된 테스트는 혼란스러운 실패를 만들어낼 수 있다. jMock과 여타 목 객체 프레임워크에서는 테스트 본문이 끝나고 예상 구문을 검사한다. 가령 협력 객체가 적절히 동작하지 않고 잘못된 값을 반환하면 단정이 예상 구문을 검사하기 전에 실패할지도 모른다. 다시 말해 이렇게 되면 실제로 테스트 실패를 야기한 누락된 협력 객체보다는 올바르지 않은 계산 결과를 보여주는 실패 보고가 만들어진다.

일부 경우에는 어떤 테스트 단정이 올바른 실패 보고를 획득하기 전에 Mockery에 대해 assertIsSatisfied() 메서드를 호출하는 편이 가치 있다.

```
context.assertIsSatisfied();
assertThat(result, equalTo(expectedResult));
```

앞의 코드는 '테스트가 실패하는 것을 지켜보라'(51쪽)는 것이 왜 중요한지 보여준다. 예상 구문이 충족되지 않고 후행 조건 단정이 대신 실패하기 때문에 테스트가 실패하리라 예상한다면 모든 예상이 충족됐음을 단정하는 명시적인 호출을 추가해야 한다는 사실을 알게 될 것이다.

23.9 진단은 일급 기능이다

다른 모든 사람들과 마찬가지로 우리는 실패, 통과, 리팩터링이라는 간단한 세 단계 TDD 주기를 수행하는 것이 가장 쉽다는 사실을 알고 있다. 우리는 알맞게 나아가고 있으며, 테스트를 작성했으니 테스트 실패가 의미하는 바를 안다. 하지만 요즘에는 5장에서 설명한 네 단계 TDD 주기(실패, 보고, 통과, 리팩터링)를 따르려 하는데, 이렇게 해서 우리가 아는 기능을 이해할 수 있으며, 한 달 내에 기능을 변경해야 하는 사람이 누구이든 그 누군가도 기능을 이해할 것이기 때문이다. 그림 23.1은 제품 코드와 마찬가지로 테스트의 품질을 유지해야 한다는 사실을 다시 한 번 보여준다.

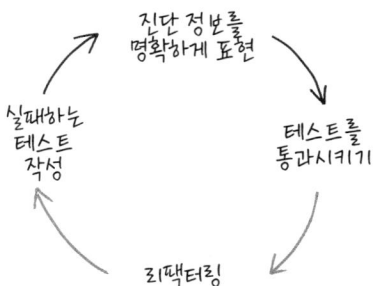

그림 23.1 TDD 주기의 일부로서 진단 개선하기

24장 테스트 유연성

> 살아 있는 초목은 유연하고 부드럽다.
> 죽은 것은 잘 부러지고 마른다.
> […]
> 굳고 뻣뻣한 것은 부러지고 만다.
> 부드럽고 유연한 것은 이겨낼 것이다.
> ─노자(기원전 604~531)

테스트를 신중하게 작성해 오지 않았다면 시스템 및 해당 시스템에 연관된 테스트 스위트 규모가 커졌을 때 테스트를 유지 보수하는 일이 부담스러워진다. 지금까지 우리는 테스트를 읽기 쉽게 하고 실패에 대해 유용한 진단을 내리는 식으로 테스트 유지 비용을 줄이는 방법을 설명했다. 그리고 테스트 관련 코드가 깨졌을 때만 해당 테스트가 실패하게 하고 싶기도 하다. 그렇지 않으면 결국 개발 속도를 떨어뜨리고 리팩터링을 방해하는 불안정한 테스트가 만들어질 것이다. 테스트 불안정성의 공통적인 원인은 다음과 같다.

- 테스트가 시스템에서 관련이 없는 부분이나 테스트 대상 객체에 무관한 행위와 너무 긴밀하게 결합돼 있다.
- 테스트가 대상 코드의 예상 행위를 과도하게 기술해서 필요 이상으로 제약한다.
- 여러 테스트에서 동일한 제품 코드의 행위를 시험할 때 중복이 생긴다.

테스트 불안정성은 단지 테스트를 어떻게 작성하느냐에 따른 특성은 아니다. 테스트 불안정성은 시스템 설계와도 관련이 있다. 어떤 객체가 의존성이 너무 많거나 해당 객체의 의존성이 감춰져 있어 환경과 분리하기가 어렵다면 해당 객체의 테스트는 객체와 동떨어진 부분이 변경될 때 실패할 것이다. 그러면 코드를 수정하는 것의 연쇄 효과가 미칠 범위를 판단하기 어려워진다. 그러므로 테스트 불안정성을 설계 품질에 관한 귀중한 출처로 활용할 수 있다.

테스트 가독성과 회복력은 뗄 수 없는 관계다. 문제에 집중하고, 명료한 준비 사항을 갖추고 있으며, 중복이 최소화된 테스트는 이름을 짓기가 쉽고 테스트 목적이 분명하게 드러난다. 24장에서는 21장에서 다룬 몇 가지 기법을 더 확장한다. 실제로 24장의 내용은 다음과 같은 단 한 가지 규칙으로 요약할 수 있다.

> 💡 일어나야 할 일만 정확하게 기술하고 더는 기술하지 말라

JUnit, 햄크레스트, jMock을 이용하면 대상 코드에서 우리가 원하는 바를 명시할 수 있다(다른 언어에도 여기에 상응하는 것이 있다). 더 정확하게 명시할수록 오해를 불러일으킬 만큼 테스트를 망가뜨리는 일 없이 코드가 여타 무관한 차원에서 위력을 발휘할 수 있다. 경험상 테스트를 유연하게 유지할 때 누릴 수 있는 혜택은 테스트가 현재 테스트 대상(무엇을 테스트하고 테스트 코드에서 중요하지 않은 것이 무엇인지에 관해)을 명확하게 나타내기 때문에 테스트를 이해하기가 더 쉬워진다는 것이다.

24.1 표현이 아닌 정보를 위한 테스트

테스트에서는 대상 객체에 값을 전달해 시험하려는 행위가 일어나게 해야 할지도 모른다. 값은 해당 객체에 메서드 매개변수로 전달되거나 해당 객체가 테스트에 의해 스텁된 이웃 객체 중 하나에 대해 수행한 질의의 결과로 반환될 수도 있다. 테스트가 시스템의 다른 부분에서 표현되는 값에 영향을 받는 구조가 되면 그러한 부분에 대한 의존성이 생기고, 결국 의존하는 부분이 변경되면 테스트도 깨질 것이다.

예를 들어, CustomerBase를 이용해 고객에 관한 정보를 저장하고 찾는 시스템이 있다고 해보자. 이 시스템의 기능 한 가지는 특정 이메일 주소에 해당하는 Customer를 찾는 것이다. 이때 지정한 주소에 해당 고객이 없다면 null을 반환한다.

```
public interface CustomerBase {
  // 고객을 찾을 수 없으면 null을 반환
  Customer findCustomerWithEmailAddress(String emailAddress);
  […]
}
```

이메일 주소로 고객을 찾는 코드의 일부를 테스트할 때 우리는 CustomerBase를 협력 객체로 스텁한다. 몇몇 테스트에서는 아무런 고객도 찾지 못할 것이므로 null을 반환하면 된다.

```
allowing(customerBase).findCustomerWithEmailAddress(theAddress);
                            will(returnValue(null));
```

테스트에서 null을 이렇게 사용하는 데는 두 가지 문제가 있다. 첫 번째 문제는 여기서 null이 무엇을 의미하고 언제 null이 적절한지 기억해야 한다는 것이다. 즉, 테스트가 자기 서술적이지 않다. 두 번째로 걱정스러운 점은 유지 보수에 드는 비용이다.

나중에 언젠가 제품에서 NullPointerException을 경험하고 null 참조가 발생하는 곳을 CustomerBase까지 찾아 내려가야 할 것이다. 우리는 설계 규칙인 '객체끼리는 절대로 null을 전달해서는 안 된다'를 어겼다는 사실을 깨달았다. 창피하게도 CustomerBase의 검색 메서드에서 Maybe 타입을 반환하게끔 바꿨는데, 이 타입은 결과가 최대 하나인 순회 가능한(iterable) 컬렉션을 구현한다.

```
public interface CustomerBase {
  Maybe<Customer> findCustomerWithEmailAddress(String emailAddress);
}
public abstract class Maybe<T> implements Iterable<T> {
  abstract boolean hasResult();

  public static Maybe<T> just(T oneValue) { …
  public static Maybe<T> nothing() { …
}
```

하지만 우리는 여전히 누락된 고객을 표현하기 위해 CustomerBase를 스텁하는 테스트에서 null을 반환하게 했다. 컴파일러는 null이 Maybe<Customer> 타입에 대해서도 유효한 값이라서 불일치에 대해 경고하지 못하므로 우리가 할 수 있는 최선은 이 테스트가 실패하는지 지켜봐서 새로운 설계에 따라 각 테스트를 변경하는 것이다.

대신 테스트에 '고객을 찾을 수 없음'의 자체적인 표현을 null 리터럴 대신 적절한 이름을 지닌 단 한 가지 제약으로 부여한다면 이러한 힘들고 단조로운 일을 피할 수

있을 것이다. 다음과 같은 한 줄을

```
public static final Customer NO_CUSTOMER_FOUND = null;
```

테스트 자체를 변경할 필요 없이 다음과 같이 바꾸면 될 것이다.

```
public static final Maybe<Customer> NO_CUSTOMER_FOUND = Maybe.nothing();
```

테스트는 객체 간에 전달된 정보 측면에서 작성해야 하며, 해당 정보가 어떻게 표현되는지 측면에서 작성해서는 안 된다. 객체 간에 전달된 정보 측면에서 테스트를 작성하면 테스트가 더 자기 서술적이고 시스템의 다른 곳에서 제어되는 구현 변경으로부터 보호받을 수 있다. NO_CUSTOMER_FOUND 같은 중요한 값은 상수로 한 곳에서 정의해야 한다. UNUSED_CHAT을 소개한 12장에서 또 다른 예제를 확인할 수 있다. 복합적인 구조의 경우 표현의 세부 사항을 테스트 데이터 빌더에 감출 수 있다 (22장 참고).

24.2 정확한 단정

테스트에서는 테스트 중인 시나리오와 관련이 있는 단정에 집중한다. 테스트 입력값에 좌우되는 단정 값은 자제하고 다른 테스트에서 검사한 행위를 재단정하는 것도 자제한다.

이러한 경험을 통해 각 메서드가 대상 코드의 행위 중 유일한 부분만을 테스트하게 할 수 있다. 그러면 테스트가 좀 더 강건해지는데, 테스트가 무관한 결과에 의존하지 않고 중복이 더 적기 때문이다.

테스트 단정은 대부분 동일성을 단순히 확인하는 것에 해당한다. 예를 들어, 우리는 '테이블 모델 확장'(207쪽)에서 테이블 모델의 행 수를 단정했다. 반환되는 값이 좀 더 복잡해지는 것과 마찬가지로 동일성에 대한 테스트는 확장하기가 수월하지 않다. 다양한 테스트 시나리오는 테스트된 코드에서 특정 속성에서만 다른 결과를 반환하게 만들 수도 있으므로 매번 전체 결과를 비교하다 보면 오해할 여지가 커지고 테스트를 거친 전체 객체의 행위에 암시적인 의존성을 더한다.

결과가 더 복잡해질 수 있는 방법에는 두어 가지가 있다. 첫째, 결과는 구조적인 값 타입으로 정의될 수 있다. 이는 우리가 단정하고자 하는 속성을 직접 참조할 수 있기 때문에 이해하기 어렵지 않다. 이를테면, 금융 상품을 가져온다면('구조를 이용해 설명하라' 291쪽 참고) 다음과 같이 전체 상품을 비교하지 않고 해당 금융 상품의 행사 가격만 단정하면 될 수도 있다.

```
assertEquals("strike price", 92, instrument.getStrikePrice());
```

햄크레스트 매처를 이용해 단정을 좀 더 표현력 있고 미세하게 조정할 수 있다. 예를 들어, 거래 식별자가 이전 거래 식별자보다 더 크다는 것을 단정하고 싶다면 다음과 같이 작성하면 된다.

```
assertThat(instrument.getTransactionId(), largerThan(PREVIOUS_TRANSACTION_ID));
```

이렇게 하면 프로그래머가 새로운 식별자가 이전 식별자보다 더 크다는 사실에 관해서만 신경 쓰면 된다는 사실을 알 수 있다. 이 테스트에서 실제 값은 중요하지 않다. 단정은 테스트가 실패할 때도 유용한 메시지를 생성한다.

또 한 가지 복잡성이 발생하는 부분은 분명하진 않지만 아주 흔히 나타난다. 텍스트 문자열에 관해 단정해야 할 때가 있다. 때때로 텍스트가 정확히 무엇이어야 할지 알고 싶은데, 이를테면 '가짜 경매 확장'(127쪽)에서 FakeAuctionServer가 특정 메시지를 찾아야 할 때가 그렇다. 하지만 특정 값이 텍스트에 포함돼 있는지만 확인하면 될 때도 있다.

빈번한 사례는 실패 메시지를 생성할 때다. 우리는 작성한 모든 단위 테스트가 현재 메시지 포맷에 의해 제약을 받기를 바라지 않는다. 공백 하나 추가한다고 테스트가 깨진다거나, 타임스탬프를 다루기 위해 뭔가 기교를 부리고 싶지는 않다는 말이다. 단지 핵심 정보가 포함돼 있는지만 알고 싶으므로 다음과 같이 작성하면

```
assertThat(failureMessage,
           allOf(containsString("strikePrice=92"),
                 containsString("id=FGD.430"),
                 containsString("is expired")));
```

이 모든 문자열이 failureMessage의 어딘가에 나타나는지만 단정한다. 이렇게만 해도 확신할 수 있으며, 중요하다고 여겨진다면 다른 테스트를 작성해 메시지가 올바른 포맷으로 돼 있는지 확인할 수 있다.

텍스트 문자열에 대해 정확한 단정을 작성하려는 시도의 한 가지 흥미로운 효과는 그러한 노력이 중간적인 구조 객체(이 경우 InstrumentFailure 같은)를 놓친다는

사실을 자주 드러낸다는 것이다. 대부분의 코드는 InstrumentFailure, 즉 모든 관련 필드를 전달하는 구조적인 값의 측면에서 작성될 것이다. 실패는 오직 마지막 순간에만 문자열로 변환될 것이며, 그러한 문자열 변환은 독립적으로 테스트할 수 있다.

24.3 정확한 예상 구문

단정을 정확하게 작성한다는 개념을 예상 구문을 정확하게 작성하는 개념으로 확장할 수 있다. 각 목 객체 테스트에서는 테스트 대상 객체와 그러한 객체의 이웃 간의 상호 작용의 관련 세부 사항을 명시해야 한다. 한 객체에 대한 일련의 단위 테스트는 해당 객체가 시스템의 다른 부분과 통신하는 데 필요한 프로토콜을 기술한다.

지금까지는 객체 간의 통신을 되도록 정확하게 명시하기 위해 jMock에 많은 지원 기능을 만들어 넣었다. API는 객체가 서로 어떻게 관계를 맺는지 명확하게 표현하고, 유연한(너무 제한적이지는 않기 때문에) 테스트를 생성하도록 고안됐다. 그러자면 다른 어떤 대안보다 테스트 코드가 좀 더 필요할지도 모르지만 좀 더 엄밀한 태도를 취하면 테스트를 명료하게 유지할 수 있다는 사실을 발견했다.

24.3.1 정확한 매개변수 매칭

우리는 메서드에서 반환하는 값에 관해 정확성을 기할 때처럼 메서드에 전달하는 값에 관해서도 정확함을 기하고자 한다. 예를 들어, '단정과 예상 구문'(294쪽)에서는 받아들인 인자 중 하나가 RuntimeException의 하위 타입인 예상 구문을 보여준 적이 있다(구체적으로 어떤 클래스인지는 중요하지 않다). 이와 비슷하게 'SnipersTableModel 추출'(225쪽)에서는 다음과 같은 예상 구문이 있었다.

```
oneOf(auction).addAuctionEventListener(with(sniperForItem(itemId)));
```

sniperForItem() 메서드는 AuctionSniper를 받았을 때 품목 식별자만 검사하는 Matcher를 반환한다. 이 테스트에서는 스나이퍼의 현재 입찰가나 최종가 같은 스나이퍼의 다른 상태는 아무것도 신경 쓰지 않으므로 그 값들을 검사해서 좀 더 불안정하게 만들지 않는다.

이와 똑같은 정확함은 입력 문자열을 예상하는 데도 적용할 수 있다. 가령 우리는 auditTrail 객체가 앞서 설명한 실패 메시지를 받아들이게 했으며, 그러한 감사에 대해 정확한 예상 구문을 작성할 수 있다.

```
oneOf(auditTrail).recordFailure(with(allOf(containsString("strikePrice=92"),
                                           containsString("id=FGD.430"),
                                           containsString("is expired"))));
```

24.3.2 허용과 예상

'스나이퍼가 일부 상태를 획득하다'(166쪽)에서 허용의 개념을 소개했다. jMock은 모든 예상 구문이 테스트 도중에 충족되지만 허용은 일치하거나 그렇지 않을 수도 있다고 주장한다. 이러한 구분의 요점은 특정 테스트에서 중요한 부분을 강조한다는 데 있다. 예상 구문은 테스트하는 프로토콜에 핵심적인 상호 작용을 서술한다. 즉, '이 메시지를 객체에 보내면 해당 객체가 이 다른 메시지를 이 이웃 객체에 보낼 것으로 예상한다'는 것이다.

허용은 테스트하는 상호 작용을 보조한다. 우리는 객체에 값을 제공하고, 테스트하고 싶은 행위에 대해 객체가 올바른 상태를 지니게 하기 위해 허용을 스텁으로 사용하기도 한다. 이를테면, 'sniperBidding()의 또 다른 쓰임'에는 다음과 같은 코드가 포함된 테스트가 있었다.

```
ignoring(auction);
allowing(sniperListener).sniperStateChanged(with(aSniperThatIs(BIDDING)));
                            then(sniperState.is("bidding"));
```

이 테스트에서 ignoring() 절이 말하는 바는 auction에 보낸 메시지에 관해 신경 쓰지 않는다는 것이다. 그 메시지는 다른 테스트에서 다룰 것이다. allowing() 절은 현재 입찰 중인 스나이퍼에 대해 sniperStateChanged()를 호출하기만 하면 일치하지만, 그렇다고 호출이 일어나야 한다고 주장하지는 않는다. 이 테스트에서 허용을 사용해 스나이퍼가 자신의 상태에 대해 우리에게 말해주는 바를 기록한다. aSniperThatIs() 메서드는 SniperSnapshot이 전달됐을 때 SniperState만을 검사하는 Matcher를 반환한다.

다른 테스트에서는 허용에 '행동' 절을 첨부해 호출 결과 값이 반환되거나 예외가 던져질 것이다. 이를테면, catalog를 대상으로 스텁을 생성해 테스트에서 나중에 사용할 목적으로 반환될 price를 반환하는 허용을 갖게 될지도 모른다.

```
allowing(catalog).getPriceForItem(item); will(returnValue(74));
```

허용과 예상을 구분하는 것은 엄격하지는 않지만 우리는 이처럼 단순한 규칙이 도움이 된다는 사실을 깨달았다.

> 💡 **질의를 허용한다, 명령을 예상한다**
>
> 명령(command)은 대상 객체의 외부 세계를 바꾸기 위해 부수 효과를 낼 가능성이 있는 호출을 의미한다. 앞서 설명한 auditTrail에서 실패를 기록하게 하면 로그 내용을 변경하게 됨을 예상할 수 있다. 메서드 호출 횟수에 따라 시스템 상태가 달라질 것이다.
>
> 질의(query)는 세계를 바꾸지 않으므로 한 번도 호출하지 않는 것을 포함해 몇 번이고 호출할 수 있다. 앞서 설명한 예제에서는 질의가 경매가에 대한 catalog를 몇 번이고 요청하더라도 시스템에 아무런 차이를 만들어내지 않는다.

이 규칙은 테스트된 객체에서 테스트를 분리하는 데 도움이 된다. 구현이 바뀌더라도 캐싱을 도입하거나 다양한 알고리즘을 사용하는 예제의 경우 테스트가 여전히 유효하다. 반면 캐시에 대한 테스트를 작성하고 있었다면 질의가 정확히 얼마나 자주 일어났는지 알고 싶을 것이다.

jMock에서는 allowing()과 oneOf() 대신 호출이 얼마나 자주 일어났는지 좀 더 다양하게 검사하는 기능을 지원한다. 호출이 예상되는 횟수는 예상으로 시작하는 '차수(cardinality)' 절로 정의한다. 'AuctionSniper가 입찰하다'에서 다음과 같은 예제를 본 적이 있다.

```
atLeast(1).of(sniperListener).sniperBidding();
```

이것은 우리가 이 호출이 일어났는지는 관심이 있지만 호출 횟수에는 관심이 없음을 말해준다. 호출이 예상되는 횟수를 미세하게 조정할 수 있는 다른 절은 부록 A에 나열돼 있으니 참고한다.

24.3.3 무관한 객체 무시하기

지금까지 본 것처럼 우리는 시험 중인 기능과 무관한 협력 객체를 '무시'해 테스트를 단순화할 수 있다. jMock은 무시한 객체에 대한 호출은 아무것도 검사하지 않는다. 이렇게 하면 테스트가 단순해지고 문제에 집중할 수 있으므로 중요한 바가 무엇이고 코드의 한 측면에 생긴 변화가 관련이 없는 테스트를 깨뜨리지는 않는지 즉시 알 수 있다.

편의상 jMock은 무시한 메서드가 값을 반환하는 경우 '0'이라는 결과 값을 제공한다. '0' 값은 반환 타입에 따라 달라진다.

타입	"0" 값
불린	false
수치형	0
문자열	" "(빈 문자열)
배열	빈 배열
Mockery로 모의 객체를 생성할 수 있는 타입	무시된 목 객체
기타 타입	null

동적으로 반환 타입에 대해 목 객체를 적용하는 능력은 테스트 범위를 좁히는 데 강력한 수단이다. 예를 들어, 자바 영속화 API(JPA, Java Persistence API)를 사용하는 코드의 경우 테스트에서는 EntityManagerFactory를 무시할 수 있다. EntityManagerFactory는 무시된 EntityManager를 반환할 것이며, EntityManager는 우리가 commit()이나 rollback()을 무시할 수 있도록 무시된 EntityTransaction을 반환할 것이다. 절 하나를 무시해 버리면 테스트가 트랜잭션과 관련이 있는 모든 사항을 비활성화함으로써 코드상의 도메인 관련 행위에만 집중할 수 있다.

모든 '강력한 수단'과 마찬가지로 ignoring()도 주의해서 써야 한다. 무시된 객체 사슬은 기능을 새로운 협력 객체로 빼야 한다는 사실을 제기할지도 모른다. 프로그래머는 무시된 기능도 어딘가에서 테스트해야 하고 모든 것을 함께 돌아가게 하는 고수준 테스트가 있음을 보장해야 한다. 실제로는 보통 '스나이퍼가 일부 상태를 획득하다'(166쪽)의 예제처럼 기초적인 사항을 모두 거친 후 특화된 테스트를 작성할 때만 ignoring()을 도입한다.

24.3.4 호출 순서

jMock에서는 어떤 순서로든 목 객체를 호출할 수 있다. 즉, 예상 구문은 같은 순서로 선언할 필요가 없다.[1] 테스트에서 상호 작용 순서에 관해 말하는 바가 적을수록 코드

---

[1] 일부 초기 목 프레임워크는 엄격히 '기록/재생' 방식이었다. 즉, 실제 호출을 예상 호출 순서와 맞춰야 했다. 이제 아무런 프레임워크에서도 이러한 제약을 강제하지 않지만 그런 오해는 여전히 쉽게 찾아볼 수 있다.

구현에는 유연성이 더 늘어난다. 아울러 테스트를 어떻게 구조화하느냐에도 유연성이 생긴다. 이를테면, 예상 구문을 도우미 메서드로 묶어 테스트 메서드의 가독성을 높일 수 있다.

> 💡 **중요할 때만 호출 순서를 강제하라**
>
> 호출 순서가 중요할 때가 있다. 가령, 테스트에 명시적인 제약을 추가할 때가 그렇다. 제약을 최소한으로 유지하면 제품 코드가 지닌 운신의 폭을 넓힐 수 있다. 게다가 각 경우의 필요 여부를 파악하는 데도 도움이 된다. 즉, 순서를 강제하는 제약은 흔치 않아서 각 쓰임이 두드러지게 나타난다.

jMock에는 호출 순서를 제약하는 두 가지 메커니즘이 있다. 하나는 시퀀스(sequence)로 호출의 순차 목록을 정의한다. 다른 하나는 상태 기계(state machine)로 좀 더 정교한 순서 제약을 서술할 수 있다. 시퀀스는 상태 기계에 비해 이해하기가 더 간단하지만 제약성 탓에 부적절하게 사용할 경우 테스트가 불안정해질 수 있다.

시퀀스는 어떤 객체가 그것의 이웃 객체에 올바른 순서로 통지를 보냈는지 확인하는 가장 유용한 수단이다. 이를테면, Auction 컬렉션을 검색해 어느 Auction이 지정한 키워드와 일치하는지 찾는 AuctionSearcher 객체가 필요하다고 하자. AuctionSearcher가 일치하는 Auction을 찾으면 AuctionSearcher는 매칭된 경매를 가지고 searchMatched()를 호출함으로써 AuctionSearchListener에 통지할 것이다. AuctionSearcher는 searchFinished()를 호출해 모든 이용 가능한 경매를 대상으로 시험했다는 사실을 리스너에 알린다.

테스트에서 첫 번째 시도는 다음과 같다.

```java
public class AuctionSearcherTest { […]
  @Test public void
  announcesMatchForOneAuction() {
    final AuctionSearcher auctionSearch =
          new AuctionSearcher(searchListener, asList(STUB_AUCTION1));
    context.checking(new Expectations() {{
      oneOf(searchListener).searchMatched(STUB_AUCTION1);
      oneOf(searchListener).searchFinished();
    }});
    auctionSearch.searchFor(KEYWORDS);
  }
}
```

여기서는 searchListener가 AuctionSearchListener의 목 객체에 해당하고, KEYWORDS

는 키워드 문자열의 집합이며, STUB_AUCTION1은 KEYWORDS 내의 문자열 가운데 하나와 일치할 Auction 구현의 스텁에 해당한다.

이 테스트의 문제는 searchMatched()가 호출되기 전에 searchFinished()가 호출되는 것을 막을 방법이 없다는 점이다(이것은 논리적으로 타당하지 않다). AuctionSearchListener에 대한 인터페이스가 있지만 해당 인터페이스의 프로토콜을 아직 기술하지 않았다. 우리는 리스너 호출 사이의 관계를 기술할 Sequence를 추가해 이 문제를 고칠 수 있다. 다음 테스트에서는 searchFinished()가 먼저 호출되면 실패한다.

```
@Test public void
announcesMatchForOneAuction() {
    final AuctionSearcher auctionSearch =
        new AuctionSearcher(searchListener, asList(STUB_AUCTION1));

  context.checking(new Expectations() {{
    Sequence events = context.sequence("events");

    oneOf(searchListener).searchMatched(STUB_AUCTION1);  inSequence(events);
    oneOf(searchListener).searchFinished();              inSequence(events);
  }});

  auctionSearch.searchFor(KEYWORDS);
}
```

일치 여부를 검사할 경매를 더 추가할 경우 이 시퀀스를 계속 사용할 수 있다.

```
@Test public void
announcesMatchForTwoAuctions() {
  final AuctionSearcher auctionSearch = new AuctionSearcher(searchListener,
      new AuctionSearcher(searchListener,
                          asList(STUB_AUCTION1, STUB_AUCTION2));

  context.checking(new Expectations() {{
    Sequence events = context.sequence("events");

    oneOf(searchListener).searchMatched(STUB_AUCTION1); inSequence(events);
    cneOf(searchListener).searchMatched(STUB_AUCTION2); inSequence(events);
    oneOf(searchListener).searchFinished();             inSequence(events);
  }});

  auctionSearch.searchFor(KEYWORDS);
}
```

하지만 이렇게 하면 프로토콜에 너무 제약을 가하는 것이 아닐까? 초기화 순서와 똑같은 순서로 경매가 일치해야만 하는가? 아마 검색이 종료되기 전에 올바르게 일치되는 것에만 신경 쓰면 될 것이다. States 객체('스나이퍼가 일부 상태를 획득하다'

(166쪽)에서 처음으로 본)를 이용해 순서 제약을 풀 수 있다.

States는 명시된 상태를 가지고 추상 상태 기계를 구현한다. 우리는 then() 절을 예상 구문에 추가해 상태 전이를 일으킬 수 있다. 객체가 when() 절을 통해 특정 상태에 있을 때(또는 있지 않을 때)만 호출이 일어나도록 강제할 수 있다. 앞의 테스트를 재작성하면 다음과 같다.

```
@Test public void
announcesMatchForTwoAuctions() {
  final AuctionSearcher auctionSearch = new AuctionSearcher(searchListener,
      new AuctionSearcher(searchListener,
        asList(STUB_AUCTION1, STUB_AUCTION2));

  context.checking(new Expectations() {{
    States searching = context.states("searching");

    oneOf(searchListener).searchMatched(STUB_AUCTION1);
                                    when(searching.isNot("finished"));
    oneOf(searchListener).searchMatched(STUB_AUCTION2);
                                    when(searching.isNot("finished"));
    oneOf(searchListener).searchFinished(); then(searching.is("finished"));
  }});

  auctionSearch.searchFor(KEYWORDS);
}
```

테스트가 시작하면 searching은 미정의(기본) 상태다. 검색기는 searching이 끝나지 않는 한 일치 여부를 보고할 수 있다. 검색기가 검색이 끝났다고 보고하면 then() 절에서 searching을 finished로 전환하고, 이로써 추후 일치 작업이 차단된다.

상태와 시퀀스는 조합해서 쓸 수 있다. 예를 들어, 요구 사항이 바뀌어 경매가 순서대로 일치해야 한다면 기존 searching 상태에 더해 일치 시퀀스를 추가할 수 있다. 새로운 시퀀스는 검색 결과 순서를 확인하고 기존 상태는 검색이 끝나기 전에 도착한 검색 결과를 확인할 것이다. 예상 구문은 프로토콜의 요구에 따라 여러 상태와 시퀀스에 속할 수 있다. 하지만 그 정도 복잡성이 필요한 적은 드물었다. 이처럼 복잡한 상황은 우리가 프로토콜을 소유하지 않는 경우 외부에서 유입되는 이벤트에 응답해야 할 때 흔히 일어난다. 그리고 우리는 이러한 상황을 항상 뭔가 더 작고 간단한 부분으로 나눠야 한다는 힌트로 간주한다.

예상 순서가 중요할 때

실제로 jMock 예상 구문을 선언하는 순서가 중요할 때도 있는데, jMock 예상 구문이 호출 순서와 일치하지 않을 수도 있기 때문이다. 예상 구문은 리스트에 추가되며, 호출은 이 리스트를 순서대로 검색하면서 일치 여부를 판단한다. 호출과 일치할 수 있는 예상 구문이 두 개라면 먼저 선언된 예상 구문이 일치할 때 우선권을 가질 것이다. 첫 번째 예상 구문이 허용이라면 두 번째 예상 구문은 절대 일치하지 않을 테고 테스트는 실패할 것이다.

24.3.5 jMock 상태의 위력

jMock의 States는 유용한 제약인 것으로 드러났다. 우리는 States를 이용해 테스트의 세 가지 참가자 유형, 즉 테스트 대상 객체, 해당 객체의 이웃, 그리고 테스트 자체를 모델링할 수 있다.

앞의 예제에서 한 것처럼 테스트 대상 객체의 상태에 대해 이해한 바를 표현할 수 있다. 테스트는 해당 객체가 이웃 객체에 전달하는 이벤트를 대기하고 있다가 이벤트를 이용해 상태 전이를 일으키고 객체의 프로토콜을 위반하는 이벤트를 거부한다.

'객체 상태 표현'(169쪽)에서도 썼듯이 이것은 테스트된 객체의 상태에 대한 논리적인 표현이다. States는 테스트에서 해당 객체에 관해 찾은 관련 사항을 기술하지, 객체 내부 구조를 기술하지 않는다. 우리는 객체의 구현을 제약하고 싶지는 않다.

이웃 객체가 테스트된 객체에 의해 호출됐을 때 상태를 어떻게 변경하는지 표현할 수 있다. 가령 앞의 예제에서는 리스너가 어떠한 결과를 받을 수 있기 전에 반드시 준비를 마쳐야 한다고 주장하고 싶을 수도 있으므로 검색기가 반드시 자신의 상태를 질의해야 한다. 그러므로 새로운 States인 listenerState를 추가할 수 있다.

```
allowing(searchListener).isReady(); will(returnValue(true));
                                then(listenerState.is("ready"));
oneOf(searchListener).searchMatched(STUB_AUCTION1);
                                when(listenerState.is("ready"));
```

끝으로 테스트 자체의 상태를 표현할 수 있다. 예를 들어, 테스트를 준비하는 도중에 일부 상호 작용을 무시하도록 강제할 수도 있다.

```
ignoring(auction); when(testState.isNot("running"));
testState.become("running");
oneOf(auction).bidMore(); when(testState.is("running"));
```

24.3.6 훨씬 더 자유스러운 예상 구문

마지막으로 jMock에는 임의 예상 구문을 정의해 끼워 넣을 수 있는 지점이 있다. 이를테면, 어떤 접근자 메서드를 받아들이게끔 예상 구문을 작성할 수 있다.

```
allowing(aPeerObject).method(startsWith("get")).withNoArguments();
```

또는 객체 집합 중 하나에 대한 호출을 받아들이게끔 예상 구문을 작성할 수 있다.

```
oneOf (anyOf(same(o1),same(o2),same(o3))).method("doSomething");
```

이러한 예상 구문은 정적 타입에서 동적 타입의 세계로 우리를 안내하며, 여기엔 위력과 위험이 동시에 있다. 이것들은 가장 강력한 '전동 공구'(이따금 필요하지만 항상 조심해서 써야 하는) 기능에 해당한다. 좀 더 자세한 사항은 jMock 문서를 참고하라.

24.4 '실험용 쥐' 객체

'유지 보수성을 고려한 설계'(58쪽)에서 설명한 '포트와 어댑터' 아키텍처에서는 어댑터가 애플리케이션 도메인 객체를 시스템의 기술적 기반 구조와 매핑한다. 우리가 본 어댑터 구현은 대부분 일반화돼 있다. 예를 들어, 대다수 어댑터 구현에서는 리플렉션을 이용해 도메인 간에 값을 옮긴다. 그러한 매핑을 어떤 타입의 객체에도 적용할 수 있으며, 이는 매핑 코드를 건드리지 않고도 도메인 모델을 변경할 수 있다는 의미다.

어댑터 코드에 대한 테스트를 작성할 때 가장 쉬운 접근법은 애플리케이션 도메인 모델의 타입을 사용하는 것이지만 이렇게 하면 애플리케이션과 어댑터 도메인이 결합되기 때문에 테스트가 불안정해진다. 이 경우 관심사를 분리하지 않았으므로 애플리케이션 모델을 변경했을 때 테스트를 잘못 깨뜨리는 위험이 초래된다.

다음 예제를 살펴보자. 시스템에서는 네트워크상으로 객체를 보낼 수 있게 XmlMarshaller를 이용해 객체를 XML로 마샬링하거나 XML에서 마샬링한다. 이 테스트에서는 AuctionClosedEvent 객체(운영 시스템에서 실제로 네트워크상으로 전송하는 타입)를 연거푸 사용해 XmlMarshaller를 검사한다.

```
public class XmlMarshallerTest {
  @Test public void
  marshallsAndUnmarshallsSerialisableFields() {
    XMLMarshaller marshaller = new XmlMarshaller();
```

```
        AuctionClosedEvent original = new AuctionClosedEventBuilder().build();

        String xml = marshaller.marshall(original);
        AuctionClosedEvent unmarshalled = marshaller.unmarshall(xml);

        assertThat(unmarshalled, hasSameSerialisableFieldsAs(original));
    }
}
```

나중에 시스템에서 AuctionClosedEvent를 보내지 않기로 결정하면 해당 클래스를 삭제할 수 있을 것이다. 하지만 리팩터링을 해보면 AuctionClosedEvent가 여전히 XmlMarshallerTest에서 사용되고 있어 리팩터링에 실패할 것이다. 무관한 결합이 테스트를 불필요하게 재작업하도록 만들 것이다.

테스트를 도메인 타입과 결합할 때 발생하는 더 중요한(그리고 미묘한) 문제는 바로 테스트 가정이 깨질 때 이를 파악하기가 더 어렵다는 것이다. 이를테면, XmlMarshallerTest에서는 마샬러가 transient 키워드를 지정한 필드와 지정하지 않은 필드를 처리하는 방법도 검사한다. 테스트를 작성했을 때 AuctionClosedEvent는 두 가지 필드를 모두 포함했으므로 우리는 마샬러를 통해 모든 경로를 검사했던 셈이다. 나중에 AuctionClosedEvent에서 transient 키워드를 지정한 필드를 제거했는데, 이는 테스트가 더는 유의미하지도 않지만 테스트가 실패하지도 않는다는 의미다. 테스트 중에서 작동이 멈춘 것이 있다는 것과 중요한 기능이 다뤄지지 않았다는 사실을 우리에게 알려주는 것이 아무것도 없다.

우리는 기능이 명확하고 실제 시스템과는 무관한 구체적인 타입을 가지고 XmlMarshaller를 테스트해야 한다. 예를 들면, 테스트에 다음과 같은 도우미 클래스를 도입할 수 있다.

```
public class XmlMarshallerTest {
  public static class MarshalledObject {
    private String privateField = "private";
    public final String publicFinalField = "public final";
    public int primitiveField;
    // 생성자, 비공개 필드에 대한 접근자 등
  }
  public static class WithTransient extends MarshalledObject {
    public transient String transientField = "transient";
  }

  @Test public void
  marshallsAndUnmarshallsSerialisableFields() {
    XMLMarshaller marshaller = new XmlMarshaller();

    WithTransient original = new WithTransient();
```

```
        String xml = marshaller.marshall(original);
        AuctionClosedEvent unmarshalled = marshaller.unmarshall(xml);

        assertThat(unmarshalled, hasSameSerialisableFieldsAs(original));
    }
}
```

WithTransient 클래스는 '실험용 쥐'처럼 동작해서 우리가 운영 도메인 모델을 허술하게 다루도록 하기 전에 XmlMarshaller의 행위를 배타적으로 검사하게 한다. 또한 WithTransient는 테스트의 가독성을 높이는데, 해당 클래스와 필드가 테스트 내에서 자신의 역할을 반영하는 이름을 지닌 '자기 서술적인 값'(309쪽)의 사례에 해당하기 때문이다.

5부 고급 주제

5부에서는 정기적으로 팀이 테스트 주도 개발과 씨름하게 되는 주제를 몇 가지 다룬다. 이 주제에 속하는 것들은 기능 수준과 시스템 수준의 설계를 넘나든다. 이를테면, 다중 스레드(multithread) 코드를 살펴볼 때는 스레드 내에서 일어나는 동작 방식은 물론 여러 스레드가 상호 작용하는 방식도 테스트해야 한다.

경험상 그런 코드는 우리가 어떤 측면을 다루는 것인지 분명하지 않을 때 테스트하기가 수월하지 않다. 모든 것을 한 덩어리로 만들면 혼란스럽고 불안정하며, 때로는 오해의 소지가 있는 테스트가 만들어진다. 이러한 '테스트 악취'를 살필 시간을 확보한다면 책임을 좀 더 명확하게 분리할 수 있는 더 나은 설계로 이어지기도 한다.

25장

영속성 테스트

> 우리는 늘 마음이 바뀌는 가운데 오랜 각오를 다진다.
> —마르셀 프루스트

25.1 들어가며

8장에서 봤듯이 서드 파티 API에 대한 추상화를 정의할 때 우리가 만든 추상화가 서드 파티 API를 통합할 때와 동일하게 동작하는지 테스트해야 하지만, 테스트로는 그것의 설계에 관한 피드백은 얻지 못한다.

가장 흔히 볼 수 있는 사례는 객체/관계형 매핑(ORM, Object/Relational Mapping) 같은 영속성 메커니즘을 이용해 구현한 추상화다. ORM은 상당히 많은 세련된 기능을 단순한 API 너머로 감춘다. ORM을 기반으로 추상화할 경우 구현이 올바른 질의를 수행하고 객체와 관계형 스키마 간의 매핑 설정이 올바른지, 데이터베이스와 호환되는 SQL 방언(dialect)을 사용하는지, 데이터베이스의 무결성 제약 조건과 호환되는 갱신과 삭제 연산을 수행하는지, 트랜잭션 관리자와 올바르게 상호 작용하는지, 외부 자원을 적절한 시기에 해제하는지, 데이터베이스 드라이버의 버그에 영향을 받지는 않는지 등을 테스트해야 한다.

영속성 코드를 테스트할 경우 테스트 품질과 관련해서 신경을 더 써야 한다. 이 경우 반드시 테스트를 알맞게 준비해야 하는 컴포넌트가 백그라운드에서 실행 중이기 때문이다. 그 컴포넌트들은 각 테스트를 서로 방해할 수 있는 영속성 상태를 지닌다. 테스트 코드에서는 이 모든 부가적인 복잡성을 다뤄야 한다. 우리는 테스트가 가독성을 확보하고 테스트 실패 원인을 가리키는 적절한 진단 결과를 만들어낼 수 있게

(어느 컴포넌트가 실패했고 실패 이유를 알기 위해) 별도의 노력을 기울여야 한다.

이번 장에서는 이러한 복잡성을 다루는 일부 기법을 설명한다. 예제 코드에서는 표준 자바 영속성 API를 사용하지만 여기서 소개하는 기법은 JDO(Java Data Objects)나 하이버네이트(Hibernate) 같은 오픈 소스 ORM 기술, 또는 심지어 XStream[1]이나 표준 JAXB(Java API for XML Binding)[2]처럼 데이터 조작 객체를 이용해 객체를 덤프할 때처럼 다른 영속성 메커니즘에서도 동작할 것이다.

25.1.1 예제 시나리오

이번 장의 예제에도 같은 시나리오를 사용한다. 이제 고객을 대신해 경매 스나이핑을 수행하는 웹 서비스가 있다.

고객은 다양한 경매 사이트에 로그인하고 서비스와 입찰한 품목을 결제할 때 하나 이상의 결제 수단을 이용할 수 있다. 시스템에서는 신용 카드와 페이메이트(PayMate)라는 온라인 결제 서비스로 두 가지 결제 수단을 지원한다. 고객은 연락처가 있으며, 신용 카드가 있을 경우 해당 카드에는 청구지 주소가 있다.

이 도메인 모델은 그림 25.1에 나온 영속화 엔티티로 시스템에 표현돼 있다(여기에는 엔티티 용도를 보여주는 필드만 포함돼 있다).

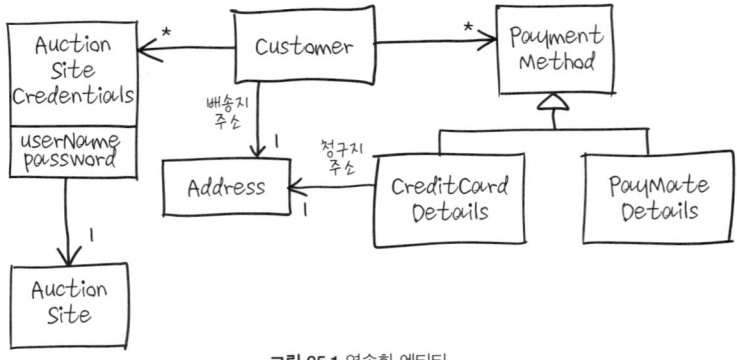

그림 25.1 영속화 엔티티

---

1 http://xstream.codehaus.org

2 모든 두문자에 양해를 구한다. 자바 표준화 프로세스에는 기억하기 쉬운 이름을 표준에 부여해야 할 책임이 없다.

25.2 영속화 상태에 영향을 주는 테스트 격리

영속화 데이터는 한 테스트에서 다음 테스트로 전달되기 때문에 영속성 테스트가 다른 테스트와 격리되도록 따로 신경을 써야 한다. JUnit에서는 이렇게 하지 못하기 때문에 반드시 테스트 픽스처에서 테스트가 자신이 사용하는 영속화 자원에 대해 충분히 알고 있는 상태로 시작하게끔 보장해야 한다.

데이터베이스 코드의 경우 이것은 테스트가 시작하기 전에 데이터베이스 테이블의 열을 삭제함을 의미한다. 데이터베이스를 정리하는 절차는 데이터베이스의 무결성 제약 조건에 따라 달라진다. 이는 엄격한 순서에 따라 테이블을 정리하는 것만으로 가능할지도 모른다. 게다가 일부 테이블 간에 연속적인 삭제를 수행하는 외래키 제약 조건이 있다면 한 테이블을 정리하면 자동으로 다른 테이블도 정리될 것이다.

> 💡 **영속화 데이터를 테스트 종료 시점이 아닌 테스트 시작 시점에 정리하라**
>
> 각 테스트에서는 테스트가 시작할 때 영속성 저장소를 알려진 상태로 초기화해야 한다. 테스트가 개별적으로 실행되면 테스트 실패를 진단하는 데 도움이 되는 데이터를 영속성 저장소에 남길 것이다. 테스트가 테스트 스위트의 일부로 실행되면 다음 테스트에서는 영속화 상태를 먼저 정리해야 한다. 그래야 테스트끼리 서로 격리될 것이다. 우리는 이러한 기법을 '실패 기록'(254쪽)에서 사용한 적이 있는데, 테스트 진입 시점에서 애플리케이션이 시작되기 전에 로그를 정리하는 식이었다.

테이블을 정리해야 하는 순서는 한 곳에서 관리해야 하는데, 그 순서를 데이터베이스 스키마가 발전해감에 따라 최신 상태로 유지해야 하기 때문이다. 이 순서를 데이터베이스를 이용하는 테스트에서 호출하는 부수적인 객체로 추출하는 방법도 좋다.

```java
public class DatabaseCleaner {
  private static final Class<?>[] ENTITY_TYPES = {
    Customer.class,
    PaymentMethod.class,
    AuctionSiteCredentials.class,
    AuctionSite.class,
    Address.class
  };
  private final EntityManager entityManager;

  public DatabaseCleaner(EntityManager entityManager) {
```

```
      this.entityManager = entityManager;
    }

    public void clean() throws SQLException {
      EntityTransaction transaction = entityManager.getTransaction();
      transaction.begin();

      for (Class<?> entityType : ENTITY_TYPES) {
        deleteEntities(entityType);
      }

      transaction.commit();
    }

    private void deleteEntities(Class<?> entityType) {
      entityManager
        .createQuery("delete from " + entityNameOf(entityType))
        .executeUpdate();
    }
  }
```

ENTITY_TYPES라는 배열을 사용해 엔티티 타입(그리고 데이터베이스 테이블)이 데이터베이스에서 행이 삭제될 때 참조 무결성을 어기지 않는 순서로 정리되게 했다.[3] 각 테스트가 시작하기 전에 데이터베이스를 초기화하기 위해 DatabaseCleaner를 준비 메서드에 추가했다. 이를테면, 다음 코드와 같다.

```
  public class ExamplePersistenceTest {
    final EntityManagerFactory factory =
        Persistence.createEntityManagerFactory("example");
    final EntityManager entityManager = factory.createEntityManager();

    @Before
    public void cleanDatabase() throws Exception {
      new DatabaseCleaner(entityManager).clean();
    }
    [...]
  }
```

지면상 테스트 예제에 있는 이러한 정리 루틴을 보여주지는 않겠다. 모든 영속화 테스트에서는 데이터베이스를 알려진 정리 상태로 시작한다고 가정해야 한다.

25.3 테스트 트랜잭션 경계를 명시적으로 만들기

트랜잭션이 필요한 자원(데이터베이스 같은)을 사용하는 테스트를 격리하는 일반적

---

3 entityNameOf()를 이 코드에서 뺐다. JPA에서는 엔티티 이름을 그것과 관련이 있는 자바 클래스에서 파생한다고 말하지만 그렇게 하는 표준 API는 제공하지 않는다. 이 매핑에서 DatabaseCleaner가 작동하게 하는 정도로만 구현했다.

인 기법은 각 테스트를 트랜잭션 내에서 실행한 다음 테스트가 종료하는 시점에 롤백하는 것이다. 이렇게 하면 영속화 상태가 테스트를 시작하기 전과 같은 상태를 유지한다.

이 기법의 문제는 중요 이벤트에 해당하는 커밋 시 일어나는 일을 테스트하지 않는다는 것이다. ORM에서는 메모리에서 관리하는 객체의 상태를 데이터베이스로 플러시한다. 그러면 데이터베이스에서는 해당 객체의 무결성 제약 조건을 검사한다. 절대로 커밋하지 않는 테스트에서는 데이터베이스와 상호 작용하는 테스트상의 코드가 어떻게 동작하는지 완전하게 실행해볼 수 없다. 그뿐 아니라 개별 트랜잭션 간의 상호 작용도 테스트하지 못한다. 롤백하는 방법의 또 다른 단점은 테스트에서 실패를 진단하는 데 유용할지도 모르는 데이터를 버린다는 점이다.

테스트에서는 명시적으로 트랜잭션을 기술해야 한다. 우리는 트랜잭션 경계를 눈에 띄게 하는 것을 좋아하는데, 그렇게 하면 테스트 코드를 읽을 때 트랜잭션 경계를 확인하기 쉽다. 보통 트랜잭션 관리를 트랜잭터(transactor)라는 부수적인 객체로 추출하는데, 트랜잭터는 트랜잭션 내에서 단위 작업을 실행한다. 이 경우 트랜잭터는 JPA 트랜잭션을 조정하므로 JPATransactor라고 하겠다.[4]

```
public interface UnitOfWork {
  void work() throws Exception;
}

public class JPATransactor {
  private final EntityManager entityManager;

  public JPATransactor(EntityManager entityManager) {
    this.entityManager = entityManager;
  }

  public void perform(UnitOfWork unitOfWork) throws Exception {
    EntityTransaction transaction = entityManager.getTransaction();

    transaction.begin();
    try {
      unitOfWork.work();
      transaction.commit();
    }
    catch (PersistenceException e) {
      throw e;
    }
    catch (Exception e) {
```

---

[4] 다른 시스템에서는 자바 메시징 서비스(JMS, Java Messaging Service) 브로커에서 트랜잭션을 조정할 목적으로 테스트에서 JMSTransactor를 사용하거나 표준 자바 트랜잭션 API(JTA, Java Transaction API)를 통해 분산 트랜잭션을 조정하기 위해 JTATransactor를 사용할지도 모른다.

```
        transaction.rollback();
        throw e;
      }
    }
  }
```

트랜잭터는 UnitOfWork에서 전달되어 호출되며 보통 익명 클래스로 생성된다.

```
transactor.perform(new UnitOfWork() {
  public void work() throws Exception {
    customers.addCustomer(aNewCustomer());
  }
});
```

이 패턴은 아주 유용해서 우리는 제품 코드에서도 이 패턴을 주기적으로 쓴다. 다음 절에서 트랜잭터를 어떻게 사용하는지 좀 더 보여주겠다.

> **'컨테이너 관리형' 트랜잭션**
>
> 여러 자바 애플리케이션에서는 선언적인 컨테이너 관리형 트랜잭션을 사용한다. 컨테이너 관리형 트랜잭션에서는 애플리케이션 프레임워크가 애플리케이션의 트랜잭션 경계를 관리한다. 프레임워크는 애플리케이션 컴포넌트에 요청을 받으면 각 트랜잭션을 시작하고 애플리케이션의 트랜잭션 적용 자원을 트랜잭션에 포함시키고 요청이 성공하거나 실패할 때 트랜잭션을 커밋하거나 롤백한다. 자바 EE는 자바 세계에서 그러한 프레임워크의 전형적인 사례다.
>
> 이번 장에서 설명한 기법은 이러한 종류의 프레임워크에서도 활용할 수 있다. 우리는 이 기법을 사용해 자바 EE와 스프링으로 만들어진 애플리케이션을 비롯해 JPA나 하이버네이트, JDBC를 직접 사용하는 '평범한' 자바 프로그램을 테스트한 적이 있다.
>
> 프레임워크에서는 트랜잭션이 적용된 자원을 이용하는 객체로 트랜잭션 관리를 감싸기 때문에 애플리케이션의 트랜잭션 경계를 표시하는 코드가 아무것도 없다. 하지만 그러한 객체에 대한 테스트에서는 트랜잭션을 명시적으로 관리할 필요가 있으며, 이것이 바로 트랜잭터가 존재하는 이유다.
>
> 테스트에서는 트랜잭터가 애플리케이션에서 사용하는 것과 동일한 트랜잭션 관리자를 사용하며, 설정도 동일한 방식으로 한다. 이렇게 함으로써 테스트와 전체 애플리케이션에서 동일한 트랜잭션 처리 코드를 실행하도록 보장할 수 있다. 트랜잭션을 프레임워크에서 제공하는 코드 블록으로 관리하든, 테스트에서 작성한 트랜잭터로 관리하든 아무런 차이가 없을 것이다. 하지만 실수를 해서 차이가 생기면 전 구간 테스트에서는 컨테이너에서 애플리케이션 코드를 실행해 보는 식으로 실패를 잡아내야 한다.

25.4 영속성 연산을 수행하는 객체에 대한 테스트

이제 영속성 연산을 수행하는 객체에 대한 테스트를 작성할 수 있는 테스트 골격이 어느 정도 만들어졌다.

도메인 모델에서 고객 기반(customer base)은 우리가 아는 모든 고객을 나타낸다. 고객을 고객 기반에 추가하거나 특정 조건에 부합하는 고객을 찾을 수 있다. 예를 들어, 신용 카드가 만료될 예정인 고객을 찾아 해당 고객의 결제 세부 사항을 갱신하도록 미리 알려줄 수 있다.

```java
public interface CustomerBase { [...]
  void addCustomer(Customer customer);
  List<Customer> customersWithExpiredCreditCardsAt(Date deadline);
}
```

CustomerBase를 호출해 관련 고객을 찾아 통지하는 코드를 단위 테스트를 할 때 CustomerBase 인터페이스를 대상으로 목 객체를 적용할 수 있다. 하지만 배포된 시스템에서는 이 코드에서 실제 CustomerBase의 구현(JPA를 사용해 고객 정보를 데이터베이스에 저장하고 데이터베이스에서 불러오는)을 호출할 것이다. 이 영속화 구현체가 올바르게 작동하는지도 반드시 테스트해야 한다. 즉, 해당 구현체에서 수행하는 질의와 객체/관계형 매핑이 올바른지 테스트해야 한다. 이를테면, 다음은 customersWithExpiredCreditCardsAt() 질의의 테스트다. 트랜잭션 내에서 customerBase와 상호 작용하는 두 가지 도우미 메서드가 있는데, addCustomer()에서는 고객 샘플 집합을 추가하고 assertCustomersExpiringOn()에서는 사용 기한이 만료된 카드를 사용 중인 고객을 조회한다.

```java
public class PersistentCustomerBaseTest { [...]
  final PersistentCustomerBase customerBase =
      new PersistentCustomerBase(entityManager);
  @Test
  @SuppressWarnings("unchecked")
  public void findsCustomersWithCreditCardsThatAreAboutToExpire() throws Exception {
    final String deadline = "6 Jun 2009";

    addCustomers(
      aCustomer().withName("Alice (Expired)")
        .withPaymentMethods(aCreditCard().withExpiryDate(date("1 Jan 2009"))),
      aCustomer().withName("Bob (Expired)")
        .withPaymentMethods(aCreditCard().withExpiryDate(date("5 Jun 2009"))),
      aCustomer().withName("Carol (Valid)")
        .withPaymentMethods(aCreditCard().withExpiryDate(date(deadline))),
      aCustomer().withName("Dave (Valid)")
```

```java
                    .withPaymentMethods(aCreditCard().withExpiryDate(date("7 Jun 2009")))
    );
    assertCustomersExpiringOn(date(deadline),
                              containsInAnyOrder(customerNamed("Alice (Expired)"),
                                                 customerNamed("Bob (Expired)")));
}
private void addCustomers(final CustomerBuilder... customers) throws Exception {
    transactor.perform(new UnitOfWork() {
      public void work() throws Exception {
        for (CustomerBuilder customer : customers) {
          customerBase.addCustomer(customer.build());
        }
      }
    });
}

private void assertCustomersExpiringOn(final Date date,
                                       final Matcher<Iterable<Customer>> matcher)
    throws Exception
{
    transactor.perform(new UnitOfWork() {
      public void work() throws Exception {
        assertThat(customerBase.customersWithExpiredCreditCardsAsOf(date),
                   matcher);
      }
    });
}
```

addCustomers()를 호출할 때 신용 카드에 대한 이름과 만료 일자를 포함하도록 설정된 CustomerBuilder를 여러 개 전달했다. 만료 일자는 이 테스트에서 중요 필드에 속하므로 고객을 생성할 때 만료 일자를 마감일 전, 마감일, 마감일 이후로 경계 조건을 지정했다. 아울러 각 고객의 이름을 설정해 테스트가 실패할 때 대상 인스턴스를 구분하게 만들었다(참고로 여기서 지정한 이름은 각 고객의 상태와 관련된 이름이라서 금방 이해할 수 있다). 이름을 매칭하는 또 다른 방법은 각 객체의 영속성 식별자(JPA에서 할당하는)를 사용하는 것이다. 그렇게 하면 훨씬 더 다루기 복잡해지고(이름이 Customer상의 프로퍼티로 노출되지 않는다) 자기 서술적이지도 못할 것이다.

assertCustomersExpiringOn() 메서드는 지정한 마감일에 대해 테스트 중인 질의를 수행하고 테스트 결과가 앞서 전달한 햄크레스트 매처를 준수하는지 확인한다. containsInAnyOrder() 메서드는 컬렉션 내의 각 요소에 대해 하위 매처가 존재하는지 검사하는 매처를 돌려준다. 여기서는 customerNames() 메서드를 작성해 어떤 객체가 특정 이름을 지닌 Customer인지 테스트하는 사용자 정의 매처를 반환하게 했다(사용자 정의 매처는 부록 B에서 더 자세히 살펴본다). 그러므로 이 테스트는 우리가 정확히 'Alice(만료됨)'와 'Bob(만료됨)'이라는 두 가지 Customer 객체를 돌려받으리라 예상한다는 것을 나타낸다.

테스트에서는 암시적으로 CustomerBase.addCustomer()를 사용한다(질의를 목적으로 데이터베이스를 준비할 때 이 메서드를 호출한다). 좀 더 생각해 보면 실제로 우리가 신경 써야 하는 부분은 addCustomer()를 호출하는 것의 결과와 이어지는 질의 간의 관계이므로 아마 addCustomer()를 독립적으로 테스트하지 않을 것이다. 시스템의 일부 기능을 통해 볼 수 없는 addCustomer()의 효과가 있다면 이 메서드를 다루는 특별한 테스트 질의를 작성하기에 앞서 해당 메서드의 용도를 좀 더 고민해봐야 할 것이다.

> **ℹ️ 매처를 이용한 더 나은 테스트 구조**
>
> 이 테스트에는 햄크레스트를 이용해 깔끔한 테스트 구조를 만드는 멋진 예제가 포함돼 있다. 테스트 메서드에서는 매처를 만드는데, 이 매처는 질의에 대한 유효한 결과를 간결하게 설명한다. 그리고 매처를 assertCustomersExpiringOn()에 전달하는데, assertCustomersExpiringOn()에서는 질의를 수행하고 그 결과를 매처에 전달한다. 우리는 테스트 메서드(받을 것으로 예상하는 바를 알고 있는)와 질의/단정 메서드(질의를 하는 방법과 다른 테스트에서 사용할 수 있는 방법을 알고 있는)를 깔끔하게 분리했다.

다음은 테스트에 전달하는 PersistentCustomerBase를 구현한 것이다.

```java
public class PersistentCustomerBase implements CustomerBase {
  private final EntityManager entityManager;

  public PersistentCustomerBase(EntityManager entityManager) {
    this.entityManager = entityManager;
  }

  public void addCustomer(Customer customer) {
    entityManager.persist(customer);
  }

  public List<Customer> customersWithExpiredCreditCardsAt(Date deadline) {
    Query query = entityManager.createQuery(
            "select c from Customer c, CreditCardDetails d " +
            "where d member of c.paymentMethods " +
            " and d.expiryDate < :deadline");
    query.setParameter("deadline", deadline);
    return query.getResultList();
  }
}
```

이 구현은 테스트에 비해 코드가 너무 짧아서 그다지 중요해 보이지 않지만 우리가 포함시키지 않은 XML 설정과 EntityManager의 단순한 API를 구현하는 서드 파티 프레임워크에 의존한다.

> **패턴과 타입명에 관해**
>
> CustomerBase 인터페이스와 PersistentCustomerBase 클래스는 저장소(repository) 내지는 데이터 접근 객체(data access object) 패턴(주로 DAO로 줄여 쓰는)을 구현한다. 'Repository'나 'DataAccessObject', 'DAO' 같은 용어를 인터페이스 또는 클래스 이름에 사용하지 않았다. 그 이유는 다음과 같다.
>
> - 그러한 용어를 사용하면 기반 기술 계층(영속화)에 관한 지식이 응용 도메인으로 새어나가므로 '포트와 어댑터' 아키텍처를 위반하게 된다. CustomerBase를 사용하는 객체는 영속화 기술에 관해 알 필요가 없어야 한다. 그러한 객체는 자신이 상호 작용하는 Customer 객체가 디스크에 기록되는지 신경 쓰지 않는다. Customer 객체도 영속화 기술에 관해 알 필요가 없어야 한다. 즉, 프로그램에서는 데이터베이스를 통해 Customer 객체를 생성해서 사용하지 말아야 한다. PersistentCustomerBase만이 데이터베이스 및 Customer 객체와 영속화 저장소 안팎으로 매핑된다는 사실을 안다.
> - 우리는 클래스나 인터페이스 이름이 그러한 패턴을 따르지 않는 편을 선호한다. 중요한 것은 인터페이스 및 클래스와 시스템 내의 다른 클래스와의 관계다. CustomerBase의 클라이언트는 그것이 어떤 패턴을 쓰는지 신경 쓰지 않는다. 시스템이 발전함에 따라 CustomerBase 클래스가 다른 어떤 방식으로 동작하게 해서 오해를 불러일으킬 수도 있다.
> - 우리는 타입명에 'data', 'object', 'access' 같은 일반화된 단어는 가급적 사용하지 않으려 한다. 각 클래스에 해당 도메인 개념을 나타내거나 애플리케이션과 기술 도메인을 이어주는 방법을 나타내는 이름을 부여하려고 노력한다.

25.5 영속화 가능한 객체 테스트하기

PersistentCustomerBase는 설정과 기반 서드 파티 코드에 상당히 의존하기에 해당 테스트에서 발생하는 오류 메시지를 진단하기 어려울 수 있다. 테스트 실패는 질의상 결함이나 Customer 클래스의 매핑, Customer에서 사용하는 클래스의 매핑,

ORM 설정, 잘못된 데이터베이스 연결 매개변수, 데이터베이스 자체의 잘못된 설정으로 일어날 수 있다.

좀 더 많은 테스트를 작성해 영속성 실패가 발생했을 때 그 원인을 지적하는 데 도움을 줄 수 있다. 한 가지 유용한 테스트는 모든 영속화 엔티티 타입의 인스턴스가 데이터베이스를 통해 '왕복'하게 해서 각 테스트에 대해 매핑이 제대로 설정됐는지 검사하는 것이다.

왕복 테스트는 반사적으로 객체를 다른 형태로 변환할 때 유용하다. 각종 직렬화 및 매핑 기술은 ORM과 똑같은 이점과 어려움을 지니고 있다. 매핑은 간결하고 선언적인 코드나 설정으로 정의할 수 있지만 잘못된 설정은 진단하기 어려운 결함을 만들어낸다. 우리는 왕복 테스트를 이용해 결함의 원인을 빨리 알아낼 수 있다.

25.5.1 영속화 객체에 대한 왕복 테스트

우리는 '테스트 데이터 빌더'(298쪽) 목록을 이용해 영속화 엔티티 타입을 나타낼 수 있다. 이렇게 하면 테스트에서 각 인스턴스를 인스턴스화하기가 쉬워진다. 아울러 빌더 타입을 각기 다른 설정으로 여러 번 이용해 다양한 상태나 다른 엔티티와의 다양한 관계를 지닌 왕복용 엔티티를 생성할 수 있다.

이 테스트는 빌더 리스트를 순회한다(리스트를 만드는 방법은 조만간 보여주겠다). 각 빌더에서는 한 트랜잭션에서 엔티티를 생성해서 영속화하고, 그것을 받아서 다른 트랜잭션에서 결과를 비교한다. 마지막 테스트에서 볼 수 있듯이 트랜잭션을 수행하는 두 transactor 메서드가 있다. 준비 메서드는 persistedObjectFrom()이며 질의 메서드는 assertReloadsWithSameStateAs()다.

```java
public class PersistabilityTest { […]
  final List<? extends Builder<?>> persistentObjectBuilders = […]

  @Test public void roundTripsPersistentObjects() throws Exception {
    for (Builder<?> builder : persistentObjectBuilders) {
      assertCanBePersisted(builder);
    }
  }
  private void assertCanBePersisted(Builder<?> builder) throws Exception {
    try {
      assertReloadsWithSameStateAs(persistedObjectFrom(builder));
    } catch (PersistenceException e) {
      throw new PersistenceException("could not round-trip " +
                                     typeNameFor(builder), e);
    }
  }
```

```
    private Object persistedObjectFrom(final Builder<?> builder) throws Exception {
      return transactor.performQuery(new QueryUnitOfWork() {
        public Object query() throws Exception {
          Object original = builder.build();
          entityManager.persist(original);
          return original;
        }
      });
    }
    private void assertReloadsWithSameStateAs(final Object original) throws Exception {
      transactor.perform(new UnitOfWork() {
        public void work() throws Exception {
          assertThat(entityManager.find(original.getClass(), idOf(original)),
                     hasSamePersistentFieldsAs(original));
        }
      });
    }
    private String typeNameFor(Builder<?> builder) {
      return builder.getClass().getSimpleName().replace("Builder", "");
    }
  }
```

persistedObjectFrom() 메서드는 지정한 빌더에 요구해 트랜잭션 내에서 영속화할 엔티티 인스턴스를 생성한다. 그런 다음 나중에 비교할 목적으로 테스트에 새로운 인스턴스를 반환한다. QueryUnitOfWork는 UnitOfWork의 변종으로, 트랜잭션에서 값을 반환하게 해준다.

assertReloadsWithSameStateAs() 메서드는 EntityManager가 예상 객체에 할당한 영속성 식별자를 추출하고(리플렉션을 이용해) 해당 식별자를 가지고 Entity Manager가 또 다른 엔티티의 사본을 데이터베이스에서 받아오게 한다. 그러고 나서 리플렉션을 이용해 두 엔티티 사본이 영속화 필드에 같은 값을 가지고 있는지 검사하는 사용자 정의 매처를 호출한다.

> **리플렉션 사용에 관해**
>
> 테스트에서 객체의 공개 API의 설계에 관한 유용한 피드백을 줄 수 있게 객체의 공개 API를 통해 테스트해야 한다고 되풀이해서 설명했다. 그러면 여기서는 왜 리플렉션을 사용해서 객체의 캡슐화 경계를 우회해 비공개 상태에 접근하고 있을까? 왜 제품 코드에서 하지 않을 방식으로 영속화 API를 사용하고 있을까?
>
> 이 왕복 테스트를 사용해 ORM 설정을 테스트 주도하는 것이다(ORM이 객체를 데이터베이스와 매핑하는 것처럼). 우리는 객체 자체의 설계를 테스트 주도하는 것이 아니다. 객체 상태는 캡슐화돼 있으며, 시스템의 다른 객체로부터 감춰져 있다. ORM은 리플렉션을 이용해 그 상태

> 를 데이터베이스에 저장하거나 데이터베이스에서 가져온다. 그러니 여기서도 ORM이 자신의 행위를 검증하는 것과 같은 기법을 쓰는 것이다.

25.5.2 관련 엔티티에 대한 왕복 테스트

엔티티가 서로 다양한 관계를 맺고 있다면 빌더 리스트를 만들기가 복잡하며, 한 엔티티를 저장하는 것도 관련 엔티티로 연속해서 전해지지 않는다. 이는 엔티티가 트랜잭션이 진행되는 동안에는 절대로 생성되지 않을 참조 데이터를 가리키는 경우다.

이를테면, 우리가 구축한 시스템에서는 제한된 수의 경매 사이트에 관해서만 알고 있다. 고객들은 그 사이트들을 참조하는 AuctionSiteCredentials를 가지고 있다. 시스템에서 Customer 엔티티를 생성하면 Customer 엔티티를 데이터베이스에서 불러온 기존 AuctionSite와 연관 관계에 둔다. Customer를 저장하면 해당 Customer의 AuctionSiteCredentials도 저장되겠지만 참조한 AuctionSite는 저장되지 않을 것이다. AuctionSite가 이미 데이터베이스에 존재하기 때문이다. 동시에 반드시 새로운 AuctionSiteCredentials를 이미 데이터베이스에 존재하는 AuctionSite와 연관 관계에 둬야 한다. 그렇게 하지 않으면 저장할 때 참조 무결성 제약 조건이 위반될 것이다.

이 문제를 고치는 방법은 새 AuctionSiteCredentials를 저장하기 전에 영속화된 AuctionSite가 있게 만드는 것이다. AuctionSiteCredentialsBuilder는 또 다른 빌더에 현재 생성 중인 AuctionSiteCredentials에 대한 AuctionSite를 생성하도록 위임한다(301쪽 '빌더 조합' 참고). 우리는 AuctionSite 빌더를 데코레이터[Gamma94]로 감싸는 식으로 AuctionSiteCredentials와 연관 관계를 맺기 전에 AuctionSite를 영속화해서 참조 무결성을 확보했다. 트랜잭션 내에서 엔티티 빌더를 호출하기 때문이다. 즉, 관련 빌더의 일부가 활성 트랜잭션을 필요로 하는 데이터베이스 연산을 수행할 것이다.

```
public class PersistabilityTest { […]
  final List<? extends Builder<?>> persistentObjectBuilders = Arrays.asList(
  new AddressBuilder(),
  new PayMateDetailsBuilder(),
  new CreditCardDetailsBuilder(),
  new AuctionSiteBuilder(),
  new AuctionSiteCredentialsBuilder().forSite(persisted(new
                                                AuctionSiteBuilder())),
  new CustomerBuilder()
    .usingAuctionSites(
      new AuctionSiteCredentialsBuilder().forSite(persisted(new
                                                AuctionSiteBuilder()))))
```

```
      .withPaymentMethods(
        new CreditCardDetailsBuilder(),
        new PayMateDetailsBuilder())));
  private <T> Builder<T> persisted(final Builder<T> builder) {
    return new Builder<T>() {
      public T build() {
        T entity = builder.build();
        entityManager.persist(entity);
        return entity;
      }
    };
  }
}
```

25.6 하지만 데이터베이스는 느리다!

실제 기반 구조를 대상으로 실행되는 테스트는 메모리상에서 모든 것을 수행하는 단위 테스트에 비해 훨씬 느리다. 우리는 영속성 기반 구조에 대한 깔끔한 인터페이스를 정의하고(우리가 작성하는 코드의 도메인 관점에서 정의했다) 목 영속성 구현체를 사용해('소유한 타입에 대해서만 목 객체를 적용하라'(83쪽)에서 설명했듯이) 코드를 단위 테스트할 수 있다. 그러고 나서 섬세한 기반 구조 테스트를 가지고 이 인터페이스의 구현체를 테스트하면 전체 시스템에서 기술 계층을 테스트하지 않아도 된다.

이렇게 하면 테스트가 각종 단계로 구성된 사슬로 조직화된다. 즉, 메모리상에서 아주 빠르게 실행되는 단위 테스트와 프로세스 외부(보통 서드 파티 API를 거치는)에 접근하는 느린 통합 테스트, 데이터베이스나 메시지 브로커처럼 외부 서비스 구성에 의존하는 테스트, 끝으로 유사 운영 환경으로 패키징되어 배포된 시스템을 대상으로 수행되는 전 구간 테스트로 조직화된다. 그러면 애플리케이션의 핵심 로직을 깨뜨렸을 때 신속한 피드백은 물론 점진적으로 큰 단위의 통합에 관한 피드백도 차차 얻을 수 있다.

26장

GROWING OBJECT-ORIENTED SOFTWARE GUIDED BY TESTS

단위 테스트와 스레드

> 인간의 두뇌가 두 가지를 동시에 생각할 수 없는 것은 자비로운 자연에 의해 결정된 것이다.
> ― 아서 코난 도일 경

동시성 때문에 일이 복잡해지는 데서 벗어날 방법은 없다. 테스트 주도 개발을 할 때 동시성을 다루기란 아주 어려운 일이다. 단위 테스트라고 해서 시스템 품질에 확신을 주지는 못하는데, 동시성(concurrency)과 동기화(synchronization)가 시스템 차원의 문제이기 때문이다. 테스트를 작성할 때 동기화가 시스템 내는 물론 테스트와 시스템 사이에서 올바르게 이뤄지도록 주의를 기울여야 한다. 백그라운드 스레드가 예외를 삼켜버리거나 명확한 설명 없이 테스트가 시간 제한에 걸려 버릴 수도 있으므로 테스트 실패를 진단하기 더 어려워진다.

기존 코드에서는 동기화 문제를 진단하고 올바르게 수정하기 어려우므로 시스템의 동시성 아키텍처에 관해 미리 고려해볼 만한 가치가 있다. 시스템의 동시성 아키텍처를 매우 세밀하게 설계할 필요는 없으며, 시스템이 동시성을 어떻게 다루는지에 대한 대략적인 아키텍처와 원칙만 결정하면 된다.

이러한 설계는 애플리케이션에서 사용하는 프레임워크나 라이브러리에서 미리 정해져 있기도 하다. 가령 다음과 같다.

- 스윙은 사용자 이벤트를 자체 스레드에서 디스패치한다. 이벤트 핸들러가 오랫동안 실행되면 이벤트 핸들러가 실행되는 동안 스윙이 사용자 입력을 처리하지 않아 사용자 인터페이스 응답성이 떨어진다. 이벤트 콜백에서는 반드시 '작업자(worker)' 스레드를 생성해 오랫동안 실행되는 작업을 수행하고 작업자 스레드는

이벤트 디스패치 스레드와 동기화해서 사용자 인터페이스를 갱신해야만 한다.
- 서블릿 컨테이너에는 HTTP 요청을 받아 그것들을 처리하기 위해 서블릿에 전달하는 스레드 풀이 있다. 많은 스레드가 동시에 같은 서블릿 인스턴스에서 활성화될 수 있다.
- 자바 EE 컨테이너는 모든 스레드를 애플리케이션에서 관리한다. 컨테이너는 한 스레드만이 한 번에 한 컴포넌트에 사용되리라는 것을 보장한다. 컴포넌트에서는 자체적인 스레드를 시작할 수 없다.
- 경매 스나이퍼 애플리케이션에서 사용한 스맥 라이브러리에서는 데몬 스레드를 구동해 XMPP 메시지를 수신한다. 해당 데몬 스레드에서는 한 스레드상의 메시지를 전달하지만 애플리케이션에서는 스맥 스레드와 스윙 스레드를 동기화해서 GUI 컴포넌트가 손상되는 것을 방지해야만 한다.

아무것도 없는 상태에서 시스템의 동시성 아키텍처를 설계해야 할 때 모델링 도구를 이용해 설계에 교착 상태나 라이브락(livelock), 기아 상태(starvation) 같은 동기화 오류가 없다는 사실을 입증해야 한다. 동시성을 모델링하는 데 유용한 설계 도구는 점점 사용하기 쉬워지고 있다. 『Concurrency: State Models & Java Programs[Magee06]』는 동시성 프로그래밍에 대한 입문서로 형식 모델링과 구현의 조합을 강조하고 LTSA(Labelled Transition System Analyser) 분석 도구를 이용해 형식 모델링 방법을 설명한다.

하지만 입증된 설계가 있더라도 설계와 구현 간의 간극을 건너야만 한다. 컴포넌트가 시스템 아키텍처의 제약 조건을 준수하게 해야 한다. 이때 테스트가 도움이 된다. 시스템의 동시성을 관리하는 방식을 설계하고 나면 아키텍처에 걸맞은 객체를 테스트로 주도해 나갈 수 있다. 단위 테스트를 하면 객체가 상태 잠금이나 스레드 차단 및 깨움 같은 동기화 책임을 수행한다는 확신이 생긴다. 시스템 테스트처럼 좀 더 큰 규모의 테스트는 전체 시스템이 동시성을 정확히 관리한다는 자신감을 준다.

26.1 기능과 동시성 정책의 분리

다중 스레드를 다루는 객체에 기능 관련 관심사와 동기화 관련 관심사가 섞여 있으면 둘 중 어느 것이든 테스트 실패 원인으로 작용할 수 있다. 테스트는 반드시 백그라운드 스레드와 동기화를 유지해야 하며, 그렇게 해야 스레드가 작업을 마치기 전에 단정을 수행하지 않거나 이후 테스트를 방해할 수도 있는 스레드를 실행 상태에 두지 않는다. 더 나쁜 경우는 스레드가 남아 있는데도 단위 테스트가 테스트 실패를 보고하지 않기도 한다는 것이다. 감춰진 스레드에 예외를 던져서 스레드가 예기치 못하게 종료하게 되거나 테스트 대상 객체의 행위에 악영향을 끼친다. 테스트가 백그라운드 스레드가 끝나기까지의 제한 시간을 초과하면 기본적인 시간 제한 메시지를 제외하고 아무런 진단 정보가 나오지 않기도 한다. 이 모든 사항 때문에 단위 테스트가 어려워진다.

26.1.1 동시에 경매 검색하기

예를 하나 보자. 경매 스나이퍼 애플리케이션을 확장해 사용자가 관심 있는 경매를 검색할 수 있게 만들겠다. 사용자가 검색어를 입력하면 애플리케이션에서 연결할 수 있는 경매장의 모든 경매를 대상으로 동시에 검색할 것이다. 그러면 각 AuctionHouse에서는 검색어와 일치하는 경매에 관한 정보가 담긴 AuctionDescription 목록을 반환한다. 애플리케이션에서는 모든 AuctionHouse에서 받은 결과를 조합해 사용자에게 경매 목록을 하나 보여준다. 그러면 사용자는 어느 경매에 입찰할지 결정할 수 있다.

동시 검색은 AuctionSearch 객체에서 수행하는데, 검색어를 각 AuctionHouse에 전달하고 AuctionHouse에서 반환되는 결과를 AuctionSearchConsumer에 알려준다. 경매 검색에 대한 테스트는 AuctionSearch가 검색마다 다중 스레드(즉, AuctionHouse마다 하나씩)를 생성하기 때문에 복잡하다. AuctionSearch에서 그 스레드들을 API 뒤에 숨긴다면 우리는 검색과 알림 기능은 물론 동기화까지 동시에 구현해야 할 것이다. 테스트가 실패하면 관심사 가운데 어떤 것이 실패했는지 파악해야 한다. 이것이 바로 점진적으로 기능 테스트를 하나씩 추가하는 평소 관행을 선호하는 이유다.

기능상의 행위와 동기화를 별도로 다룰 수 있다면 AuctionSearch를 테스트하고 구현하기 더 쉬울 것이다. 이렇게 하면 기능상의 행위를 테스트 스레드 내에서 테스트할 수 있다. 요청을 여러 작업으로 나누는 로직을, 작업이 동시에 실행되는 방법에 관한 기술적 세부 사항과 분리하고자 한다. 그러므로 '작업 실행기(task runner)'를 AuctionSearch에 전달하고 나서 AuctionSearch에서는 자체적으로 스레드를 시작하는 대신 작업 관리를 실행기에 위임할 수 있다. 단위 테스트에서는 AuctionSearch에 작업을 직접 호출하는 가짜 작업 실행기를 부여하겠다. 실제 시스템에서는 작업에 대해 스레드를 생성하는 작업 실행기를 부여할 것이다.

26.1.2 실행기 도입

AuctionHouse와 작업 실행기 간 인터페이스가 필요하다. 자바의 표준 java.util.concurrent 패키지에서 제공하는 다음 인터페이스를 사용해도 된다.

```
public interface Executor {
  void execute(Runnable command);
}
```

단위 테스트에서는 Executor를 어떻게 구현해야 할까? 테스트를 위해서는 새로운 작업 스레드를 생성하는 대신 작업을 테스트 러너와 같은 스레드에서 실행해야 한다. jMock을 이용해 Executor를 대상으로 목 객체를 적용해 사용자 정의 액션을 작성함으로써 모든 호출을 가로채서 나중에 실행되게 할 수도 있지만 그렇게 하려면 조금 복잡해 보인다. 가장 쉬운 방법은 Executor를 구현하는 클래스를 만드는 것이다. 그 클래스를 이용해 테스트 대상 객체에 대한 호출이 반환된 후 테스트 스레드에서 해당 작업을 명시적으로 실행할 수 있다. jMock에는 DeterministicExecutor라는 클래스가 포함돼 있다. 이 실행기(executor)를 이용해 첫 번째 단위 테스트를 작성하겠다. 이 테스트에서는 AuctionHouse가 검색 결과를 반환하고 전체 검색이 끝났을 때 AuctionSearch가 AuctionSearchConsumer에 알리는지 확인한다.

테스트 준비 코드에서는 소비자(consumer)를 대상으로 목 객체를 적용하는데, AuctionSearch가 소비자에게 알림을 어떻게 보내는지 보여주고 싶기 때문이다. 검색어가 일치할 경우 설명 리스트를 반환하기만 하거나 검색어가 일치하지 않을 경우 빈 리스트를 반환하는(실제 경매장에서는 인터넷을 거쳐 경매 서비스와 통신할 것이다) 간단한 StubAuctionHouse로 경매장을 나타낸다. 실패 보고상의 '잡음'을 줄이고자 jMock 허용을 사용하는 대신 사용자 정의 스텁을 작성했다(다음 절에서 부하 테스트를 할 때 이렇게 하는 것이 얼마나 중요한지 알게 될 것이다). 아울러 테스트 스레드 내에서 작업을 실행할 수 있게 DeterministicExecutor 인스턴스를 AuctionSearch에 전달한다.

```
@RunWith(JMock.class)
public class AuctionSearchTests {
```

```
    Mockery context = new JUnit4Mockery();
    final DeterministicExecutor executor = new DeterministicExecutor();
    final StubAuctionHouse houseA = new StubAuctionHouse("houseA");
    final StubAuctionHouse houseB = new StubAuctionHouse("houseB");

    List<AuctionDescription> resultsFromA = asList(auction(houseA, "1"));
    List<AuctionDescription> resultsFromB = asList(auction(houseB, "2"));;

    final AuctionSearchConsumer consumer =
      context.mock(AuctionSearchConsumer.class);
    final AuctionSearch search =
      new AuctionSearch(executor, houses(houseA, houseB), consumer);

    @Test public void
    searchesAllAuctionHouses() throws Exception {
      final Set<String> keywords = set("sheep", "cheese");
      houseA.willReturnSearchResults(keywords, resultsFromA);
      houseB.willReturnSearchResults(keywords, resultsFromB);

      context.checking(new Expectations() {{
        final States searching = context.states("searching");

        oneOf(consumer).auctionSearchFound(resultsFromA); when(searching.isNot("done"));
        oneOf(consumer).auctionSearchFound(resultsFromB); when(searching.isNot("done"));
        oneOf(consumer).auctionSearchFinished();          then(searching.is("done"));
      }});

      search.search(keywords);
      executor.runUntilIdle();
      }
  }
```

테스트에서는 검색어를 지정해서 조회했을 때 StubAuctionHouse에서 결과 샘플을 반환하도록 설정했다. 아울러 소비자가 두 검색 결과에 대한 알림을 받고 난 다음 (임의 순서로) 검색이 끝나는 예상 구문을 지정했다.

 search.search(keywords)를 호출하면 AuctionSearch가 각 경매장에 대한 작업을 실행기에 전달한다. search()가 반환할 때가 되면 실행할 작업이 실행기 큐에 추가된다. 끝으로 executor.runUntilIdle()을 호출해 큐가 빌 때까지 실행기가 큐에 추가된 작업을 실행하게 한다. 작업이 테스트 스레드를 대상으로 실행되므로 어떠한 단정 실패도 JUnit에 잡혀 보고될 것이며, 테스트 스레드와 백그라운드 스레드의 동기화에 신경 쓰지 않아도 된다.

26.1.3 AuctionSearch 구현

이 AuctionSearch 구현에서는 자체적인 executor를 호출해 각 경매소 검색을 시작한다. 아직 끝나지 않은 검색 수가 runningSearchCount 필드에 담겨 있으므로 작업이 끝났을 때 소비자에게 알려줄 수 있다.

```java
public class AuctionSearch {
  private final Executor executor;
  private final List<AuctionHouse> auctionHouses;
  private final AuctionSearchConsumer consumer;

  private int runningSearchCount = 0;

  public AuctionSearch(Executor executor,
                       List<AuctionHouse> auctionHouses,
                       AuctionSearchConsumer consumer)
  {
    this.executor = executor;
    this.auctionHouses = auctionHouses;
    this.consumer = consumer;
  }

  public void search(Set<String> keywords) {
    for (AuctionHouse auctionHouse : auctionHouses) {
      startSearching(auctionHouse, keywords);
    }
  }

  private void startSearching(final AuctionHouse auctionHouse,
                              final Set<String> keywords)
  {
    runningSearchCount++;

    executor.execute(new Runnable() {
      public void run() {
        search(auctionHouse, keywords);
      }
    });
  }

  private void search(AuctionHouse auctionHouse, Set<String> keywords) {
    consumer.auctionSearchFound(auctionHouse.findAuctions(keywords));

    runningSearchCount--;
    if (runningSearchCount == 0) {
      consumer.auctionSearchFinished();
    }
  }
}
```

아쉽게도 이 버전은 runningSearchCount에 대한 접근을 동기화하지 않아서 안전하지 않다. 그래서 서로 다른 스레드에서 필드의 값을 줄일 때 서로 덮어쓸 수도 있다. 지금까지 핵심적인 행위를 명확하게 밝혔다. 이제 이 동기화 문제를 다음 테스트에서 해결하겠다. Executor를 빼내면 두 가지 이점이 있다. 첫째, 스레드 문제 때문에 혼동을 겪지 않고도 기본적인 기능을 단위 테스트할 수 있어 개발이 쉬워진다. 둘째, 객체의 API가 동시성 정책을 더는 감추지 않는다.

동시성은 시스템 차원의 관심사로 동시 작업을 실행해야 하는 객체의 바깥에서 제어해야 한다. 적절한 Executor를 생성자에 전달하는 식으로 '콘텍스트 독립성' 설계 원칙을 준수한다.

애플리케이션에서는 객체 구현을 변경하지 않고도 객체를 애플리케이션의 스레드 처리 정책에 맞게 손쉽게 조정할 수 있다. 이를테면, 활성 스레드 수를 제한하는 데 필요한 스레드 풀을 도입할 수도 있다.

26.2 동기화에 대한 단위 테스트

기능 관련 관심사와 동기화 관련 관심사를 분리하면 AuctionSearch의 기능과 관련된 행위만을 분리해서 테스트할 수 있다. 이제 동기화를 테스트 주도할 차례다. AuctionSearch 구현을 통해 여러 스레드를 실행하는 부하 테스트를 작성해 동기화 문제가 일어나게 한다. 스레드 스케줄러를 정밀하게 제어하지 않고는 테스트에서 동기화 오류를 찾을 수 없다. 할 수 있는 일은 똑같은 코드를 많은 스레드를 대상으로 여러 번 실행해 테스트가 오류를 감지할 만한 가능성을 주는 것이다.

부하 테스트를 설계하는 접근법 한 가지는 객체를 호출하는 스레드 수와는 관계없이 객체의 관찰 가능한 행위 관점에서 생각해보는 것이다. 이것들은 동시성 상황에서도 변하지 않는 객체의 관찰 가능한 상태(불변식)다.[1] 이러한 불변식에 집중함으로써 스레드의 단정을 변경할 필요 없이 테스트 내 스레드 수를 조율할 수 있다. 이렇게 하면 부하 테스트를 작성하기 위한 절차가 마련된다.

- 객체의 동시성과 관련된 관찰 가능한 불변식 중 하나를 구체화한다.
- 다중 스레드상에서 객체에 불변식을 여러 차례 시험하는 부하 테스트를 작성한다.
- 테스트가 실패하는 것을 지켜본 다음, 테스트를 실행할 때마다 확실히 실패할 때까지 부하 테스트를 조정한다.
- 동기화를 추가해 테스트를 통과하게 한다.

예제를 토대로 이를 살펴보자.

---

[1] 이것은 '계약에 의한 설계'의 불변성을 활용하는 것과 차이가 있으며, 동시성을 모델링하는 형식화된 방법과도 다르다. 이것들은 객체 상태를 넘어서는 불변식을 정의한다.

> **안전 제일**
>
> 이번 장에서는 단위 수준에서 부하 테스트를 다루기 전에 기능적인 행위에 대한 단위 테스트가 통과하게 했다. 그렇게 하면 각 기법을 자체적으로 설명할 수 있기 때문이다. 하지만 실제로는 코드를 작성하기 전에 동기화에 대한 기능 및 부하 테스트를 위한 단위 테스트를 모두 작성한 후, 둘 다 실패하게 한 다음 둘 다 통과하게 만들기도 한다. 이렇게 하면 테스트는 통과하지만 동시성 오류가 포함된 부분을 코드에서 확인할 필요를 덜 수 있다.

26.2.1 AuctionSearch에 대한 부하 테스트

AuctionSearch의 불변식 중 하나는 AuctionSearch가 검색 대상이 되는 AuctionHouse 수와는 관계없이(즉, 구동하는 스레드 수와는 관계없이) 검색이 끝났을 때 소비자에게 한 번만 알린다는 것이다.

jMock을 이용해 불변식에 대한 부하 테스트를 작성할 수 있다. 부하 테스트에 jMock을 늘 사용하지는 않는다. 예상 구문의 실패가 테스트 중인 객체의 스레드를 방해하기 때문이다. 반면 jMock에서는 테스트가 실패했을 때 실제 호출 순서를 그것의 목 객체에 보고하며, 이는 결함을 진단하는 데 도움이 된다. 아울러 테스트 스레드와 테스트 중인 스레드 간 동기화를 위한 편리한 설비를 제공하기도 한다.

AuctionSearchStressTests에서는 백그라운드 스레드로 작업을 실행하는 스레드 풀 실행기와 지정한 검색어와 일치하도록 스텁을 구성한 경매장 리스트를 가지고 AuctionSearch를 구성한다. 기본적으로 jMock은 스레드 안전하지 않으므로 서로 다른 스레드에서 목 객체가 적용된 객체를 호출하도록 허용하는 스레드 정책의 구현인 Synchroniser로 Mockery를 구성한다. 테스트를 조율하는 것을 더 쉽게 하려고 실행 도중 적용할 '부하 강도'에 대한 상수를 상단에 정의한다.

```
@RunWith(JMock.class)
public class AuctionSearchStressTests {
  private static final int NUMBER_OF_AUCTION_HOUSES = 4;
  private static final int NUMBER_OF_SEARCHES = 8;
  private static final Set<String> KEYWORDS = setOf("sheep", "cheese");

  final Synchroniser synchroniser = new Synchroniser();
  final Mockery context = new JUnit4Mockery() {{
    setThreadingPolicy(synchroniser);
  }};
  final AuctionSearchConsumer consumer =
```

```
      context.mock(AuctionSearchConsumer.class);
    final States searching = context.states("searching");

    final ExecutorService executor = Executors.newCachedThreadPool();
    final AuctionSearch search =
      new AuctionSearch(executor, auctionHouses(), consumer);
    […]
    private List<AuctionHouse> auctionHouses() {
      ArrayList<AuctionHouse> auctionHouses = new ArrayList<AuctionHouse>();
      for (int i = 0; i < NUMBER_OF_AUCTION_HOUSES; i++) {
        auctionHouses.add(stubbedAuctionHouse(i));
      }
      return auctionHouses;
    }

    private AuctionHouse stubbedAuctionHouse(final int id) {
      StubAuctionHouse house = new StubAuctionHouse("house" + id);
      house.willReturnSearchResults(
        KEYWORDS, asList(new AuctionDescription(house, "id" + id, "description")));
      return house;
    }
    @Test(timeout=500) public void
    onlyOneAuctionSearchFinishedNotificationPerSearch() throws Exception {
      context.checking(new Expectations() {{
        ignoring (consumer).auctionSearchFound(with(anyResults()));
      }});

      for (int i = 0; i < NUMBER_OF_SEARCHES; i++) {
        completeASearch();
      }
    }

    private void completeASearch() throws InterruptedException {
      searching.startsAs("in progress");
      context.checking(new Expectations() {{
        exactly(1).of(consumer).auctionSearchFinished(); then(searching.is("done"));
      }});

      search.search(KEYWORDS);
      synchroniser.waitUntil(searching.is("done"));
    }

    @After
    public void cleanUp() throws InterruptedException {
      executor.shutdown();
      executor.awaitTermination(1, SECONDS);
    }
  }
```

onlyOneAuctionSearchFinishedNotificationPerSearch() 테스트 메서드에서는 경쟁 조건(race condition)을 발견할 가능성을 높이고자 NUMBER_OF_SEARCHES만큼 완전한 검색을 수행한다. synchroniser가 실행기에서 실행한 백그라운드 스레드를 전부 수집하거나 제한 시간이 초과될 때까지 대기하게 해서 각 검색을 마친다. Synchroniser는 상태 기계가 특정 상태에 있을 때까지(또는 있지 않을 때까지) 안전하게 대기하게 하는 메서드를 제공한다. 테스트에서는 auctionSearchFound() 알림을 무시하는데, 검색을 깔끔하게 마치는 데만 관심이 있기 때문이다. 마지막으로 executor를 정리 테스트에서 종료했다.

부하 테스트 실패를 지켜보는 것이 중요하다. 테스트된 객체에 동기화 취약점이 있는데도 통과하는 테스트를 작성하기란 너무나도 쉽다. 따라서 코드를 동기화하기 전에 테스트를 실패하게 하고 예상한 실패 보고를 받았는지 확인함으로써 '테스트를 테스트'하는 것이다. 그렇게 하지 않으면 테스트가 오류를 드러낸다고 믿을 수 있을 때까지 수많은 스레드나 스레드당 반복을 일으켜야 할지도 모른다.[2] 그러고 나서 동기화를 추가해 테스트를 통과하게 한다. 다음은 테스트가 실패하는 경우다.

```
java.lang.AssertionError: unexpected invocation: consumer.auctionSearchFinished()
expectations:
  allowed, already invoked 5 times: consumer.auctionSearchFound(ANYTHING)
  expected once, already invoked 1 time: consumer.auctionSearchFinished();
                                                  then searching is done
  expected once, already invoked 1 time: consumer.auctionSearchFinished();
                                                  then searching is done
states:
searching is done
what happened before this:
  consumer.auctionSearchFound(<[AuctionDescription[auctionHouse=houseA,[…]
  consumer.auctionSearchFound(<[AuctionDescription[auctionHouse=houseB,[…]
  consumer.auctionSearchFound(<[AuctionDescription[auctionHouse=houseB,[…]
  consumer.auctionSearchFinished()
  consumer.auctionSearchFound(<[AuctionDescription[auctionHouse=houseA,[…]
  consumer.auctionSearchFinished()
consumer.auctionSearchFound(<[AuctionDescription[auctionHouse=houseB,[…]
```

이는 AuctionSearch가 auctionFinished()를 너무 자주 호출했다는 의미다.

26.2.2 경쟁 조건 고치기(두 번)

runningSearchCount에 접근하는 부분을 아직 동기화하지 않았다. 일반 int 대신 자바 동시성 라이브러리의 AtomicInteger를 사용한다면 스레드에서 서로 방해하지 않고도 값을 감소시킬 수 있을 것이다.

```
public class AuctionSearch { [...]
  private final AtomicInteger runningSearchCount = new AtomicInteger();

  public void search(Set<String> keywords) {
```

---

2 물론 부하 매개변수는 개발 대 빌드 같이 환경에 따라 달라지기도 한다. 처리가 필요하다는 것을 주지해야 한다는 점 말고는 그러한 환경을 모두 따를 수는 없다.

```
      for (AuctionHouse auctionHouse : auctionHouses) {
        startSearching(auctionHouse, keywords);
      }
    }
    private void startSearching(final AuctionHouse auctionHouse,
                                final Set<String> keywords)
    {
      runningSearchCount.incrementAndGet();

      executor.execute(new Runnable() {
        public void run() { search(auctionHouse, keywords); }
      });
    }
    private void search(AuctionHouse auctionHouse, Set<String> keywords) {
      consumer.auctionSearchFound(auctionHouse.findAuctions(keywords));

      if (runningSearchCount.decrementAndGet() == 0) {
        consumer.auctionSearchFinished();
      }
    }
  }
```

이렇게 했는데 AtomicInteger를 사용해도 테스트가 여전히 실패한다! 결국 동기화를 제대로 하지 않았다는 의미다.

실패 내역을 다시 한 번 살펴보면 이제 AuctionSearch가 검색당 한 번 이상 검색을 마쳤음을 보고하고 있다는 사실을 알 수 있다. 이전에 안전하지 않게 runningSearchCount에 동시 접근해서 예상보다 auctionSearchFinished() 알림을 더 적게 받았는데, AuctionSearch가 필드 갱신을 놓쳤기 때문이다. 다른 뭔가가 잘못된 것이 틀림없다.

코드를 유심히 보면 AuctionSearch가 runningSearchCount를 증가시키거나 감소시키는 과정에서 경쟁 조건이 있음을 알게 될 것이다. AuctionSearch는 작업 스레드를 시작하기 전에 카운트를 증가시킨다. 주 스레드가 작업 스레드를 시작하고 나면 스레드 스케줄러가 그것을 선점해 어떤 작업 스레드가 준비되든 실행을 시작한다 (주 스레드에 여전히 생성할 검색 작업이 남아 있는 동안에도). 이렇게 시작된 모든 작업 스레드가, 스케줄러가 주 스레드를 재시작하기 전에 완료되면 카운트를 0으로 줄이고 마지막 스레드가 auctionSearchFinished() 알림을 보낼 것이다. 주 스레드가 마지막으로 재시작하면 주 스레드의 나머지 검색을 시작함으로써 계속될 것이며, 이는 결국 또 다른 알림이 발생하게 할 것이다.

이러한 오류는 부하 테스트가 실패하는 것을 보고, 또 실패 메시지를 이해하기 위해 부하 테스트를 작성해야 하는 이유를 보여준다. 아울러 이해하기 쉬운 실패 보고를 작성해야 할 동기를 충분히 가져다 준다. 이 예제에서는 스레드가 적용된 테스트에서 '원시' 기능을 분리할 때 얻을 수 있는 혜택을 강조해서 보여준다. 단일 스레드로 구성된 버전이 안정적일 경우 우리는 부하 테스트에서 경쟁 조건을 찾는 데 집중할 수 있다는 사실을 알고 있다.

스레드를 시작하기 전에 runningSearchCount에 예상되는 검색 수를 지정해 코드를 고친다.

```
public class AuctionSearch { [...]
  public void search(Set<String> keywords) {
    runningSearchCount.set(auctionHouses.size());

    for (AuctionHouse auctionHouse : auctionHouses) {
      startSearching(auctionHouse, keywords);
    }
  }

  private void startSearching(final AuctionHouse auctionHouse,
                              final Set<String> keywords)
  {
    // 이곳에서 카운트를 더는 증가시키지 않음
    executor.execute(new Runnable() {
      public void run() { search(auctionHouse, keywords); }
    });
  }
}
```

26.3 수동적인 객체에 대한 부하 테스트

AuctionSearch는 executor를 호출함으로써 다중 스레드를 적극 구동한다. 하지만 스레드와 관련된 객체는 대부분 스스로 스레드를 구동하지 않고 다중 스레드가 자신을 '지나가게' 한 후 스레드 상태를 변경한다. 가령 서블릿은 같은 인스턴스를 건드리는 다중 스레드를 지원할 필요가 있다. 그러한 경우 객체는 경쟁 조건을 일으킬 수도 있는 상태에 접근하는 것을 동기화해야만 한다.

수동적인 객체의 동기화를 부하 테스트하려면, 테스트에서 반드시 자체적인 스레드를 구동해 객체를 호출해야 한다. 모든 스레드가 실행을 마치면 객체 상태는 순서대로 호출이 일어난 것과 같은 상태를 유지해야 한다. 가령, 다음 AtomicBigCounter는 count 변수에 대한 접근을 동기화하지 않는다. 단일 스레드에서 호출될 때는 이렇게 해도 문제가 없지만 다중 스레드에서 호출될 때는 갱신 내역을 잃어버릴 수 있다.

```
public class AtomicBigCounter {
  private BigInteger count = BigInteger.ZERO;

  public BigInteger count() { return count; }
  public void inc() { count = count.add(BigInteger.ONE); }
}
```

경쟁 조건을 일으키고 갱신 내역을 잃어버리기에 충분한 가능성을 줄 만큼 여러 차례 다중 스레드에서 inc()를 호출함으로써 이러한 실패를 보여줄 수 있다. 이런 일이 발생하면 count()의 최종 결과는 우리가 inc()를 호출했던 횟수보다 더 적을 것이다.

테스트에서 다중 스레드를 직접 동작시킬 수도 있지만, 스레드를 실행하고 동기화하는 세부 사항의 복잡함은 의도를 이해하는 데 방해될 것이다. 스레드와 관련된 관심사는 부수적인 객체인 MultiThreadedStressTester로 추출하기에 좋은 후보이며, MultiThreadedStressTester를 카운터의 inc() 메서드를 호출하는 데 사용할 수 있다.

```
public class AtomicBigCounterTests { [...]
  final AtomicBigCounter counter = new AtomicBigCounter();

  @Test public void
  canIncrementCounterFromMultipleThreadsSimultaneously() throws InterruptedException {
    MultithreadedStressTester stressTester = new MultithreadedStressTester(50000);

    stressTester.stress(new Runnable() {
      public void run() {
        counter.inc();
      }
    });
    stressTester.shutdown();

    assertThat("final count", counter.count(),
               equalTo(BigInteger.valueOf(stressTester.totalActionCount())));
  }
}
```

테스트가 실패하고 AtomicBigCounter의 경쟁 조건이 다음과 같이 나타난다.

```
java.lang.AssertionError: final count
Expected: <50000>
     got: <36933>
```

이 경우 inc()와 count() 메서드를 동기화해서 테스트를 통과한다.

26.4 백그라운드 스레드를 이용한 테스트 스레드 동기화

스레드를 구동하는 코드에 대한 테스트를 작성할 때 테스트에서는 스레드를 해당 코드에서 구동한 스레드와 동기화하기 전까지는 코드의 행위를 확인해주지 못한다. 예를 들어, AuctionSearchStressTests에서는 테스트 스레드가 AuctionSearch에서 실행한 모든 작업 스레드를 마칠 때까지 대기하게 했다. 백그라운드 스레드와 동기화하는 것은 어려운 일일 수도 있는데, 테스트된 객체가 실행기를 위임해서 동시 작업을 실행하지 않는 경우에는 특히 그렇다.

스레드가 확실히 작업을 마치게 하는 가장 쉬운 방법은 스레드가 모두 실행을 마칠 만큼 긴 시간 동안 테스트를 대기 상태(sleep)에 두는 것이다. 이를테면, 다음과 같은 코드를 보자.

```
private void waitForSearchToFinish() throws InterruptedException {
  Thread.sleep(250);
}
```

이것은 이례적인 쓰임에 효과적이지만(일부 테스트에서 초 미만 단위의 지연은 알아차리기 어려울 것이다) 확장성 면에서는 좋지 않다. 지연되는 테스트 수가 늘어나면 전체 지연 시간이 누적되어 테스트 스위트를 실행하는 것에 집중하지 못할 정도로 테스트 스위트가 느려질 것이다. 모든 단위 테스트를 실행할지 말지 생각할 시간조차도 갖지 못하게끔 빠르게 실행할 수 있어야 한다. 고정된 대기 시간의 다른 문제는 지연 시간 선택이 테스트가 실행되는 모든 환경에 걸쳐 적용된다는 점이다. 저전력 장비에 적합한 지연 시간은 다른 모든 곳의 테스트를 느리게 만들 것이며, 새로운 환경이 도입되면 어쩔 수 없이 추가 조율 작업을 해야 한다.

AuctionSearchStressTests에서 본 것처럼 또 다른 방법은 jMock의 Synchroniser를 사용하는 것이다. Synchroniser는 테스트와 백그라운드 스레드 간 동기화를 지원하며, 이는 상태 기계가 특정 상태에 진입했거나 빠져 나왔는지를 기반으로 한다.

```
synchroniser.waitUntil(searching.is("finished"));
synchroniser.waitUntil(searching.isNot("in progress"));
```

하지만 상태 기계가 지정한 조건을 절대로 만족하지 못하는 경우처럼 테스트가 실패할 경우 메서드가 무한정 멈춰버리기 때문에 테스트 선언부에 제한 시간을 지정해서 사용해야 한다.

```
@Test(timeout=500)
```

이렇게 하면 테스트가 제한 시간을 초과할 경우 테스트 러너가 테스트를 실패하게 한다.

테스트는 성공적일 경우 최대한 빨리 실행될 것이며(Synchroniser의 구현은 자바 모니터를 기반으로 한다), 실패할 경우 전체적으로 500밀리 초만 대기한다. 그러므로 대부분의 경우 동기화 때문에 테스트 스위트가 느려지지 않을 것이다.

jMock을 사용하지 않는다면 Synchroniser와 비슷한 유틸리티를 작성해 테스트와 백그라운드 스레드를 동기화할 수 있다. 대안으로 기타 동기화 기법을 27장에서 설명하겠다.

26.5 단위 부하 테스트의 한계

객체의 동기화 행위에 대한 테스트 집합을 별도로 가지고 있으면 테스트가 실패할 경우 결함을 어디서 찾아야 할지 파악하는 데 도움이 된다. 디버거로는 경쟁 조건을 진단하기가 아주 어려운데, 코드를 차례로 실행하는 것이(또는 출력문을 추가하는 것조차도) 충돌을 일으키는 스레드 스케줄링을 변경하기 때문이다.[3] 변경 사항 때문에 부하 테스트가 실패하지만 기능상의 단위 테스트는 여전히 통과한다면 적어도 객체의 기능적인 로직은 올바르지만 동기화에 결함이 생겼거나 그 반대라는 사실을 알 수 있다.

분명한 사실은, 부하 테스트는 코드가 스레드 안전한지 보장하지 않는다는 점이다. 기껏해야 안심할 만한 수준밖에는 보장하지 않는다. 다양한 운영 체제(또는 운영 체제 버전) 간 또는 다양한 프로세서 조합 간 스케줄링 차이가 있을지도 모른다. 더 나아가 테스트가 실행되는 동안 스케줄링에 영향을 주는 호스트상의 다른 프로세스가 있을지도 모른다. 할 수 있는 일은 한정된 환경 내에서 테스트를 자주 실행하는 것밖에 없다. 즉, 새로운 코드를 커밋하기 전에 지역적으로 테스트하고, 코드를 커밋하고 나서 빌드 서버 여러 대에서 테스트해보는 것이다. 이는 이미 개발 과정의 일부로 자리 잡고 있어야 한다. 테스트가 오류를 감지할 수 있을 정도로 믿을 수준이 되기 전에 테스트 내에서 작업량과 스레드 수를 조정할 수 있다. 이때 '정도'의 의미는 팀의 공학적 판단에 따른다.

---

3 이는 '하이젠버그(Heisenbug)'로 알려져 있는데, 버그를 알아내려는 시도 자체가 버그에 영향을 주기 때문이다.

문제가 생길 경우에 대비해 '만전을 기하는' 접근법을 취한다.[4] 단위 테스트를 실행해 객체가 동시성 스레드를 올바르게 동기화하는지 검사하고 동기화 실패를 정확하게 파악한다. 전 구간 테스트를 실행해 단위 수준의 동기화 정책이 전체 시스템에 걸쳐 통합됐는지 검사한다. 현재 사용 중인 프레임워크에서 동시성 아키텍처를 강제하지 않으면 우리의 동시성 모델이 특정 종류의 오류를 방지한다고 증명하기 위해 때때로 [Magee06]에서 설명한 LTSA 도구 같은 형식화된 모델링 도구를 사용하기도 한다. 마지막으로, 정적 분석 도구를 자동화된 빌드 과정의 일부로 실행해 추가로 발생하는 오류를 잡는다. 이제 파인드버그(Findbugs)[5] 같은 몇 가지 훌륭하고 실무적인 사례가 있는데, 파인드버그는 날마다 작성되는 자바 코드의 동기화 문제를 감지해낼 수 있다.

이번 장에서는 동시성 코드를 단위 수준에서 테스트하는 것에 관해 살펴봤다. 동시에 일어나는 행위에 대한 대규모 테스트는 훨씬 더 복잡하다. 즉, 테스트된 코드가 여러 분산 프로세스에서 실행될 수도 있다. 테스트 설정에서는 실행기로 스레드 생성을 제어하지 못할 수도 있고, 일부 동기화 이벤트를 손쉽게 감지할 수 없을지도 모른다. 그리고 오류를 테스트에 보고하기 전에 시스템이 오류를 감지해서 삼켜버릴 수도 있다. 다음 장에서는 이러한 수준의 테스트에 관해 알아보겠다.

---

4 '만전을 기하는'의 원문 표현은 'belt and braces'인데, 미국 영어에서는 'belt and suspenders'라는 표현에 해당한다. 그러나 영국 영어에서는 suspender가 미국 영어와 확연히 다른 의복을 가리킨다.

5 http://findbugs.sf.net

27장

GROWING OBJECT-ORIENTED SOFTWARE GUIDED BY TESTS

비동기 코드 테스트

> 나는 바나나의 철자를 적을 수 있지만 언제 적는 걸 멈춰야 할지 모른다.
> —조니 머서(싱어송라이터)

어떤 테스트에서는 비동기적인 행위를 다뤄야 한다. 그 테스트가 외부에서 시스템을 검증하는 전 구간 테스트든, 지금까지 봐온 것처럼 다중 스레드 코드를 시험하는 단위 테스트든 상관없다. 이러한 테스트는 시스템 내의 특정 활동이 테스트 스레드에서 동시에 실행되게 한다. 동시성이 존재하지 않는 '일반' 테스트와의 가장 핵심적인 차이는 테스트한 활동이 완료되기 전에 테스트로 제어가 반환된다는 것이다. 즉, 대상 코드에 대한 호출이 종료(반환)된다고 해서 검사할 준비가 끝났다는 의미는 아니다.

이를테면, 이 테스트에서는 add() 메서드가 제어를 반환할 때 Set이 요소 추가를 끝냈다고 가정한다. set 크기가 1이라고 단정하는 것은 중복된 요소를 저장하지 않았음을 검증한다.

```
@Test public void storesUniqueElements() {
  Set set = new HashSet<String>();

  set.add("bananana");
  set.add("bananana");

  assertThat(set.size(), equalTo(1));
}
```

반면 이 시스템 테스트는 비동기적이다. holdingOfStock() 메서드는 동기적으로 HTTP로 보고된 주식을 다운로드하지만 send() 메서드에서는 비동기적인 메시지를 보유 주식 내역을 갱신하는 서버로 전송한다.

```
@Test public void buyAndSellOfSameStockOnSameDayCancelsOutOurHolding() {
  Date tradeDate = new Date();

  send(aTradeEvent().ofType(BUY).onDate(tradeDate).forStock("A").withQuantity(10));
  send(aTradeEvent().ofType(SELL).onDate(tradeDate).forStock("A").withQuantity(10));

  assertThat(holdingOfStock("A", tradeDate), equalTo(0));
}
```

거래 메시지에 대한 전송과 처리는 테스트와 동시에 일어나므로 서버에서는 테스트가 단정을 수행할 때 아직까지 메시지를 받지 않았거나 처리하지 않았을지도 모른다. 단정에서 검사하는 보유 주식 가치는 시점에 따라 달라진다. 즉, 메시지가 서버에 도달하는 데 걸리는 시간과 서버에서 데이터베이스를 갱신하는 데 걸린 시간, 테스트가 수행되는 데 걸린 시간에 따라 달라진다. 테스트에서는 메시지가 처리됐거나(올바르게 전달된 경우), 한 메시지가 처리된 후(잘못된 상태로 실패한 경우), 또는 두 메시지 모두 처리되기 전(전달은 됐지만 테스트가 전혀 되지 않은 경우)에 단정을 수행할지도 모른다.

이 작은 예제에서 보다시피 비동기적인 테스트의 경우 테스트 대상 시스템과 협력하는 것에 관해서는 신중을 기해야 한다. 그렇게 하지 않으면 테스트가 불안정해져서 시스템이 동작할 때 테스트가 간헐적으로 실패하거나 더 심한 경우 시스템이 망가졌을 때도 테스트가 통과할 수 있다.

현재 테스트 프레임워크에서는 비동기성을 다루는 기능을 거의 지원하지 않는다. 프레임워크들은 대부분 테스트가 단일 제어 스레드에서 수행된다고 가정하는데, 동시적인 행위를 테스트하는 데 필요한 골격을 구축하는 일은 프로그래머의 몫으로 남겨둔다. 이번 장에서는 비동기적인 코드에 대해 믿을 수 있고 응답성 있는 테스트를 작성하기 위한 일부 실천 사항을 설명한다.

27.1 샘플링 또는 대기

비동기적인 코드를 테스트할 때의 근본적인 어려움은 검사하려는 활동이 테스트와 동시에 실행돼서 해당 활동의 결과를 즉시 검사할 수 없다는 점이다. 테스트는 그 활동이 끝날 때까지 멈춰있지(block) 않을 것이다. 활동이 실패하더라도 테스트로 예외를 던지지 않을 것이므로 테스트에서는 해당 활동이 현재 실행 중이거나 실패했는지 인식할 수 없다. 따라서 테스트에서 해당 활동이 성공적으로 완료할 때까지 기다려야 하며, 지정한 제한 시간 내에 이렇게 되지 않으면 실패한다.

> 💡 **성공할 때까지 기다리기**
>
> 비동기적인 테스트에서는 반드시 성공할 때까지 기다리고 시간 제한을 이용해 실패를 감지해야 한다.

이는 모든 테스트된 활동에는 반드시 관찰 가능한 효과가 있어야 한다는 의미다. 테스트에서는 시스템에 영향을 줘서 관찰 가능한 상태가 달라지게 해야 한다. 일견 당연한 말 같지만 이러한 부분이 비동기적인 테스트를 작성하는 것에 관한 사고방식을 주도한다. 활동에 관찰 가능한 효과가 없다면 테스트에서 대기할 수 있는 것이 없으므로 테스트에서 현재 테스트 중인 시스템과 동기화할 방법이 없다.

테스트에서 시스템을 관찰하는 방법은 두 가지가 있다. 바로 관찰 가능한 상태를 샘플링하는 방법과 보내야 할 이벤트를 기다리는 방법이다. 이 가운데 샘플링은 여러 시스템에서 어떠한 모니터링 이벤트도 보내지 않아서 유일한 선택 사항일 때도 있다. 테스트에서 시스템 양측과 상호 작용하기 위해 이 두 가지 기법을 활용하는 경우는 아주 흔하다. 예를 들어, 경매 스나이퍼의 전 구간 테스트에서는 변경 사항을 표시하기 위해 윈도리커 프레임워크를 통해 사용자 인터페이스를 샘플링하기도 하고 가짜 경매 서버의 채팅 이벤트를 대기하기도 한다.

> ⚠️ **불안정한 테스트를 조심하라**
>
> 테스트 제한 시간이 테스트하는 기능이 평소 수행되는 데 걸리는 시간과 아주 비슷하거나 시스템과 올바르게 동기화하지 않으면 테스트가 간헐적으로 실패할 수 있다. 규모가 작은 시스템에서는 불안정한 테스트가 문제를 야기하지 않을 때도 있지만(테스트에서는 분명 다음 빌드 과정을 통과할 것이다) 이렇게 되면 위험하다. 테스트 스위트 규모가 커지면 불안정한 테스트가 전혀 실패하지 않는 곳에서 테스트를 실행하기가 점점 어려워진다.

불안정한 테스트가 실제 결함을 가릴 수 있다. 시스템 자체가 이따금 실패하면 실패를 정확하게 감지하는 테스트가 불안정해 보일 것이다. 테스트 스위트에 신뢰할 수 없는 테스트가 포함돼 있다면 믿을 수 있는 테스트로 감지한 간헐적인 실패가 손쉽게 무시될 수 있다. 불안정한 테스트를 무시하기 전에 실제 문제가 뭔지 반드시 이해해야 한다.

불안정한 테스트를 허용하는 것은 팀에 좋지 않다. 불안정한 테스트는 뭔가 반드시 '작동해야' 한다는 품질 문화를 무너뜨리고 심지어 일부 불안정한 테스트 때문에 팀이 깨진 빌드에 관심을 기울이지 않게 될 수 있다. 그뿐 아니라 피드백 습관을 어기기도 한다. 우리는 테스트가 불안정 해지는 이유와 그것이 테스트와 코드 설계를 개선해야 함을 의미하는지 여부에 관심을 기울여야 한다. 물론 불안정한 테스트를 타협하고 함께 가기로 결정해야 할 때도 있을 수 있지만 어쩔 수 없을 때만 그렇게 해야 하고, 불안정한 테스트를 언제 고칠 것인지에 대한 계획도 마련해야 한다.

26장에서 본 것처럼 각 테스트를 지정한 시간만큼 마냥 대기시키는 식으로 단순하게 동기화하는 것은 바람직하지 않다. 일정 규모 이상의 시스템에서는 테스트 스위트를 실행하는 데 시간이 오래 걸리기 때문이다. 실패하는 테스트는 제한 시간에 도달할 때까지 기다려야 하지만 성공하는 테스트는 코드에서 응답이 오면 바로 마칠 수 있다.

> 💡 **빠르게 성공하라**
> 비동기적인 테스트에서 최대한 빨리 성공 여부를 파악하게 해서 신속히 피드백을 제공하게 하라.

이전 절에서 간략하게 살펴본 두 가지 관찰 전략 가운데 이벤트를 대기하는 방법이 가장 빠르다. 테스트 스레드는 차단 상태로 들어가서 시스템으로부터 전달된 이벤트를 대기할 수 있다. 그러고 나면 이벤트를 받자마자 대기 상태에서 벗어나 결과를 검사할 것이다.

또 다른 방법인 샘플링은 반복적으로 상태 변경을 위해 폴(poll) 간의 짧은 대기 시간을 가지고 대상 시스템을 폴링한다는 것을 의미한다. 폴링 주기는 테스트 대상 시스템에 맞게 조정해야 하는데, 이는 대상 시스템에 가하는 부하와 빠른 응답의 필요성 사이에서 균형을 맞추기 위해서다. 최악의 경우 빠른 폴링은 테스트를 신뢰할 수 없게 할 만큼 시스템을 느려지게 할지도 모른다.

> 💡 **제한 시간 값을 한곳에 둔다**
> 두 가지 관찰 전략 모두 제한 시간을 이용해 시스템이 실패했는지 감지한다. 다시 한 번 말하지

만 너무 짧은 제한 시간(테스트를 신뢰할 수 없게 하는)과 너무 긴 제한 시간(실패하는 테스트를 너무 느려지게 하는) 간의 균형을 맞춰야 한다. 이러한 균형은 여러 환경에서 다양해질 수 있으며, 시간이 지나 시스템 규모가 커지면서 바뀔 것이다.

제한 시간 길이를 한곳에서 정의하면 찾아서 바꾸기 쉽다. 팀에서는 그 값을 조정해 시스템을 개발하면서 속도와 신뢰성 간의 적절한 균형점을 찾을 수 있다.

27.2 두 가지 구현

테스트 곳곳에 임시방편적인 대기와 제한 시간을 흩어 두면 테스트 자체에 너무 많은 구현 세부 사항이 남아 테스트를 이해하기 어려워진다. 동기화와 단정은 부수적인 객체로 추려내는 데 적합한 행위의 일종인데, 그렇게 하지 않으면 대개 나쁜 중복 사례로 발전하기 때문이다. 아울러 한 번 제대로 만들어 두고 다시는 변경하고 싶지 않은 까다로운 코드이기도 하다. 각 관찰 전략의 구현 사례를 살펴보자.

27.2.1 알림 가로채기

이벤트 기반 단정은 통지를 받거나 제한 시간에 도달하기 전까지 모니터를 차단해서 모든 이벤트를 대기한다. 모니터가 통지를 받을 때, 테스트 스레드가 깨어나고 예상된 이벤트를 받았을 경우 테스트 수행을 계속하게 된다. 그렇지 않으면 다시 차단된다. 테스트가 제한 시간에 도달하면 실패한다.

NotificationTrace는 시스템이 전달한 알림을 기록하고 테스트하는 방법의 한 가지 예다. 테스트 설정에서는 테스트된 코드에서 이벤트가 발생했을 때 append()를 호출하도록 준비하는데, 예를 들어 이벤트가 발생했을 때 메서드를 호출하는 이벤트 리스너를 첨부하는 식이다. 해당 테스트 본문에서는 테스트 스레드가 containsNotification()을 호출해 예상 알림을 기다리거나 시간 제한에 도달하면 실패한다. 예를 들면,

```
trace.containsNotification(startsWith("WANTED"));
```

는 WANTED로 시작하는 알림 문자열을 대기한다.

NotificationTrace 내에서는 들어오는 알림이 trace 리스트에 저장되는데, 이 리

스트는 traceLock이라는 잠금에 의해 보호받는다. 이 클래스는 일반화돼 있으므로 'containsNotification()에 전달한 매처가 해당 타입과 호환 가능하다'는 사실을 명시하는 것을 제외하고 이러한 알림의 타입을 지정하지 않는다. 이 클래스의 구현에서는 나중에 다룰 Timeout과 NotificationStream 클래스를 사용한다.

```java
public class NotificationTrace<T> {
  private final Object traceLock = new Object();
  private final List<T> trace = new ArrayList<T>(); ❶
  private long timeoutMs;
  // 제한 시간을 설정하는 생성자와 접근자 메서드 [...]

  public void append(T message) { ❷
    synchronized (traceLock) {
      trace.add(message);
      traceLock.notifyAll();
    }
  }

  public void containsNotification(Matcher<? super T> criteria) ❸
    throws InterruptedException
  {
    Timeout timeout = new Timeout(timeoutMs);

    synchronized (traceLock) {
      NotificationStream<T> stream = new NotificationStream<T>(trace, criteria);

      while (! stream.hasMatched()) {
        if (timeout.hasTimedOut()) {
          throw new AssertionError(failureDescriptionFrom(criteria));
        }
        timeout.waitOn(traceLock);
      }
    }
  }

  private String failureDescriptionFrom(Matcher<? super T> matcher) { [...]
    // 매처와 모든 수신 메시지를 포함해서
    // 일치하는 것이 없는 이유를 설명
  }
}
```

❶ 알림을 리스트에 저장해 다른 질의에서 사용할 수 있게 했고, 그래서 테스트가 실패할 경우 그것들을 실패를 설명하는 문자열에 담을 수 있다(여기서는 그러한 설명이 어떻게 만들어지는지는 보여주지 않는다).

❷ 작업자 스레드에서 호출된 append() 메서드는 새로운 알림을 트레이스에 덧붙인 다음 traceLock을 대기하는 모든 스레드를 깨운다(변경된 사항이 있기 때문이다). 이는 시스템 내 이벤트가 일어날 경우 테스트 기반 구조에 의해 호출된다.

❸ 테스트 스레드로부터 호출되는 containsNotification() 메서드는 지금까지 수신

한 모든 알림을 검색한다. 지정한 조건과 부합하는 알림을 찾으면 그것을 반환한다. 그렇지 않으면 더 많은 알림이 도착할 때까지 대기하고 다시 검사한다. 대기하는 동안 제한 시간에 도달하면 테스트가 실패한다.

중첩된 NotificationStream 클래스에서는 리스트 내의 시험하지 않은 요소를 검색해 지정한 조건에 부합하는 요소를 찾는다. 이 클래스는 hasMatched()를 호출하는 사이에 리스트가 커지는 것을 허용하며 마지막으로 살펴본 요소 이후에 위치한 요소를 선택한다.

```java
private static class NotificationStream<N> {
  private final List<N> notifications;
  private final Matcher<? super N> criteria;
  private int next = 0;

  public NotificationStream(List<N> notifications, Matcher<? super N> criteria) {
    this.notifications = notifications;
    this.criteria = criteria;
  }

  public boolean hasMatched() {
    while (next < notifications.size()) {
      if (criteria.matches(notifications.get(next)))
        return true;
      next++;
    }
    return false;
  }
}
```

NotificationTrace는 테스트와 작업자 스레드 간의 간단한 협업 클래스의 한 예다. NotificationTrace에서는 간단한 접근법을 사용하지만 백그라운드 스레드가 테스트 스레드가 대기를 시작하기 전에 알림을 전달해서 발생할 수 있는 경쟁 조건도 분명 방지한다. 또 다른 구현을 예로 들자면 containsNotification()에서 이전 호출이 일어난 후에 받은 메시지만 검색하게 할 수도 있다. 어떤 방법이 적절한지는 테스트 맥락에 좌우된다.

27.2.2 변경 사항에 대한 폴링

샘플 기반 단정은 '탐침' 과정을 통해 시스템의 일부 가시적 효과를 반복적으로 샘플링하며, 이때 시스템이 예상되는 상태에 도달했는지 검사하려고 대기한다. 샘플링 과정에는 두 가지 측면이 있다. 하나는 시스템과 실패 보고를 폴링하는 것이고, 다른 하나는 특정 상태에 대해 시스템을 조사하는 것이다. 두 가지를 구분하면 행위에 관해 명료하게 생각하는 데 도움이 되고, 다양한 테스트에서 다른 조사 방법으로 폴링을 재사용할 수 있다.

Poller는 시스템을 폴링하는 한 가지 방법이다. Poller는 시스템이 사용 가능한 상태가 되거나 폴러(poller)가 제한 시간에 도달하기 전까지 샘플 간에 짧은 지연 시간을 두고 반복적으로 조사 루틴을 호출한다. 폴러는 실제로 대상 시스템을 검사하는 조사 루틴을 주도하고, 이는 Probe 인터페이스 너머로 추상화한 것에 해당한다.

```java
public interface Probe {
  boolean isSatisfied();
  void sample();
  void describeFailureTo(Description d);
}
```

조사 루틴의 sample() 메서드는 테스트하는 데 중요한 시스템 상태의 스냅샷을 전달받는다. isSatisfied() 메서드에서는 그 상태가 테스트의 인수 조건에 부합하면 참을 반환한다. 폴러 로직을 단순화하고자 isSatisfied()가 sample() 이전에 호출할 수 있게 허용했다.

```java
public class Poller {
  private long timeoutMillis;
  private long pollDelayMillis;
  // 제한 시간을 설정하는 생성자와 접근자 메서드 [...]

  public void check(Probe probe) throws InterruptedException {
    Timeout timeout = new Timeout(timeoutMillis);

    while (! probe.isSatisfied()) {
      if (timeout.hasTimedOut()) {
        throw new AssertionError(describeFailureOf(probe));
      }
      Thread.sleep(pollDelayMillis);

      probe.sample();
    }
  }
  private String describeFailureOf(Probe probe) { [...]
}
```

앞의 간단한 구현에서는 시스템과의 동기화를 검증 루틴에 위임한다. 좀 더 세련된 버전에서는 폴러 안에서 동기화를 구현했을 수도 있으며, 그렇게 하면 검증 루틴 간에 공유하는 것도 가능하다. NotificationTrace와 비슷한 부분은 쉽게 확인할 수 있으므로 공통적인 추상 구조를 뽑아낼 수도 있지만 당장은 설계를 좀 더 명확하게 유지하고 싶다.

가령 파일 길이에 대한 폴링을 수행하려면 테스트에서 다음과 같은 코드를 작성하면 된다.

```
assertEventually(fileLength("data.txt", is(greaterThan(2000))));
```

앞의 코드는 샘플링 코드를 생성하는 부분을 좀 더 표현력 있는 단정으로 감싼다. 이를 구현하는 도우미 메서드는 다음과 같다.

```java
public static void assertEventually(Probe probe) throws InterruptedException {
  new Poller(1000L, 100L).check(probe);
}

public static Probe fileLength(String path, final Matcher<Integer> matcher) {
  final File file = new File(path);
  return new Probe() {
    private long lastFileLength = NOT_SET;

    public void sample() { lastFileLength = file.length(); }
    public boolean isSatisfied() {
      return lastFileLength != NOT_SET && matcher.matches(lastFileLength);
    }
    public void describeFailureTo(Description d) {
      d.appendText("length was ").appendValue(lastFileLength);
    }
  };
}
```

샘플링하는 행위를 샘플이 만족스러운지 여부를 검사하는 것과 분리하면 검증 루틴의 구조가 한결 명확해진다. 우리는 샘플 결과를 계속 보관하고 있다가 테스트가 실패할 경우 앞서 발견한 만족스럽지 못한 결과를 보고할 수 있다.

27.2.3 시간 제한

끝으로 두 가지 예제 단정 클래스에서 사용하는 Timeout 클래스를 보여주겠다. Timeout 클래스는 시간 검사와 동기화를 수행하는 부분으로 구성돼 있다.

```java
public class Timeout {
    private final long endTime;

    public Timeout(long duration) {
        this.endTime = System.currentTimeMillis() + duration;
    }

    public boolean hasTimedOut() { return timeRemaining() <= 0; }
```

```
    public void waitOn(Object lock) throws InterruptedException {
        long waitTime = timeRemaining();
        if (waitTime > 0) lock.wait(waitTime);
    }

    private long timeRemaining() { return endTime - System.currentTimeMillis(); }
}
```

27.2.4 탐침 루틴 보강

이제 이 장을 시작할 때 보여준 테스트를 재작성할 수 있다. 현재 보유 주식에 관한 단정을 만드는 대신, 테스트에서는 보유 주식이 허용되는 제한 시간 내에 기대하는 수준에 도달하기를 기다려야만 한다.

```
@Test public void buyAndSellOfSameStockOnSameDayCancelsOutOurHolding() {
  Date tradeDate = new Date();

  send(aTradeEvent().ofType(BUY).onDate(tradeDate).forStock("A").withQuantity(10));
  send(aTradeEvent().ofType(SELL).onDate(tradeDate).forStock("A").withQuantity(10));

  assertEventually(holdingOfStock("A", tradeDate, equalTo(0)));
}
```

앞서 holdingOfStock() 메서드에서는 비교할 값을 반환했다. 이제 이 메서드에서는 시스템의 보유 주식을 샘플링해서 햄크래스트 매처(여기서는 equalTo(0))에서 정의한 수용 조건에 부합하는지 여부를 반환하는 Probe를 반환한다.

27.3 제어하기 어려운 테스트

아쉽게도 새 버전의 테스트는 여전히 신뢰할 수 없는데, 결과를 샘플링하더라도 마찬가지다. 단정은 보유 주식이 0이 될 때까지 대기하는데, 이것은 우리가 처음 시작할 때 보유 주식 수이므로 시스템에서 처리를 막 시작하기 전에 테스트에서 전달하는 것도 가능하다. 이 테스트에서는 실제로 아무것도 테스트하지 않고 시스템에 앞서 실행될 수 있다.

제어하기 어려운 테스트의 가장 나쁜 측면은 테스트가 거짓 양성(false positive) 결과를 줘서 깨진 코드가 잘 돌아가는 것처럼 보일 수 있다는 점이다. 통과하는 테스트는 검토하지 않을 때가 많으므로 뭔가가 완전히 망가지기 전까지는 이런 실패를 놓치기 쉽다. 훨씬 더 까다로운 점은 처음으로 그 코드를 작성했을 때는 코드가 잘 동작했을지도 모른다는 것이다. 개발 중에는 테스트와 올바르게 동기화했지만 이제는 코드가 깨지고 뭐가 잘못됐는지 분간할 수 없다.

> **⚠ 시스템을 동일한 상태로 되돌리는 테스트를 조심하라**
>
> 비동기 테스트에서 시스템이 이전 상태로 복귀하는지 단정하는 경우에는 조심해야 한다. 초기 상태인지 단정하기 전에 시스템이 중간 상태로 들어갔는지 단정하지 않을 경우 테스트가 시스템보다 먼저 실행될 것이다.

시스템보다 먼저 테스트가 실행되지 않게 하려면 반드시 시스템이 중간 상태로 들어가기를 기다리는 단정을 추가해야 한다. 예를 들면, 첫 번째 거래 이벤트가 반드시 두 번째 이벤트의 효과를 단정하기 전에 처리되게 한다.

```
@Test public void buyAndSellOfSameStockOnSameDayCancelsOutOurHolding() {
  Date tradeDate = new Date();

  send(aTradeEvent().ofType(BUY).onDate(tradeDate).forStock("A").withQuantity(10));
  assertEventually(holdingOfStock("A", tradeDate, equalTo(10)));

  send(aTradeEvent().ofType(SELL).onDate(tradeDate).forStock("A").withQuantity(10));
  assertEventually(holdingOfStock("A", tradeDate, equalTo(0)));
}
```

이와 비슷하게 14장에서는 경매 스나이퍼 사용자 인터페이스에 대한 인수 테스트에서 표시된 상태를 모두 검사했다.

```
auction.reportPrice(1098, 97, ApplicationRunner.SNIPER_XMPP_ID);
application.hasShownSniperIsWinning();
auction.announceClosed();
application.hasShownSniperHasWon();
```

우리는 스나이퍼가 다음 메시지를 계속 처리하기에 앞서 각 메시지에 대해 응답하게 하고 싶다.

27.4 갱신 내역 분실

샘플링을 수행하는 테스트와 이벤트를 대기하는 테스트의 중요한 차이점은 나중에 덮어쓴 상태 변화를 폴링이 놓칠 수 있다는 점이다(그림 27.1).

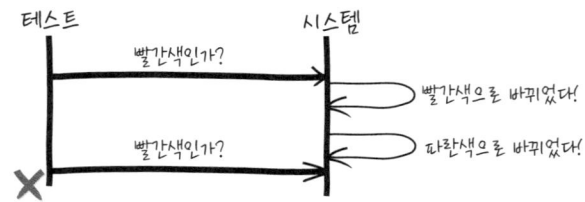

그림 27.1 폴링을 수행하는 테스트에서는 테스트 중인 시스템의 변화를 놓칠 수 있다.

시스템에서 전달하는 알림을 테스트에서 기록할 수 있다면 기록을 살펴서 중요한 알림을 찾을 수 있다.

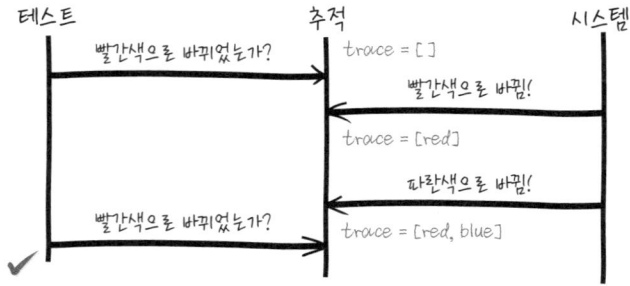

그림 27.2 알림을 기록하는 테스트에서는 갱신 내역을 잃어버리지 않을 것이다.

신뢰성 있게 만들려면 샘플링 테스트에서 반드시 해당 시스템이 추후 상호 작용을 일으키기 전에 안정된 상태에 있게 해야 한다. 샘플링 테스트는 그림 27.3에 나온 것처럼 단계의 연속으로 구조화할 필요가 있다. 각 단계에서는 테스트가 시스템의 관찰 가능한 상태의 변화를 알려주는 자극을 전달한 후 그러한 변화가 가시적으로 바뀌거나 제한 시간에 도달하기 전까지 대기한다.

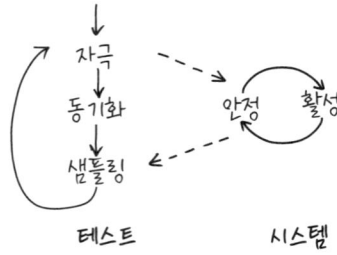

그림 27.3 샘플링 테스트의 각 단계

이것은 샘플링 테스트에 얼마나 정확성을 기할 수 있는지에 대한 한계를 보여준다. '자극'과 '샘플링' 사이에서 테스트가 할 수 있는 것은 대기하는 것뿐이다. 우리는 이 반복 고리 내의 각 단계를 혼동하지 않고 샘플링된 상태의 변화를 관찰함으로써 시스템이 안정적인 상태에 있다는 사실을 발견하고 난 후, 그 이상의 변화만 일으키는 식으로 좀 더 믿을 수 있는 테스트를 작성할 수 있다.

27.5 아무런 효과가 없는 행동에 대한 테스트

비동기적인 테스트는 시스템의 변화를 살피므로 변화하지 않은 뭔가를 테스트하려면 조금 더 창의적이어야 한다. 동기적인 테스트에는 이 문제가 없는데, 동기적인 테스트는 테스트된 코드의 실행을 완전히 제어할 수 있기 때문이다. 대상 객체를 호출하고 나면 동기적인 테스트에서는 해당 객체의 상태를 조회하거나 해당 객체의 이웃에 예상치 못한 호출이 발생했는지 검사할 수 있다.

비동기적인 테스트에서 일어나지 않은 뭔가를 대기한다면 결과를 검사하기 전에 시스템이 시작했는지조차 확실하지 않을 수 있다. 이를테면, 다른 지역에서 일어난 거래가 보유 주식에 반영되지 않는다는 점을 보여주고 싶다면 다음 테스트로는

```
@Test public void doesNotShowTradesInOtherRegions() {
  send(aTradeEvent().ofType(BUY).forStock("A").withQuantity(10)
                   .inTradingRegion(OTHER_REGION));
  assertEventually(holdingOfStock("A", tradeDate, equalTo(0)));
}
```

시스템이 올바르게 거래를 무시했거나 거래 내역을 아직 받지 않았는지 여부를 파악할 수 없다. 가장 손쉬운 꼼수는 테스트가 고정된 시간 주기를 대기했다가 원치 않은 이벤트가 일어나지 않았음을 검사하는 방법이다. 아쉽게도 이렇게 되면 테스트가 성공했을 때조차도 느리게 실행되며, 그러므로 '빨리 성공하라' 규칙을 어기게 된다.

대신 테스트에서는 탐지 가능한 행위를 일으키고 그러한 행위를 이용해 시스템이 안정화됐는지 파악한다. 여기서 한 가지 비결은 테스트의 단정을 방해하지 않고 테스트된 행위가 끝난 후 완료될 행위를 선택하는 데 있다. 이를테면, 지역 예제에 또 다른 거래 이벤트를 추가할 수도 있다. 이는 지역을 벗어난 종목의 수량은 전체 보유 주식에 포함되지 않기 때문에 지역을 벗어난 종목은 제외됨을 보여준다.

```
@Test public void doesNotShowTradesInOtherRegions() {
  send(aTradeEvent().ofType(BUY).forStock("A").withQuantity(10)
                   .inTradingRegion(OTHER_REGION));
  send(aTradeEvent().ofType(BUY).forStock("A").withQuantity(66)
                   .inTradingRegion(SAME_REGION));
```

```
    assertEventually(holdingOfStock("A", tradeDate, equalTo(66)));
}
```

물론 이 테스트에서는 거래 이벤트가 병렬이 아니라 순차적으로 처리되므로 두 번째 이벤트는 첫 번째 이벤트를 추월해서 거짓 양성을 만들어낼 수 없다고 가정한다. 테스트가 완전하게 '블랙 박스'가 아니라서 시스템 구조에 관해 가정해야 하기 때문이다. 이로 인해 테스트가 불안정해질 수도 있다. 즉, 테스트는 시스템이 토대로 하는 가정이 바뀔 경우 가정에 대해 잘못 알려줄 것이다. 한 가지 반응은 테스트를 추가해서 예상을 확인하는 것이다. 이 경우, 부하 테스트를 추가해 이벤트 처리 순서를 확인하고 상황이 바뀔 경우 팀에 알려주는 방법이 될 것이다. 즉, 그 가정을 확인해줄 다른 테스트가 이미 있을 것이며, 그러므로 테스트를 연동하는 것으로 충분할지도 모른다는 것이다(예를 들어 테스트를 같은 테스트 패키지로 그룹화함으로써).

27.6 동기화와 단정 구별

시스템 내에서 테스트를 동기화하고 그 시스템에 대한 단정을 만들어 내기 위한 한 가지 메커니즘은 제한 시간까지 관찰 가능한 상태에 도달하기를 기다리는 것이다. 두 활동의 유일한 차이점은 활동의 의미를 어떻게 해석하느냐다. 늘 그렇듯이 우리는 의도를 분명하게 드러내고 싶은데, 그렇게 하는 것이 특히 중요한 이유는 누군가가 나중에 테스트를 살펴보고 중복된 단정처럼 보이는 것을 제거할 위험성이 있기 때문이다. 이 경우 뜻하지 않게 경쟁 조건이 발생할 수 있다.

동기화와 단정을 구분하려고 명명 체계를 도입하기도 한다. 예를 들면, waitUntil()과 assertEventually() 메서드로 기저의 구현을 공유하는 다양한 검사의 의도를 표현할 수도 있다.

또는 '단정'이라는 용어를 동기적인 테스트에서만 사용하고 비동기적인 테스트에서는 경매 스나이퍼 예제에서 한 것처럼 다른 명명 체계를 사용할 수도 있다.

27.7 이벤트 소스의 외부화

몇몇 시스템에서는 자체 이벤트를 내부에서 일으키기도 한다. 가장 흔히 볼 수 있는 사례는 타이머를 이용해 활동을 스케줄링하는 것이다. 가령 전달할 이메일을 감싸는 것처럼 주기적으로 수행되는 반복 활동이나 나중에 배송일을 확인하는 것 같이 며칠이나 심지어 몇 주 후에 실행되는 후속 활동이 여기에 해당한다.

숨겨진 타이머는 이용하기 아주 어려운데, 테스트에서 단정을 만들어 내기 위해 언제 시스템이 안정적인 상태에 있을지 파악하기가 까다로워지기 때문이다. 실행할 반복 활동을 대기하는 것은 '빨리 성공하라'를 하기엔 너무 느려서 지금부터 한 달 후에 예약된 활동은 말할 것도 없고 효과가 막 나타나기 시작한 예약된 활동으로부터 방해를 받아 테스트가 예기치 못하게 깨지는 것도 원하지 않는다. 우연히 일치하는 타이머 탓에 발생하는 시스템을 테스트하는 것은 너무나도 불안정하다.

유일한 해결책은 타이머를 자체 스케줄링에서 분리해 시스템을 결정적(deterministic)으로 만드는 것이다. 우리는 이벤트 생성을 외부에서 구동되는 공유 서비스로 뽑아낼 수 있다. 예를 들면, 어떤 프로젝트에서는 시스템 스케줄러를 웹 서비스로 구현했다. HTTP 요청을 스케줄러로 전달함으로써 시스템 컴포넌트는 활동을 스케줄링했다(이 동작은 HTTP의 '포스트백(postback)'을 수행함으로써 일어났다). 또 다른 프로젝트에서는 스케줄러가 메시지 버스 토픽(컴포넌트가 대기하는)으로 알림을 발행했다.

이렇게 구분해두면 테스트에서는 스케줄러인 척하고 이벤트를 결정적으로 생성해서 시스템이 각 행위를 거치게 할 수 있다. 이제 우리는 시스템 테스트를 신속하고 믿을 수 있게 실행할 수 있다. 이는 더 나은 설계로 이끄는 테스트 요구 사항의 좋은 예다. 지금까지는 스케줄링을 추상화하는 데만 집중했는데, 이는 시스템에 각종 구현을 감춰두지 않으리라는 것을 의미한다. 대개 이벤트 기반 구조를 도입하는 것은 모니터링과 관리에 유용하다고 알려져 있다.

물론 타협점도 있다. 테스트에서 전체 시스템을 더는 시험하지 못한다. 우리는 지금까지 테스트 속도와 신뢰성의 우선순위를 충실도보다 높게 매겼다. 스케줄러의 API를 되도록 단순하게 유지하고 엄격하게 테스트해서(또 다른 이점) 부족한 부분을 보충했다. 아마 몇 가지 느린 테스트도 작성할 것이며, 그것을 별도의 빌드, 즉 실제 스케줄러를 비롯한 시스템 전체를 시험하는 빌드에서 실행할 수도 있다.

후기

GROWING OBJECT-ORIENTED SOFTWARE GUIDED BY TESTS

목 객체의 간략한 역사

팀 매키논

목 객체의 배경에 자리 잡은 사상과 개념은 하루아침에 구체화되지 않았다. 사상의 씨앗을 가지고 좀 더 심오한 뭔가로 키워온 여러 개발자 간의 긴 시간에 걸친 실험과 논의, 협력이 있었다. 그 과정의 최종 결과(이 책의 주제이기도 한)는 소프트웨어 개발에 도움이 되겠지만 그 배경에 얽힌 '목 객체가 만들어진 과정'에 관한 이야기도 흥미롭다(그리고 그것은 여기에 참여한 사람들의 헌신의 증거이기도 하다). 이러한 역사를 되돌아보는 과정이 독자들에게도 무엇이 가능한가에 관한 도전 의식을 불러일으키고 새로운 실천법을 실험하는 데 영감을 불러일으키면 좋겠다.

시작

이야기는 1999년 후반 런던 아크웨이 역 근처의 로터리[1]에서 시작한다. 그날 저녁 런던 소재 소프트웨어 아키텍처 그룹[2]의 일부 구성원들이 소프트웨어 분야와 관련된 주제를 이야기하려고 만났다. 거기서 열린 토론은 애자일 소프트웨어 개발 경험에 관한 것으로 화두가 바뀌었고 나는 테스트 작성이 코드에 끼치는 영향력에 관해 언급했다. 첫 익스트림 프로그래밍 책이 출간되기 전이었고 우리 같은 팀들은 테스트 주도 개발 방법을 계속 탐구하는 중이었다(좋은 테스트를 구성하는 요소를 비롯

---

[1] '로터리'는 원형 교차로의 영국식 표현이다.
[2] 이 행사의 참석자는 팀 매키논(Tim Mackinnon)과 피터 막스(Peter Marks), 이반 무어(Ivan Moore), 존 놀란(John Nolan)이었다.

해). 특히 나는 테스트를 촉진하려고 객체에 '접근자' 메서드를 추가하는 경향에 주목했다. 객체 지향 원칙을 어기는 것으로 보일 수도 있기 때문에 이것이 잘못된 것으로 느껴져서 다른 구성원들이 어떻게 생각하는지 궁금했다. 대화는 상당히 활기차게 진행됐고(주로 테스트의 실용주의와 순수 객체 지향 설계 사이의 긴장에 집중했다). 아울러 우리 동료인 올리 바이(Oli Bye)가 최근에 작성한 예제를 살펴봤는데, 예제는 서버 없이 웹 애플리케이션을 테스트하려고 자바 서블릿 API의 스텁을 만드는 것이었다.

특히 나는 그날 저녁 여러 계층으로 구성된 소프트웨어를 비유하는 대충 그린 양파 모양의 다이어그램[3]과 "접근자 메서드는 이제 그만! 끝!"이라는 주문을 기억한다. 토론은 양파의 설계에 영향을 주지 않고도 안전하게 양파 껍질을 벗기고 양파의 계층을 테스트하는 것을 중심으로 이뤄졌다. 해결책은 소프트웨어 컴포넌트의 구성에 초점을 맞추자는 것이었다(토론 그룹에서 브래드 콕스의 소프트웨어 컴포넌트에 관한 사상에 관해 훨씬 이전에 논의한 바 있었다). 해결책을 내기까지 각종 의견이 흥미롭게 충돌했고 구성(지금은 '의존성 주입'이라고 하는)을 강조하면서 객체에 대한 테스트를 작성할 수 있게 우리가 객체에 '실용적으로' 추가했던 접근자를 제거하기 위한 기법이 도출됐다.

다음 날 코넥스트라(Connextra)[4]에 근무하는 자그마한 우리 팀은 그 아이디어를 실천에 옮기기 시작했다. 우리는 일부 코드에서 접근자를 제거하고 접근자를 통해 테스트하고 싶은 객체를 매개변수로 전달받는 생성자를 추가하는 식으로 구성 전략을 취했다. 처음에는 이 방법이 성가시게 느껴졌고, 최근 대학원을 졸업한 신입사원 두 명은 그 방법에 확신을 보이지 않았다. 하지만 나는 스몰토크를 써본 적이 있었기에 구성과 위임에 관한 아이디어가 맞는 것처럼 느껴졌다. "접근자는 작성 금지" 규칙을 강제하는 것은 우리가 사용한 자바 언어에서 좀 더 객체 지향적인 느낌을 달성하는 듯한 느낌이었다.

며칠간 이 문제로 고심했고 몇 가지 새로 드러나는 패턴이 보이기 시작했다. 우리의 대화는 객체 사이에서 일어나는 일들을 예상하는 것에 관해 초점이 맞춰졌고 주입한 객체에 expectedURL이나 expectedServiceName 같은 이름으로 변수명을 자

---

3 존 놀란이 처음 그림

4 팀은 팀 매키논, 텅 맥(Tung Mac), 매튜 쿠케(Matthew Cooke)로 구성됐고, 피터 막스와 존 놀란이 팀의 방향을 이끌었다. 코넥스트라는 이제 벳 지니어스(Bet Genius)에 속해 있다.

주 지정했다. 한편으론 테스트가 실패할 때 디버거로 단계를 밟아나가면서 뭐가 잘 못됐는지 파악하는 데 지쳤다. 우리는 actualURL이나 actualServiceName 같은 변수를 추가해 주입한 테스트 객체에서 유용한 메시지를 담은 예외를 던지게 했다. 예상 및 실제 값을 나란히 출력하면 문제가 뭔지 금방 드러났다.

몇 주에 걸친 과정 동안 우리는 이러한 아이디어를 몇 가지 클래스로 리팩터링했다. 즉, 단일 값에 대해서는 ExpectationValue를, 특정 순서의 여러 값에 대해서는 ExpectationList를, 임의 순서의 고유한 값들에 대해서는 ExpectationSet 클래스로 리팩터링했다. 나중에 팀 맥은 명시적인 값을 지정하고 싶지 않지만 호출 횟수를 계산하고 싶은 상황에 대비해 ExpectationCounter를 추가했다. 뭔가 흥미로운 일이 일어날 것처럼 느껴지기 시작했지만 기술할 사항이 사실 그리 많지 않다는 점이 너무나도 분명해 보였다. 어느 날 오후, 피터 막스는 우리가 하던 일을 표현할 이름을 생각해 내야겠다고 결심하고(그래서 최소한 코드를 패키지화할 수는 있었다) 몇 가지 제안을 하고 나서 '목(mock)'이라는 이름을 제시했다. 이 이름은 명사와 동사로 모두 사용할 수도 있었고, 코드에도 잘 맞아떨어져서 이 용어를 사용하기로 했다.

용어의 전파

이 즈음에 우리[5]는 다른 팀과 익스트림 프로그래밍 경험을 공유하고자 런던 익스트림 튜즈데이 클럽(XTC, Extreme Tuesday Club)을 시작했다. 한 모임에서 나는 리팩터링 경험을 묘사하고 신참 개발자들이 더 나은 객체 지향 코드를 작성하는 데 도움을 주었다는 느낌이 들었다고 설명했다. 나는 그 이야기를 다음과 같은 말로 매듭지었다. "그렇지만 이것은 너무나도 분명한 기법이라서 대다수 사람들이 결국엔 하게 되리라고 생각합니다." 스티브는 가장 확실한 것이 언제나 확실하지는 않고 대개 설명하기가 어렵다는 점을 지적했다. 스티브는 잘 다듬기만 하면 이 내용이 훌륭한 논문이 되겠다고 생각했고 우리는 또 다른 XTC 구성원인 필립 크레이그(Philip Craig)와 함께 XP2000 컨퍼런스에서 발표할 뭔가를 쓰기로 했다. 적어도 우리는 이탈리아 사르데냐 섬에 가고 싶었다.

우리는 아이디어를 비평하고 일관된 이름을 부여하기 시작했고, 실제 코드 예제

---

5 팀 매키논, 올리 바이, 폴 시몬스(Paul Simmons), 스티브 프리먼(Steve Freeman)과 함께 작업했다. 올리는 XTC라는 이름을 지었다.

를 연구하면서 그 기법의 핵심을 이해하기 시작했다. 발견한 새로운 개념을 기존 코넥스트라 코드 기반에 적용해 효과를 검증했다. 흥미진진한 시간이었고 나는 밤 늦게까지 그 아이디어를 다듬었던 것으로 기억한다(그렇지만 목 객체에 대해 정확하고 간결한 설명을 생각해 내느라 여전히 고심하고 있었다. 목 객체를 써서 훌륭한 코드를 주도해나갈 때의 느낌을 알고 있었지만 이 경험을 XTC의 일원이 아닌 다른 개발자들에게 설명하기란 여전히 어려운 일이었다).

XP2000 논문[Mackinnon00]과 초기 목 객체 라이브러리는 반응이 가지각색이었다. 일부에게는 목 객체가 혁신적이었고, 다른 사람들에게는 불필요한 부담이었다. 돌이켜 보면 처음 시작할 때 자바에 훌륭한 리플렉션이 없어서 작업이 대부분 수작업이거나 코드 생성 도구의 도움을 받아야 했다.[6] 이로 인해 사람들이 더는 관심을 보이지 않았다. 사람들은 아이디어를 구현과 분리하지 못했다.

또 다른 세대

이야기는 냇 프라이스가 이 아이디어를 루비로 구현했을 때로 이어진다. 냇은 루비의 리플렉션을 이용해 테스트에 예상 구문을 블록 형태로 작성했다. 컴포넌트 간 프로토콜에 관한 자신의 박사 논문에서 영감을 받아 냇의 라이브러리는 매개변수 값을 단정하는 것에서 객체 간의 메시지를 단정하는 것으로 초점이 바뀌었다. 그러고 나서 냇은 자바 1.3의 Proxy 타입을 이용해 '제약 조건' 객체를 통해 예상 구문을 정의하는 식으로 구현체를 자바로 이식했다. 냇이 자기 작업을 우리에게 보여줬을 때 금방 이해할 수 있었다. 냇은 자신의 라이브러리를 목 객체 프로젝트에 기증하고 코넥스트라 사무실을 방문해 우리와 함께 코넥스트라 개발자가 필요로 했던 기능을 추가했다.

목 객체를 꾸준히 사용해온 사무실에서 냇과 함께 우리는 냇이 추가한 개선 사항을 사용하도록 주도해 좀 더 설명이 풍부한 실패 메시지를 제공했다. 우리는 개발자들이 테스트 실패 원인이 분명하지 않을 때 고생하는 모습을 자주 봐왔다(나중에 이것이 객체에 너무 많은 책임이 있음을 자주 암시한다는 사실을 알게 됐다). 이제 제약 조건을 활용하면 제약 조건 객체가 잘못된 부분을 설명해줄 수 있어서 좀 더 표현력 있는 테

---

6 이것은 나중에 리플렉션을 개선한 자바 1.1이 출시되면서 바뀌었으며, 우리 논문을 읽고 나서 타모 프리스(Tammo Freese)의 이지목(EasyMock) 같은 도구를 만든 사람도 있었다.

스트를 작성하고 더 나은 실패 진단이 가능했다.[7] 예를 들면, stringBegins 제약 조건에 관한 실패는 다음과 같은 메시지를 만들어 낼 수 있다.

```
Expected a string parameter beginning with "http"
  but was called with a value of "ftp.domain.com"
```

우리는 냇이 개발한 라이브러리를 개선한 새 버전을 다이나목(Dynamock)이라는 이름으로 출시했다.

    라이브러리가 개선되자 더 많은 프로그래머들이 그것을 사용하기 시작했고, 새로운 요구 사항이 도입됐다. 우리는 더 많은 옵션을 API에 추가하기 시작했고 결국 라이브러리는 유지 보수하기가 너무 복잡해졌다. 특히 여러 버전의 자바를 지원해야 했다. 그사이에 스티브는 예상 구문을 준비하는 데 필요한 문법상의 중복에 지쳐서 같은 객체를 여러 번 호출하는 스몰토크의 캐스케이드(cascade) 버전을 도입했다.

    그러고 나서 스티브는 자바 같은 정적 타입 언어에서는 메서드를 호출하는 측에서 여러 메서드를 이용할 수 있을 때 캐스케이드를 통해 인터페이스의 사슬을 제어하는 쪽으로 반환할 수 있다는 점을 알게 됐다. 그러면 사실상 타입을 이용해 작업 흐름을 표현할 수 있다. 또한 차세대 IDE를 이용해 '적절한' 코드 완성 옵션을 제시함으로써 프로그래밍 경험도 향상시키길 바랐다. 1년여에 걸친 과정 동안 스티브와 냇은 나머지 다양한 피드백과 함께 아이디어를 열심히 추진해서 기존 다이나목 프레임워크를 넘어서는 표현력 있는 API인 jMock을 만들어냈다. jMock은 NMock이라는 이름으로 C#으로도 이식됐다. 이러한 과정에서 그들은 사실상 예상 구문을 작성하는 데 쓸 수 있는 언어를 자바로 작성하고 있다는 사실을 깨달았고, 이를 나중에 OOPLSA 논문에 썼다[Freeman06].

발전

코넥스트라와 여타 회사에서 얻은 경험과 여러 번에 걸친 발표를 통해 우리는 목 객체의 개념을 더 잘 이해하고 전달할 수 있게 됐다. 초기 린 소프트웨어 참고 자료에서 영감을 얻어서 스티브는 '요구 주도형 개발(needs-driven development)'이라는

---

7 나중에 스티브는 찰리 풀(Charlie Poole)에게 NUnit에 제약 조건을 포함시켜 달라고 말했다. JUnit에 채택된 매처(제약 조건의 최신 버전)가 들어가기까지 몇 년이 더 걸렸다.

용어를 고안했으며, 또 다른 동료인 조 월네스(Joe Walnes)는 서로 통신하는 객체의 섬을 멋지게 시각화했다. 조는 목 객체를 사용하는 것에 대한 통찰력을 가지고 객체 간 인터페이스 설계를 주도하기도 했다. 당시 우리는 목 객체를 설계 도구로 사용하는 아이디어를 홍보하기 위해 노력하고 있었는데 많은 사람들(몇몇 저자도 비롯해)은 그것을 단순히 단위 테스트 속도를 높여주는 기법으로만 여겼다. 조는 "소유한 타입에 대해서만 목 객체를 적용하라"라는 자신의 간단한 휴리스틱을 토대로 모든 개념적 장벽을 돌파했다.

우리는 이 모든 아이디어를 가지고 두 번째 컨퍼런스 논문「Mock Roles not Objects」[Freeman04]를 썼다. 처음 쓸 때는 구현에 너무 많이 초점을 맞췄는데, 핵심 아이디어는 그러한 기법이 객체들의 상호 역할을 강조한다는 것이었다. 개발자들이 목 객체를 사용할 때 나는 그들이 테스트하고자 하는 바를 다이어그램으로 그리거나 CRC 카드를 이용해 관계에 대한 역할극을 한다는(그리고 나면 필요한 코드를 구동하는 목 객체와 테스트로 자연스럽게 번역된다) 사실을 알게 됐다.

그때부터 냇과 스티브는 jMock을 재작업해서 jMock2를 만들어 냈으며, 조는 제약조건을 추출해 햄크레스트 라이브러리(이제 JUnit에 채용됐다)로 만들었다. 게다가 이제는 목 객체 라이브러리를 여러 다양한 언어에서 폭넓게 선택할 수 있게 됐다.

결과적으로 노력할 만한 가치가 있었다. 나는 결국 더 나은 소프트웨어를 작성하는 데 도움이 되는 잘 문서화되고 세련된 기법이 생겼다고 생각한다. 변변찮은 "접근자 메서드는 안 돼"로 시작해 이 책에서는 우리가 몇 년에 걸쳐 경험한 협력의 결과가 요약돼 있으며, 스티브와 냇의 언어적 전문성과 세부 사항에 대한 세심한 주의가 더해져 부분을 합친 것보다 훨씬 더 큰 뭔가를 만들어 냈다.

부록 A

GROWING OBJECT-ORIENTED SOFTWARE GUIDED BY TESTS

jMock2 정리 노트

이 책 전반에 걸쳐 jMock2를 목 객체 프레임워크로 사용했다. 이번 장에서는 jMock2의 기능을 정리하고 사용 예제를 몇 가지 보여주겠다. 아울러 jUnit 4.6을 사용하는데(독자가 jUnit 4.6에 익숙하다고 가정한다), jMock은 JUnit 3도 지원한다. jMock에 관한 자세한 내용은 www.jmock.org를 참고하라.

jMock 단위 테스트의 구조를 보여주고 jMock의 기능이 어떤 역할을 하는지 설명하겠다. 다음은 전체 예제 코드다.

```java
import org.jmock.Expectations;
import org.jmock.Mockery;
import org.jmock.integration.junit4.JMock;
import org.jmock.integration.junit4.JUnit4Mockery;

@RunWith(JMock.class)
public class TurtleDriverTest {
  private final Mockery context = new JUnit4Mockery();
  private final Turtle turtle = context.mock(Turtle.class);

  @Test public void
  goesAMinimumDistance() {
    final Turtle turtle2 = context.mock(Turtle.class, "turtle2");
    final TurtleDriver driver = new TurtleDriver(turtle1, turtle2); // 준비

    context.checking(new Expectations() {{ // 예상 구문
      ignoring (turtle2);
      allowing (turtle).flashLEDs();

      oneOf (turtle).turn(45);
      oneOf (turtle).forward(with(greaterThan(20)));
      atLeast(1).of (turtle).stop();
    }});

    driver.goNext(45); // 코드를 호출한다.
    assertTrue("driver has moved", driver.hasMoved()); // 그 밖의 단정
  }
}
```

A.1 테스트 픽스처 클래스

먼저 Mockery를 생성해서 테스트 픽스처를 만든다.

```
import org.jmock.Expectations;
import org.jmock.Mockery;
import org.jmock.integration.junit4.JMock;
import org.jmock.integration.junit4.JUnit4Mockery;

@RunWith(JMock.class)
public class TurtleDriverTest {
  private final Mockery context = new JUnit4Mockery();
 […]
}
```

테스트 중인 객체의 경우 Mockery는 해당 객체의 콘텍스트를 나타낸다. 여기서 콘텍스트란 해당 객체와 상호 작용할 이웃 객체를 말한다. 테스트에서는 목 객체를 대상으로 예상하는 바를 설정하고 테스트 끝에서 그 예상이 충족되는지 검사하기 위해 목 객체를 생성하라고 모조 객체에 말한다. 관례상 모조 객체는 context라는 이름의 인스턴스 변수에 저장된다.

JUnit4로 작성한 테스트는 특정 기반 클래스를 확장할 필요는 없지만 반드시 @RunWith(JMock.class) 속성을 지정해 JMock을 사용한다고 명시해야 한다.[1] 이렇게 하면 JUnit 실행기(runner)가 테스트 클래스에서 Mockery 필드를 찾아 예상 구문이 조건을 충족하는지 단정한다(테스트 생명 주기상의 적절한 시점에). 그러자면 테스트 클래스에는 모조 객체 필드가 정확히 하나만 있어야 한다. JUnit4Mockery 클래스는 JUnit4 테스트가 실패할 때 예상 구문 실패를 보고할 것이다.

A.2 목 객체 생성

이 테스트에서는 두 가지 목 거북(turtle)을 사용하는데, 바로 모조 객체에 생성하라고 지시했던 것이다. 첫 번째는 테스트 클래스에 있는 필드다.

```
private final Turtle turtle = context.mock(Turtle.class);
```

두 번째는 테스트에 국한된 것이므로 변수에 보관한다.

---

[1] 이 책을 쓰고 있을 때 JUnit에 Rule 개념이 도입됐다. jMock API를 확장해 이 기법을 채용할 예정이다.

```
final Turtle turtle2 = context.mock(Turtle.class, "turtle2");
```

변수에 final을 지정해서 익명 예상 구문 블록이 접근할 수 있게 만들었다(이 부분에 대해 조만간 다루겠다). 이 두 번째 목 거북 객체에는 turtle2라고 이름이 지정돼 있다. 어떤 목 객체에도 이름을 지정할 수 있으며, 이 이름은 테스트 실패를 보고할 때 사용된다. 참고로 기본 이름은 객체 타입이다. 타입이 같은 목 객체가 두 개 이상이면 jMock에서는 하나만 기본 이름을 쓰도록 강제한다. 나머지 하나는 선언할 때 반드시 이름을 지정해야 한다. 이렇게 하면 실패 보고에서 테스트 상태를 기술할 때 어느 목 인스턴스인지 분명해진다.

A.3 예상 구문을 지정한 테스트

테스트에서는 하나 이상의 예상 구문 블록 안에 예상 구문을 준비한다. 다음 예제를 보자.

```
context.checking(new Expectations() {{
  oneOf (turtle).turn(45);
}});
```

예상 구분 블록에는 예상 구문을 몇 개라도 담을 수 있다. 테스트에서는 여러 예상 구문 블록을 담을 수 있다. 나중에 선언한 블록 내의 예상 구문은 기존에 선언한 블록에 덧붙는다. 예상 구문 블록은 테스트 중인 코드에 호출을 통해 끼워 넣을 수 있다.

> **이중 괄호는 왜 하는 것인가?**
>
> jMock에서 가장 당황스러운 문법 요소는 예상 구문 블록에서 이중 괄호를 사용하는 것이다. 이것은 트릭이지만 분명한 용도가 있다. 예상 구문 블록의 형식을 재정리하면 다음과 같다.
>
> ```
> context.checking(new Expectations() {
>   {
>     oneOf (turtle).turn(45);
>   }
> });
> ```
>
> 보다시피 checking() 메서드에 Expectations의 익명 하위 클래스를 전달했다(첫 번째 괄호 쌍). 해당 하위 클래스 안에서는 자바에서 생성자 이후에 호출되는 인스턴스 초기화 블록을 만

들었다(두 번째 괄호 쌍). 초기화 블록에서는 그것을 감싼 Expectations 객체를 참조할 수 있으며, oneOf()는 실제로 인스턴스 메서드에 해당한다(이는 다음 절에서 설명하는 모든 예상 구조 절에서도 마찬가지다).

이 기이한 구조의 용도는 예상 구문을 만들기 위한 유효 범위(scope)를 제공하는 데 있다. 예상 구문 블록 내의 코드는 모두 익명 Expectations 인스턴스 내에서 정의되며, 이 블록에서는 코드에서 생성하는 예상 구문 구성 요소를 수집한다. 인스턴스에 유효 범위를 한정하면 이 수집 과정을 암시적으로 만들 수 있으며, 필요한 코드 양이 더 적다. 아울러 그림 A.1처럼 코드 완성을 위해 제시되는 내용도 좁혀지므로 IDE에서 경험의 질도 향상된다.

'고수준 프로그래밍을 위한 대비'(79쪽)에서 설명한 내용을 되짚어 보면 Expectations는 빌더 패턴의 한 예다.

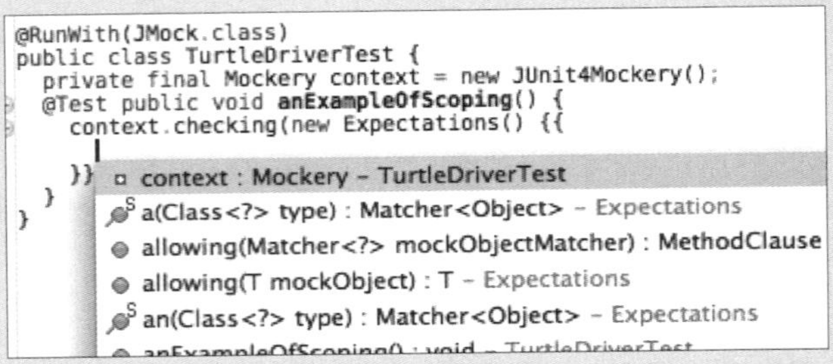

```
@RunWith(JMock.class)
public class TurtleDriverTest {
  private final Mockery context = new JUnit4Mockery();
  @Test public void anExampleOfScoping() {
    context.checking(new Expectations() {{
      |
    }}
  }
}
```

context : Mockery - TurtleDriverTest
a(Class<?> type) : Matcher<Object> - Expectations
allowing(Matcher<?> mockObjectMatcher) : MethodClause
allowing(T mockObject) : T - Expectations
an(Class<?> type) : Matcher<Object> - Expectations
anExampleOfScoping() : void - TurtleDriverTest

그림 A.1 유효 범위가 좁혀지면 코드 완성이 더 나아진다.

A.4 예상 구문

예상 구문의 구조는 다음과 같다.

```
invocation-count(mock-object).method(argument-constraints);
  inSequence(sequence-name);
  when(state-machine.is(state-name));
  will(action);
  then(state-machine.is(new-state-name));
```

invocation-count와 mock-object는 필수이며, 다른 절은 모두 선택 사항이다. 예상 구문에는 inSequence, when, will, then 절을 개수와 상관없이 지정할 수 있다. 다음은 흔히 볼 수 있는 예다.

```
oneOf (turtle).turn(45); // turtle은 정확히 한 번 45도로 돌아야 한다.
atLeast(1).of (turtle).stop(); // turtle은 최소한 한 번 멈춰야 한다.
allowing (turtle).flashLEDs(); // turtle은 임의 횟수에 걸쳐(0번 포함)
                               // LED를 깜빡일 수 있다.
allowing (turtle).queryPen(); will(returnValue(PEN_DOWN));
                    // 횟수와 상관없이 펜에 관해 turtle에 물어볼 수 있으며
                    // 항상 PEN_DOWN을 반환할 것이다.
ignoring (turtle2); // turtle2는 무슨 일이든 할 수 있다.
                    // 이 테스트에서는 그러한 부분을 무시한다.
```

A.4.1 호출 횟수

호출 횟수(invocation count)는 테스트를 실행하는 도중 예상하는 호출 횟수를 기술하는 데 필요하다. 예상 구문은 호출 횟수로 시작한다.

exactly(n).of

호출이 정확히 n번 일어날 것으로 예상한다.

oneOf

호출이 정확히 한 번 일어나리라 예상한다. 편의상 exactly(1).of를 줄인 표현이다.

atLeast(n).of

호출이 최소한 n번 일어날 것으로 예상한다.

atMost(n).of

호출이 최대 n번 일어날 것으로 예상한다.

between(min, max).of

호출이 최소 min번, 최대 max번 일어날 것으로 예상한다.

allowing
ignoring

호출이 전혀 일어나지 않거나 임의 횟수로 일어날 수 있다. allowing과 ignoring 절은 atLeast(0).of와 상응하지만 두 절을 사용해 예상 구문이 스텁이라는 점을 강조한다(즉, 테스트가 행위의 흥미로운 부분을 통과하게 만들려고 있는 것이다).

never

호출이 예상되지 않는다. 예상 구문을 지정하지 않았을 때 설정되는 기본 동작 방식이다. 테스트를 읽는 사람에게 호출이 일어나지 말아야 함을 강조하려고 사용한다.

allowing, ignoring, never는 객체 전체를 대상으로 적용할 수도 있다. 예를 들어, ignoring(turtle2)는 turtle2에 대한 모든 호출을 허용한다는 의미다. 이와 비슷하게 never(turtle2)는 turtle2에 대한 어떠한 호출이라도 발생할 경우 실패한다는 의미다 (객체에 아무 예상 구문이나 지정하는 것과 같다). 메서드 예상 구문을 추가한다면 좀 더 정확하게 지정할 수 있는데, 다음 예제는

```
allowing(turtle2).log(with(anything()));
never(turtle2).stop();
```

거북한테 보낼 메시지를 기록할 수 있지만 중지할 경우 실패한다. 실제로는 정확한 호출을 허용하는 것은 일반적이지만 개별 메서드 차단이 유용한 경우는 거의 없다.

A.4.2 메서드

예상 메서드(expected method)는 예상 구문 블록 내에서 목 객체를 대상으로 메서드를 호출하는 식으로 지정할 수 있다. 이때 메서드 이름과 어떤 인자 값을 받아들일 수 있는지 정의한다. 예상 구문 블록 내에서 메서드에 전달된 값은 동일성이 비교될 것이다.

```
oneOf (turtle).turn(45); // 45를 전달하면서 turn()을 호출한 것과 매칭
oneOf (calculator).add(2, 2); // 2와 2를 전달하면서 add()를 호출한 것과 매칭
```

호출 매칭(invocation matching)은 with() 절로 감싼 매처를 인자로 사용해서 좀 더 유연하게 만들 수 있다.

```
oneOf(calculator).add(with(lessThan(15)), with(any(int.class)));
// 15 이하의 숫자와 다른 임의 숫자를 전달하면서 add()를 호출한 것과 매칭
```

인자는 모두 매처이거나 값이어야 한다.

```
oneOf(calculator).add(with(lessThan(15)), 22); // 동작하지 않는다!
```

A.4.3 인자 매처

가장 널리 사용되는 매처는 Expectations 클래스에 정의돼 있다.

equal(o)

인자가 o와 같다. 테스트 도중에 받은 실제 값으로 o.equals()를 호출해서 정의한 것

과 같다. 이것은 배열의 내용을 재귀적으로 비교하기도 한다.

same(o)
인자가 o와 똑같은 객체다.

any(Class⟨T⟩ type)
인자가 null을 비롯해 어떤 값이어도 된다. type 인자는 컴파일 시점에 자바가 인자 타입을 검사하게 할 때 필요하다.

a(Class⟨T⟩ type)
an(Class⟨T⟩ type)
인자가 type에 해당하는 인스턴스이거나 하위 타입 중 하나다.

aNull(Class⟨T⟩ type)
인자가 널이다. type 인자는 컴파일 시점에 자바가 인자 타입을 검사하게 할 때 필요하다.

aNonNull(Class⟨T⟩ type)
인자가 널이 아니다. type 인자는 컴파일 시점에 자바가 인자 타입을 검사하게 할 때 필요하다.

not(m)
인자가 m 매처와 매칭되지 않는다.

anyOf(m1, m2, m3, […])
인자가 m1, m2, m3, […] 매처 중 적어도 하나와 매칭된다.

allOf(m1, m2, m3, […])
인자가 m1, m2, m3, […]와 모두 매칭된다.

더 많은 매처를 햄크레스트 Matchers 클래스의 정적 팩터리 메서드에서 확인할 수 있다(Matchers 클래스는 테스트 클래스에서 정적 임포트할 수 있다). 좀 더 엄밀히 말하면 햄크레스트 라이브러리를 이용해 사용자 정의 매처를 작성할 수 있다.

A.4.4 동작

예상 구문에서는 호출 이후에 will() 절을 추가해 매칭됐을 때 수행할 동작을 지정할 수도 있다. 예를 들어, 다음 예상 구문에서는 queryPen()이 호출됐을 때 PEN_DOWN을 반환한다.

```
allowing (turtle).queryPen(); will(returnValue(PEN_DOWN));
```

jMock에서는 여러 가지 표준 동작을 제공하며, 프로그래머는 Action 인터페이스를 구현해서 사용자 정의 동작을 제공할 수 있다. 표준 동작은 다음과 같다.

will(returnValue(v))
v를 호출자에 반환한다.

will(returnIterator(c))
c 컬렉션에 대한 반복자를 호출자에 반환한다.

will(returnIterator(v1, v2, [⋯], vn))
호출할 때마다 엘리먼트 v1에서 vn까지에 대한 새 반복자를 반환한다.

will(throwException(e))
호출 시 e 예외를 던진다.

will(doAll(a1, a2, [⋯], an))
호출할 때마다 a1에서 an까지의 모든 동작을 수행한다.

A.4.5 시퀀스

예상 구문이 지정된 순서는 호출이 일어난 순서와 일치할 필요는 없다. 호출 순서가 중요하다면 Sequence를 추가해서 테스트 내에서 호출 순서를 강제할 수 있다. 테스트에서는 두 개 이상의 시퀀스를 생성할 수 있으며, 예상 구문은 한 번에 하나 이상 시퀀스의 일부로 지정할 수 있다. Sequence를 생성하는 문법은 다음과 같다.

```
Sequence sequence-variable = context.sequence("sequence-name");
```

호출 순서를 예상하려면 Sequence 객체를 생성하고, 예상 구문을 예상하는 순서대로 작성하며, 적절한 각 예상 구문에 inSequence() 절을 추가하면 된다. 시퀀스 내의 예상 구문에서는 호출 횟수를 담을 수 있다. 다음 예제를 보자.

```
context.checking(new Expectations() {{
  final Sequence drawing = context.sequence("drawing");
  allowing (turtle).queryColor(); will(returnValue(BLACK));

  atLeast(1).of (turtle).forward(10); inSequence(drawing);
  oneOf (turtle).turn(45); inSequence(drawing);
  oneOf (turtle).forward(10); inSequence(drawing);
}});
```

여기서 queryColor() 호출은 시퀀스에 없어서 언제든지 발생할 수 있다.

A.4.6 상태

조건이 참일 때만 호출이 일어나게 제약할 수 있는데, 여기서 조건은 상태 기계가 특정 상태에 있다는 것으로 정의한다. 상태 기계는 상태 이름으로 지정한 상태 사이를 전환할 수 있다. 테스트에서는 다수의 상태 기계를 만들 수 있으며, 호출은 하나 이상의 조건으로 제약할 수 있다. 상태 기계를 생성하는 문법은 다음과 같다.

```
States state-machine-name =
        context.states("state-machine-name").startsAs("initial-state");
```

초기 상태는 선택 사항이며, 초기 상태를 지정하지 않으면 상태 기계가 이름이 지정되지 않은 초기 상태에서 시작한다.

예상 구문을 특정 상태의 호출과 매칭되게 하거나 호출 이후에 상태 기계의 상태를 전환하게 하려면 예상 구문에 다음과 같은 절을 추가하면 된다.

when(stateMachine.is("state-name"));

stateMachine이 "state-name" 상태일 때만 마지막 예상이 일어나도록 제약한다.

when(stateMachine.isNot("state-name"));

stateMachine이 "state-name" 상태에 있지 않을 때에만 마지막 예상이 일어나도록 제약한다.

then(stateMachine.is("state-name"));

호출이 일어났을 때 stateMachine이 "state-name" 상태에 있도록 바꾼다.

다음 예제는 펜이 내려져 있을 때만 turtle이 움직이도록 허용한다.

```
context.checking(new Expectations() {{
  final States pen = context.states("pen").startsAs("up");
  allowing (turtle).queryColor(); will(returnValue(BLACK));

  allowing (turtle).penDown(); then(pen.is("down"));
  allowing (turtle).penUp(); then(pen.is("up"));

  atLeast(1).of (turtle).forward(15); when(pen.is("down"));
  one (turtle).turn(90); when(pen.is("down"));
  one (turtle).forward(10); when(pen.is("down"));
}}
```

상태가 지정된 예상 구문은 순서를 정의하지 않는다는 점을 눈여겨보자. 순서가 중요할 경우 예상 구문을 Sequence 제약과 조합할 수 있다. 전과 마찬가지로 queryColor() 호출은 상태에 포함되지 않으므로 언제든지 호출할 수 있다.

부록 B

GROWING OBJECT-ORIENTED SOFTWARE GUIDED BY TESTS

햄크레스트 매처 작성

햄크레스트 1.2에 방대한 매처 라이브러리가 포함돼 있긴 하지만 의도를 전달하거나 테스트를 유연하게 유지하기에 충분할 만큼 정확히 단정이나 예상 구문을 지정할 수 없을 때가 있다. 그러한 경우 JUnit과 jMock API를 매끄럽게 확장하는 매처를 새로 손쉽게 정의할 수 있다.

매처는 org.hamcrest.Matcher 인터페이스를 구현하는 객체다.

```java
public interface SelfDescribing {
  void describeTo(Description description);
}
public interface Matcher<T> extends SelfDescribing {
  boolean matches(Object item);
  void describeMismatch(Object item, Description mismatchDescription);
}
```

매처가 하는 일은 두 가지다.

- 매개변수 값이 제약 조건(matches() 메서드)에 부합하는지 여부를 보고한다.
- 테스트 실패 메시지에 포함될 가독성 있는 설명을 생성한다(describeTo() 메서드 (SelfDescribing 인터페이스에서 상속)와 describeMismatch() 메서드).

B.1 새로운 매처 타입

예제로 문자열이 특정 접두사로 시작하는지 검사하는 새 매처를 작성하겠다. 이 매처는 다음과 같은 테스트에서 사용할 수 있다. 참고로 매처는 단정을 자연스럽게 확장한다. 즉, 사용하는 측면에서는 내장 매처와 서드 파티 매처 사이에 눈에 띄는 차이가 없다.

```
@Test public void exampleTest() {
  […]
  assertThat(someString, startsWith("Cheese"));
}
```

새 매처를 작성하려면 반드시 두 가지를 구현해야 한다. 바로 Matcher 인터페이스를 구현하는 클래스와 테스트에서 새로운 매처를 사용할 때 단정이 잘 읽히게 만들어 주는 startsWith() 팩터리 함수다.

매처 타입을 작성하려면 Matcher 인터페이스를 직접 구현하기보다 햄크레스트의 추상 기반 클래스 중 하나를 확장하면 된다.[1] TypeSafeMatcher〈String〉을 확장할 수 있는데, 이렇게 하면 널과 타입 안전성을 검사하며 매칭된 Object를 String으로 형변환하고 하위 클래스에서 템플릿 메서드[Gamma94]를 호출할 수 있다.

```
public class StringStartsWithMatcher extends TypeSafeMatcher<String> {
  private final String expectedPrefix;

  public StringStartsWithMatcher(String expectedPrefix) {
    this.expectedPrefix = expectedPrefix;
  }
  @Override
  protected boolean matchesSafely(String actual) {
    return actual.startsWith(expectedPrefix);
  }
  @Override
  public void describeTo(Description matchDescription) {
    matchDescription.appendText("a string starting with ")
                    .appendValue(expectedPrefix);
  }
  @Override protected void
  describeMismatchSafely(String actual, Description mismatchDescription) {
    String actualPrefix =
      actual.substring(0, Math.min(actual.length(), expectedPrefix.length()));

    mismatchDescription.appendText("started with ")
                       .appendValue(actualPrefix);
  }
}
```

> **ℹ 매처 객체는 반드시 무상태여야 한다**
>
> 각 호출을 디스패치할 때 jMock에서는 매처를 이용해 호출 인자와 매칭되는 예상 구문을 찾아

---

[1] 이렇게 하면 햄크레스트 팀에서 Matcher 인터페이스를 구현하는 모든 코드를 망가뜨리지 않고도 해당 인터페이스에 메서드를 추가할 수 있다. 기반 클래스에 기본 구현체를 추가할 수도 있기 때문이다.

낸다. 이것은 jMock에서 테스트 도중에 매처를 여러 번 호출한다는 뜻이며, 예상 구문이 이미 매칭되고 호출된 이후일 수도 있다. 사실 jMock은 매처를 언제, 얼마나 호출할지 보장하지 않는다. 이는 무상태 매처에 아무런 영향을 주지 않지만 상태를 유지하는 매처의 행위는 예측 불가능하다.

호출에 반응해서 상태를 유지하고 싶다면 Matcher가 아닌 사용자 정의 jMock Action을 작성하면 된다.

---

describeTo()와 describeMismatch()에서 생성한 텍스트는 JUnit과 jMock에서 생성하는 오류 메시지에 맞추고자 특정 문법 관례를 따라야 한다. JUnit과 jMock에서 서로 다른 메시지를 생성하긴 하지만 "expected 〈설명〉 but it 〈일치하지 않는 설명〉" 문장을 완성하는 매처 설명은 두 라이브러리에서 모두 동작할 것이다. StringStartsWithMatcher의 설명으로 완성되는 이 문장은 다음과 같은 형태일 것이다.

```
expected a string starting with "Cheese" but it started with "Bananas"
```

새 매처가 JUnit과 jMock에 자연스럽게 어울리게 만들려면 StringStartsWithMatcher의 인스턴스를 생성하는 팩터리 메서드도 만들어야 한다.

```
public static Matcher<String> aStringStartingWith(String prefix ) {
    return new StringStartsWithMatcher(prefix);
}
```

팩터리 메서드의 요점은 테스트 코드를 명확하게 읽히게 하는 데 있으므로 단정이나 예상 구문에서 사용될 때 어떻게 보일지 고려해야 한다. 그럼 매처 작성은 그걸로 끝이다.

참고 문헌

[Abelson96] Abelson, Harold and Gerald Sussman. 「Structure and Interpretation of Computer Programs」. MIT Press, 1996년, ISBN 978-0262011532

[Beck99] Beck, Kent. 「Extreme Programming Explained: Embrace Change」. Addison-Wesley, 1999년, ISBN 978-0321278654(「익스트림 프로그래밍」, 김창준·정지호 옮김, 인사이트 펴냄)

[Beck02] Beck, Kent. 「Test Driven Development: By Example」. Addison-Wesley, 2002년, ISBN 978-0321146530(「테스트 주도 개발」, 김창준·강규영 옮김, 인사이트 펴냄)

[Begel08] Begel, Andrew and Beth Simon. "Struggles of New College Graduates in Their First Software Development Job." In: SIGCSE Bulletin, 40, no. 1 (2008년 3월): 226-230, ACM, ISSN 0097-8418

[Cockburn04] Cockburn, Alistair. 「Crystal Clear: A Human-Powered Methodology for Small Teams」. Addison-Wesley Professional, 2004년 10월 29일, ISBN 0201699478

[Cockburn08] Cockburn, Alistair. 「Hexagonal Architecture: Ports and Adapters("Object Structural")」. 2008년 6월 19일, http://alistair.cockburn.us/Hexagonal+architecture

[Cohn05] Cohn, Mike. 「Agile Estimating and Planning」. Prentice Hall, 2005년, ISBN 978-0131479418(「불확실성과 화해하는 프로젝트 추정과 계획」, 이병준 옮김, 인사이트 펴냄)

[Demeyer03] Demeyer, Serge, Stéphane Ducasse, and Oscar Nierstrasz. 「Object-Oriented Reengineering Patterns」. http://scg.unibe.ch/download/oorp/

[Evans03] Evans, Eric. 「Domain-Driven Design: Tackling Complexity in the Heart of Software」. Addison-Wesley, 2003년, ISBN 978-0321125217(「도메인 주도 설계」, 이대엽 옮김, 위키북스 펴냄)

[Feathers04] Feathers, Michael. 「Working Effectively with Legacy Code」. Prentice Hall, 2004년, ISBN 978-0131177055(「레거시 코드 활용 전략」, 이우영·고재환 옮김, 에이콘

출판 퍼냄)

[Fowler99] Fowler, Martin. 『Refactoring: Improving the Design of Existing Code』. Addison-Wesley, 1999년, ISBN 978-0201485677(『리팩토링』, 김지원 옮김, 한빛미디어 퍼냄)

[Freeman04] Freeman, Steve, Tim Mackinnon, Nat Pryce, and Joe Walnes. "Mock Roles, Not Objects." In: Companion to the 19th ACM SIGPLAN Conference on Object-Oriented Programming Systems, Languages, and Applications, OOPLSA, Vancouver, BC, 2004년 10월, New York: ACM, ISBN 1581138334, http://portal.acm.org/citation.cfm?doid=1028664.1028765

[Freeman06] Freeman, Steve and Nat Pryce. "Evolving an Embedded Domain-Specific Language in Java." In: Companion to the 21st ACM SIGPLAN Conference on Object-Oriented Programming Systems, Languages, and Applications, OOPLSA, Portland, Oregon, 2006년 10월, New York: ACM, http://www.jmock.org/oopsla06.pdf

[Gall03] Gall, John. 『The Systems Bible: The Beginner's Guide to Systems Large and Small』. General Systemantics Pr/Liberty, 2003년, ISBN 978-0961825171

[Gamma94] Gamma, Erich, Richard Helm, Ralph Johnson, and John Vlissides. 『Design Patterns: Elements of Reusable Object-Oriented Software』. Addison-Wesley, 1994년 (『GoF의 디자인 패턴』, 김정아 옮김, 피어슨 퍼냄)

[Graham93] Graham, Paul. 『On Lisp』. Prentice Hall, 1993년, ISBN 0130305529, http://www.paulgraham.com/onlisp.html

[Hunt99] Hunt, Andrew and David Thomas. 『The Pragmatic Programmer: From Journeyman to Master』. Addison-Wesley Professional, 1999년 10월 30일, ISBN 020161622X(『실용주의 프로그래머』, 김창준·정지호 옮김, 인사이트 퍼냄)

[Kay98] Kay, Alan. 스퀵 메일링 리스트에 보낸 이메일 메시지. 1998년 10월 10일, http://lists.squeakfoundation.org/pipermail/squeak-dev/1998-October/017019.html

[Kerievsky04] Kerievsky, Joshua. 『Refactoring to Patterns』. Addison-Wesley, 2004년, ISBN 978-0321213358(『패턴을 활용한 리팩터링』, 윤성준·조상민 옮김, 인사이트 퍼냄)

[Kernighan76] Kernighan, Brian and P. J. Plauger. 『Software Tools』. Addison-Wesley, 1976년, ISBN 978-0201036695

[Lieberherr88] Lieberherr, Karl, Ian Holland, and Arthur Riel. "Object-Oriented Programming: An Objective Sense of Style." In: OOPSLA, 23, no. 11 (1988년): 323-334

[LIFT] Framework for Literate Functional Testing. https://lift.dev.java.net/

[Mackinnon00] Mackinnon, Tim, Steve Freeman, and Philip Craig. "Endo-Testing: Unit Testing with Mock Objects." In: Giancarlo Succi and Michele Marchesi, Extreme Programming Examined, Addison-Wesley, 2001년, pp. 287-301, ISBN 978-0201710403

[Magee06] Magee, Jeff and Jeff Kramer. 『Concurrency: State Models & Java Programs』. Wiley, 2006년, ISBN 978-0470093559

[Martin02] Martin, Robert C. 『Agile Software Development, Principles, Patterns, and Practices』. Prentice Hall, 2002년, ISBN 978-0135974445 (『소프트웨어 개발의 지혜』, 이용원 옮긴, 야스미디어 펴냄)

[Meszaros07] Meszaros, Gerard. 『xUnit Test Patterns: Refactoring Test Code』. Addison-Wesley, 2007년, ISBN 978-0131495050(『XUNIT 테스트 패턴』, 박일 옮김, 에이콘출판 펴냄)

[Meyer91] Meyer, Betrand. 『Eiffel: The Language』. Prentice Hall, 1991년, ISBN 978-0132479257

[Mugridge05] Mugridge, Rick and Ward Cunningham. 『Fit for Developing Software: Framework for Integrated Tests』. Prentice Hall, 2005년, ISBN 978-0321269348(『FIT 통합 테스트 프레임워크』, 이병준 옮김, 인사이트 펴냄)

[Schuh01] Schuh, Peter and Stephanie Punke. ObjectMother: Easing Test Object Creation In XP. XP Universe, 2001년

[Schwaber01] Schwaber, Ken and Mike Beedle. 『Agile Software Development with Scrum』. Prentice Hall, 2001년, ISBN 978-0130676344(『스크럼』, 박일·김기웅 옮김, 인사이트 펴냄)

[Shore07] Shore, James and Shane Warden. 『The Art of Agile Development』. O'Reilly Media, 2007년, ISBN 978-0596527679

[Wirfs-Brock03] Wirfs-Brock, Rebecca and Alan McKean. 『Object Design: Roles, Responsibilities, and Collaborations』. Addison-Wesley, 2003년, ISBN 0201379430(『오브젝트 디자인』, 김동혁 외 옮김, 인포북 펴냄)

[Woolf98] Woolf, Bobby. "Null Object." In: Pattern Languages of Program Design 3. Edited by Robert Martin, Dirk Riehle, and Frank Buschmann. Addison-Wesley, 1998년, http://www.cse.wustl.edu/~schmidt/PLoP-96/woolf1.ps.gz

[Yourdon79] Yourdon, Edward and Larry Constantine. 『Structured Design: Fundamentals of a Discipline of Computer Program and Systems Design』. Prentice Hall, 1979, ISBN 978-0138544713

찾아보기

ㄱ

가비지 컬렉션 28, 110, 121, 220-222
값 294-295
　부수 효과 62
　vs. 객체 16-17, 62, 71
　명확하게 가공된 값 310
　목 객체 적용 273-274
　변경 가능한 60
　불변적인 60, 71
　비교 27
　예상 150
　자기 서술적인 309, 330
값 타입 71-73, 163
　vs. 값 71
　공용 파이널 필드 179
　도우미 72
　서드 파티 85
　위치지정자 72, 240
　이름 부여 199
　제네릭 158
개발
　사용자 인터페이스 210
　반복적인 5
　입력에서 출력 방향으로 52, 75
　적절한 대안 109, 114
　점진적인 5, 43, 87, 94, 159, 230, 349
객체 27, 136, 153
　망 15, 78-79
　상태 16, 71, 167-169, 326-327, 393
　유효성 64
　추상화 수준 69
　vs. 값 16-17, 62, 71
　객체 간의 관계 이끌어내기 272
　널 279
　단순화 67
　단일 책임 62-63
　동시성 상황에서도 변하지 않는 객체의 관찰
　　가능한 상태 353
　변경 가능 16
　　참조 공유 60
　복합 65-66
　부수적인 293, 335-336, 359
　분리하기 어려운 315
　빌더를 통해 생성된 299-300
　상태 344, 353
　상호 작용하는 70
　수동적인 358-359
　수정 가능한 16
　영속화된 343-344
　의사소통하는 15-17, 61, 282
　이름 부여 75, 281
　추적자 311-312
　콘텍스트 독립적인 66-67, 268
　협력 21-23, 63-64, 70, 73-76, 213
"객체끼리는 절대로 null을 전달해서는 안 된다"
　원칙 317
객체 모체 패턴 297-298
객체 이웃
　유형 63-64
객체 지향 프로그래밍 15, 380
결합 예외 190
결합도 13-14
경매 스나이퍼 89-260
　테이블 모델 173-176
　사용자 인터페이스 173-199, 210-216, 237-239
　상태 표시 151, 166-169, 176-180, 373
　경매 참여 93, 100, 110, 113, 118-119, 205-208, 211-213, 226-228
　경매가 종료된 경우 100, 113
　경매로부터 전달된 메시지 번역 133-139, 249
　낙찰 93, 161-171, 187-190
　낙찰 실패 93, 100, 110, 119-121, 148, 153, 189, 235-236
　동기화 127, 348
　동작하는 골격 94, 99-105
　리팩터링 219-233
　사용자 인터페이스 91, 100, 115-116, 243, 365
　상태 표시 116-117, 197
　실패 247-249
　연결 129, 131, 205, 211
　연결 해제 252-253
　입찰 93, 100, 125-143, 148-153, 187

여러 항목에 대한　201
　　　중지　93, 236-245
　　　테이블 모델　181-185, 191
　　　포트폴리오　228
　　　현재가 갱신　139-143
고객 테스트→인수 테스트 참고
"과도한 사전 설계"　41
구현
　　피드백　6
　　널　153, 158
　　빈　207, 251
　　콘텍스트 독립적인　282
기능 테스트→인수 테스트 참고

ㄴ

나쁜 냄새　77
날짜 조작　264-268

ㄷ

다이나목 라이브러리　383
단위 테스트　4, 11
　　가독성　283
　　범위 제한　69
　　속도　346
　　구조　385-394
　　길이　283
　　다른 단위 테스트와의 격리　26
　　단순화　76
　　동기화에 대한　348, 353-358, 361
　　메서드가 아닌 행위에 대한　52
　　및 스레드　347-362
　　불안정성　283
　　속도　360
　　실패하는　9
　　의존성 끊기　268
　　이름 부여　135, 163
　　작성　12
　　정적 전역 객체에 대한　269
　　코드로 작성하기 힘든　54
　　통과　49
　　프로젝트 초기에　52
　　협력 객체에 대한　21
"단일 책임" 원칙　62-63, 134, 146, 148, 253, 255
단정　26, 294-295
　　양　291
　　좁은 범위　294

　　vs. 동기화　376
　　vs. 테스트 준비　242
　　메시지　308
　　실패　29, 308
　　이름 부여　103
　　확장　395-397
닷넷　26, 267
달 착륙 프로그램　50
데이터 중심 테스트　28
데이터베이스
　　테스트하기 전 정리　335-336
　　활성 트랜잭션을 통한 연산　345
데이터베이스트 테스트→영속성 테스트 참고.
데코레이터 패턴　193, 345
도메인 모델　17, 58, 71, 85, 334
도메인 타입　244, 303, 310
도우미 메서드　7, 62, 81, 187, 191, 241, 260, 292, 304, 324
　　이름 부여　62, 187
동기화　347-362
　　vs. 단정　376
　　오류　348
　　테스트　348, 353-358, 361
동시성　347-353, 356, 362-364
동위 요소 목 객체 적용　71
"동작 가능한 가장 간단한 것"　49
동작하는 골격　38-45
　　경매 스나이퍼에 대한　94, 99-105
디미터 법칙→"묻지 말고 말하라" 원칙 참고
"디버그 지옥"　307

ㄹ

로그 파일　254-259, 335
　　생성　256
　　테스트 전 정리　254
로깅　268-270
　　양　271
　　별도 클래스로 분리　260
　　진단　269-271
롤백　308
루비 프로그래밍 언어　382
리스프 프로그래밍 언어　81
리터럴→값 참고
리팩터링　5-8
　　개발 과정 중 기록　50
　　점진적인　231
　　TDD를 수행하는 동안의 중요성　260

테스트하기 어려운 코드 54-55

ㅁ

매매 지시 지정 가격 95, 236-245
매처 29-30, 114, 180, 182, 319, 372, 390-391
   사용자 정의 30, 204, 340, 391, 395-397
   상태 유지 396
   의미가 반대되는 30
   조합 29
멀티 스레드 처리→스레드 참고
메서드 15
   그룹화 203
   도우미 메서드 참고
   무시 323
   부수 효과 62
   예상된 390-391
   이름 부여 102, 199, 288
   접근자 380
   중복 정의 302
   테스트 53
   팩터리 297-298, 301-302
   편의성 79
   호출 80
      순서 150
메시지 15, 19
   객체 간 61, 70
   구문 분석 140-141
   실패 메시지 참고
명령 92, 322
모조 객체 23, 31
목 객체 22-23, 30-32
   생성 386
   서드 파티 코드에 대한 83-86, 182, 346
   역사 380-384
   이름 부여 387
   호출 순서 323-327
목 객체 적용
   값 273-274
   동위 요소 71
   반환 타입 323
   서드 파티 코드 273
   알림 71
   의존성 71
   인터페이스 271
   조정 71
   클래스 257-258, 271-273
문자열
   vs. 도메인 타입 244, 303, 310
   비교 16
   특정 접두사로 시작하는지 검사 395-397
"묻지 말고 말하라" 원칙 19, 65, 282

ㅂ

반복 주기 0 100, 122
"반복하지 말라" 원칙 287
배포 4, 10
   자동화 41-45
   테스트의 중요성 38
   프로젝트를 시작하자마자 37
변경 사항 되돌리기 308
변경 사항에 대한 폴링 366, 369-371, 373-375
변수 294-295
   이름 부여 240, 380
   전역 60
별칭 60
부하 테스트 353-361
   다양한 환경에서 실행 361
   수동적인 객체에 대한 358-359
   실패하는 356, 361
   이벤트 처리 순서에 대한 376
분해 기법 72-74, 158
비동기성 104, 206, 249, 303
   테스트 363-377
빌더 패턴 80, 388
빌더→테스트 데이터 빌더 참고 293
빌드
   자동화 10, 42-45, 115
   포함된 기능 9
   프로젝트를 시작하자마자 37

ㅅ

사용자 경험 커뮤니티 97, 243
사용자 인터페이스
   개발과 동시 진행 210, 243
   로깅 지원 268
   사용자 요청 처리 213
   의존성 134
   조정 279
상수 295
상태 기계 323-327, 393
상태 전이 다이어그램 244
색인 카드
   처리해야 할 기술적인 작업 50
   할 일 목록 95-96, 123, 142-143, 153, 171,

197, 209, 229, 243, 258
생성자
　비대한　274-278
　실제 행위　223
서드 파티 코드　83-86
　추상화　12
　값 타입　85
　목 객체 적용　83-86, 182, 273, 346
　테스트 통합　214-216, 333
　패치　84
서블릿　348, 358
설계
　피드백　6
　품질　316
　명확화　270
　변경　198
성공 케이스　49
스나이퍼 애플리케이션→경매 스나이퍼 참고
스레드　86, 347-363
　스케줄링　361
스맥 라이브러리　104
　스레드　112, 348
　예외　249
스몰토크 프로그래밍 언어
　자바와 프로그래밍 스타일 비교　380
　케스케이드　298, 383, 383
스윙
　기능 조작　108
　스레드　146, 155, 207, 347
　테스트　104
스크럼 프로젝트　1
스텝　102, 280, 321, 389
스프링　338
시스템
　애플리케이션 모델　58
　유지 보수성　57
　행위 변경　58, 67
　공개된 장소에 그린 그림, 개발 과정에서의　40
　단순화　133
　동시성 아키텍처　347-348
　테스트 실행 후 초기 상태로 복귀　373
시스템 검증　363, 369-372
시스템 테스트→인수 테스트 참고.
시퀀스　323-327, 392-393
실패　49
　메시지　294
　감지　249-251

개발 과정 중 기록　50
기록　254-259, 335
진단　307-315, 342, 349-354, 383
처리　247-260
표시　251-252
실패 메시지　308-309, 319
　명확함　51
　자기 서술적인　30, 395
싱글턴 패턴　60, 264

ㅇ

아파치 커먼즈 IO 라이브러리　254
알림　63-64, 148, 221
　기록　374
　목 객체 적용　71
　순서　324
　캡처링　367-369
암벽 등반　231
애자일 개발　41, 57, 97, 100, 235, 379
애플리케이션 모델　58
액티브디렉터리　267
앤트 빌드 도구　115
어댑터　58, 84-86, 328, 342
역할　18
"열차 전복" 코드　19, 61, 80
영속성 테스트　333-346
　느림　346
　다른 테스트와 격리　335-336
　및 트랜잭션　336-339
　시작 시 정리　335
　실패 진단　342
　왕복　343-346
예상 구문　22, 32, 78-81, 168, 294-295, 320-322, 388
　양　279-281, 291
　좁은 범위　294
　블록　387, 390
　수행할 동작 지정　392
　순서　150, 326, 392-393
　테스트 본문 이후의 검사　312
"예상치 못한 변화를 예상하라" 원칙　54
예외　27
　감춰진 스레드　349
　런타임　190
　유용한 메시지를 담은　381
　포착　292-293
예정된 활동　376-377

오류 메시지→실패 메시지 참고
오픈파이어 104, 107, 114
운영 환경 114
윈도리커 라이브러리 29, 104-105, 214, 294, 365
   스윙 컴포넌트 제어 108-109
   오류 메시지 115
유닉스 81
응집성 13-14
의사소통 패턴 17, 70
의존성 63-64, 148
   양 70, 278-279, 315
   감춰진 315
   고리 138, 151, 221
   단위 테스트에서의 끊기 268
   명시적 17
   목 객체 적용 71
   범위 한정 75
   사용자 인터페이스 컴포넌트에 대한 134
   암시적인 70, 267-268
   탐색을 위한 컴파일러 사용 259
   파악 265
의존성 주입 380
이벤트 93
   리스닝 365-366, 373-375
   순차 처리 376
   외부 86, 376-377
이벤트 기반 시스템 104
이웃 61
이클립스 개발 환경 140
인수 테스트 4, 8-12
   가독성 51
   변경된 요구 사항에 대한 49
   상투적인 케이스에 대한 49
   새 기능에 대한 47-48, 126, 259, 7
   실패 7-8, 47-48, 51, 312
   완성된 기능에 대한 49
인스턴스 273-274
인터페이스 17, 70, 74
   범위가 좁음 76
   관계 76
   구현 76-78
   끄집어내기 74, 76
   리팩터링 77-78
   목 객체 적용 271
   분리 272
   이름 부여 77-78, 273, 342
   콜백 86

인터페이스 발견 22
인텔리J IDEA 288, 140

ㅈ

자기 서술적인 인터페이스 395
자바 서블릿 API 380
자바 프로그래밍 언어 25
   내장 로깅 프레임워크 256
   동기화 오류 362
   메서드 중복 정의 302
   문법상 잡음 291
   배열 203
   의존성 탐색을 위한 컴파일러 사용 259
   컬렉션 205
   패키지 고리 220
자바 EE(Enterprise Edition) 338, 348
작업 실행기 349
잠금 348, 368
재버 ID 225
재버→XMPP 참고
재설계 8
저장소 패턴 342
전 구간 테스트 9
   기존 시스템에 대한 39, 44
   느림 105
   동기화 362
   불안정한 105
   비동기적인 104
   실패 105
   실행 12
   이벤트 기반 시스템 104
   일찍 38-40
   입출력 이벤트 흉내 내기 52
전체는 부분의 합보다 단순해야 한다. 65-66, 72, 75
정보 은닉 60, 67-68
정적 분석 도구 362
제한 시간 265, 360-361, 365-367
조정 63-64, 274
   목 객체 생성 71
중복 303-305, 315, 318
진행 상황 측정 4, 49
질의 322
짝 프로그래밍 4

ㅊ

참조 타입 310

책임 18, 197, 253, 255
　"단일 책임" 원칙 참고
　양 74, 277, 382
초기화자 28
추적자 객체 311-312
출시 4, 11
　계획 96

ㅋ

캡슐화 60, 67
컨테이너 관리형 트랜잭션 338
콘텍스트 독립성 66-70, 268, 353
컬렉션
　vs. 도메인 타입 245
　캡슐화 158
코넥스트라 380-383
코드
　가독성 285, 62, 187, 199, 260
　선언적 계층 79
　가정 52
　고쳐 쓰는 198
　구현 계층 79
　긴밀하게 결합된 14
　내부 품질 12-13, 73
　느슨하게 결합된 13-14
　다시 구현하기 73
　외부 품질 12-13
　유지 보수 14, 148
　정리 73, 139, 148, 154, 159, 282, 303
　컴파일 159
　테스트하기 어려운 54, 263
코드 냄새 209
크리스털 클리어 1
클래스 16
　계층 구조 18, 81
　긴밀하게 결합된 14
　내부 기능 273
　느슨하게 결합된 13-14
　도우미 112
　목 객체 적용 256-258, 271-273
　응집력 있는 14
　이름 부여 77, 184-185, 274, 330, 342
　콘텍스트 독립적인 67
　컬렉션 캡슐화 158

ㅌ

타임 박스 4

타임스탬프 319
테스트
　가독성 285-298, 324, 316
　계층 구조 11-12
　불안정성 294, 297
　가짜 서비스에 대한 102, 105, 112
　규모 308
　긴밀하게 결합된 315
　동기화 347-362, 366
　　백그라운드 스레드와의 359-361
　명시적 제약 조건 324
　문제에 집중하는 316, 322
　반복 가능성 27
　불안정성 264, 315, 365
　비동기적인 363-377
　상태 327
　샘플링 364-366, 369-375
　실제 서비스에 대한 39, 105, 112
　실패하는 307-315
　실행 7
　유연함 315-330
　유지 보수 285, 315-317
　의존성 318
　이름 부여 53, 286-288, 290, 305, 308, 376
　인수 테스트, 전 구간 테스트, 통합 테스트, 영
　　속성 테스트, 단위 테스트 참고
　자기 서술적인 317-318
　작성 6
　　거꾸로 290
　　표준 형태로 289-291
　정리 282, 286
　제어하기 어려운 372-373
　탐지 가능한 행위적 특성 일으키기 375
　테스트된 객체와 분리 322
　통합을 나중에 하는 프로젝트에 대한 43
　패키지 분리 135
　프로젝트 초기의 43, 50
테스트 데이터 빌더 274, 298-300
　목록 343-345
　비슷한 객체 생성 300-301
　조합 301, 345
　중복 제거 303-305
　트랜잭션 내에서의 호출 345
　팩터리 메서드로 감싸기 302
테스트 러너 28-29
　jMock 31
　매개변수화된 28
"테스트 악취" 263, 270, 286

귀 기울이는 것의 이점 281-283
테스트 주도 개발→TDD 참고
템플릿 메서드 396
토르 오토매직 14
통신 프로토콜 70, 76
통합 테스트 11-12, 214-216
　속도 346
　및 스레드 86
　어댑터에 대한 85
　영속성 구현체에 대한 346
　코드로 작성하기 어려운 54
　통과 49
트랜잭션 관리 338
트랜잭터 337-338

ㅍ

파생 기법 72, 74-75, 240
파인드버그 362
패키지
　단일 책임 63
　고리 220
패턴, 이름 부여 342
포장 기법 72-76, 75, 178
포트 58
"포트와 어댑터" 아키텍처 58, 230, 328, 342
프로그래밍 스타일 62
피드백 4, 263, 268
　고리 9, 4-5, 49
　구현에 관한 6
　설계에 관한 6, 344
　신속한 366
　실패하는 경우에 관한 49
　자동화된 배포로부터 얻게 되는 42-43
　점진적인 346
픽스처 27

ㅎ

하이버네이트 59, 334, 338
햄크레스트 라이브러리 25, 29-30, 114, 309, 316, 340, 372, 384, 391, 395-397
허용 구문 168, 321-322
협력 객체 322
협력자 18
호출 168
　순서 323-327, 392
　예상된 33, 168
　제약된 393

허용 33
횟수 33, 389-390
횟수 세기 389-390
화성 기후 탐사선 참사 72
회귀 스위트 7
회귀 테스트 6
회귀 테스트 그룹 49
회의 4

A

@After 애노테이션 28, 115
@AfterClass 애노테이션 257
@Before 애노테이션 28
@RunWith 애노테이션 28, 31, 386
@Test 애노테이션 26
[Setup] 메서드 26
[TearDown] 메서드 26
3지점의 원리 231
a(), jMock 391
AbstractTableModel 클래스 176
Action 인터페이스 392, 397
ActionListener 인터페이스 213, 215
addSniper() 207
addUserRequestListenerFor() 214
allOf(), 햄크레스트 391
allowing(), jMock 167-168, 208, 280, 321, 389, 242
an(), jMock 391
announce(), jMock 215
announceClosed() 126-127, 202
Announcer 클래스 215, 221
aNonNull(), jMock 391
aNull(), jMock 391
any(), 햄크레스트 391
anyOf(), 햄크레스트 391
ApplicationRunner 클래스 102, 107-110, 126-127, 162, 177, 194, 202-203, 211, 237, 293
aRowChangedEvent() 181, 187
ArrayIndexOutOfBoundsException 250
aSniperThatIs() 186-187, 321
assertColumnEquals() 181
assertEquals(), JUnit 26-27, 319
assertEventually() 371-373, 376
assertFalse(), JUnit 29, 294
assertIsSatisfied(), JUnit 312
assertNull(), JUnit 26-27

assertRowMatchesSnapshot() 207
assertThat(), JUnit 29-30, 291-294, 309, 319
assertTrue(), JUnit 26-27, 29, 294
atLeast(), jMock 150, 322, 389
atMost(), jMock 389
AtomicBigCounter 클래스 358-359
AtomicInteger 클래스 356-357
attachModelListener(), 스윙 181-182
Auction 인터페이스 75, 148-153, 158, 180, 221, 233
auctionClosed() 31, 71, 137-138, 141, 146-148
AuctionEvent 클래스 157-158
AuctionEventListener 인터페이스 22, 32, 74, 134, 138, 141, 145-156, 163, 221-222, 250-253
auctionFailed() 250-253
AuctionHouse 인터페이스 224, 241
AuctionLogDriver 클래스 254, 258
AuctionMessageTranslator 클래스 31-32, 74, 133-139, 157-158, 178, 221, 223, 249-252, 255, 258, 260
AuctionMessageTranslatorTest 클래스 163
AuctionSearchStressTests 클래스 354-356
AuctionSniper 클래스 75, 145-156, 178-179, 197-199, 221, 226-228, 239, 241-243
AuctionSniperDriver 클래스 110, 177, 194, 211, 237, 293
AuctionSniperEndToEndTest 클래스 102, 176, 211
AuctionSniperTest 클래스 251

B

between(), jMock 389
bidsHigherAndReportsBiddingWhenNewPriceArrives() 149, 166
BlockingQueue 클래스 112
build() 298-302

C

C# 프로그래밍 언어 259
cannotTranslateMessage() 255-257
CatalogTest 클래스 26, 27
Chat 클래스 133, 136, 152, 213, 220, 252
캡슐화 221-223
chatDisconnectorFor() 253, 260
ChatManager 클래스 121, 152

ChatManagerListener 인터페이스 111
check(), 윈도리커 214
checking(), jMock 241, 387
Clock 인터페이스 265-266
commit() 323
ComponentDriver 108
connect(), 스맥 120
connection() 120
containsTotalSalesFor() 305
CountDownLatch 클래스 223
CRC 카드 19, 213, 384
createChat(), 스맥 152
currentPrice() 140-141, 145, 163, 187-188
currentTimeMillis(), java.lang.System 264

D

DAO(데이터 접근 객체) 342
DatabaseCleaner 클래스 335-336
describeMismatch(), 햄크레스트 395-397
describeTo(), 햄크레스트 395-397
DeterministicExecutor 클래스 350-351
disconnect(), 스맥 131
disconnectWhenUICloses() 131, 305

E

EntityManager 클래스 323, 342, 344
EntityManagerFactory 클래스 323
EntityTransaction 클래스 323
equal(), jMock 390
equals(), java.lang.Object 178
equalTo(), 햄크레스트 372
exactly(), jMock 389
Executor 인터페이스 350, 352
Expectation jMock 클래스 78
ExpectationCounter jMock 클래스 381
Expectations jMock 클래스 80, 387, 390
ExpectationSet jMock 클래스 381
ExpectationValue jMock 클래스 381
expectFailureWithMessage() 255
expectSniperToFailWhenItIs() 251, 292

F

failed() 252
FakeAuctionServer 클래스 103, 107, 110-114, 127-131, 142, 202, 223, 293, 319

FeatureMatcher 햄크레스트 클래스   187, 204

G

getBody(), 스맥   256
getColumnCount(), 스윙   182
getValueAt(), 스윙   182

H

hasColumnTitles()   195
hasEnoughColumns()   181-182
hashCode(), java.lang.Object   178
hasProperty(), 햄크레스트   204
hasReceivedBid()   126-127
hasReceivedJoinRequestFrom()   130, 202
hasReceivedJoinRequestFromSniper()   126-128
hasShownSniperHasWon()   373
hasShownSniperIsBidding()   126, 130
hasShownSniperIsLosing()   237-238
hasShownSniperIsWinning()   162, 202, 373
hasTitle()   194
HTTP(HyperText Transfer Protocol)   96

I

IDE
　탐색   135
IDEA
　요청 시 누락된 메서드 채움   140
IETF(Internet Engineering Task Force)   92
ignoring(), jMock   167, 321-323, 389
ignoringAuction()   251
IllegalArgumentException   27
inSequence(), jMock   388, 393
invokeAndWait(), 스윙   119
invokeLater(), 스윙   120, 207
isForSameItemAs()   209
isSatisfied(), 윈도리커   370-371
Item 클래스   239-242, 244

J

JAXB(Java API for XML Binding)   334
JButton 스윙 컴포넌트   213
JDBC(Java Database Connectivity)   338
JDO(Java Data Objects)   334
JFormattedTextField 스윙 컴포넌트   238
JFrame 스윙 컴포넌트   115

JFrameDriver 윈도리커 클래스   110
JID(재버 ID)   92
JLabel 스윙 컴포넌트   174
jMock 라이브러리   29-33, 316, 383
　상태   167
　메시지 생성   397
　목 객체 검증   29
　버전   2   25, 30-33, 384, 385-394
　부하 테스트에 사용   354
　예상 구문   31, 78-80, 168
　이중 괄호   387
　허용   168
　확장   187
JMS(Java Messaging Service)   337
JMSTransactor 클래스   337
joinAuction()   120, 154-155, 165, 207-209, 214-216, 220, 239
JPA(Java Persistence API)   323, 334, 338
　영속성 식별자   340
JTA(Java Transaction API)   337
JTable 스윙 컴포넌트   64, 173-182, 195
JTATransactor 클래스   337-338
JTextField 스윙 컴포넌트   213
JUnit 라이브러리   101, 316, 383-384
　각 테스트에 대한 새 인스턴스   26, 138
　메시지 생성   397
　버전 4.5   29
　버전 4.6   25, 385
JUnit4Mockery jMock 클래스   386

L

Logger 클래스   256-258, 273
LoggingXMPPFailureReporter 클래스   256-258
LTSA 도구   348, 362

M

Main 클래스   109, 121, 128, 138-139, 145, 148, 155-157, 165, 193, 205-207, 211, 213, 216-233
　중매쟁이 역할   219
main()   109, 115
MainWindow 클래스   115, 119, 134, 157, 175, 180, 191-193, 212-214, 228, 239-240
MainWindowTest 클래스   214, 240
makeControls()   212
Matcher 인터페이스   30, 309, 395-397

Matchers 햄크레스트 클래스 391
matches(), 햄크레스트 395
MessageHandler 클래스 249
MessageListener 인터페이스 112-113, 118, 133-136, 152, 252
MissingValueException 251
Mockery jMock 클래스 31, 78, 80, 354, 386

N

never(), jMock 389
NMock 라이브러리 383
not(), 햄크레스트 30, 391
notifiesAuctionClosedWhenCloseMessageReceived() 135
notifiesAuctionFailedWhenBadMessageReceived() 250
notifiesAuctionFailedWhenEventTypeMissing()250
notifiesBidDetailsWhenCurrentPriceMessageReceivedFromOtherBidder() 163
notifiesBidDetailsWhenCurrentPriceMessageReceivedFromSniper() 164
notToBeGCd 필드 121, 205, 225, 229, 232
NullPointerException 64, 317
NUnit 라이브러리 26, 138, 383

O

oneOf(), jMock 322, 387-389
ORM(객체 관계형 매핑) 334, 343, 344

P

Poller 클래스 370-371
PortfolioListener 인터페이스 228
PriceSource 열거형 163, 170
Probe 인터페이스 370-372
processMessage(), 스맥 135-136, 157-158, 250, 252
PropertyMatcher 햄크레스트 클래스 204

R

receivesAMessageMatching() 128
removeMessageListener(), 스맥 253
reportPrice() 126-127, 202
reportsInvalidMessage() 248, 254

reportsLostIfAuctionClosesImmediately() 167
reportsLostIfAuctionClosesWhenBidding() 169
resetLogging() 256
rollback() 323
Rule 애노테이션 28
RuntimeException 294, 320
runUntilIdle() 351

S

safelyAddItemToModel() 207, 216
same(), jMock 391
sample(), 윈도리커 370-371
sendInvalidMessageContaining() 248
Sequence jMock 클래스 392-393
setImposteriser(), jMock 256
setStatusText() 191
showsSniperHasFailed() 248
showsSniperHasWonAuction() 162, 203
showsSniperStatus() 110
SingleMessageListener 클래스 112-113, 127-128
Sniper 클래스 76
sniperAdded() 232
sniperBidding() 149-151, 179, 185-187
SniperCollector 클래스 76, 226-228, 282
sniperForItem() 227
SniperLauncher 클래스 76, 226-228, 241
SniperListener 인터페이스 146-149, 155, 178-180, 188-189, 193
sniperLost() 148, 170, 189
sniperMakesAHigherBidButLoses() 162
SniperPortfolio 클래스 228-232
sniperReportsInvalidAuctionMessageAndStopsRespondingToEvents() 248
SniperSnapshot 클래스 99, 184-190, 207-208, 226-227, 242, 252, 321
SnipersTableModel 클래스 174, 175-176, 180, 191, 193, 195-197, 207-209, 213, 225-230, 238
SniperState 클래스 179, 182-186, 238, 249, 321
SniperStateDisplayer 클래스 155, 170, 180, 193
sniperStatusChanged() 180-189, 321
sniperWinning() 165, 187-189

sniperWinsAnAuctionByBiddingHigher()
  162
sniperWon() 170, 189
startBiddingFor() 211
startBiddingIn() 203
startBiddingWithStopPrice() 237
startSellingItem() 111, 202
startSniper() 211
startsWith(), 햄크레스트 396-397
States jMock 클래스 169, 227, 325-327
StringStartsWithMatcher 햄크레스트 클래스
  397
SwingThreadSniperListener 인터페이스 193,
  225, 228
Synchroniser jMock 클래스 354-355, 360-361

T

tableChanged(), 스윙 181, 208
TableModel 클래스 173, 194-196
TableModelEvent 클래스 182, 207
TableModelListener 클래스 181-182
TDD(테스트 주도 개발) 1, 6, 263
  황금률 7
  기존 시스템 대상 44
  시작 37-45
  주기 47-55, 312-313
  지속 가능한 261-330
TestDox 관례 287-288
textFor() 191
then(), jMock 326, 388, 393
Timeout 클래스 368, 371
toString(), java.lang.Object 178
translate() 250
translatorFor() 253, 260, 291
TypeSafeMatcher⟨String⟩ 햄크레스트 클래스
  396

U

UserRequestListener 인터페이스 213-216,
  239-240, 244

V

valueIn() 192
ValueMatcherProbe 윈도리커 클래스 214

W

waitForAnotherAuctionEvent() 248
waitUntil() 376
when(), jMock 326, 388, 393
whenAuctionClosed() 190
will(), jMock 388, 392
WindowAdapter 클래스 157
with(), jMock 390
  중복 정의 302

X

XmlMarshaller 클래스 328-330
XmlMarshallerTest 클래스 328
XMPP(eXtensible Messaging and Presence
  Protocol) 91-92, 125, 232
  신뢰성 96
  안전성 96
  메시지 348
XMPP 메시지 브로커 102, 103, 114
XMPPAuction 클래스 75, 154-155, 220-225,
  233, 258
XMPPAuctionException 258
XMPPAuctionHouse 클래스 76, 224-225,
  233, 258
XMPPConnection 클래스 224-225
XMPPException 153
XMPPFailureReporter 클래스 255-256, 260
XP(extreme programming) 1, 49, 381
XStream 334
XTC(London Extreme Tuesday Club) 381